权威·前沿·原创

皮书系列为

“十二五”“十三五”国家重点图书出版规划项目

金融科技蓝皮书

BLUE BOOK OF FINTECH

中国金融科技发展报告（2018）

ANNUAL REPORT ON CHINA'S FINTECH DEVELOPMENT (2018)

主　　编／李　扬　孙国峰
执行主编／朱烨东　伍旭川

社会科学文献出版社
SOCIAL SCIENCES ACADEMIC PRESS (CHINA)

图书在版编目（CIP）数据

中国金融科技发展报告．2018／李扬，孙国峰主编．--北京：社会科学文献出版社，2018．10（2019．8重印）
（金融科技蓝皮书）
ISBN 978-7-5201-3640-2

Ⅰ．①中… Ⅱ．①李… ②孙… Ⅲ．①金融-科技发展-研究报告-中国-2018 Ⅳ．①F832

中国版本图书馆CIP数据核字（2018）第227244号

金融科技蓝皮书
中国金融科技发展报告（2018）

主　　编／李　扬　孙国峰
执行主编／朱烨东　伍旭川

出 版 人／谢寿光
项目统筹／恽　薇　高　雁
责任编辑／王玉山

出　　版／社会科学文献出版社·经济与管理分社（010）59367226
　　　　地址：北京市北三环中路甲29号院华龙大厦　邮编：100029
　　　　网址：www.ssap.com.cn
发　　行／市场营销中心（010）59367081　59367083
印　　装／北京虎彩文化传播有限公司

规　　格／开　本：787mm×1092mm　1/16
　　　　印　张：25　字　数：380千字
版　　次／2018年10月第1版　2019年8月第2次印刷
书　　号／ISBN 978-7-5201-3640-2
定　　价／98.00元

皮书序列号／PSN B-2014-374-1/1

本书如有印装质量问题，请与读者服务中心（010-59367028）联系

金融科技蓝皮书编委会

中国支付清算协会
国家金融与发展实验室
中国社会科学院金融研究所
中关村科技园区管理委员会
北京市投资促进局
清华大学五道口金融学院
南开大学金融学院
北京区块链技术应用协会
北京中科金财科技股份有限公司
武汉大学董辅礽经济社会发展研究院

主要编撰者简介

李　扬　1981年、1984年、1989年分别于安徽大学、复旦大学、中国人民大学获经济学学士、硕士、博士学位。1998~1999年，美国哥伦比亚大学访问学者。中国社会科学院原副院长、经济学部主任、国家金融与发展实验室理事长。中国社会科学院首批学部委员。研究员，博士生导师。第十二届全国人大代表，全国人大财经委员会委员。中国博士后科学基金会副理事长。第三任中国人民银行货币政策委员会委员。2011年被评为国际欧亚科学院院士。

中国金融学会副会长，中国财政学会副会长，中国国际金融学会副会长，中国城市金融学会副会长，中国海洋研究会副理事长。

曾五次获得“孙冶方经济科学奖”著作奖和论文奖。已出版专著、译著23部，发表论文400余篇，主编大型金融工具书6部。主持国际合作、国家及部委以上研究项目40余项。

孙国峰　中国人民银行金融研究所所长、互联网金融研究中心主任。经济学博士，研究员，清华大学、中国社会科学院、对外经济贸易大学、西南财经大学博士生导师，中国金融会计学会副会长，中国金融论坛创始成员兼学术委员会委员，中国金融四十人论坛成员，中国城市金融学会常务理事，2003~2004年美国斯坦福大学访问学者。历任中国人民银行货币政策司公开市场操作处副处长、外汇业务处处长、货币政策司副司长，从事创建银行间债券市场、启动公开市场操作、人民币汇率形成机制改革、货币政策工具创新、货币政策框架转型等工作。主要研究领域包括货币政策、汇率政策、金融市场。完成多项国家级重点研究课题。英文专著 *Reforms in China's*

Monetary Policy (Palgrave Macmillan), *Financial Reforms in Modern China* (Palgrave Macmillan)，中文专著《第一排——中国金融改革的近距离思考》(中国经济出版社)。在《中国社会科学》《经济研究》《金融研究》《经济学季刊》《比较》《国际金融研究》《财贸经济》等核心学术期刊上发表论文70余篇。

摘　要

当前金融行业进入转型发展阶段，随着人工智能、区块链、云计算、大数据等新兴技术的发展与应用，金融科技正在以迅猛的发展势头重塑金融产业生态，“无科技不金融”成为行业共识。近年来，中国的金融科技（FinTech）行业发展迅速，在云计算、大数据、人工智能和区块链等领域已经成长出一批拥有先进技术和行业实践的核心企业。

科技驱动的金融创新所内含的技术风险、操作风险，甚至诱发系统性风险之可能，迫使监管者必须予以有力回应。然而，由于存在监管技术匮乏、监管法律滞后和监管理念守旧等问题，以审慎监管、功能监管、行为监管等为核心构建的传统监管体系和法规无法有效应对去中介、去中心化的金融交易现状。因此，必须在审慎监管、行为监管等传统金融监管维度之外增之以科技维度，形塑双维监管体系，从而更好地应对金融科技所内含的风险及其引发的监管挑战。科技维度的监管致力于依靠大数据、云计算、人工智能、区块链等技术构建科技驱动型监管体系。其以数据驱动监管为核心，构筑起以分布式的平等监管、智能化的实时监管、试点性的监管沙盒为核心的金融监管体系，突破传统金融监管的固有困局，创新监管方式，保护金融消费者，维护金融稳定。

本报告聚焦于中国金融科技产业生态发展情况。首先，从监管、技术、应用场景、资本和人才等方面，探讨当前中国金融科技产业生态发展的现状及面临的挑战和困难，并从金融科技产业生态现状分析入手，通过国内外对比分析，明确中国金融科技产业的发展水平和发展阶段；其次，通过对金融科技产业各类主体的全面梳理分析，形成中国金融科技产业生态图谱，并分析指出当前行业生态的发展特点；对人工智能、区块链、云计算、大数据等金融科技关键技术进行深入分析，展示其在金融行业的实践应用情况。

关键词： 金融科技　监管科技　区块链　人工智能　大数据

序

近年来，金融科技成为金融发展中的新一代“热词”，监管部门、地方政府、业界、学界、媒体与公众，都对其表现出极大热情。进入 2018 年，借习近平总书记在两院院士大会上讲话提及人工智能和区块链之机，全国上下更出现了新一轮金融科技发展热潮，很多地方政府基本不考虑本地技术、金融、基础设施、教育、公共服务等支撑因素是否具备，都加入到大办金融科技的“跃进”浪潮之中。一时间，各类金融科技、区块链促进政策相继出台，诸如全球或国内金融科技创新中心、金融科技产业园、区块链创新中心等，亦如雨后春笋般出现。

我们忧虑地看到，当前我国金融科技的发展状况，与被称为“互联网金融元年”的 2013 年极为相似。

那时，从中央到地方，论及金融改革与发展，言必称互联网，计必出自互联网，全国上下掀起了一轮互联网金融“大干快上”的热潮。由于缺乏完备的理论研究和相应的顶层规划设计，由于严重缺乏创新与安全标准、缺乏监管与政策约束，由于相应的金融生态环境保障基本上不存在，“互联网金融”一经上马，很快就出现了严重的泡沫，乃至大量的庞氏骗局。2015 年，鉴于局面日趋严重，国务院十部委联合出台《关于促进互联网金融健康发展的指导意见》，开始对互联网金融进行整顿。到今天，整顿仍在进行，然而问题仍不断出现。可以说，由于理论、法律准备不足，由于协调不够，由于监管长期缺位，顶着科技帽子的互联网金融在给我国金融消费者带来巨大损害的同时，也给我国的金融稳定带来巨大的负面冲击。

鉴于当下全国发展金融科技的热潮与四年前发展互联网金融的状况极为相似；鉴于当年的互联网金融实际上是如今的金融科技的组成部分；鉴于我

们对所有这些打着科技之名所从事的金融活动，事实上均所知甚少，因而严重缺乏理论理解、法律标准和监管基础，我们担心，若不加强国家统筹协调，如今的金融科技很可能重蹈当年互联网金融的覆辙。

放眼世界，未来全球经济竞争将更多体现为金融竞争，而金融竞争则更多体现为科技要素的竞争。可以说，金融科技已经构成各国维护金融安全、促进金融发展、强化金融竞争力的核心要素。正因为如此，各国政府都在加强风险防范与安全约束的前提下，大力支持金融科技发展。在此严峻的国际竞争背景下，为了我国金融未来长治久安，我们必须综合施策，引导我国金融科技健康发展。

制定金融科技发展战略，必须牢记金融科技姓“金”。

按照金融稳定理事会（FSB）在2016年的定义，金融科技（FinTech）是指新技术带来的金融创新，它能创造新的业务模式、应用、流程或产品，从而对金融市场、金融机构或金融服务的提供方式造成重大影响。显然，金融科技无非是将新技术作为服务金融产业发展的手段，在具体应用和发展过程中，仍需遵循金融市场的基本规律。

金融科技是若干重大技术与金融需求场景相结合的产物，因此，我们既需要分层次部署发展战略，又需要使其相互协调。

金融科技发展涉及大量底层重大技术，包括人工智能、大数据、互联网技术（移动互联、物联网）、分布式技术（云计算、区块链）、安全技术（密码技术、量子技术、生物识别技术），还包括一些尚在发展的前沿技术，如边缘计算、数字孪生、脑机结合、增强现实等，以及有向无环图（DAG）、哈希图（Hashgraph）等下一代分布式技术，等等。对于这些底层重大技术，应当主要由科技部门主导制定发展规划，并与金融部门进行协调。

金融科技既为“金融”，当然就应落实在科技在金融领域的运用上。在金融科技领域中，这被称作“金融需求场景”。典型的金融场景包括：金融安全与金融监管、支付结算、融资与金融服务、保险服务、风险控制、智能投顾与财富管理、信用服务、智能营销与服务优化、身份认证等。为了保证金融科技不脱离服务实体经济的本源，应当由金融部门主导展开研究，探讨新的科技如何改变传统金融产品、服务、机构、市场、监管和理论，从而制定有针对性的发展规划。

这部《中国金融科技发展报告（2018）》，大致反映了我们的上述认识。报告的作者都是工作在科研院所或者技术管理部门第一线的专业人士，他们的真知灼见将有助于我们深入了解中国金融科技研究的最新进展以及存在的问题，报告中的分析和建议，有助于我们不忘初心、正本清源，从而对推动我国金融科技健康发展，提供正能量。

国家金融与发展实验室　李扬

2018 年 9 月 11 日

目 录

Ⅰ 总报告

Ⅱ 风险监管篇

Ⅲ 产业应用篇

Ⅳ 场景应用篇

Ⅴ 市场发展篇

皮书数据库阅读**使用指南**

总 报 告

General Report

B.1

2017年中国互联网金融发展情况分析

伍旭川　王　芬　张晓艳　王去非　陈一稀　吴逾峰

摘　要： 本报告分为三个部分，第一部分概括分析了2017年中国互联网金融发展的总体情况，包括发展的宏观背景以及业务拓展情况；第二部分具体分析了互联网金融服务、互联网融资、新型互联网金融机构等在业务发展、模式创新、风险控制以及同业竞争方面的现状和未来发展趋势；第三部分主要概述互联网金融发展方面的监管措施。综合来看，2017年中国互联网金融继续保持健康快速的发展态势，但也面临巨大的转型压力。新兴金融科学技术不断进步也对中国的互联网金融发展产生着重大的影响。

关键词： 互联网金融　互联网融资　监管科技

一 2017年互联网金融的总体发展情况

（一）2017年互联网金融发展的宏观背景

2017年，我国互联网金融行业依旧延续2016年以来严格监管的主基调。李克强总理在政府工作报告中第四次提到了互联网金融，指出要高度警惕互联网金融所累积的风险。因此，国家各部门和地方政府颁布了多项法律法规、政策办法对互联网金融行业实行严格监管。2月，银监会正式下发《网络借贷资金存管业务指引》，在要求网贷平台的客户资金必须由第三方金融机构存管的同时，要求银行不得提供保证或担保，不承担借贷违约责任。6月，由中国互联网金融协会发起的"互联网金融登记披露服务平台"正式上线，截至12月，已有116家互金协会成员单位接入平台。而2017年备受争议的"校园贷""现金贷"也迎来了强监管，6月，中国银监会、教育部、人力资源和社会保障部联合印发《关于进一步加强校园贷规范管理工作的通知》，规定任何网贷机构都不允许向在校大学生发放贷款；12月，互联网金融风险专项整治办和P2P网贷整治办联合印发《关于规范整顿"现金贷"业务的通知》，首次明确了"现金贷"的特征，并对"现金贷"业务列出了五条红线。8月，中国人民银行下发《关于将非银行支付机构网络支付业务由直连模式迁移至网联平台处理的通知》，明确要求非银行支付机构涉及银行账户的网络支付业务全部通过网联平台处理，不得再与银行直连。12月，P2P网贷风险专项整治工作领导小组办公室出台《关于做好P2P网络借贷风险专项整治整改验收工作的通知》，对一些重要事项规定了时间节点，首先，2018年4月底前各地金融办要完成辖内主要P2P机构的备案登记工作，6月底前完成平台全部备案工作。从严监管也成为未来我国互联网金融发展的一个重要趋势。

监管政策的日趋严格，使互联网金融行业进入了规范发展阶段。而近年来，金融科技的快速兴起与普及，也与监管、成本等诸多因素一起推动互联网金融发展进入新时代，各互联网金融企业通过人工智能、区块链、云计算、大数据等方面的技术创新，不断推出新的服务产品，并逐步改善自身运营体系架构，从而进一步扩大了金融服务覆盖面，提升了金融服务效率，降低了金融服务成本。

（二）2017年互联网金融总体发展状况

1. 互联网借贷发展状况

2017 年是互联网借贷行业的“合规规范年”，中国银监会分别在 2017 年 2 月和 8 月发布了《网络借贷资金存管业务指引》和《网络借贷信息中介机构业务活动信息披露指引》，与 2016 年发布的《网络借贷信息中介机构业务活动管理暂行办法》一起构成了互联网借贷行业包括业务管理、存管、信息披露等主要政策的制度体系。2017 年 12 月，《关于做好 P2P 网络借贷风险专项整治整改验收工作的通知》出台，通知要求各地在 2018 年 6 月底前完成辖内全部 P2P 网贷机构的备案登记工作，并明确了具体的整改时间表。而随着互联网借贷行业专项整治工作的不断深入以及国家相关政策的密集出台，各地方政府也积极按照国家要求，纷纷出台了相关监管政策以规范本地互联网借贷平台的发展。

2017 年，中国网贷行业市场成交规模为 28048.49 亿元，与 2016 年 20638.72 亿元的成交规模相比增长 35.9%，增速较 2016 年的 70.8%有所放缓。全年网贷行业的累计成交量突破 6 万亿元，单月成交量均在 2000 亿元以上，3 月和 7 月的成交量甚至超过了 2500 亿元。截至 2017 年底，网贷行业的总体贷款余额已达到 12245.87 亿元，同比上升 50%。2017 年 P2P 网贷行业的综合收益率为 9.54%，同比下降 0.22 个百分点，延续了 2016 年以来整体下行的趋势。这主要有两方面的原因：一方面，体量靠前的平台综合收益率相对降低；另一方面，按照监管政策要求，借款利率逐步下行，这些因素综合起来影响了 P2P 网贷行业的综合收益率。

截至 2017 年底，网贷行业的活跃投资人数为 441.05 万人，同比增加 7.08%，人均投资金额 5.09 万元，较 2016 年底人均投资金额 5.93 万元下降14.17%，活跃借款人数476.24万人，同比增加133.49%，人均借款金额4.72万元，较2016年底人均借款金额11.98万元下降60.6%。2017年，受限额政策的影响，不少P2P网贷平台向互联网消费金融等业务转型布局，借款业务小额且较分散，这使2017年活跃借款人数量和增长速度均超过活跃投资人数量和增长速度，同时人均借款金额下降明显。

截至2017年底，网贷行业的正常运行平台数量为1931家，相比2016年底减少了535家，正常运行平台的数量维持2016年以来逐渐减少的走势。2017年新上线互联网借贷平台仅93家，与2015年、2016年全年新上线平台数量分别为2451家、756家相比呈现大幅度下降趋势。2017年停业与问题平台数量645家，是2017年末正常运行平台数量的33.4%，较2016年停业与问题平台数量1713家减少62.35%。

2. 互联网众筹发展状况

2017年，在监管日趋严格、规范的大背景下，互联网众筹行业进行了深度洗牌。2017年中国互联网众筹行业的融资金额为220.25亿元，较2016年的224.78亿元下降2.02%。截至2017年底，全国正常运营的众筹平台为209家，较2016年337家正常运营平台数量下降37.98%。2017年全国新增众筹平台113家，但问题与转型平台数量为331家。一方面，小规模平台在资源上无法和平台巨头进行竞争，在经营过程中也无法及时调整经营方向，导致经营难以为继；另一方面，由于互联网众筹行业相关法律法规的缺失以及业务运行不规范等，众多平台在追求增长速度和规模时存在盲目性，陷入非理性发展的旋涡。

2017年，全国众筹行业共新增项目54487个，其中，奖励众筹项目36641个，占比67.25%，公益众筹项目17374个，占比31.89%，非公开股权融资项目472个，占比0.87%。融资金额方面，奖励众筹项目共融资195.3亿元，占众筹行业总融资额的88.67%，非公开股权融资项目共融资21.44亿元，占比9.73%，公益众筹项目共融资3.51亿元，占比1.59%。

相较于2016年的爆发式增长，2017年汽车众筹的发展回归理性。截至2017年底，全国汽车众筹共成功融资93.92亿元，较2016年的78.35亿元增长19.87%；全国共有正常运营的汽车众筹平台35家，其中，汽车众筹项目综合类平台7家，垂直型汽车众筹平台28家，出现问题或转型的汽车众筹平台共有129家。

3. 互联网支付发展状况

截至2017年12月，我国使用网上支付的用户规模为5.31亿人，较2016年12月，新增用户5660万人，增长11.9%，我国网民使用网上支付的比例从64.6%提升至68.8%，增长4.2个百分点。其中，手机支付用户规模增长更为迅速，为5.27亿人，较2016年12月，手机支付用户增加5780万人，增长12.33%，用户使用手机网上支付的比例由67.5%提升至70%，增长2.5个百分点。

2017年我国第三方互联网支付交易规模达到26.02万亿元，同比增长31.08%，较2016年62.2%的增速有所下降。第三方互联网支付的交易规模仍旧集中在支付宝、微信支付两大平台上，占据了整个市场约94%的份额。我国第三方互联网支付公司正着力开拓国外市场，目前支付宝和微信支付分别已覆盖了全球30多个国家和地区的20万商户以及13个国家和地区的13万商户。此外，在传统支付工具属性以外，第三方互联网支付公司也提供了越来越多的衍生服务，如支付宝提供的水电煤气有线电视等生活缴费功能，芝麻信用推出的机场免检通道、签证服务等。

2017年我国第三方移动支付的交易规模为98.67万亿元，同比增长67.81%，但较2016年的215.4%已大幅度下降。一方面，互联网技术的提升以及手机等移动设备的普及为第三方移动支付的发展提供了必要的基础环境；另一方面，移动支付对各类生活消费场景的渗透也使得用户的使用率增加。但是，随着移动设备的使用以及移动支付对各类生活消费场景的不断渗透和覆盖，整个市场将日趋饱和，未来，我国第三方移动支付的发展将日益稳定。

监管方面，2017年1月，备付金集中存管要求支付机构将客户备付金按照一定比例交存至指定机构专用存款账户，且暂不计付利息；2017年8月，网联成为新的网上交易清算平台，切断了第三方支付机构直连银行的业务模式，要求2018年6月30日起所有网络支付业务全部通过网联平台处理，为备付金集中存管提供了基础，同时用户支付交易数据信息都将在监管体系内留痕。2017年12月，中国人民银行印发了《条码支付业务规范（试行)》，并配套印发了《条码支付安全技术规范（试行)》和《条码支付受理终端技术规范（试行)》，从业务资质、限额管理、技术规范等方面给出具体要求，资质要求得到进一步加强。这些规范的出台主要目的是规范条码支付业务，保护消费者合法权益，维护市场公平竞争环境，从而促进移动支付业务健康可持续发展。在一系列强有力的监管措施之下，第三方支付将回归工具属性。

4. 互联网保险发展状况

2017年，我国互联网保险行业保持规范发展趋势。一方面，随着互联网保险的科技投入加大、互联网保险对部分传统保险业务的快速代替以及场景创新型产品所带来的增量市场，我国互联网保险的创新业务增长速度较快。数据显示，2017年我国互联网保险的签单件数为124.91亿件，同比增长102.6%，其中退货运费险68.19亿件，增长51.91%；保证保险16.61亿件，增长107.45%；意外险15.92亿件，增长539.26%；责任保险10.32亿件，增长438.25%。但与此同时，2017年互联网保险实现签单保费1835.29亿元，同比下降21.8%，签单保费下降的原因与2017年互联网保险业务的结构调整息息相关。一方面，保监会加大互联网保险行业的治理力度，使得互联网保险的投资型业务大幅收缩；另一方面车险商的车改促使通过互联网渠道销售的车险出现较大幅度下降。

互联网保险经营主体方面，专业互联网保险公司的市场占有率快速提升。泰康在线、众安在线、安心保险和易安保险四家专业保险公司2017年累计保费收入为93.61亿元，占互联网财产险累计保费收入493.49亿元的18.97%，相比2016年上升10.16个百分点；累计签单总量为62.78亿单，占总体签单量的50.26%。而作为内地第一家互联网保险公司，众安在线凭借自身的科技实力与良好的外部环境，于2017年9月28日正式在港交所上市，成为内地首家上市的互联网保险公司，从其创立到成功上市仅用了三年零九个月的时间。

互联网保险的创新主要体现在两方面：一方面，保险渠道多元化，即在原有保险公司代理人的基础上，增加第三方平台、中介代理平台等，促使渠道成本下降；另一方面，产品创新的场景化，即创新险种、用户体验以及大数据的多方位结合，促使保险产品场景化、碎片化。而随着金融科技的发展，保险科技应用也日益广泛，大数据、区块链、人工智能、移动互联网等前沿技术广泛运用于互联网保险行业的产品创新、保险营销和公司内部管理等方面，进而促使创新业务快速发展。

5. 互联网消费金融发展状况

2017 年，中国互联网消费金融的交易规模达到 43847.3 亿元，较 2016 年增长 904%。互联网消费金融爆发式增长的原因主要包括消费者金融理念的渗透、较低的资金使用成本、住房贷款向互联网的转移以及日趋成熟完善的互联网消费金融使用场景布设等。此外，自 2016 年 3 月中国人民银行、银监会发布《关于加大对新消费领域金融支持的指导意见》以来，政府对互联网消费金融的扶持鼓励也是其高速发展的重要因素。

但是，互联网消费金融在高速发展的同时，也出现了暴力催收、授信过度等不正当经营方式，因此，各监管部门在 2017 年下半年相继出台了一系列业务监管政策对互联网消费金融市场进行整顿，包括以下方面：2017 年 6 月银监会、教育部、人社部发布《关于进一步加强校园贷规范管理工作的通知》，暂停网贷机构开展在校大学生网贷业务，11 月发布《关于立即暂停批设网络小额贷款公司的通知》，要求监管部门不得新批设网络（互联网）小额贷款公司；12 月互联网金融风险专项整治、P2P 网贷风险专项整治工作领导小组办公室正式下发《关于规范整顿“现金贷”业务的通知》，对现金贷业务做了全面的规范。

中国互联网消费金融市场的参与者主要包括电商平台、商业银行、持牌消费金融机构以及其他消费金融平台等。2016 ~ 2017 年，由于进入互联网消费金融市场的参与机构较多，其在推动市场整体高速增长的同时，也在一定程度上减弱了市场集中度，2017 年，互联网消费金融放贷金额前十位机构的放贷规模占总规模的67%。但随着监管政策的相继出台，互联网消费金融市场也将迎来整顿期，无资质的机构将退出互联网消费金融市场，在短期内，整体行业增速将有所放缓，行业集中度将逐步提升，而互联网消费金融机构也将主要精力集中于提高业务的合规性、施行更严格的风控。

6. 金融科技发展状况

近年来，受客群变化、金融深化、技术进步等多重因素的综合影响，我国的金融科技得到了高速发展，主要体现出以下特点。

一是技术驱动创新特征愈加明显。机器学习、图像识别等人工智能技术已广泛应用于金融机构前、中、后台流程的优化，协助消费者做出最优金融决策，指纹、人脸等生物识别技术也在金融机构的身份验证、小额快速支付等场景应用越来越多。区块链技术在登记资产、多机构间对账等方面的应用取得了突破。云计算充分发挥资源整合的优势，为互联网金融高频次、高并发、高流量的交易模式提供了适应性基础。大数据技术已应用于互联网金融的运营管理、精准营销、服务创新和风险控制等方面，进一步提高了金融业务的精细化程度。

二是传统金融机构主动拥抱金融科技。在互联网企业跨界开展业务和自身转型升级的双重压力下，传统金融机构深入推进金融科技发展战略，在互联网支付、保险、消费金融、直销银行等方面取得了重点突破。例如，工商银行、农业银行、中国银行、建设银行四大国有商业银行积极与互联网企业开展在金融科技研究应用方面的合作，实现数据共享、账户联通等功能，光大银行、兴业银行以及平安集团等机构专门成立金融科技子公司等。

三是监管的信息化水平逐步提高。人民银行正着力数字央行建设，提升科技支撑央行履职的前瞻性和精准性。银监会通过统一的电子报告和信息登记平台，实现对银行理财市场相关业务产品的全方位监管。证监会也大力推进中央监管信息平台和监控系统建设，提升异常交易行为识别和市场风险监测能力。保监会则组建了中国保险信息技术公司，推进行业内数据的共享与互联互通，打造保险业的大数据平台。

二　互联网金融主要业态的发展情况

（一）互联网融资

2017 年，互联网金融监管日益趋严，是加速合规步伐的一年，被业内看作“史上最严”的金融监管年，针对互联网金融行业发展情况，监管层频频“亮剑”，出台一系列监管政策，其中，重点整顿“校园贷”“现金贷”等业务，叫停虚拟货币，从中可以看出，监管层不断打出重拳，严厉打击扰乱市场秩序的行为，这些规范行动使互联网金融逐渐走上了正规、健康的发展之路。

2017 年是互联网融资在中国落地发展的第十年，网贷行业面临严监管，陆续有政策出台，包括 ICP 备案、银行存管、投资额度限制等一系列合规政策，这使互联网融资扩张速度稍有放缓，金融监管力度的提升推动互联网融资合规化发展。首先，截至 2017 年底，网贷行业总体运营平台数量只剩 1931 家，较 2016 年减少 535 家，虽然业务平台数量在减少，但是网贷行业总成交量比 2016 年增长 55.4%，整个行业的纯度得到了提升。其次，互联网借贷平台爆发出众多风险引起了社会的强烈关注。特别是 2017 年“校园贷”、“现金贷”、ICO 骗局、比特币交易正式退出等受到社会的广泛关注，互联网借贷的不规范经营从金融风险扩张到社会风险。最后，《网络借贷资金存管业务指引》和《网络借贷信息中介机构业务活动信息披露指引》相继发布，加上 2016 年发布的《网络借贷信息中介机构业务活动管理暂行办法》《网络借贷信息中介备案登记管理指引》，网贷行业“1 + 3”制度框架基本搭建完成，网贷行业的银行存管、备案、信息披露，以及发展路径都已经有法可依。同时，《关于做好 P2P 网络借贷风险专项整治整改验收工作的通知》也相应出台，明确了整改验收计划、验收标准和具体的整改与备案时间表。网贷监管政策趋严，对于网贷行业的整顿以及普惠金融的发展具有重大意义，在政策的持续引导下，互联网借贷行业将逐步走上“阳光化”“规范化”的发展道路。

1. P2P 网络借贷

（1）2017 年基本发展情况

①P2P 网贷平台数量出现下降。截至 2017 年底，正常运行的 P2P 网贷平台数量为 1931 家，较 2016 年减少 517 家（见图 1）。分省份看，截至 2017 年底，广东、北京、上海、浙江分别有 410 家、376 家、261 家、233 家正常运营的平台，四地网贷平台数量共占全国 P2P 总量的 66.29%，表明我国 P2P 平台区域集中度相对较高。同时，随着网络借贷行业清理整治政策的趋严，2017 年问题 P2P 平台占比持续降低，2017 年停业及问题平台数量为 645 家，而 2016 年为 1713 家，同比减少 62.35%。根据平台整改备案进度情况，预计 2018 年网络借贷行业运营平台数量将进一步下降，可以预测，随着监管持续加码和网贷备案登记制度正式落地，2018 年底网贷平台可能跌至 800 家左右，P2P 网贷平台规模发展正从“野蛮式”向“合规化”转变。

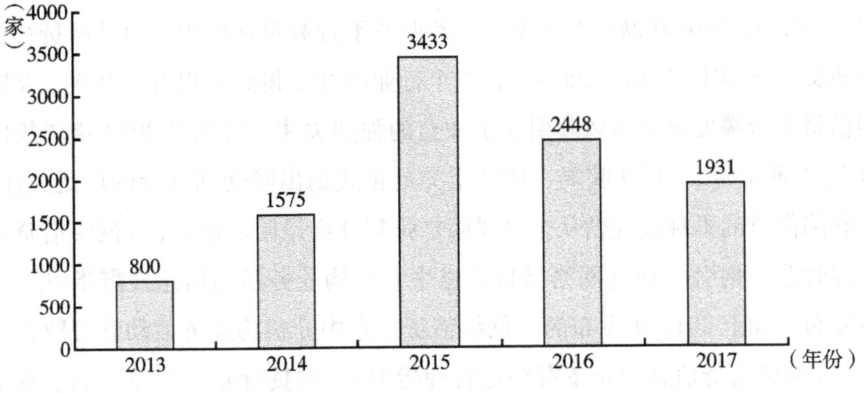

图 1　2013 ~ 2017 年 P2P 网贷公司平台数量情况

资料来源：网贷之家、盈灿咨询。

②P2P 网贷规模仍保持高速增长态势。截至 2017 年末，P2P 网贷余额 12245.87 亿元，较 2016 年增长 50%。2017 年全年，P2P 网贷成交量达 23240.3 亿元，较 2016 年增长 55.4%，虽然增速较 2016 年下降 15.4

个百分点，但依旧保持了近5年来50%以上的增速，进一步体现了P2P行业集中度高，资金净流入持续，业务扩张速度快等特点，带动P2P行业贷款余额迈上了新台阶（见图2）。按照目前走势，预计2018年底网络借贷行业贷款余额或超1.5万亿元。分省份看，截至2017年底，北京、上海、广东三个省份的贷款余额在全国排名前三位，分别为4386.21亿元、3257.17亿元、2264.73亿元，占全国贷款余额的比例为80.91%。浙江、江苏、四川紧随其后，分别为1061.18亿元、374.57亿元、131.6亿元。

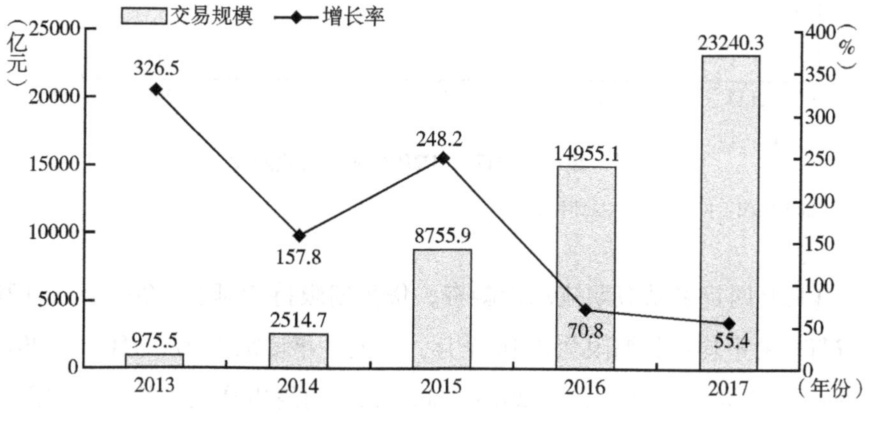

图2　2013～2017年P2P网贷市场交易规模

资料来源：网贷之家、盈灿咨询。

③P2P网贷收益率持续降低。据网贷之家统计，2017年P2P网贷行业总体综合收益率为9.45%，较2016年下降1个百分点，延续了2016年下行走势，但其下降速度有所放缓（见图3）。自2013年后，P2P网贷综合收益率持续下降，近十年来P2P网贷行业的综合收益率呈现“倒V形”走势。一方面，在行业集中度增加的情况下，有上市公司系、银行系和国资系等强大背景的平台已成为生存重要依靠，容易受投资人青睐，其综合收益率相对较低；另一方面，受监管政策出台影响，问题平台陆续得到清理整治，网贷

行业平台合规成本增加，收益回归价值，资产端借款利率也逐步下行，这些因素综合起来使网贷行业综合收益率不断下行。预计 2018 年网络借贷行业综合收益率将继续下行至 9% 左右。

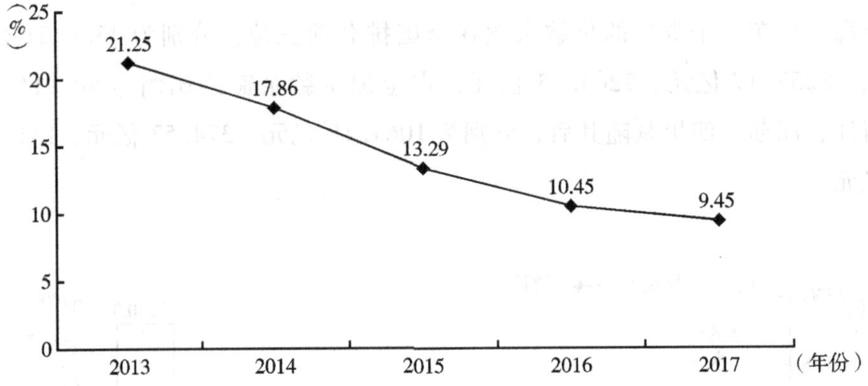

图 3　2013 ~ 2017 年 P2P 行业综合收益率

资料来源：网贷之家、盈灿咨询。

④P2P 网贷多属短期流动性融资，贷款期限持续延长。2017 年，P2P 网贷行业的平均借款期限为 9. 16 个月，较上一年增加 1. 27 个月，较 2013 年增长 93. 7%（见图 4）。自 2013 年起，P2P 网络借贷的平均借款期限便逐年走高，2016 年以来网贷行业清理整治监管政策频繁出台，以现金贷为代表的问题平台陆续被淘汰，短期业务被禁，为追求资产稳定、流动性风险降低，部分大体量平台推出很多长期项目，P2P 综合利率的降低意味着融资成本的减少，在一定程度上拉动了中长期资金的需求。分省份看，2017 年上海市平均借款期限为 14 个月，明显高于其他省份；从借款期限的分布区间看，平均借款期限在 1 ~ 4 个月的 P2P 平台最多，占全部平台的 41%，主流平台集中于 1 ~ 6 个月，占比 58. 45%。P2P 网贷从短期贷款起步，贷款期限的延长表明部分网贷平台逐步探索中长期互联网贷款，是业务发展开拓的表现之一，预计 2018 年全年网络借贷行业平均借款期限或将在 10 个月附近。

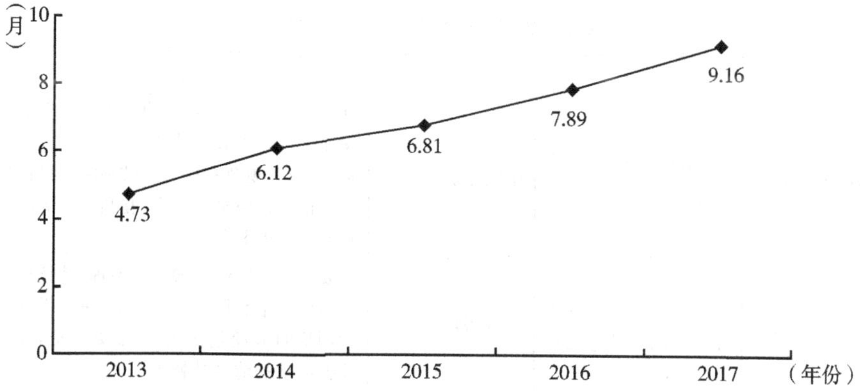

图4　2013～2017年P2P行业平均借款期限

资料来源：网贷之家、盈灿咨询。

（2）2017年P2P网贷行业主要监管举措

2017年互联网金融行业已正式步入合规元年，国务院各部委出台多项文件，规范互联网金融发展，“一行三会”对互联网金融行业发布了一系列监管政策。原本参差不齐的互联网金融行业在监管政策的监管下，开始了一轮真正意义上的“洗牌”。2017年《网络借贷资金存管业务指引》、《网络借贷信息中介机构业务活动信息披露指引》相继发布，加上2016年出台的《网络借贷信息中介机构业务活动管理暂行办法》和《网络借贷信息中介备案登记管理指引》，网贷行业“1+3”（即一个办法，备案、存管、信披三个指引）制度框架基本搭建完成，同时2017年出台的《关于做好P2P网络借贷风险专项整治整改验收工作的通知》对整改验收计划、验收标准、整改措施和备案时间表都进行了详细规定，要求各监管单位2018年4月底前完成辖内主要P2P机构的备案登记工作，6月底之前全部完成，为P2P行业的健康发展保驾护航。

与此同时，P2P借贷引发的一系列风险引起了多方关注，“校园贷”的规范叫停、“现金贷”的停摆监管、“e租宝”宣判、“ICO”关停等引发社会的广泛关注和讨论。随着互联网借贷专项清理整治和各地备案工作的正式开展，P2P借贷行业的合规和备案将是未来一段时间发展的主基调。表1梳理了2017年P2P行业监管文件。

表1　2017 年 P2P 行业监管文件

时间	文件	发布机构	内容简介
2017 年 2 月	《网络借贷资金存管业务指引》	中国银监会	规定资金存管的定义，明确银行业金融机构作为存管人和网贷平台作为委托人的资质、业务规范和职责。鼓励网贷机构与商业银行按照平等自愿、互利互惠的市场化原则开展业务
2017 年 4 月	《关于银行业风险防控工作的指导意见》	中国银监会	稳妥推进互联网金融风险治理；持续推进网络借贷平台风险专项整治；重点做好校园网贷的清理整顿工作；做好“现金贷”业务活动的清理整顿工作
2017 年 4 月	《关于开展“现金贷”业务活动清理整顿工作的通知》	互联网金融风险专项整治工作领导小组办公室	将“现金贷”纳入互联网金融风险专项整治工作；按照情节轻重对“现金贷”P2P 网贷平台进行分类处置
2017 年 6 月	《关于进一步加强校园贷规范管理工作的通知》	银监会、教育部、人力资源和社会保障部	进一步加大校园贷监管整治力度，从源头上治理乱象，防范和化解校园贷风险
2017 年 6 月	《关于进一步做好互联网金融风险专项整治清理整顿工作的通知》	央行及 17 部委联合	明确了整改实施阶段应最迟于 2018 年 6 月底前完成；整改期间，从业机构存量不合规业务要逐步压降至零，不得新增不合规业务
2017 年 6 月	《关于对互联网平台与各类交易场所合作从事违法违规业务开展清理整顿的通知》	互联网金融风险专项整治工作领导小组办公室	清理整顿互联网平台与各类交易场所合作开展违法违规业务，2017 年 7 月 15 日前，停止与各类交易场所合作开展涉嫌突破政策红线的违法违规业务的增量
2017 年 8 月	《网络借贷信息中介机构业务活动信息披露指引》	中国银监会	要求网络借贷信息中介机构应当在其官方网站及提供网络借贷信息中介服务的网络渠道显著位置设置信息披露专栏，展示信息披露内容。此指引的出台，标志着网贷行业“1 +3”制度体系完成
2017 年 9 月	《互联网金融个体网络借贷资金存管业务规范（征求意见稿）》	中国互联网金融协会	对存管人资质、业务管理、业务运营等业务规范做出明确详细的要求
2017 年 9 月	《互联网金融个体网络借贷借贷合同要素（征求意见稿）》	中国互联网金融协会	规定了个体网络借贷业务中借贷合同的必备要素
2017 年 9 月	《互联网金融信息披露个体网络借贷》	中国互联网金融协会	规定了从业机构信息、平台运营信息和项目信息披露的基本内容和要求，共计 126 项，其中，强制性披露指标有 109 项，鼓励性披露指标有 17 项

续表

时间	文件	发布机构	内容简介
2017 年 11 月	《关于开展网络借贷资金存管测评工作的通知》	P2P 网贷风险专项整治工作领导小组办公室	对已开展网贷资金存管业务且已存在上线网贷机构的银行进行测评，明确了测评的原则、流程和范围
2017 年 12 月	《关于规范整顿"现金贷"业务的通知》	P2P 网贷风险专项整治工作领导小组办公室	要求暂停发放无特定场景依托、无指定用途的网络小额贷款，逐步压缩存量业务，限期完成整改。未依法取得经营放贷业务资质，任何组织和个人不得经营放贷业务
2017 年 12 月	《关于做好 P2P 网络借贷风险专项整治整改验收工作的通知》	P2P 网贷风险专项整治工作领导小组办公室	各地须在 2018 年 4 月底之前完成辖内主要 P2P 机构的备案登记工作，6 月底之前全部完成。时间表的最终确认意味着能够顺利通过此次备案的平台可以获得继续发展的机会，否则会被淘汰出局
2017 年 12 月	《互联网金融个体网络借贷借贷合同要素》	中国互联网金融协会	规范了网贷行业的借贷合同的必备要素

资料来源：网贷之家。

同时，各级地方政府也在 2017 年出台 P2P 网贷平台运行管理和备案规范，北京、上海、广州、厦门、深圳、广西、浙江、江苏等地推进相关工作，并推出了相应的网贷整治细则，逐步落实中央互联网借贷监管政策。表 2 梳理了 2017 年 P2P 行业地区监管文件。

表 2　2017 年 P2P 行业地区监管文件

时间	文件名称	发布机构
2017 年 2 月	《厦门市网络借贷信息中介机构备案登记管理暂行办法》	厦门市金融办
2017 年 3 月	《网络借贷信息中介机构事实认定及整改要求》	北京市金融监管部门
2017 年 2 月	《广东省〈网络借贷信息中介机构业务活动管理暂行办法〉实施细则》和《广东省网络借贷信息中介机构备案登记管理实施细则》	广东省人民政府金融工作办公室
2017 年 3 月	《厦门市网络借贷信息中介机构备案登记法律意见书指引》	厦门市金融办
2017 年 3 月	《厦门市网络借贷信息中介机构专项审计报告指引》	厦门市金融办

续表

时间	文件名称	发布机构
2017年5月	《〈网络借贷信息中介机构业务活动管理暂行办法〉广西壮族自治区实施细则（征求意见稿）》	广西壮族自治区金融工作办公室
2017年5月	《广西壮族自治区网络借贷信息中介机构备案登记管理实施细则（征求意见稿）》	广西壮族自治区金融工作办公室
2017年6月	《上海市网络借贷信息中介机构业务管理实施办法（征求意见稿）》	上海市金融办
2017年7月	《深圳市网络借贷信息中介机构备案登记管理办法（征求意见稿）》	深圳市金融办
2017年7月	《北京市网络借贷信息中介机构备案登记管理办法（试行）（征求意见稿）》	北京市金融工作局
2017年7月	《关于互联网平台与各类交易场所合作金融业务相关情况的通知》	深圳市金融办
2017年11月	《关于网贷机构备案公示的通知》	厦门市金融办
2017年12月	《浙江省网络借贷信息中介机构备案登记管理实施细则（试行）（征求意见稿）》	浙江省金融办
2017年12月	《江苏省网络借贷信息中介机构备案登记管理暂行办法（征求意见稿）》	江苏省金融办

资料来源：网贷之家。

（3）2017年P2P网贷的发展方向

①行业集中化明显，合规化进程加速。随着监管细则的不断出台，网络借贷整改工作的不断推进，P2P网贷行业将从清理走向合规。2017年，在严厉的监管和网贷备案登记政策环境下，不合规的网贷平台将陆续减少，有政策红利的大平台会逐渐增加，平台间的合并不断加剧，P2P网贷行业的集中化将更加明显。在严厉的监管之下，各大P2P网贷平台加快合规化进程，网贷行业借款限额合规性进一步提高。预计2018年，网贷平台数量将会进一步减少，行业集中度进一步提升。

②网贷行业利率持续下降，同业优质竞争更加激烈。随着监管的不断完善，行业门槛进一步提高，部分平台的退出和带有不合规风险的高收益的回归本质，网贷平台利率将持续下降，促使坏账率进一步下降，行业将进入一

个良性发展阶段。预计2018年，网贷平台的利率仍将呈下降趋势。同时监管部门对P2P行业的定位是小微、分散，根据网贷政策中的限额规定，网贷平台资产端来源单一。预计2018年，个人消费贷款、消费分期贷款等细分领域将成为网贷平台的必争之地，以消费金融和小额资产为定位的网贷平台在2018年将借助政策优势及业务经验取得突破性发展。

③海外上市持续，境外市场进一步开拓。随着网贷行业的快速发展，为进一步融资，P2P行业将迎来海外上市潮，主要由专项整治还未结束，国内直接上市难度较大和国外市场IPO等待时间短两大原因引起，随着行业备案制度完成，行业上市意愿更加强烈。同时随着商业模式的成熟及技术的不断进步，开拓境外市场成为网贷平台新利润增长点，预计2018年网贷行业将进一步开拓海外市场。

④金融科技在P2P平台作用更加明显。随着大数据、云计算、区块链等金融科技在P2P借贷领域的运用，P2P平台将逐渐实现信息共享、反欺诈、黑名单等新功能，特别是在多头借贷、风控不力等问题上将发挥重要作用。

2. 众筹

（1）2017年众筹行业基本情况

众筹平台数量大幅下降，类型分布占比基本稳定。2017年是众筹行业深度洗牌的一年，也是金融监管趋严、规范发展的一年，众筹平台退、转加速。据统计，2017年，全国众筹行业平台新增113家，倒闭、转型以及其他331家，其中倒闭270家（见图5）。截至12月底，全国共有正常运营的众筹平台209家，数量较2016年下跌51.05%（见图6）。其中奖励众筹平台95家，非公开股权融资平台71家，混合众筹平台34家，公益众筹平台9家。从类型占比看，混合型、公益型占比与2016年持平；随着党的十九大以来对非股权融资的政策利好，非股权融资平台占比较2016年上升6.6个百分点。同时，由于汽车类等众筹平台转、退，奖励众筹平台占比较2016年下降6.5个百分点。

众筹融资金额小幅收缩，众筹市场发展更趋理性。

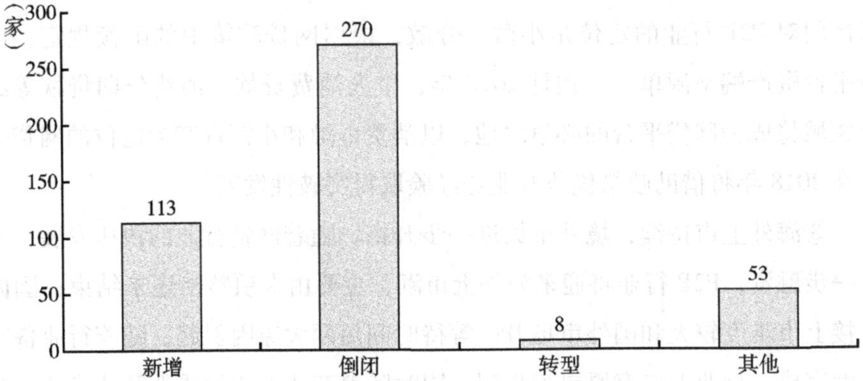

图5　2017年全国新增、问题及转型平台数量

资料来源：2017年中国众筹行业年报。

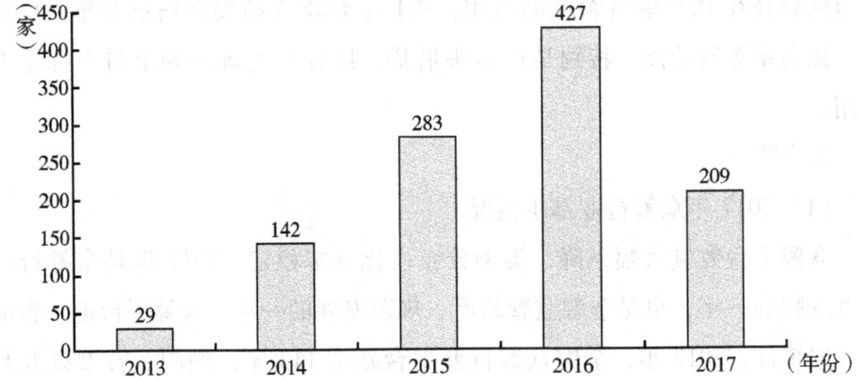

图6　2013～2017年全国正常运营众筹平台数量

资料来源：2017年中国众筹行业年报。

据统计，截至2017年底，全国众筹行业共实现成功融资220.25亿元，较2016年下降4.53亿元（见图7）。其中奖励众筹融资195.3亿元，占比88.67%；非公开股权融资21.44亿元，占比9.73%（见图8）。分地区看，北京、浙江和上海位列成功融资金额的前三。2017年，全国众筹行业新增项目54487个，其中奖励众筹项目36641个，占比67.25%，公益众筹项目

17374 个，占比 31.89%。随着外部环境因素的影响，众筹投资更趋理性，投资者更倾向于被市场认可的龙头平台。

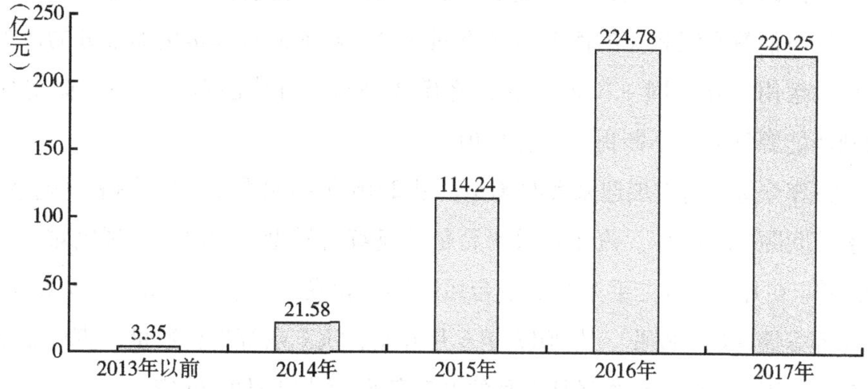

图 7　2013 年以前及 2014～2017 年全国众筹成功融资金额

资料来源：2017 年中国众筹行业年报。

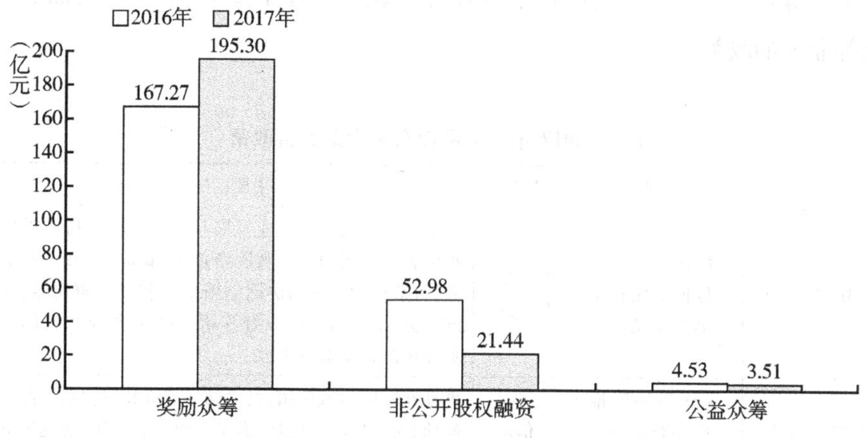

图 8　2016～2017 年全国众筹平台成功融资额分布

资料来源：2017 年中国众筹行业年报。

（2）2017 年众筹平台发展情况

众筹平台项目领域细分趋势凸显。2017 年，众筹平台除综合类众筹平台外，如京东、淘宝、苏宁、小米等，为满足大众需求或特定群体需求，垂直领域的众筹平台在2016年汽车、影视娱乐、房地产等基础上更加细分，出现了医疗众筹、民宿众筹、新能源众筹等新领域。如民宿众筹，在酒店、民宿、公寓等空间领域，提供基于生活方式和资产配置的空间众筹产品，兼以发展与消费升级相关的商业地产空间众筹。新能源众筹是更加细分的众筹领域，运用“互联网+”的理念，将模式创新、科技创新、普惠金融等应用到新能源领域，不断提升行业价值。

汽车众筹平台发展迎来大幅调整。继2016年第四季度出现跑路、资金链断裂等问题，2017年，汽车众筹平台依然延续着转型、跑路、提现困难、停业之势。6月，部分二手车众筹平台风险事件频发，逐渐退出市场，宏鑫诚、海易筹等提现难、停业。从2017年6月开始，汽车众筹平台数量一直处于下降趋势，正常运营平台数量从1月的107家下降到12月的34家。

（3）众筹行业主要监管政策

2017年，国务院及其部委先后出台政策，在规范众筹平台发展的同时，鼓励众筹行业发展、推进股权融资业务。表3梳理了2017年中央层面有关众筹业务的政策。

表3　2017年中央层面有关众筹业务政策

时间	政策	机构	主要内容
2017年1月	《关于促进移动互联网健康有序发展的意见》	国务院办公厅	支持中小微互联网企业发展壮大。积极扶持各类中小微企业发展利用互联网新技术、新应用，开展新业务，打造移动互联网协同创新平台和新型孵化器，发展众创、众包、众扶、众筹等新模式，拓展境内民间资本和风险资本融资渠道
2017年1月	《关于进一步推进中小企业信息化的指导意见》	工信部	推动互联网金融应用，发挥网络借贷和股权众筹高效便捷、对象广泛的优势，满足小微企业小额、快速融资需求
2017年7月	《强化实施创新驱动发展战略进一步推进大众创业万众创新深入发展的意见》	国务院	完善债权、股权等融资服务机制，为科技型中小企业提供覆盖全生命周期的投融资服务； 支持互联网金融发展，引导和鼓励众筹融资平台规范发展； 支持互联网金融发展，引导和鼓励众筹融资平台规范发展，开展公开、小额股权众筹融资试点，加强风险控制和规范管理

续表

时间	政策	机构	主要内容
2017年8月	《私募投资基金管理暂行条例(意见稿)》	国务院	私募投资资金仍旧采用合格投资者制度,合格投资者的具体标准由国务院证券监督管理机构规定; 私募基金应当向特定的合格投资者募集或转让,单只私募基金的投资者人数累计不得超过法律规定的人数。不得采取将私募基金份额或者其他收益权进行拆分转让等方式变相突破合格投资者标准
2017年10月	成立互联网股权融资专委会	中国互联网金融协会	主要职责包括制定互联网股权融资自律管理规则、经营细则和行业标准,依法开展互联网股权融资从业机构自律管理及检查,维护互联网股权融资市场制度等

（4）2018年众筹发展趋势

股权众筹的规范化。随着国务院及其部委先后出台规范股权融资相关政策，2018年，股权融资将逐步走向规范。按照国务院《强化实施创新驱动发展战略进一步推进大众创业万众创新深入发展的意见》，2018年，有望开展公开、小额股权众筹融资试点。互联网股权融资专委会的成立，将推动股权融资自律管理、经营和行业标准等落地；由此推断，2018年，股权众筹的规范化，将可能成为发展直接融资、建设多层次资本市场的重要举措，成为推动破解创新创业企业融资难题的有效途径。

众筹信息的透明化。众筹投资因其特殊性，信息不对称问题尤其突出，比如发起人的信息、众筹项目的信息披露不到位可能引发的逆向选择或道德风险问题等。随着金融科技的发展，在既有信息发现机制的基础上，区块链、大数据征信、VR、人脸识别等技术可能逐步应用在众筹行业，促进更有效的信息传递和披露。如通过众筹平台资质、运营、社交信用等大数据的分析打造众筹行业征信生态，通过区块链不可更改的数字账簿对公益众筹善款用途去向的有效控制等，信息透明化将推动众筹行业健康发展。

众筹行业的移动化。随着互联网金融的崛起发展，投资者习惯逐渐改变，移动终端已然成为当前投资的重要渠道之一，投资者通过移动终端参与投资的需求愈加旺盛。同时，移动互联网随时随地在线以及分享便捷等优势，有助于众筹行业使用投资人碎片化时间进行营销与推广宣传，并能更全面地获取投资者社交生活等信息，为新的众筹项目提供数据支撑。伴随众筹行业的快速发展，移动应用将有望成为未来众筹平台的发展方向。

（二）互联网金融服务方式

互联网支付是互联网金融重要的领域，也是发展相对成熟的领域，其中移动支付已经被列为“中国新四大发明”之一，其规模全球领先。2017 年，我国互联网支付行业继续快速增长，这取决于两个方面的因素：一方面，互联网支付的安全性和便捷性不断提高，因此互联网支付的客户黏性也在不断提高；另一方面，互联网支付方式不断创新以及应用领域不断拓展，使互联网支付的交易规模不断扩大。

（1）互联网支付发展现状及未来发展趋势

2017 年是互联网金融强监管年，多份监管文件影响支付行业的发展和走向，包括聚合支付服务的清理整治，加强开户管理及可疑交易控制，出台条码支付业务规范、规范支付创新业务；等等，可见央行加强整顿支付行业、推动产业往合规化发展的决心之大。

2017 年，《中国人民银行关于印发〈条码支付业务规范（试行）〉的通知》文件的出台，首次明确支付机构开展条码业务需获得银行卡收单业务许可和网络支付业务许可，并对条码支付业务进行分级限额管理；同时发布的《中国人民银行关于规范支付创新业务的通知》，要求银行和支付机构开展支付创新业务应提前 30 天报告；年底发布的《中国人民银行办公厅关于调整支付机构客户备付金集中交存比例的通知》，要求 2018 年起支付机构客户备付金集中交存比例将由现行的 20% 左右提高至 50% 左右。央行对金融机构、支付机构和收单外包机构的监管，目的就是要从上而下全面整治市场乱象，让支付回归安全本质。

经过近一年的筹备和试运行，2017 年 8 月 29 日网联清算有限公司（以下简称网联）正式成立，网联的成立是我国第三方支付发展的里程碑，将给第三方支付业务模式和市场带来深远的影响。2017 年 8 月 4 日，央行结算司印发《中国人民银行支付结算司关于将非银行支付机构网络支付业务由直连模式迁移至网联平台处理的通知》，要求自 2018 年 6 月 30 日起，所有网络支付业务全部通过网联平台处理。截至 2017 年底，共有 248 家商业银行和 65 家支付机构接入网联平台，各支付机构有序将涉及银行账户的网络支付业务从直连通道切换至网联平台。

对整个支付市场而言，网联的成立将加速第三方支付行业的洗牌，支付牌照回归价值理性；对大型第三方支付机构而言，如支付宝、微信支付等将会增加交易成本，规模议价优势逐渐消失；对中小型第三方支付机构而言，其套利空间变小，支付费用更加实惠，人力技术成本支出将大大减少。“网联”上线后，进一步减小了中小支付机构的市场压力，推动了移动支付时代的监管创新，也便于央行更全面准确地掌握第三方支付数据，从而更好地实施监管，消除各类风险隐患，建立一个更加规范、健康的市场，这对良性创新、差异发展的支付机构来说，将是一个全新的开始。

截至 2018 年 1 月底，经过五批支付牌照续展后，目前有《支付业务许可证》的支付机构 243 家，共注销 28 张支付牌照，其中 2017 年注销了 20 张，可见监管高压态势依旧，当前央行已暂停发放新的第三方支付牌照，对现有牌照的续展持从严的态度，第三方支付牌照处于只减不增的局面，第三方支付牌照已进入存量时代。

整体看来，2017 年可谓互联网金融强监管年，移动支付迅猛发展，行业监管愈发规范，推动支付行业规范化发展。展望 2018 年，行业洗牌、整合将不可避免，支付终究要回归工具属性，借助技术手段提升用户体验与保障支付安全是支付行业的必然出路，随着监管层对第三方支付领域的强化监管和风险防范的持续，行业将面临进一步整合，监管层将会继续加大对支付牌照的注销力度，不断规范第三方支付市场。

①互联网支付。当下，我国电子商务环境不断优化，支付场景不断丰富，金融创新持续活跃，这些都使网上支付业务取得快速发展，因此第三方支付机构开展的互联网支付业务也取得了较快发展。2017 年第三季度，我国第三方互联网支付交易规模创历史新高，达到 7.4 万亿元，同比增长

42.3%，环比增长4.2%（见图9）。图10显示了2017年第三季度中国第三方互联网支付交易规模结构。

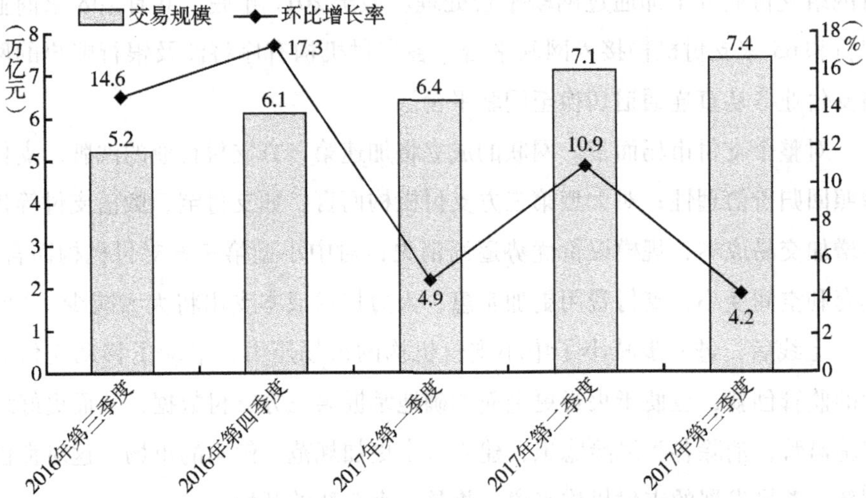

图9　2016年第三季度至2017年第三季度中国第三方互联网支付交易规模

资料来源：根据艾瑞统计模型核算。

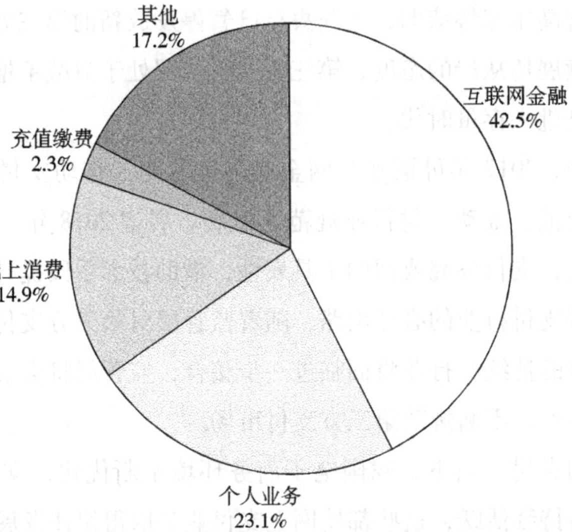

图10　2017年第三季度中国第三方互联网支付交易规模结构

资料来源：根据艾瑞统计模型核算。

从市场格局来看，互联网支付机构面临着较为激烈的竞争，2017 年全年中国第三方互联网支付核心企业交易规模市场份额有所波动。在 2017 年第三季度第三方互联网支付交易规模市场份额中，支付宝继续领跑市场，以 29.2% 的份额位列第一，但同比降低了 21.22 个百分点，财付通排名第二，市场占有率为 18.3%，市场份额基本稳定；银联商务排名第三，市场占有率为 16.3%，前三家机构共占据互联网支付行业交易份额的 63.8%，超过半壁江山（见图 11）。

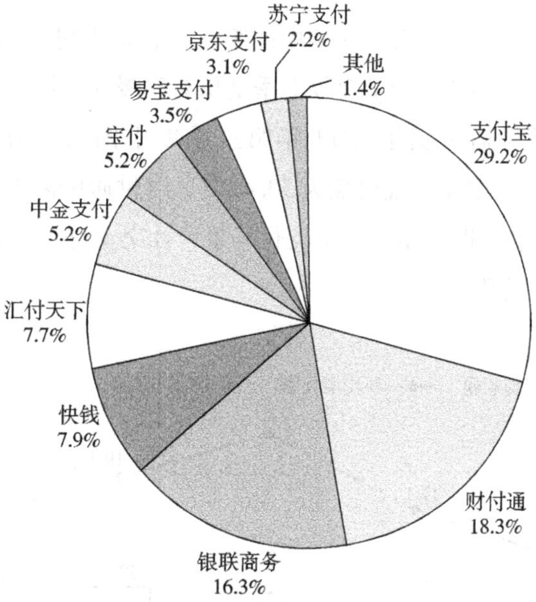

图 11 2017 年第三季度中国第三方互联网支付市场交易份额

资料来源：根据艾瑞统计模型核算。

继 2017 年第三季度电商行业交易规模持续增长，支付宝、银联商务、腾讯金融仍然位列前三名，三家机构总规模均呈现增长态势，但其他支付机构在总量较小的前提下增速更加迅猛，也在一定程度上挤占了前三家巨头的市场份额。

在阿里巴巴和京东等电商财报均披露交易增幅的基础上，加上支付公司的销售激励和商户补贴等手段的刺激，网贷、理财、游戏、教育等平台新用户增量明显，为互联网在线支付交易规模持续增长打下良好基础。

支付宝通过开拓外部市场及发挥电商和理财业务支撑的优势，客户数量和交易规模持续增加；腾讯金融通过开放平台战略，继续开拓外部场景，加之其拥有战略优势的游戏市场和自有平台增值服务，市场份额一直稳定；宝付第三季度深耕互联网理财等行业，持续拓展多家头部商户，在互联网理财和消费金融领域影响力日益扩大，行业交易规模增幅明显，同时积极拓展跨境行业，整体交易规模持续增长。

②移动支付。2017 年第三季度中国第三方移动支付交易规模达到 31.6 万亿元，环比增长 16.6%，增速较上季度稍有放缓（见图 12）。

支付宝与财付通占据了 2017 年第三季度中国第三方移动支付市场 88.54% 的份额，其中支付宝份额为 50.42%，财付通份额为 38.12%。凭借庞大的使用人群和不断丰富的线下支付场景，社交支付和线下支付的用户数量及黏性进一步提升。

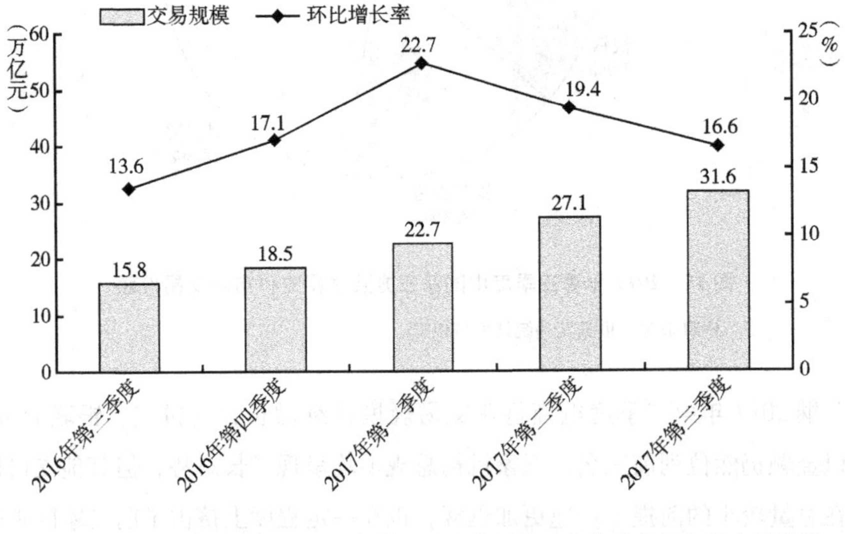

图 12　2016 年第三季度至 2017 年第三季度中国第三方移动支付市场交易规模

资料来源：根据艾瑞统计模型核算。

（2）互联网支付创新

2017年是互联网金融强监管年，但是支付创新不断加速，互联网金融已全面渗透到各个领域，从移动支付技术的升级，到金融产品的创新，互联网金融的快速发展正逐步改变未来金融的形态，一扫即付、一挥即付、一触即付，支付的应用场景不断丰富，支付方式创新不断，如利用RFID、生物识别、计算机视觉等各种技术完成的“不掏钱付账”体验和利用物联网及人工智能相结合的“空付”等，用户体验大幅提升，交易规模增长迅速。根据中国人民银行公布的2017年全年支付体系运行总体数据，2017年，银行业金融机构共处理电子支付业务1525.80亿笔，金额2419.20万亿元。其中，网上支付业务485.78亿笔，金额2075.09万亿元，同比分别增长5.20%和-0.47%；移动支付业务375.52亿笔，金额202.93万亿元，同比分别增长46.06%和28.80%。非银行支付机构发生网络支付业务2867.47亿笔，金额143.26万亿元，同比分别增长74.95%和44.32%。

①技术升级。移动支付方面，互联网支付机构利用近场通信技术（如NFC.2.4G等）以及远程网络技术（如4G网络、短信等），实现信息交互，并完成支付行为。移动支付方式之所以领先于传统支付方式，最大得力于智能手机的普及，它在移动端打通线上线下，与各个行业无缝结合，打破了传统支付方式在空间及时间上的局限性，实现了快捷支付。典型的案例有区块链技术、虚拟现实技术、金融科技、人工智能技术、全息技术、生物识别技术、支付标记化等。

②互联网创新概念。2017年，可谓“人工智能应用元年”，互联网移动支付创新概念层出不穷，移动支付成为互联网支付的新热点，未来构建创新概念将成为移动支付的重心。如刷脸支付、无感支付、黑科技、共享单车、无人零售、无人驾驶、共享充电、京东闪付、供应链金融等新概念应运而生，随着大数据和云计算的运用，互联网将推动医疗、教育、农业、旅游、传媒和交运等诸多行业向O2O创新发展。

（3）互联网支付的风险及监管动向

①互联网支付的主要风险。第一，政策风险。对于任何一个行业和领域

来讲，国家的大政方针都不可或缺，对互联网支付公司更是如此。为支持第三方支付平台规范发展，2017 年央行出台了各类政策，既创造了良好的环境，又有效遏制了第三方支付平台的野蛮生长，使行业发展步入良性轨道。未来，随着互联网金融的不断发展和监管政策的趋于完善，第三方支付将面临整顿洗牌和改造升级，行业发展存在一定变数，也面临一定政策风险，在这种情况下，第三方支付企业更应该与时俱进，不断创新，适应社会发展，顺应现代潮流。

第二，流动性风险。在互联网支付环节，要完成资金支付，交易者需要将实体资金从银行账户转移到互联网金融支付平台账户中，进行互联网支付，在划拨款项时需经过交易者确认，所划资金才会完成支付。在这一过程中，由于使用互联网金融进行支付，并未实现实时到账，存在交易收付时间差，客户资金因此存在被挪用的风险。当前，针对互联网金融支付机构的客户备付金制度虽已建立，但是互联网金融支付平台依然存在潜在的流动性风险，且不可小觑。

第三，技术风险。互联网金融支付，主要依托互联网金融交易平台完成，因支付主要通过互联网输送数据和服务，隐含着一定的技术风险，主要体现在应用系统的安全性、系统运行的稳定性和硬件系统的可靠性等方面，伴随着互联网金融支付交易量的迅猛增大、交易群体的迅速增长，互联网金融平台的软硬件有一定的滞后性，一旦软硬件发生故障，就会造成支付延迟。在极端情况下，甚至会丢失支付信息，这一隐患将长期存在。在这种情况下，那些安全系数不够高、技术保障不足的第三方支付平台便会出现系统漏洞，使用户的权益受损，而这也极易波及支付平台上的其他银行，对更多机构和行业造成冲击。

第四，法律风险。对互联网金融支付平台来说，其法律风险首先是洗钱套利，一方面，互联网金融支付平台容易被利用，成为资金转移渠道；另一方面互联网金融支付平台本身就是一个资金池，在某种意义上说，通过互联网金融支付的资金池功能来隐藏资金极为便利。其次是资金及数据安全存在风险，一方面，支付平台可以利用资金进行投资，一旦投资失败将会给客户带来巨大的损失。另一方面，在交易过程中，可能造成用户数据信息泄露，产生数据风险。最后是主体资格和经营范围的风险，第三方支付平台可能会越权调用支配大量资金，从而产生一系列风险。

②互联网支付的新动向。一是政策趋严支付牌照并购洗牌加速。经过五批支付牌照续展后，目前有《支付业务许可证》的支付机构为243家，共注销28张支付牌照，其中2017年注销了20张，支付机构违规转让、存在大量虚假商户、支付业务不符合标准、擅自转让及违规挪用客户备用金等现象，都成为央行出手吊销牌照的理由，释放明显的整顿信号。在监管部门不再新增支付牌照的背景下，不少电商和互联网企业纷纷斥巨资收购牌照，如京东、海尔等大型企业，加速整个的行业洗牌节奏，行业的并购或将提速。

二是网联平台将引领互联网支付新的格局。为管住资金通道，防范系统性风险，网联正式成立。2017年8月4日，央行结算司印发了《中国人民银行支付结算司关于将非银行支付机构网络支付业务由直连模式迁移至网联平台处理的通知》，要求自2018年6月30日起，所有网络支付业务全部通过网联平台处理。网联平台的成功上线，直接改变了支付机构与银行多头连接或直连银行开展业务的状况，解决了备付金集中管理的难题，纠正第三方支付机构违规从事跨行清算业务，防范和处理各类违规风险等。同时加速推进金融机构数据共享，在一定程度上防止金融机构的数据垄断，为国内统一的数据体系建设奠定了良好的基础。

三是迎来技术革新时代。目前，二维码支付在第三方支付领域已非常成熟，成为主流结算方式，NFC近场支付、光子支付、声波支付等新潮的支付手段也在逐渐被运用到现实中。且NFC近场支付被认为是当前最安全的支付方式，在中国境内支付市场，三星、苹果已经先于中国手机制造厂商推出Samsung Pay、Apple Pay，掀起了NFC支付潮流。随着支付与科技的日益紧密结合，支付方式必将不断革新，应用普及率也会大大提高。

（4）互联网支付的监管环境及未来的监管动向

①互联网支付的监管现状。2017年可谓互联网金融强监管年。从2017

年初至年末，央行对清算机构、金融机构、支付机构以及收单外包机构的监管进一步明确和细化，保障了中国支付行业健康、有序、理性的发展。

2017 年 1 月和 12 月，中国人民银行发布《中国人民银行办公厅关于实施支付机构客户备付金集中存管有关事项的通知》，明确规定自 2017 年 4 月 17 日起，支付机构应将客户备付金按照一定比例（约 20%）缴存至中国人民银行专用存款账户，该账户资金暂不计付利息，主要目的是纠正和防止支付机构挪用、占用客户备付金，保障客户资金安全。12 月底中国人民银行再次发布《中国人民银行办公厅关于调整支付机构客户备付金集中交存比例的通知》的重磅文件，明确规定自 2018 年起调整支付机构客户备付金集中缴存比例，2018 年 2 ~4 月按每月 10% 逐月提高集中缴存比例；从第二季度起按新的集中缴存比例（约 50%）缴存客户备付金，缴存金额恢复按季度调整，有利于网贷行业的可持续发展。

2017 年 1 月和 2 月，为进一步规范聚合支付的“二清”违规风险行为，不到一个月的时间，中国人民银行连续发布《中国人民银行支付结算司关于开展违规“聚合支付”服务清理整治工作的通知》和《中国人民银行关于持续提升收单服务水平规范和促进收单服务市场发展的指导意见》两份文件，严禁聚合技术服务商以任何形式截留商户结算资金，进一步鼓励并约束聚合支付的发展，市场乱象有所缓解。

2017 年 5 月，中国人民银行发布《中国人民银行办公厅关于加强小额支付系统集中代收付业务管理有关事项的通知》，旨在进一步加强集中代收付业务管理，维护支付清算秩序，防范业务风险。

2017 年 8 月，中国人民银行发布《中国人民银行支付结算司关于将非银行支付机构网络支付业务由直连模式迁移至网联平台处理的通知》，明确要求各银行和支付机构于 2017 年 10 月 15 日前完成接入网联平台和业务迁移相关准备工作，自 2018 年 6 月 30 日起，支付机构受理的涉及银行账户的网络支付业务全部通过网联平台处理。第三方支付行业直连银行、依赖备付金利差的盈利模式将成为历史，第三方支付行业发展将更加规范化、透明化。

2017年11月，中国人民银行发布的《中国人民银行办公厅发布〈关于进一步加强无证经营支付业务整治工作的通知〉》，被称为支付行业最为严厉的整顿文件，重点检查持证机构给无证机构提供支付清算的违规行为，从源头上切断无证机构的支付业务渠道，消除支付服务市场乱象。

2017年12月底前，中国人民银行陆续发布《中国人民银行关于规范支付创新业务的通知》《中国人民银行关于印发〈条码支付业务规范（试行）〉的通知》《中国人民银行办公厅〈关于加强条码支付安全管理的通知〉》，中国银联发布《银联卡受理终端设备安全认证规则》等文件，进一步加强支付行业管理，推动相关安全技术、身份认证技术的发展。

②未来监管动向。2017年可谓互联网金融强监管年，也是行业告别前监管时代和野蛮生长的一年，党的十九大提出，要"加快建设创新型国家"，同时必须"守住不发生系统性金融风险底线"，2018年的《政府工作报告》对于防控经济金融风险提出了明确要求，"要标本兼治，有效消除风险隐患"。随着金融平台体量的增大和不断规范，互联网金融行业对于促进整个中国金融体制的发展和推动利率市场化将发挥更加积极的作用，国内金融市场已经迈入"规范与发展并重、安全与创新并举"的新时代，未来互联网金融行业会出现一段时间整改期，监管层对互联网支付的监管可能体现以下特点。

第一，鼓励创新，激发市场活力，强化金融科技作用。互联网金融作为传统金融领域的补充，其特点主要在于金融模式的创新和新技术的应用。创新是互联网金融的核心，随着大数据、人工智能、云计算等技术与支付产业的深度融合，未来将涌现更多新的支付方式，在这一过程中，首先要加强政策监管，在创新服务、创新产品等方面加强技术监管手段的应用。其次要进一步加强行业风险管控，提高备付金比例，重点监控移动支付过程中的流动资金，建立完善的金融科技创新事前报告制度，强化金融科技对创新的作用，在创新与稳定之间找到平衡点。

第二，明确职责，强化行业监管，引导支付规范化发展。随着一系列监管政策的出台，我国互联网支付产业已逐步从"先创新再规范"向"规范发展和鼓励创新并重”和“在有效监管框架下规范有序创新”的新格局转变，一切违规创新必将受到抑制，加强互联网金融监管，是互联网金融健康发展的内在要求。未来监管层会从业务规范、产业资质、受理终端等方面入手，不断加大对支付市场的监管力度，使支付市场回归本源、参与主体回归本位，从根本上化解市场长期累积的各类风险，并通过依法监管、适度监管、分类监管、协同监管、创新监管的原则，坚持在发展中监管、在监管中发展的理念，以监管促发展。

第三，健全制度，营造良好的环境，确保互联网支付安全。我国互联网金融的快速发展，使其在服务实体经济、推进普惠金融发展、保障社会民生等方面发挥了至关重要的作用，同时支付领域也暴露了较多的风险，带来了新的挑战。随着产业链条的不断延伸，呈现各类风险形态交织并存，传播速度快，资金转移隐秘等新特征。未来需要在支付工具的安全性、智能风控系统的搭建及金融安全宣传教育等方面进行强化。同时，从消费者环节看，一是要加快制定专门的互联网金融消费者权益保护法，加大消费者权益保护力度；二是要加强宣传教育和舆论引导，充分利用广播、电视、网络、报刊等媒体资源，开展全方位、多角度的金融消费者教育，提升公众风险防范意识，对消费者和投资者做出充分的信息披露，做好风险提示。

（三）传统金融机构在互联网金融方面的发展

以金融科技创新为核心驱动力和发展新引擎，金融机构持续关注和支持国家发展战略，技术应用日益成熟，生态边界进一步拓展。从顶层设计到战略布局、从经营思路到产品运营、从精准服务到防范风险，金融机构都不断加速与深入推进金融与科技创新的有机耦合，在适应时代发展、技术和业务创新方面下功夫，为支持金融改革和服务民生贡献力量。

1. 商业银行在金融科技方面的发展

2017 年，商业银行继续坚持“金融为本、科技助力”的工作思路，以技术创新为金融支持实体经济、服务社会公众、维护信息安全提供不竭动能，打造可靠利器。传统商业银行加强与互联网金融企业积极合作，以四大国有商业银行为代表，纷纷开展与“BATJ”互联网巨头在金融科技方面的融合，推出了一系列创新服务与产品；与此同时，直销银行的快速发展，也为传统商业银行提供了零售业务互联网转型的重要手段。而随着以深圳微众银行、浙江网商银行等为代表的互联网银行的不断发展，实现了传统银行业务与互联网的有机融合。

（1）商业银行在金融科技领域发展的主要特点

第一，将金融科技上升至战略支撑高度。

不少银行更加注重生产应用系统及基础软件的革新，通过基础技术产品创新改善金融服务水平，提高风险管理水平，满足客户多元化需求。

①不断进行基础技术产品研发，花大力气升级改造核心系统。商业银行在新一轮技术革新潮流中，抓住机遇，为适应金融改革和发展的要求，积极应对国内外金融市场的竞争，各商业银行都非常重视基础服务能力建设，不断进行新一代核心业务系统的升级和改造。各商业银行新一代核心业务系统建设，突出了“以客户为中心”、快速产品创新、全面风险管理等特点，不断提升底层核心技术自主掌控能力，进一步降低了应用系统开发难度，业务需求的响应、研发和投产效率大幅提升。同时各商业银行因业务范围、设计理念和建设方式不同，在业务模型、系统架构、信息安全保障等方面又各具特色。表4列出了商业银行的核心系统成果。

表4 商业银行核心系统成果一览

银行	系统改造情况
工商银行	启动智慧银行信息系统（ECOS）建设工程，将以企业级业务架构为依托（一个依托），以松耦合、分布式IT架构和标准化、智能化数据体系为基础（两个基础），着力提升灵活创新、智能应用、开放融合能力（三大能力）
农业银行	新一代核心业务系统实现了从上一代核心业务系统“以账户为中心”向“以客户为中心”的转变。按照企业IT架构方法论，全面重构了核心业务的应用架构、数据架构、基础架构，并创新性地采用融合式体系架构，充分发挥主机和开放平台的优势，用两层架构替代三层架构，实现高性能的联机处理和跨平台的批量调度
建设银行	新一代核心系统作为展现数字化转型成就的核心平台，不是一个单纯的新技术应用，而是包含了业务流程再造、技术创新与业务价值融合、技术架构变革等众多突出优势而建立的企业级架构

续表

银行	系统改造情况
中信银行	自主研发适用于银行业务的分布式数据库实现突破并得到验证,将应用于全行核心业务系统技术平台转型;基本形成 Iaa S 和 Paa S 平台,基于互联网经验自主研发的统一开发平台已实现 40 多个新建系统的投产
民生银行	基于分布式架构的新一代系统,突破了传统核心系统瓶颈,系统性能可弹性伸缩,从而更好地支持海量客户和海量交易的高并发处理,为广大客户提供更加快捷、丰富、安全的金融服务

②加快物理网点技术升级改造，助推柜台从核算型向营销型转变。新一代核心系统改变了交易与核算绑定的传统模式，实现了交易与核算的“松耦合”。同时，银行物理网点金融科技建设水平日新月异，ATM、理财柜员机、便民服务一体柜员机等设备加快升级换代，VTM 等“超级柜台”正在各家支行标准配置，一台机器上整合了指纹仪、发卡扣、非接触式 IC 卡感应区、密码器等多种设备，覆盖了账户管理、存款转账、对公业务、电子银行、业务查询以及理财等各项功能。

核心系统与服务层面的联合创新相辅相成，使网点人员摆脱了繁杂的核算工作，真正实现“以客户为中心”，将更多的精力投入客户挖掘、识别、维护、培养和产品营销等服务中去，大幅提升了金融及其配套服务的智慧水平，提升了客户体验，进而在激烈的市场竞争中抢占市场制高点，培育领先优势。

第二，推动概念产品转入实际应用，加速科技价值向业务价值转化。

大数据、云计算、人工智能、生物识别、虚拟现实等金融科技加快走出实验室，更多地应用到各种金融服务场景中，从而在金融机构金融产品创新、业务流程改造、企业增信及金融监管、内部风险控制等方面发挥重要的作用，为传统金融注入新的活力。

①AI 智能。各商业银行纷纷布局人工智能技术应用研究，投入大量人力物力，打造智能化服务平台，为其智能营销、智能客服、智能运维、智能量化交易、智能投顾等领域提供支持。

在智能营销方面，商业银行通过建设电子银行客户画像及行为分析系统，以及客户理财评级变化预测模型、产品购买模型（理财、定期）、客户资产流失预测模型等客户行为预测模型，研究客户使用习惯，提升客户体验和吸引力；全面了解客户利益诉求，提升客户获得感和满足感。例如掌上生活 App 6.0 版本在开放用户体系的基础上进一步开放了消费金融服务，其“全景智额 + e 智贷”是业内首个智能消费金融引擎，能够为每个用户实时显示其可用额度、固定额度、临时额度及在 e 招贷、现金分期等每一项细分产品上的额度，为客户提供个性化消费信贷服务，实时匹配出量身定制的信贷产品。

在智能客服方面，商业银行应用语音识别和自然语言理解技术，并与现有 IVR 系统进行集成，构建了“自助 + 智能 + 人工”三层的客服系统服务模式，全天候提供服务，在提升客户体验的同时，大大降低银行的运营成本。以平安银行为例，其努力打造“最懂你的银行”，创新性地将 AI 智能语音服务融入用户生命周期服务的各个触点中，如用户在拨打中国平安统一客户服务电话后，只需说出“信用卡需求”，即可快速进行信用卡业务办理。

在智能运营方面，商业银行针对智能网点运营完成了网点现金吞吐量预测模型的研发、落地和优化；推广 ATM 刷脸取款，提升识别准确率，减轻运营负担；在手机银行探索“自助智能语音导航 + 人脸识别”的智能转账交易试点。

②区块链。自 2016 年底区块链被首次写入“十三五”规划后，各银行积极介入区块链的研发与应用探索中，应用区块链技术多中心、匿名、可追溯、智能合约等优势特点，解决了区块链技术在落地过程中的诸多难题。在全球现金管理的跨境直连清算，在贸易融资领域的移动数字汇票平台和国内信用证开立，在资产管理、公益项目资金运营等领域，减少了信用重复验证环节，提升了电子签购单的可信化程度，解决了专款专用和资金追溯问题，不仅能够实现资金供需各方全面信息共享，而且实现了业务处理的可实时、可审计、可监督以及可监管。

专栏1　中国工商银行应用区块链技术，助力实现金融精准扶贫

中国工商银行积极参与贵州省脱贫攻坚工程，搭建脱贫攻坚基金区块链管理平台，成为业界首个服务于精准扶贫的区块链平台，开辟了银政合作深入推进精准扶贫的新路径。

脱贫攻坚基金区块链管理平台包含扶贫资金行政审批链与工行金融服务链两部分，其中扶贫资金行政审批链具有扶贫项目申请、审批、扶贫用款申请和审批等扶贫基金管理审批功能，工行金融服务链提供资金划拨申请、审批、划拨及投后管理等专业金融服务。脱贫攻坚基金区块链管理平台通过双方在行政审批链与金融服务链互设节点达到链链融合、信息共享的目标，实现扶贫资金的“精准管理”和“透明使用”。

贵州脱贫攻坚基金区块链管理平台建设完成后，脱贫基金管理由传统的中心化、集中式层层管理转变成为去中心化的管理模式，在扶贫工作管理中取得良好的成效，具体表现在以下几个方面。

一是管理效能提升。多方共建的系统为扶贫工作提供了全面的数字化管理工具，各级政府可以通过系统实现电子化申请和审批操作，连接银行系统实现自动拨付资金，提高扶贫资金使用效率。上级政府可以通过系统实时了解扶贫项目整体进展及资金使用情况，也可以通过系统对每一笔扶贫资金进行跟踪管理，提高扶贫资金的管理效率。

二是资金使用公开透明。每一笔扶贫资金的审批流程都在区块链内，确保了每一步操作都有迹可循、不可篡改，也让各级政府部门、监管部门、银行及社会公众能主动参与到扶贫资金的监管之中，让扶贫资金的使用真正做到透明、公开。通过链链融合、信息共享，实现了每一笔资金的申请、审批信息和划拨信息核对钩稽，保证了扶贫资金的专款专用，避免扶贫基金被挤占挪用。

三是准确定位，精准扶贫。链链融合的构建模式改变了扶贫资金的使用方式，即使扶贫资金从以前的先拨付再寻找扶贫项目的自上而下的“推动”方式，变革为先明确款项用途和用户，再提交给各级政府审批，最后拨付资金的自下而上的“拉动”方式。这种方式使扶贫资金得到了准确定位、按需拨付、精准到户，更加有力地推动了精准扶贫、精准脱贫。

③大数据。商业银行正在以大数据为核心设计系统平台和业务服务模式，推进数据思维模式、数据增值业务、数据管理方式的转变。在数据思维模式下，银行在直接满足业务数据需求的同时，努力打造高效的数据分析平台，促进业务人员形成自主数据分析能力，支持数据分析成果快速转化；在数据增值业务模式下，为客户建立了多因子的投顾模型以及产品优选和评分模型闭环服务，以逐步积累数据的方式来完善验证模型，通过多重算法为客户提供专业化、多元化的投资组合产品，使客户获得更高的投资收益；在数据管理模式下，为经营决策层提供更精确的运营数据，建立风险提示机制，实现管理的科学化和精细化。以客户大数据为基础的新客户分层体系，依据运营成本、风险成本和资金成本，快速计算每一笔交易的手续费，使收费标准更透明、更科学，让客户得到更多实惠。

④云计算。在云计算领域，部分商业银行相继建成了集基础设施云、平台服务云、应用软件云于一体的金融云平台体系，将金融产品和服务封装成模块化的金融服务，以服务化的方式向同业、金融科技公司、第三方金融服务开发商开放，推进金融生态体系的建设。金融云的建设，一方面能够提升银行直接服务客户的能力，另一方面能够扩大银行金融产品服务的范围。同时，收集客户和第三方合作伙伴的应用反馈，提升金融产品和服务的研发水平，提高及时洞察市场和客户的能力，形成良性的生态循环。

《信息技术“十三五”发展规划》提出：截至“十三五”末期，银行业面向互联网场景的重要信息系统要全部迁移至云计算架构平台，其他系统迁移比例不低于60%。这从监管层面上对银行业提出了“上云”的要求。2017年3月7日，原银监会牵头16家金融机构成立金融云公司——融联易云金融信息服务（北京）有限公司（简称融联易云），主要是为了解决单家金融机构做不了，或者单家金融机构可做但总体不经济、不集约的公共科技服务的问题，与各家银行自行成立的主要服务自身的机构有所区别。

第三，提升案防风控手段科技含量，打好防范化解重大风险攻坚战。

商业银行牢固树立“安全即服务”理念，将风险管理由人控转为机控，不断拓展金融科技与案防融合的深度和广度，积极探索运用新技术、新模式、新手段，有效提升业务系统案防技术水平，在案件处置防范、金融风险化解、保障金融信息安全方面的作用日益明显。

①反欺诈、反洗钱工作的实时性、主动性明显提升。在反电信欺诈和反洗钱方面，通过建设全网络金融智能风险监测系统、嵌入涉恐名单匹配引擎，强化反欺诈平台和黑名单机制应用，实现对电子渠道交易的实时监控、异常交易行为的监测分析，增强二次认证，完善智慧型、主动式反欺诈体系，做好客户交易风险的实时预警和及时阻断，确保客户交易安全。主动识别控制风险。例如，平安银行信用卡中心自主研发的反欺诈实时授权决策系统，可实现毫秒级全天候实时反欺诈监控，有效防堵首笔欺诈交易，已累计拦截可疑交易近千笔，为客户有效避免了损失。

②信用风险管理的精准性、预见性不断提高。在信用风险领域，一方面实施数据化改造，夯实大数据“根基”。建立统一的信用风控视图，实现案件风险信息共享。另一方面，打造智能风控“大脑”，逐步打通信用风险的预警、监测、跟踪、检查和处置等流程。兴业银行智能风控产品“黄金眼”以随机森林机器学习算法为核心，辅以网络爬虫和搜索引擎，能够对未来3个月内可能降为“关注”类别以下的企业进行风险预警，准确率达到55%。

③业务操作风险的全面性、有效性大大增强。商业银行在各业务操作环节中，不断提升风险防控能力。各商业银行引入远程审核、支票扫描鉴伪、电子签名、指纹识别、声纹识别、柜面风险监测等新技术，提高后台作业自动化程度和安全水平。例如，多家银行引入物联网技术创新实物管理模式，利用物联网电子标签（RFID）、读写器实现贵金属调拨、交接、盘点的全流程管理。再如，北京农商银行在北京城域环网全面应用量子加密技术，实现总行、数据中心、业务处理中心等地的办公、生产和同城灾备数据的安全传输等。

（2）2017年网上银行业务发展

2017年，虽然传统商业银行在个人网上银行业务方面上不断尝试创新，陆续推出了一系列创新服务和产品，但从用户的使用率来看，个人网银的被替代效应正逐步显现，一方面，手机银行的发展速度迅猛，手机银行的用户比例在未来或将超过个人网银；另一方面，随着支付宝、微信支付等第三方支付工具的普及，从支付方式上也造成了个人网上银行的使用率下降。而企业网上银行方面，几大国有商业银行的核心企业用户占比较高，也带动了整体企业网上银行的发展。

从整体规模看，2017 年我国网上银行业务保持平稳发展趋势。据统计，2017 年我国网上银行的用户数量为 3.99 亿人，较 2016 年增长 9.02%（见表5），网上银行交易金额达 1725.38 万亿元，同比增长 32.77%。自 2014 年以来，我国网上银行的交易规模始终保持 30% 以上的较快增速。

表 5　2013～2017 年网上银行用户规模及其增速

年份	2013	2014	2015	2016	2017
用户数量(亿人)	2.5	2.82	3.36	3.66	3.99
同比增速(%)	12.9	12.80	19.15	8.93	9.02

资料来源：万得资讯。

截至 2017 年底，我国手机银行的用户规模为 3.7 亿人，较 2016 年增长 10.99%。手机银行交易 969.29 亿笔，较 2016 年增长 103.42%，交易金额 216.06 亿元，较 2016 年增长 53.70%。各商业银行均已完成在手机银行 APP 的布局，从手机银行的使用覆盖率来看，四大国有银行的手机银行使用覆盖率遥遥领先，而中国建设银行在四大国有银行中居首，股份制商业银行中平安银行、招商银行的覆盖率较为领先（见表 6）。

表 6　2017 年手机银行覆盖率排名

排名	银行	排名	银行
1	中国建设银行	6	招商银行
2	中国工商银行	7	邮储银行
3	农行掌上银行	8	网商银行
4	平安金管家	9	交通银行
5	中国银行手机银行	10	兴业银行手机银行

资料来源：TalkingData。

(3) 传统银行机构主动加强与互联网金融企业合作

2017年，以四大国有商业银行为代表的传统商业银行加强与互联网金融企业的合作，通过数据共享、业务合作等方式，从细分业务领域的合作向全面战略合作升级（见表7）。在金融科技领域的合作有助于传统商业银行提升自身业务效率、探索和培育新的业务增长点、进行机制改革和流程改造。

表7　四大国有商业银行与互联网金融企业合作情况

合作时间	合作双方	合作内容
2017年3月28日	建设银行＋阿里巴巴、蚂蚁金服	在信用卡线上开卡、线上线下渠道业务、电子支付业务以及信用体系互通等方面开展合作
2017年6月16日	工商银行＋京东金融	在金融科技、零售银行、消费金融、企业信贷、校园生态、资产管理、个人联名账户等领域开展合作
2017年6月20日	农业银行＋百度	围绕金融科技、金融产品、渠道用户三大方向开展合作并共建“金融科技联合实验室”
2017年6月23日	中国银行＋腾讯	基于云计算、大数据、区块链和人工智能等开展合作，共建普惠金融、云上金融、智能金融和科技金融

资料来源：根据互联网资料整理。

①中国工商银行与京东金融合作推出互联网数字银行

2017年6月16日，中国工商银行与京东金融集团签署了金融业务合作框架协议，标志着京东金融与中国工商银行全面业务合作已经开启。未来，双方将在金融科技、消费金融、零售银行、企业信贷、校园生态、资产管理、个人联名账户等领域展开全面深入的合作。11月27日，中国工商银行与京东金融联合推出“工银小白”数字银行，这是国内银行业首个开到互联网平台上的银行。双方还表示，将在包括线下无人贵金属店、主题网点共建等在内的多个领域开展合作，全面打通银行线上线下的个性化服务。同时，京东物流宣布，将为中国工商银行融e购平台的商品提供配送服务。

“工银小白”是银行业内首创的场景融入式数字银行，目标群体为年轻客群，是中国工商银行与京东金融双方运用人工智能、大数据等金融科学技术，在传统银行业态之外搭建一个零售金融新场景，使客户充分享受“随心随手”“安全高效”的智慧零售金融新体验。此外，“工银小白”对银行的部分传统业务进行了创新。比如，存款证明业务通常需要客户前往银行网点进行办理，但通过“工银小白”，客户只需在线上申请存款证明等资信证明服务，京东物流就可以将工行开具的存款证明配送到家。而另一个创新“无人贵金属店”则采用体感交互、多屏互动等多种技术，让客户可以在网点更直观便捷地获取产品信息，使线下场景体验与线上自助购买得到完美结合。

②中国农业银行与百度公司合作开展“金融科技联合实验室”建设

2017年6月20日，中国农业银行与百度公司宣布合作，主要围绕金融科技领域展开，包括共建金融大脑以及客户画像、精准营销、客户信用评价、风险监控、智能投顾、智能客服等方向的具体应用，并将围绕金融产品和渠道用户等领域展开全面合作，建立“金融科技联合实验室”。目前，双方共同打造的“农行金融大脑”一期实验室已正式投产，并实现了智能掌银等产品的白名单验证。双方的合作，一方面，探索了智能银行的服务体系建设，也带动了金融科技的基础设施建设；另一方面，创新了业务服务方式，也进一步推动传统商业银行的体制机制和模式的改革创新。通过金融大脑，将有助于中国农业银行通过对活体识别、图像识别、语音语义等能力的整合，提升用户服务体验；加强对复杂数据的处理能力，提升客户和产品匹配的能力；运用人工智能取代重复简单的人工服务，降低运营成本；运用大数据建模，实现客户的信用评估和风险定价，从而进一步控制金融风险。

③中国银行与腾讯集团联手打造新一代互联网事中风控体系

2017年6月23日，中国银行与腾讯集团宣布，将在云计算、人工智能、大数据和区块链等方面开展深度合作，共建普惠金融、智能金融、云上金融和科技金融。12月3日，中国银行与腾讯集团合作的“新一代网络金融事中风控系统”正式上线，该系统基于中国银行的互联网金融整体风控体系，利用腾讯集团在大数据、机器学习、云计算等方面的优势，以事中监控为核心，为用户在享受互联网金融服务时，提供全方位、实时高效的反欺诈服务，切实保障用户账户和资金的安全，进一步提升风险防控能力和客户体验。此外，中国银行与腾讯集团还将在数字化银行转型、全球跨境服务等方面推进全面合作，充分发挥中国银行的业务资源优势与腾讯集团的先进科技优势，在客户需求洞察、风险管理体系建设、金融效率提升等方面进行深度合作，从而不断提升金融资源配置效率与服务实体经济的能力。

④中国建设银行与阿里巴巴、蚂蚁金服签订三方战略合作协议

2017年3月28日，阿里巴巴集团、蚂蚁金服集团和中国建设银行签署三方战略合作协议。三方将推进线下线上渠道业务合作、电子支付业务合作、打通信用体系，例如，用户可以在支付宝上直接购买中国建设银行的理财产品，中国建设银行通过蚂蚁金服的技术能力为客户提供个性化、定制化产品和服务等。此外，蚂蚁金服还将协助中国建设银行推进信用卡的线上开卡业务，未来还将实现二维码支付的互认互扫、支付宝支持中国建设银行手机银行App支付等。

（4）直销银行发展情况

2015年以来，我国直销银行得到了快速发展，截至2017年底，我国直销银行数量已超过110家，其中，农村商业银行直销银行68家，城市商业银行直销银行30家，股份制商业银行直销银行11家，其他直销银行1家。资产规模方面，江苏银行、光大银行等多家银行的直销银行资产规模已达数百亿元，而民生银行直销银行在2017年10月已跨越了1000亿元大关。用户规模方面，上海银行、光大银行、江苏银行的直销银行均已超过300万户，民生银行直销银行则于2017年12月超过1000万户。然而与传统银行业相比，我国直销银行的业务规模仍然较小，其资产规模仅占整个银行业资产规模的0.2%，具有较大的发展空间。

①直销银行业务开展情况

我国直销银行提供的业务功能主要包含金融产品、信贷和生活服务三大类。在金融产品方面，半数以上的直销银行提供了银行理财、货币基金以及非货币基金等理财产品，部分直销银行还提供保险、贵金属等理财投资服务。其中，货币基金的占比最高为78.3%，银行理财排在次位为69.6%。在贷款端，有52.2%的直销银行实现了贷款功能（见图13）。

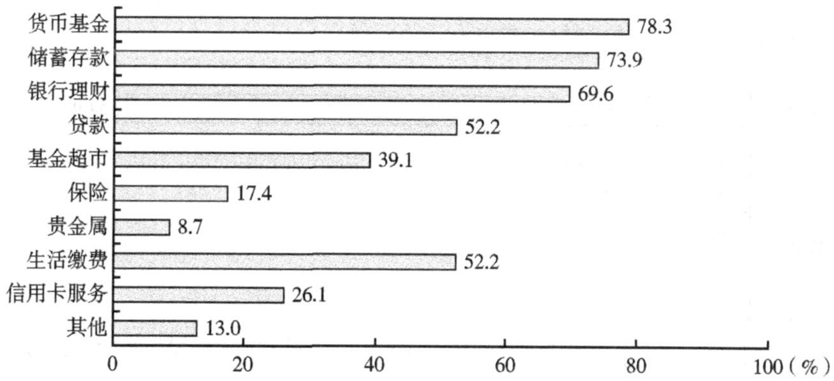

图 13　2017 年中国直销银行业务开展情况

资料来源：艾瑞资讯。

各直销银行积极推出创新贷款业务，通过差异化服务打造自身特色，如南京银行推出“你好 E 贷”个人消费信用贷款，支持手机 7×24 小时自助申请，平安银行在汽融贷方面提供车贷、车险、延保等一揽子金融产品。此外，生活服务板块也是直销银行提升客户体验、增强用户黏性的另一个主要途径。52.2% 的直销银行支持生活缴费，26.1% 的直销银行支持信用卡还款，而极少数直销银行还提供票务、医疗和出行等方面的服务，例如南京银行“你好+”增值服务板块、民生直销银行生活服务等，为客户提供缴费充值、网上商城、医疗、旅行等方便便捷的服务。

②直销银行用户情况

直销银行的用户集中在年轻群体，其中“80 后”“90 后”人群的占比分别为54.9%、23.6%（见图 14），主要是因为发展直销银行的初衷是在不改变消费者用卡习惯的前提下，为用户提供更方便快捷的服务，使用户缩短去银行柜台办理业务的时间，这与年轻用户追求方便简单的需求是相契合的，同时也抓住了年轻用户对新产品接受能力比较高的特点。

目前直销银行的用户人均月收入主要处于 3000～8000 元，占总用户数的 50.1%。直销银行主要针对月收入 3000～8000 元群体的原因在于直销银行的产品以货币基金、定期理财产品为主，而月收入在 3000～8000

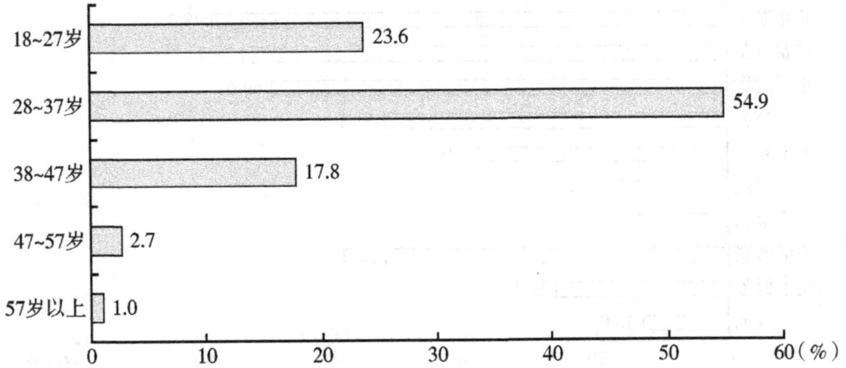

图14　2017年中国直销银行用户年龄分布

资料来源：艾瑞资讯。

元的人群对此种小额理财的需求较高，直销银行是其进行理财的重要选择，从某种程度上说，拥有银行背景的直销银行相比于其他互联网金融平台更能获得消费者的信任。而针对优质的用户，直销银行也提供了适合该群体的增值服务，能够更精准地挖掘用户价值。但直销银行里的资产在消费使用时存在一定困难，因此也在一定程度上影响了直销银行使用率的提升。

数据显示，消费者使用直销银行最常进行的是信用卡转账还款以及购买理财产品，分别占消费者使用率的88.90%和47.75%（见图15）。除此之外，直销银行其他服务及产品的使用率较低，并未取得用户的认可，因此，面对其他综合性互联网金融平台的竞争力不足，也对直销银行的发展造成了一定程度的影响。

（5）互联网银行发展情况

目前，我国的互联网银行数量已有四家。随着近几年的发展，以深圳微众银行、浙江网商银行为代表的互联网银行，依靠自身的技术优势，大力发展金融科技，实现了传统银行业务与互联网的有机融合。

①深圳微众银行

截至2017年12月，深圳微众银行成立已经满3年。相关数据显示，截

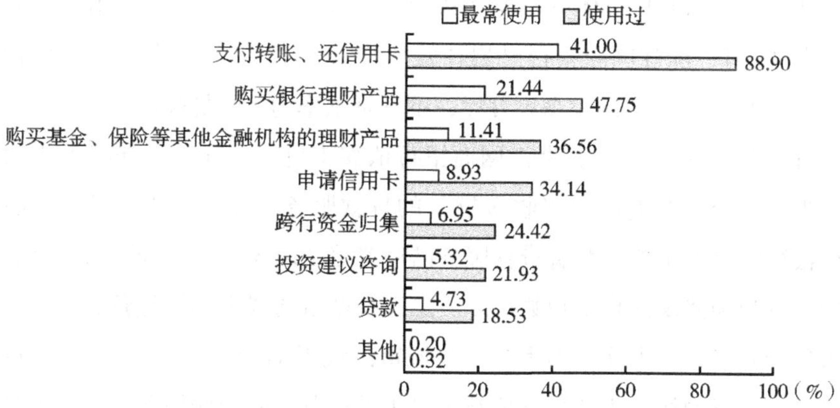

图 15　2017 年中国直销银行服务消费者情况

资料来源：艾瑞资讯。

至目前，深圳微众银行的资产规模近 700 亿元，累计发放贷款超过 6000 亿元，管理贷款余额超过 1200 亿元，管理资产余额超过 300 亿元；客户数量近 3800 万人，覆盖全国 31 个省、自治区、直辖市的 567 座城市。深圳微众银行的笔均贷款为 8100 元，户均余额为 1.2 万元，接近 93% 的客户贷款余额低于 5 万元。

作为一家互联网银行，深圳微众银行在三年多的经营中，始终坚持以科技创新来引领发展的理念，积极探索金融科技的前沿领域，并初步建立起核心竞争力，为践行普惠金融奠定了坚实基础。在科技成果和知识产权转化方面，深圳微众银行基于开源技术，按分布式架构搭建了自主可控的科技系统，支持海量用户的高并发交易。目前，深圳微众银行已建成 138 个系统，共有 96 项新技术应用申请了国家发明专利，并已获得 13 项软件著作权。此外，深圳微众银行还将人工智能技术应用于远程身份认证和智能客服，运用大数据技术构建了基础平台并建立了分析模型，将区块链技术落地到业务实践。

②浙江网商银行

浙江网商银行的定位是解决阻碍小微企业发展的融资难、融资贵的问题，其三大目标客户群体分别是小微企业、个人消费者和农村用户。截至2017年10月，浙江网商银行已累计发放贷款4413亿元，平均每笔贷款为8000元，户均贷款余额为2.8万元，不良贷款率为1%左右。

自2017年6月开始，浙江网商银行依靠支付宝，开始布局线下小微业务，为小微经营者提供“多收多贷”的贷款服务。经过半年的发展，浙江网商银行的线下小微经营者贷款服务已经覆盖全国32个省份的342个城市，其中，杭州和武汉的贷款户数最多。二三线城市的线下小微经营者对贷款的需求较为旺盛，一方面是因为二三线城市的线下消费较为活跃；另一方面，浙江网商银行的线下小微贷款填补了对小微经营者的金融服务空白，提供了贷款渠道。目前，浙江网商银行发放的线下小微贷款已达到155亿元，笔均贷款金额为7615元，资金的平均使用时长为50天，近35%的经营者在6个月内贷款超过3次，不良贷款率为0.78%。

2. 保险业在金融科技领域的进展

2017年，保险公司进一步加大科技创新在保险业务运营全流程和企业管理各环节的应用，借助区块链、大数据、人工智能、物联网等技术，在产品创新、渠道营销、风险测评、核保核赔、健康管理等方面不断拓展保险生态，克服行业痛点，提高运营效率，降低运营成本，切实落实推进保险回归保障主业的政策要求。

2017年12月，中国保监会召开党委扩大会议，明确指出要鼓励金融保险科技创新。中国保险行业协会发布的《2017中国互联网保险行业发展报告》显示，大数据、云计算、区块链、人工智能、物联网、互联网与移动技术、虚拟现实（VR）以及基因诊疗等技术将是未来改变保险行业的八大核心技术。

（1）互联网保险业务发展现状

2017年，我国互联网保险业务保持规范发展趋势。保监会数据显示，2017年我国互联网保险业务签单保费1835.29亿元，较2016年的2347亿元下降21.8%（见图16）。2017年我国互联网保险签单件数为124.91亿件，同比增长102.6%。

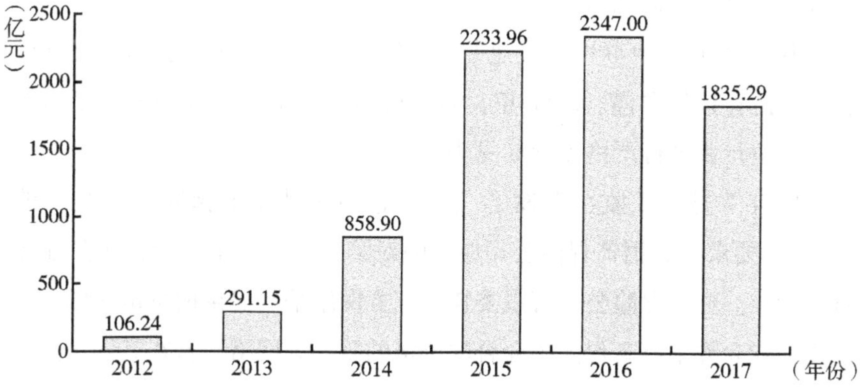

图16　2012～2017年我国互联网保险业务签单保费情况

资料来源：万得资讯。

专业互联网保险公司方面，泰康在线、众安在线、安心保险和易安保险四家专业保险公司的市场占有率快速提升，2017年实现累计保费收入93.61亿元，占互联网财产险累计保费收入493.49亿元的18.97%，相比2016年上升10.16个百分点；累计签单总量为62.78亿单，占总体签单量的50.26%。

2017年，互联网保险的消费投诉案件数量仍然维持着上升态势。中国保监会发布的数据显示，2017年，中国保监会及各地保监局共收到关于互联网保险的投诉4303件，较2016年增长63.05%。在销售平台方面，涉及非保险公司自营平台的投诉3821件，占互联网保险投诉的88.8%，共涉及127家互联网销售平台，其中，支付宝、淘宝、微信、携程网4家互联网销售平台的投诉占非保险公司自营平台投诉的47.87%。而在专业互联网保险公司方面，4家专业互联网保险公司的投诉为1498件，其中，众安在线、泰康在线、安心财险、易安财险的互联网保险消费投诉的件数分别为1217件、166件、83件、32件，占比分别为28.28%、3.86%、1.93%、0.74%。互联网保险消费投诉反映的问题主要是销售告知有歧义或不充分、理赔的条件不合理以及拒赔的理由不充分等。

（2）互联网保险监管情况

随着 2015 年《互联网保险业务监管暂行办法》的出台实施，互联网保险行业的监管日趋严谨。2017 年，监管机构出台了一系列相关政策措施对互联网保险行业进行严格监管（见表 8）。

2017 年 7 月，保监会下发了《关于整治机动车辆保险市场乱象的通知》，明确要求“各财产保险公司应加强对第三方网络平台合作车险业务的合规性管控。财产保险公司可以委托第三方网络平台提供网页链接服务，但不得委托或允许不具备保险中介合法资格的第三方网络平台在其网页上开展保费试算、报价比价、业务推介、资金支付等保险销售活动”。这表明，第三方网络平台如果不具备保险中介网络经营资格，则只能开展简单基础性的网页链接服务，不能开展保费试算、报价比价、业务推介、资金支付等业务，而对于不具备网络经营合法资格的保险中介机构来说，第三方网络平台也不会再有兴趣与其进行合作，接入其流量入口。

2017 年 7 月，保监会发布《保险销售行为可回溯管理暂行办法》，10 月又发布了《关于落实〈保险销售行为可回溯管理暂行办法〉有关事项的通知》，对销售保险行为的可回溯实施范围和方式、管理内容、信息安全责任、内外部监督管理措施等方面进行了规定，并明确提出互联网保险将纳入可回溯管理的实施范围。

2017 年 9 月，保监会发布《关于在互联网平台购买保险的风险提示》提醒消费者在互联网平台购买保险时应着重注意以下风险：一类风险是产品宣传与实际情况不符，在互联网平台购买保险时一定要认真阅读保险合同；另一类风险是不法行为混淆其中，一些不法分子利用互联网平台虚构保险产品或保险项目，假借保险之名行非法集资之实。消费者要合理评估自身需求，选择符合自身保险保障实际需求的保险产品，不盲目相信高收益宣传，不随意在可疑网站提供个人信息。

（3）互联网保险发展的主要特点

①互联网公司纷纷布局互联网保险。近年来，互联网保险行业的快速增长吸引诸多互联网公司竞相介入。

表8　2017 年我国互联网保险相关政策文件

时间	文件名	主要内容
2017 年 7 月	《关于整治机动车辆保险市场乱象的通知》	加强对第三方网络平台合作车险业务的合规性管控，不具备保险中介合法资格的第三方网络平台不得在网上开展保费试算、报价比价、业务推介、资金支付等保险销售活动
2017 年 7 月	《保险销售行为可回溯管理暂行办法》	开展互联网保险业务的保险公司、保险中介机构，应依照互联网保险业务监管的有关规定开展可回溯管理
2017 年 9 月	《关于在互联网平台购买保险的风险提示》	对消费者在互联网平台购买保险的注意事项进行了提醒
2017 年 10 月	《关于落实〈保险销售行为可回溯管理暂行办法〉有关事项的通知》	提出了对保险实施销售的过程中同步录音录像的要求

资料来源：中国保监会。

2017 年 5 月，由阿里巴巴发起成立的信美人寿相互保险开业；9 月，百度通过旗下投资公司“百度鹏寰资管”入主了黑龙江联保龙江保险经纪有限责任公司，并完成4000 万元增量注资，从而拥有了一张全国性保险经纪（代理）牌照，正式进军互联网保险行业；11 月，腾讯旗下的保险平台“微保 WeSure”正式上线，同时推出了与泰康在线联合的首款健康险“微医保”，用户可通过微信与 QQ 直接进行保险购买、查询及理赔。而除了阿里、腾讯、百度等互联网巨头外，小米、京东、乐视、苏宁等大型互联网公司也对互联网保险进行了一定程度的布局。例如，小米收购了北京宏源保险经纪有限公司，将其更名为小米保险经纪有限公司；京东设立了京东互联网理财保险公司；乐视获得了北京文晟保险经纪有限公司 100% 控股权，并更名为乐视（北京）保险经纪有限公司。

互联网公司的频频布局充分表明其看好互联网保险行业的前景，但与此同时，互联网公司的介入也会给行业带来巨变。一方面，保险的销售端会被更多的渠道分流，标准化产品可能会更多地向互联网流量巨头聚拢；另一方面，互联网公司深耕互联网保险，将最大化地丰富保险场景，创新保险经营模式，让普通民众更快捷方便地接触保险。

案例：腾讯旗下的保险平台“微保 WeSure”

针对目前互联网保险产品的费率、保障条款、免责条款等方面简单化和标准化不足的情况，2017 年 11 月，腾讯推出了微保平台，简化相关条款，加大保障的范围，从每个保险品种中严格选择 2～3 个产品，便于用户选择，有效提升互联网保险产品销售过程中产品的简单化和标准化。目前，微保平台已发布了第一款保险产品——“微医保”。“微医保”是由微保平台联合泰康在线打造的面向微信用户的一种补充医疗险，主要用于住院费用的报销。“微医保”的最低保费金额为 156 元，最高可获得重疾医疗保险金 600 万元、一般医疗保险金 300 万元，保障期限一年。同时，“微医保”还提供在全国 36 个城市的公立医院重疾住院押金垫付服务，能够有效避免患者因押金不足而产生的病情诊治延误现象，解决重疾患者的就医压力。该产品的推出既改变了国民医疗的模式，也完善了国民健康保障体系，提升了大众的就医体验。

②以保险科技支撑新一轮产品创新与渠道建设。保险公司通过创新科技体验、优化科技供给、共享科技生态，为客户带来直达、精准、简单、个性化的数字化体验，使保险服务推送变得精准、承保管理变得高效。

第一，不断改变传统营销模式，凸显科技的便捷与高效。

当前我国经济发展进入新常态，保险行业高投入、高成本、高速度的粗放式营销已经难以为继，保险科技正在成为营销渠道转型升级的关键动力。

一是基于大数据技术，进一步挖掘整合数据商业价值，拓展电商平台、线上交易、社交网络等信息来源，整合政府部门依法公开的数据，吸纳第三方和外部机构资源，实现客户群的拓展与挖掘。

二是建立统一客户视图，实现客户洞察、细分定位和精准投放，打造受众广泛的平台化生态圈，包括以车辆、出行为核心的生态圈，以家庭、健康为核心的生态圈，实现保险产品场景化推送。

三是通过与保险科技公司合作，推出保险比价平台、员工福利保险平台等数字化的创新，提供更为便捷的客户体验和更为友好的接触界面。

第二，挖掘长尾保险需求，以客户和风险场景为中心开展产品创新。

保险公司依托互联网和物联网大数据，克服传统精算技术对个体风险刻画和预测的局限，针对更多同质的、碎片化的、可定制保险需求开展产品创新。

一是依靠保险产品“个性精算”技术，提高产品设计的动态性、高效性、科学性。许多保险科技公司开发了小额保险、UBI（Usage Based Insurance）产品，根据用户历史数据确定保费，实现差别定价。

二是借助物联网等技术，推进保险与多种场景的广泛、深度融合。如通过采集可穿戴设备记录的健康、睡眠、运动、饮食等数据，实现健康保险产品向对健康的事前保障转移，利用车联网、无人驾驶、机器人、生物识别、基因检测等新技术催生出新的保险产品，为保险“从人从用”打下良好基础。

三是依托云平台等技术，更加突出客户中心定位，提升业务全流程服务效率。保险公司依托科技认知平台，逐步在电子保单中实现客户投保、保单签发、保单制作、客户签收和新技术回访全流程线上无纸化操作。以太平洋保险云投保为例，在“投保”中创新使用远程电子签名技术，即使投保人与被保险人身处异地，也能完成投保，成为行业首创。

③保险科技催生以客户体验为中心的服务升级。保险公司在保单管理、索赔及客户服务的其他领域，不断依靠科技手段提升用户体验，使理赔服务变得便捷、客服应答变得智能。

第一，利用人工智能等手段提高客户服务水平，提升客户黏度。

2017年，基于人工智能技术的保险创新不断出现。基于机器人程序自动处理及其他人工智能、OCR技术发展的智能客服、智能问诊服务，可使一些简单重复性的工作标准化，由智能客服自动响应客户需求，让人工客服有更多精力应对更专业的客户服务需求，进一步提升应答效率，提高客服的服务质量。部分保险公司大力布局人工智能客户服务，其推出的人工智能客服覆盖客户服务90%的环节，智能客服问题解决率高达95%。

在智能客服基础上，中国太保的“阿尔法保险”、蚂蚁金服的“定损宝”、大特保的“小狮子”、阳光保险经纪的“大白”等人工智能保险顾问平台，能够利用智能算法，为用户及其家庭提供更为客观公允的风险测评与保险建议，在优化客户定制精准保险方案等方面大显身手。

第二，在理赔、查勘定损等方面改进客户体验，提高客户满意度。

保险公司不断完善在线保全、在线理赔、在线支付等自助化功能，在传统赔付流程中嵌入定损智能化工具，最大程度提升保险公司赔付质量和效率。基于深度学习图像识别检测、云端算法识别、视频流、智能眼镜、无人机等技术手段，人工智能定损与理赔已经在车险赔付、农险风险管理和理赔中投入真实生产环境运用。

以车险理赔为例，传统的车险赔付工作由人工完成，涉及的定损规则众多，工作量巨大。人工智能赔付技术将车险审核员的经验、车辆的碰撞逻辑、配件属性等规律化、机械类信息交给智能引擎进行分析，大大提高了保险公司的理赔效率，缩短了理赔时间。消费者“车损后第一时间拍照上传、保险终端第一时间响应，第一时间决定赔付”的理赔体验，正在逐步成为现实。目前保险公司涉及定损、理赔的主流车险科技产品主要有人保财险的“拇指理赔”、中国平安的“智能保险云”、中国保信的“事故车定损云平台”。表9列出了主流车险科技产品。

表9　主流车险科技产品列示

服务平台	服务特征
“拇指理赔”服务	投保人通过手机“一键报案、三张照片、确认账号”三个动作，即可在事故现场在线自主完成从出险报案到收取赔款的全流程
“智能保险云”平台	包含“智能认证”等两大产品。其中，“智能认证”主要利用人脸识别、声纹识别等AI技术完成对人、相关行为及属性的快速核实。“智能闪赔”包含高精度图片识别、一键秒级定损、自动精准定价、智能风险拦截四大功能
“事故车定损云平台”	三种服务模式查询车辆定型、配件点选、核损定价等数据，获得从报案到核损的全流程系统与数据支持

④以保险科技健全风控体系，促进健康发展。寿险公司正在风险管理全流程中加强区块链、大数据等技术的应用，从而实现对风险更加多维和动态的管理与分析。使用区块链、大数据等技术，首先可以在广泛获取各项参数

的基础上，对用户进行精准画像，准确把握客户风险特征，开发先进的核保技术；其次可以定期回顾赔付数据，检视风控效果，不断提升风险筛选能力。

一是以区块链技术为依托，加强对保险标的的风险识别与验证。例如，中国人保已发布全球第一份保险区块链白皮书，将区块链技术应用到探索养牛保险的“标的唯一性”管理新模式中，构建了基于区块链技术的养殖业溯源体系。该体系以区块链和多种生物识别手段为基础，以移动互联网为平台，能够实现家畜家禽的个体防伪溯源与识别验证，为养殖保险、农业金融和精准扶贫提供技术支持。

二是利用大数据、人工智能等新技术，有效甄别欺诈案件，从而进行风险控制。近几年，保险欺诈一直是风险防控的痛点，而随着科技的不断进步，保险欺诈手段也变得日益专业化、隐蔽化、高科技化。在理赔风险管控领域，以车险反欺诈为例，基于大数据和人工智能 AI 系统，针对不同地区、不同车险欺诈方式，建立特定识别模型并加以联网分析，能够有效防范水淹车、碰瓷、摆拍等不同欺诈案件的发生。利用反欺诈系统，有公司一年查出数百个诈骗团，节省了11 亿元的赔款。

例如，2017 年 5 月，蚂蚁金服向保险行业开放首个“车险分”，该产品主要利用大数据和人工智能对海量信息进行分析，从而对车主进行精准画像和风险分析，具体量化为 300 ~ 700 分不等的分数，进一步提升保险行业的风险识别能力。目前，共有 9 家保险公司就“车险分”与蚂蚁金服达成合作，分别是人保产险、大地保险、国寿财险、太保产险、中华联合、华安产险、太平产险、阳光产险、安盛天平车险；6 月，蚂蚁金服又宣布向保险行业全面开放其技术产品“定损宝”，用人工智能模拟车险定损环节中的人工作业流程，以帮助保险公司实现简单高效的自动定损。9 月，中国平安集团旗下的金融科技公司金融壹账通召开“智能保险云”产品发布会，面向全行业开放其首次推出的“智能认证”和“智能闪赔”两大产品。9 月 1 日，中国太保原创推出的行业内首款智能保险顾问“阿尔法保险”正式上线，该产品基于中国太保 1. 1 亿保险客户数据，通过基本信息、家庭结构、收入支出、资产负债、社保福利、生活习惯6组问题，以家庭为单位，利用大数据算法，从家庭风险防御能力的五个维度建模，为不同家庭测算家庭风险防御能力指数，构建个性化的家庭保险保障组合规划。

3. 证券业在金融科技领域的进展

2017年，证券公司不断加强技术与业务的深度融合，在提升系统安全稳定性的基础上，重点打造专注综合交易服务的交易平台和基于人工智能的投研平台，为用户提供更专业、更智能、更安全的综合金融服务。

（1）技术创新研发力度明显提升

随着科技的快速迭代，技术创新逐渐由后台支撑转变为驱动引擎。证券公司不断聚焦公司战略，回归金融本源，体系化推进IT核心产品建设，加快释放技术的商业价值。据统计，证券行业一年的IT投入已达百亿元，逐步建立并完善面向业务条线的专业化信息技术服务管理体系，进一步提高信息系统建设与安全管理水平。其中，2017年国泰君安IT相关费用同比上浮近三成，达到2.3亿元，华泰证券2017年研发投入合计达4.13亿元。未来，证券公司信息系统建设的投入情况将被纳入证券公司经营业绩考评，并且行业排名结果还将供证券公司分类监管工作参考，此举被市场解读为监管层鼓励券商在科技金融领域加大投入。

（2）智能交易平台不断完善

在证券交易平台和智能客户服务体系建设等方面，证券公司全力打造APP亮点功能与领先优势，实现了客户的大规模引流和客户资产的迅速积累。

一是以智能交易形成APP核心行情交易特色。交易平台从场景、需求出发，依托智能算法与大数据平台，辅助客户交易决策、提升交易效率，不断挖掘、创新实用盯盘、交易工具。

二是从客户视角统一产品视图及入口。通过建立全景账户，实现了客户号下的全币种、全账户、全资产的实时账户展示，提供客户的全资产账户日收益、月收益、年收益等关键信息。

三是智能客服目前已能回答和解决客户约80%的常见客服问题，并提供疑难问题一键转接人工客服的服务，为全业务开展打下坚实的基础，成为零售客户服务的主要平台。

（3）智能投顾模式加快发展

证券公司以人工智能技术为基础，以大数据平台为依托，集智能理财、金融社区、智能资讯、大数据精准营销于一体，打造“人智合一”的投顾体系，成为券商财富管理转型的有效突破口。

一是基于智能投顾模式，投顾服务更为精准主动。智能投顾平台能够对客户的投资行为数据、交易数据进行深度智能分析，通过对用户特征的精准刻画及深度挖掘，融合社区在线人工服务，实现精准服务、主动触达，为用户提供多场景的、实时的、个性化的金融服务和产品，并跟随用户行为、投资偏好、风险偏好等的变化，及时调整金融产品和服务的供给。

二是基于智能投顾模式，投顾服务更为开放和大众。区别于以往设定资金门槛的财富管理体系，智能投顾平台在识别用户后，使用数据获取、数据处理、智能分析、数据应用落地等一套工程化的方法，来理解客户真正的需求，力求在任何场景、任何时间都能为客户提供最适合的服务和产品，帮助用户实现最大价值，从而重新定义了大众财富管理，更为开放均等地向所有客户提供智能财富管理服务。

（四）ICO非法融资活动

2017年9月4日，中国人民银行等七部门联合发布《防范代币发行融资风险的公告》（以下简称《公告》），叫停ICO融资活动，并要求银行及支付机构停止为ICO交易平台提供支付结算服务。随后，国内ICO项目、平台纷纷转移海外。《公告》虽然将很大一部分普通投资者挡在了ICO融资和代币交易之外，有效降低了整体风险，但是仍有部分投资者绕道国外参与跨境ICO融资及交易所“炒币”，并且这部分群体实际面临的风险更大，维权也更为困难。

从模式特点来看，当前跨境ICO融资和代币交易与以往相比除了同样存在系统安全、市场操作、洗钱、非法集资、传销等风险隐患以外，主要区别在于：一是代币交易迅速向场外非标准化交易、海外交易转移，呈现社群化的趋势。ICO 项目需要融入的是比特币、以太币等具有一定国际公认度的代币，需要投资者事先交易获得；而投资者作为项目回报获得的新发代币也需要通过市场交易才能变现。但由于目前国内已禁止交易平台提供相关服务，投资者或者通过微信群、QQ 群等进行自报价撮合，或者由设在境外的论坛网站等来为交易双方提供点对点的撮合服务。交易双方达成一致后，通过约定好的支付方式（银行转账、支付宝、微信、Paypal 等）进行支付，随后出售者将代币打入购买方数字钱包。二是跨境 ICO 融资募集过程由原来的“公募”变成了“私募”。跨境 ICO 融资从公开宣传、路演已变为微信群、QQ 群中的小范围介绍、联系。目前大量微信群、QQ 群充斥着此类信息，难以进行有效监管，一些项目投资者甚至直接抄袭一份项目白皮书在微信群、QQ 群中路演发币。三是产生了代投群和代投群主。一些国外主流 ICO 融资平台和融资项目开始屏蔽国内网络 IP 段，使得国内普通投资者无法直接参与跨境 ICO 融资，于是一些具备国外通道的人作为群主成立了代投的微信群、QQ 群，自身向境外 ICO 项目争取私募份额，继而在微信群、QQ 群中向投资者兜售。通常代投群主会收取代投金额的 5% ~10% 作为收入提成。这种代投模式除了存在直接集资诈骗的风险以外，还存在较大的欺诈风险。部分代投群主会先按与投资者的约定参与境外 ICO 融资，若代币大涨则欺骗投资者代币发行失败，向投资者原价退币，自己则出售新发代币获利；如果价格下跌，则正常给投资者发币赚取无风险提成。

从资金流向来看，当前代币融资和交易除了运营注册区域转移至海外以外，用户群体、语言文字、团队核心仍以国内为主，因此仅从 ICO 本身来看，大部分资金仍在国内转动，但是部分环节可能造成资金的跨境流动。从具体流程来看，一是国内投资者通过微信群、QQ 群或海外平台撮合以太币等代币交易意向，将资金通过银行账户、支付宝、微信、Paypal 等转入出售方账户（出售方以国内人为主），出售方将以太币等代币打入投资者数字钱包。二是国内投资者将以太币等代币打入代投群主数字钱包，代投群主收取一定金额费用后向海外ICO项目争取私募，并将以太币等代币打给境外ICO项目。三是境外ICO项目将以太币等代币在境外交易平台出售，获得法定货币支持项目运行。若项目团队仍在国内，可能造成资金从境外向境内流动支持项目运作。四是当项目运行后，新的项目代币发放给代投群主，并在国外交易所上市交易，主流交易所会向项目方收取1000万～2000万元上市费用。五是代投群主将新项目代币打入投资者钱包，投资者如要出售则可以通过微信群、QQ群或海外平台进行交易意向撮合，购买方（以国内人为主）通过银行账户、支付宝、微信、Paypal等将资金转入投资者账户，投资者将新项目代币打入购买方数字钱包。

从定价机制来看，一种代币的价值应当取决于该代币背后区块链项目的应用价值。但是目前一个ICO项目的融资额往往与技术无关，主要看宣传方案是否能吸引更多的人，并且在定价时一定程度上参考已有项目。在代币上市后，由于交易所普遍存在坐庄赚钱的情况，庄家通过操控价格收割散户，代币无法反映项目的真实价值。

未来建议对ICO进一步加强监管。一是建议屏蔽当前项目代币主要依赖的几个区块链和交易平台。目前大量境外项目代币主要构建在以太坊、NEO、量子链等公有区块链之上，建议在国内屏蔽对这些区块链协议的访问，同时屏蔽国内对海外代币交易撮合平台的访问。二是建议由政府构建国内的联盟链供科研创新使用。区块链除了发行代币以外，在科研创新方面仍具有重要意义。建议在对代币区块链屏蔽的同时，国内相关部门投资构建政府可控的联盟链，供科研单位、高校以及创业企业使用。三是建议电信运营商、搜索引擎公司要对可疑海外网站的访问和搜索加强监测。电信运营商、搜索引擎公司应对国内用户访问、搜索海外可疑ICO交易平台的行为加强监测，用户访问该网站时提示“网站可能存在与国内代币监管要求不一致的行为”等信息，访问量大的及时报告监管部门。四是建议要求国内淘宝等电子商务平台自查、下架ICO相关服务。建议淘宝等电子商务平台自查清理ICO白皮书代写、宣传文案、路演PPT销售等服务。五是建议对充斥ICO和代币交易信息的微信群、QQ群进行监测清理。要求腾讯等聊天工具厂商监测充斥ICO和代币信息的社群，及时进行提示、警告或解散处理，情况严重的及时报告监管部门。

三 互联网金融监管

大数据、区块链、云计算、人工智能等新兴技术的广泛应用，特别是人工智能、区块链等技术全面深入地应用于金融体系，深刻地影响着互联网金融的发展。新兴技术创新促进金融资源的配置效率不断提高，金融业务模式逐渐转变，加快了互联网金融新业态的发展。与此同时，由于互联网、大数据等方面的应用，跨界业务相互关联与渗透，金融风险涉及面扩大、传染性增强，风险传播速度加快。加之科技创新产品的过度包装加大了对底层资金来源的识别难度，金融风险隐蔽性更强。基于跨界、分布式、去中介、智能化的互联网金融外溢性风险已不可小觑。金融创新伴随新的金融风险，金融监管随之更严更复杂。满足监管合规要求、有效降低合规成本日益成为包括互联网金融企业在内的被监管者的内在需求。与此同时，倒逼监管者借助新兴技术创新监管模式，消除金融创新中的监管真空、防止监管套利，从而有效防范和化解系统性金融风险。金融监管科技应运而生。

（一）监管科技的定义与特点

监管科技（RegTech）是指以新技术的应用低成本并高效地解决监管与合规要求的创新模式。英国金融市场行为监管局（FCA）认为，监管科技是运用新技术以达到监管目的；国际金融协会认为，监管科技是一类新技术的应用，旨在实现高效监管与合规的要求。实质上，一方面，监管科技是云计算、人工智能等新技术在监管行为上的应用，帮助监管者降低监管中的信息不对称，改进监管流程，创新监管工具，从而更快、更准确地掌握包括互联网金融企业在内的被监管者的合规情况，最大限度地避免内部欺诈、产品创新、市场交易等风险，更好地防范系统性金融风险。另一方面，在监管从严背景下，为应对数据存储与隐私保护、数字身份认证、反洗钱（AML）/用户调查（KYC）等阻碍创新的监管要求，以及在外部环境快速变化的前提下应对未来监管的不确定，包括被监管者运用监管科技提升自身风险管理和合规经营能力，以期更低成本地满足监管与业务发展的需要。

综合德勤研究报告等现有文献分析，监管科技具备以下特点。

第一，实用化。监管科技是应被监管者降低监管成本与监管者技术改进需求而生，以协调监管与被监管为主，势必在监管指标监控、报告生成、方案解决等方面，以最小成本来实现更高效的目的。

第二，标准化。为实现低成本的合规与监管，监管者与被监管者致力于构建统一集中的监管生态系统，在数据治理、风险管理等方面实现共享，形成统一的标准，逐渐达成可执行、可持续的监管一致。

第三，数字化。新技术应用到客户调查、风控等环节，监管制度、要求等被“翻译”转化为统一标准的数字协议，具备自动生成监管报告、形成解决方案的可能，从而实现对数据的快速收集、分析和应用。

第四，智能化。机器学习、深度学习、生物识别技术等广泛应用，自主学习并使用智能分析工具挖掘处理数据的价值得以充分体现，识别和应对系统性金融风险更为有效。

（二）监管科技的发展历程

在科技进步、金融发展、监管改革的共同作用下，技术对监管在不同阶段产生不同影响。

第一，以工具应用为主的阶段。2008 年金融危机前，金融机构快速扩张，金融全球化、国际化趋势渐显，金融定量与金融 IT 技术逐步应用到金融风险管理方面，部分国家在支付清算等领域实现了金融电子化，但监管技术并未随之同步发展。这个阶段技术对监管的影响较弱。

第二，以流程改进为主的阶段。2008 年金融危机发生后与金融科技产生前，被监管者向监管者报送的数据、分析报告更复杂，应对监管要求更高，被监管者通过成立运营中心，集中统一加工、汇总、分析数据，开启了数据收集、报送自动化与流程化的新模式，如花旗、高盛等机构设立运行中心进行风险管理与监管合规工作。

第三，以数据算法为主的阶段。金融科技产生后，区块链、人工智能、大数据等逐渐应用到监管中，数据共享与集成。被监管者根据监管者提供的数字化监管协议（RegPort）、监管应用程序接口（API），对自身运营数据进行实时监控，运用算法动态分析，建立模型自动生成报告，促进了数据与算法驱动的审慎监管的实现。

（三）国内监管科技实践

2017年，国内监管科技逐步发展，除了传统金融机构外，政府部门与监管当局、地方政府金融管理部门、互联网金融巨头、金融科技公司纷纷开展实践（见表10）。

第一，2017年5月，中国人民银行成立了金融科技（FinTech）委员会，提出加强对金融科技工作的研究规划和统筹协调。

第二，银监会将分布式架构运用于EAST数据仓库，结合现场检查方案与大数据建模，对银行业机构资产、信贷执行、授权授信管理等多项合规业务进行检查分析。

第三，证监会在《证券公司全面风险管理规范》中明确提出要“制定数据标准，涵盖数据源管理、数据库建设、数据质量监测”。

第四，北京市金融工作局尝试构建以区块链为底层技术的网贷风险监控系统，对所有网贷平台数据进行监测和处理，快速识别其中的异常交易并做出反应。

第五，《贵阳区块链发展和应用》白皮书提出“主权区块链”和“绳网结构”，将围绕数字经济、互联网治理和大数据发展进行实践探索，在政用、民用、商用领域开发区块链应用场景。特别是在互联网金融监管方面，利用区块链技术记录网贷客户信息，保护客户隐私，通过算法验证交易，保证监管机构对节点的跟踪和控制。

第六，上海保险交易所发布区块链底层技术平台——保交链，首次使用自主研发的Golang国密算法包，采用多链架构，实现不同业务的数据隔离及访问权限控制；同时通过 API 统一接口服务及功能分离的标准开发包，满足开发者在应用开发、系统管理及系统运维方面的要求，支持业务场景开发。

第七，蚂蚁金服、阿里巴巴、淘宝网、支付宝实现了底层数据关联，运用云计算技术，将小微企业的现金流、信用记录、交易状况、销售增长、仓储周转、投诉纠纷等指标数据在评估系统中计算分析，再集合财务数据，引入海关、税务、电力等方面的外部数据加以匹配，从而建立起定量化的个人和企业信用评价模型。

第八，京东金融在客户信息收集和验证基础上，基于完备的 KYC 流程建立反洗钱模型，充分运用人脸识别、语音识别、设备指纹等人工智能技术进行身份甄别和风险排查。

第九，金丘科技与银联商务共同建设的区块链征信项目——厦门“鑫 e 贷”小额贷款信用信息共享平台正式投入商业运营，目前已经有 5 家厦门小贷公司作为接入点参与记账，并开始上传资产数据。

表 10　国内监管科技实践

主体	技术	举措
政府部门与监管当局		
中国人民银行	—	成立金融科技委员会
银监会	—	分布式架构运用于 EAST 数据仓库，建模开展银行业机构合规业务检查分析
证监会	—	在《证券公司全面风险管理规范》中明确提出制定数据标准
地方政府金融管理部门		
北京市金融工作局	区块链	构建网贷风险监控系统
贵阳市政府	区块链	在政用、民用、商用领域开发区块链应用场景
上海保险交易所	区块链	发布区块链底层技术平台——保交链，推出 API 统一接口服务及功能分离的标准开发包
互联网金融巨头		
蚂蚁金服	大数据、云计算	建立起定量化的个人和企业信用评价模型
京东金融	人工智能	基于完备的 KYC 流程建立反洗钱模型
金融科技公司		
金丘科技与银联商务	区块链	建立区块链征信项目——厦门“鑫 e 贷”小额贷款信用信息共享平台

（四）国外监管科技发展经验

1. 注重监管关系的协调

英格兰银行采取包容态度设立了金融科技加速器，创建了金融科技相关机构联合的新社区，并推出了实时全额支付系统尝试使用波币（Ripple）等创新措施。新加坡金融监管局（MAS）采取四项措施积极推动监管科技发展：成立金融科技和创新小组，设立首席金融科技官；推出金融行业技术创新项目，承诺建设金融科技生态系统；联合设立金融科技办公室；建立数字经济创新实验室。美国联邦金融监管部门也以积极的态度推动监管科技，美国货币监理署（OCC）设立创新办公室；美国商品期货交易委员会（CFTC）设立"LabCFTC"中心，鼓励市场积极开展金融科技领域创新；金融消费权益保护局（CFPB）发布的《CFPB 创新细则》中包含了无异议函政策。此外，英国金融行为监管局（FCA）、新加坡金融监管局（MAS）、加拿大证券管理委员会（CSA）先后推出沙箱监管政策，为金融产品创新提供安全实验区。

2. 注重监管工具的创新

新兴技术在监管科技的应用旨在平衡金融效率与安全，监管科技主要采用区块链、人工智能、云计算等技术创新监管工具。

（1）区块链技术应用

区块链具有的去中心化、去中介化、分布式账本三大特征有助于创建成本更低且安全可靠的系统，在反洗钱调查和用户调查方面的应用较为成熟。比利时 BlockPass 采用区块链技术为个人建立一个不可篡改的虚拟身份，由 BlockPass 进行一次性验证后，不同金融机构几乎可以零成本迅速获取客户的真实信息和验证结果，大大缩短和降低了 KYC 的时间与成本。区块链数据记录公开透明且不可逆、不可篡改，有利于监管数据信息安全存储使用，时间戳的应用更有助于监管者追溯金融业务活动及交易行为。波兰 Coinfirm 团队开发出应用场景，可以对客户的一个或多个加密数字货币地址进行分析并形成报告，从而判断该账户是否参与犯罪，且可自动生成金融风险评价报告。智能合约的引入，使区块链技术更为符合监管者对被监管者风控与合规的要求，特定条件下触发合同条款自动执行，简化监管流程，降低合规成本。德勤2017年与爱尔兰基金（Irish Funds）合作，以居民投资基金回报的监管为重点，开发完成区块链监管报告方面的概念证明，并利用区块链与智能合约技术创建了一个监管报告平台。

（2）人工智能技术应用

指纹、虹膜、面部等生物识别技术具体应用在客户调查中，可以更为高效、准确地了解客户，实现“了解你的客户”（KYC）的要求。在监管流程中嵌入人工智能系统和产品，将线下、分散、不连续的人工合规流程转化为在线、集中、连续的模式，可以进行系统性金融风险识别、预警。如机器人辅助合规手册（RACH）、智能合规官（AICO）等的应用。印度运用人工智能技术建立了全球最大的身份识别系统（“Aadhaar”计划），为公民开立银行账户，使用应用程序编程接口（API）技术连接个人账户与全国统一支付系统，建立“India Stack”系统扫描“Aadhaar”计划信息从而实现对客户金融活动的了解。IBM收购Promontory，首次推出以Watson系统为核心的金融犯罪洞察解决方案。该方案集机器学习、认知计算、网络分析、身份解析、智能机器人过程自动等于一体，旨在提供反洗钱风险识别与预警。其核心的Watson系统以60000条监管条文为基础，通过审查与潜在金融犯罪相关的交易和案例，为专业人员风险与合规决策提供支持。

（3）云计算大数据技术应用

云计算最大的特征是高效的数据处理与实时分析能力，在数据资源动态配置与流通共享方面具有显著优势。在监管中应用云计算，可根据监管负载大小实时配置计算资源，最大程序支持和响应监管业务需求。同时通过构建跨机构、跨业务、跨区域的开放式平台以及创建标准化共享工具实现开放式共享，极大地提高了监管流程改造、合规应用等方面的效率。奥地利中央银行牵头创建了为银行提供数据收集与监管报告自动化服务的平台，该平台实现了静态监管报告向信息输入的动态监管报告转变。

3. 注重监管模式的重塑

欧盟提出增强未来金融立法的灵活性、适应性，以适应区块链技术等新的金融创新技术发展。美国在现有法律约束条件下，对监管模式重塑进行了尝试，如积极推进美国金融透明度法案，发布“数字货币许可证法案”，通过了《虚拟货币商业统一监管法》等。监管科技采用机器化可读模式被认为是数字化监管模式，未来将会得到广泛应用。其中，API 经济被认为是监管模式转型的关键，在金融行业应用快速增长。如英国 9 家大型活期存款账户提供商通过 API 框架向经授权的第三方公开客户数据，提高了数据透明度与服务效率。

近年来，我国金融创新发展特别是互联网金融创新发展迅猛，规模日益壮大，应对金融创新的监管步伐也随之加快。但在新兴技术应用产生的外溢性风险加剧的情况下，国内监管科技应借鉴国际经验，强化监管者与被监管者之间的互动，通过搭建平台、探索方法、完善机制促进协同创新发展。加快监管科技在内的金融科技应用的行业标准建设，推动数据信息分析和共享，提升穿透式监管和行为监管的能力。加快完善数据运用、隐私保护、信息共享方面的政策依据，形成标准一致的监管规则推动 API 应用，强化监管科技顶层设计，加快推进监管模式重塑。

参考文献

[1] 崔育菡：《我国 P2P 网络借贷行业自律研究》，吉林财经大学硕士学位论文，2017。

[2] 程婧雯：《以支付宝平台蚂蚁花呗为例分析互联网金融中的消费信贷发展》，《中国国际财经（中英文）》2018 年第 3 期。

[3] 陈一稀、魏博文：《ICO 新政影响、本质问题和政策建议》，《金融发展评论》2017 年第 10 期。

[4] 杜忠鹤：《从京东白条看互联网消费金融资产证券化的应用》，《商业经济》2018 年第 1 期。

[5] 冯玉芳：《互联网金融发展研究》，《中国集体经济》2018 年第 1 期。

[6] 郭纳：《校园网贷发展情况调查与分析》，《信息记录材料》2018 年第 1 期。
[7] 刘鑫：《直销银行的变革与再造》，《中国金融》2017 年第 3 期。
[8] 孟飞、李慧雯：《网络小额贷款监管制度的构建》，《金融经济》2018 年第 2 期。
[9] 秦柳悦：《互联网金融 P2P 的特征与监管探究》，《现代商贸工业》2018 年第 5 期。
[10] 乔鹏程：《回归金融本质：互联网金融创新与“e 租宝”案》，《财经理论与实践》2018 年第 1 期。
[11] 王稳、张杨：《互联网保险的创新趋势》，《中国金融》2017 年第 14 期。
[12] 杨青、黄俊杰、肖立伟：《互联网金融创新及监管政策发展探索》，《上海金融》2018 年第 2 期。
[13] 杨金鑫：《我国互联网金融理财产品的市场风险探讨》，《中国市场》2018 年第 3 期。
[14] 袁毅：《中国公益众筹发展现状及趋势研究》，《河北学刊》2017 年第 6 期。
[15] 徐海杰：《我国互联网金融发展及其风险监管研究——以 P2P 平台、余额宝、第三方支付为例》，《长江丛刊》2018 年第 1 期。
[16] 张睿哲：《股权众筹平台发展分析》，河北大学硕士学位论文，2017。

风险监管篇

Risk Regulation Reports

B.2 2017年互联网金融监管政策脉络梳理与评析

赵大伟

摘　要：　2017年，我国互联网金融监管逐步进入监管细化阶段。网络借贷方面，银监会牵头逐步搭建起由《网络借贷信息中介机构业务活动管理暂行办法》《网络借贷信息中介机构备案登记管理指引》《网络借贷资金存管业务指引》《网络借贷信息中介机构业务活动信息披露指引》四个文件组成的“一办法三指引”制度体系框架，同时各省市根据实际情况陆续制定了网络借贷信息中介机构管理办法。互联网金融风险专项整治方面，整治工作进入清理整顿阶段，并启动互联网平台与各类交易场所合作开展违法违规业务清理整顿工作；“现金贷”正式被纳入互联网金融风险专项整治工作，利率畸高、实际放款金额与借款合同金额不符、无抵押期限短以及依靠暴利覆盖风险、暴力催收等违法违规行为将被集中整治；网络小贷公司暂停批设，监管部门将严抓网络小额贷款资质审批，规范网络小额贷款经营行为，坚决打击和取缔非法经营网络小额贷款的机构。支付方面，为规范支付行业发展，央行提出了规范支付业务创新的“八项要求”，并调整支付机构客户备付金集中交存比例。

关键词： 互联网金融　监管政策　P2P 网络借贷　现金贷　网络小贷

2015 年 7 月，央行等九部门联合发布互联网金融监管领域纲领性文件《关于促进互联网金融健康发展的指导意见》（以下简称《指导意见》），标志着我国互联网金融结束了野蛮生长状态，正式被纳入监管框架之内。2016 年，在《指导意见》构建的监管框架内，各监管机构紧锣密鼓，针对互联网金融各业态制定监管细则，随着启动互联网金融风险专项整治工作，集中力量对重点领域进行整治，包括 P2P 网络借贷、股权众筹、互联网保险、第三方支付、通过互联网开展资产管理及跨界从事金融业务、互联网金融领域广告等领域，治理效果明显。2017 年，互联网金融监管进入新阶段，即监管细化阶段，监管层陆续出台互联网金融风险专项整治工作、网络借贷行业监管、支付行业监管等相关政策，互联网金融后续监管和整改工作逐步明朗化。

一　互联网金融风险专项整治工作政策回顾与评析

当前，我国互联网金融发展还处于初级阶段，互联网金融机构运营和服务水平亟待提升、民众风险识别能力相对较低，再加上缺乏规范与引导，以创新的名义进行监管套利，创造新概念吸引投资者，甚至从事非法集资等互联网金融活动频频出现。为了鼓励和保护真正有价值的互联网金融创新，整治违法违规行为，切实防范风险，建立监管长效机制，促进互联网金融规范有序发展，国务院办公厅于2016年4月正式印发了《互联网金融风险专项整治工作实施方案》，标志着我国互联网金融风险专项整治工作正式启动。

2017年，互联网金融风险专项整治工作进入清理整顿阶段，并启动互联网平台与各类交易场所合作开展违法违规业务清理整顿工作。此外，鉴于“现金贷”“网络小贷”风险频发，社会影响较大，其也被纳入互联网金融风险专项整治工作范围（见表1）。

表1　2017年互联网金融风险专项整治工作相关政策

序号	发布时间	发布机构	整治范围	文件名称
1	2017年5月	央行等17个国家部门	互联网金融风险	《关于进一步做好互联网金融风险专项整治清理整顿工作的通知》
2	2017年6月	互联网金融风险专项整治工作领导小组办公室		《关于对互联网平台与各类交易场所合作从事违法违规业务开展清理整顿的通知》
3	2017年4月	互联网金融风险专项整治工作领导小组办公室	现金贷	《关于开展“现金贷”业务活动清理整顿工作的通知》 《关于开展“现金贷”业务活动清理整顿工作的补充说明》
4	2017年11月	互联网金融风险专项整治工作领导小组办公室	网络小贷	《关于立即暂停批设网络小贷公司的通知》
5	2017年12月	银监会P2P网络借贷风险专项整治工作领导小组办公室		《小额贷款公司网络小额贷款业务风险专项整治实施方案》

资料来源：根据公开信息整理。

（一）《关于进一步做好互联网金融风险专项整治清理整顿工作的通知》

2017年5月17日，央行等17个国家部门联合发布《关于进一步做好互联网金融风险专项整治清理整顿工作的通知》，要求稳妥有序做好互联网金融风险专项整治清理整顿分类处置工作，细化流程，明确目标，扎实完成专项整治各项工作。

1. 对经现场检查发现存在违法违规问题的从业机构，进行差别化处置

（1）合规类机构

将合规类机构纳入日常监管范围。

（2）整改类机构

对违法违规情节较轻、配合整改意愿较强的从业机构，下发整改意见书，持续监督落实整改要求，并组织验收。

（3）取缔类机构

对不配合监管、拒不整改或整改后验收不合格，以及违规情节较重的，纳入取缔类机构处理。视具体情形由省级人民政府根据部门职能指定部门依法实施行政处罚，或按照处置非法集资、打击非法证券活动、清理整顿种类交易场所等工作机制予以查处，金融部门应停止提供金融服务，通信管理部门依法处置互联网金融网站和移动应用程序，同时加强失信、投诉和举报信息共享，坚决打击相关违法违规金融活动。

对没有金融牌照、涉嫌恶意欺诈的严重违法违规行为，要全面汇总分析业务性质、规模、资金流向等排查资料，组织相关部门提出处置意见，协同开展打击查处、属地稳控、资产变现追缴等工作，确保社会大局稳定。

2. 清理整顿期间，要实现互联网金融从业机构数量及业务规模双降

（1）严格准入，进行备案管理

规定凡是从事互联网金融活动的，必须依法接受准入或备案管理。在清理整顿期间，对注册名称和经营范围进行了严格限制，规定非金融机构以及不从事金融活动的企业，在注册名称和经营范围中原则上不得使用“交易所”“交易中心”“金融”“资产管理”“理财”“基金”“基金管理”“投资管理”“财富管理”“股权投资基金”“网贷”“网络借贷”“P2P”“股权众筹”“互联网保险”“支付”等字样。

（2）化解存量，严控增量

整改期间，从业机构存量不合规业务要逐步压降至零，不得新增不合规

业务。一经发现新增不合规业务，须立即叫停并严肃处理。

3. 明确了互联网金融各领域清理整顿状态分类阶段完成标准

明确了 P2P 网络借贷、股权众筹、互联网保险、非银行支付、通过互联网开展资产管理及跨界从事金融业务等领域清理整顿状态分类阶段完成标准。

4. 明确了清理整顿工作安排和进度（见图1）

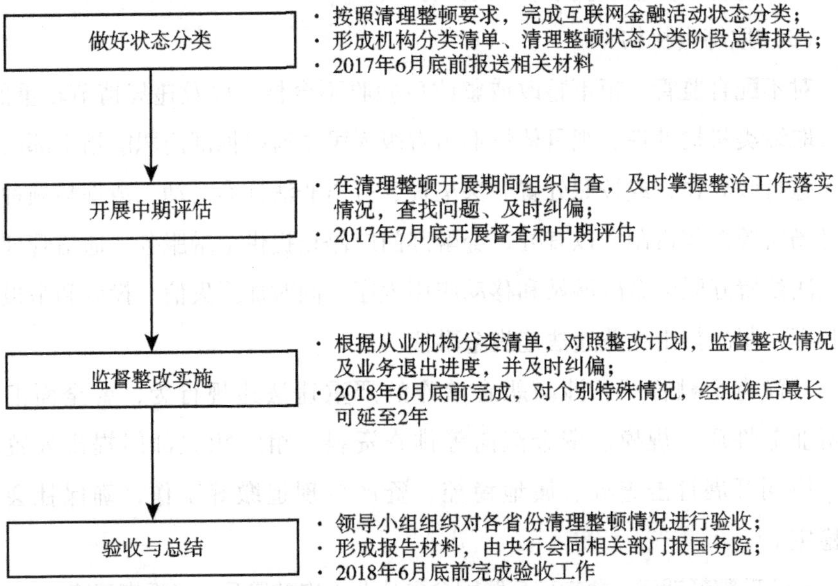

图1　互联网金融风险专项整治清理整顿工作安排和进度

（二）《关于对互联网平台与各类交易场所合作从事违法违规业务开展清理整顿的通知》

2017 年 6 月 30 日，互联网金融风险专项整治工作领导小组办公室下发《关于对互联网平台与各类交易场所合作从事违法违规业务开展清理整顿的通知》（以下简称《通知》）。

1.《通知》出台背景

互联网金融风险专项整治工作取得较大成果，一些互联网平台被发现仍然违规开展业务，存在较大风险隐患。典型事例如下：个别互联网平台与各类交易场所合作，将权益拆分面向不特定对象发行，或以“大拆小”“团购”“分期”等各种方式变相突破200人限制；一些产品无固定期限、资金和资产无法对应，存在资金池问题；一些产品未按规定向投资者披露信息和提示风险，甚至包装粉饰高风险资产，出售给不具备风险承受能力的中小投资者，一旦信用风险爆发，可能给社会稳定带来重大影响。

2.《通知》主要内容

①2017年7月15日前，停止与各类交易场所合作开展涉嫌突破政策红线的违法违规业务的增量。同时，互联网平台须积极配合各类交易场所，妥善化解存量违法违规业务。

②对2017年7月16日以后仍继续与各类交易场所合作开展违法违规业务的互联网平台，开展现场检查，查实互联网平台存在的问题，如是否存在变相吸收公众存款、非法发放贷款、代销违法违规产品、无代销资质销售金融产品、未取得相关资质开办资产管理业务等问题，并按相关法律法规进行处罚。

③防范处置风险。制定风险预案，注意风险隔离，避免形成连锁反应和交叉感染，坚决守住风险底线。

④对辖内互联网平台与各类交易场所合作开展违法违规业务的情况进行全面排查和持续监测，保证问题全面整治，防止相关违法违规业务死灰复燃。

⑤2017年7月15日前，央行牵头将辖内互联网平台与各类交易场所合作开展违法违规业务清理整顿情况，报告全国整治办。报告内容需含与各类交易场所合作的辖内互联网平台名录、合作业务（产品）名称和情况、相关违法违规业务存量规模和增量停止情况。

（三）现金贷监管政策梳理与评析

近年来，我国“现金贷”平台发展长期处于野蛮生长状态，行业乱象从生，风险事件频发，且部分“现金贷”平台爆发的风险事件社会影响恶劣，容易触发社会风险，亟须规范和引导。2017年4月，根据国务院领导批示，互联网金融风险专项整治工作领导小组办公室下发了《关于开展“现金贷”业务活动清理整顿工作的通知》和《关于开展“现金贷”业务活动清理整顿工作的补充说明》两个文件，标志着“现金贷”正式纳入互联网金融风险专项整治工作。

1.“现金贷”平台存在的主要问题

（1）平台利率畸高

当前部分平台变相提高利率，如采取日息、月息等概念吸引借款人，而实际年化利率超过36%，造成部分借款人负债累增，违约风险也逐渐增大。根据媒体报道，“现金贷”平均利率为158%，最高的“发薪贷”利率高达598%，实质上是以“现金贷”之名行“高利贷”之实，严重影响市场稳定。

（2）实际放款金额与借款合同金额不符

部分平台在给借款人放贷时，存在从借贷本金中先行扣除利息、手续费、管理费、保证金等金额的问题，造成借款人实际收到的借款金额与借款合同约定金额不符，变相提高了借款人借款利率。

（3）风控基本为零，坏账率极高，依靠暴利覆盖风险，而且存在暴力催收的问题

部分“现金贷”平台风险控制十分薄弱，行业坏账率普遍在20%以上，平台依靠收取的高额利率平衡风险。而借款人一旦逾期，平台则采取非法手段对借款人进行各种方式的暴力催收，极易引起恶性事件的发生。

（4）利滚利让借款人陷入负债危机

借款人一旦逾期，平台将收取高额罚金，同时采取电话“轰炸”其亲朋好友或暴力催收等手段，部分借款人在一个平台上的借款无法清偿时，被追转向其他平台“借新还旧”，使得借款人负债成倍增长。

2.核查处置“现金贷”平台违法违规行为的主要依据

在核查处置“现金贷”平台违法违规行为过程中，主要参考《关于审

理民间借贷案件适用法律若干问题的规定》《非法金融机构和非法金融业务活动取缔办法》《关于小额贷款公司试点的指导意见》《网络借贷信息中介机构业务活动暂行管理办法》《P2P 网络借贷风险专项整治工作实施方案》等文件作为清理整顿工作依据，对“现金贷”平台违法违规行为予以监督管理，对违法犯罪行为及时移送相关机关处置。

3. 核查处置“现金贷”平台违法违规行为的主要措施手段

（1）分类整治，切实防范风险

根据风险排查的实际情况，按照情节轻重对“现金贷”P2P 网贷平台进行分类处置，违反《网格借贷信息中介机构业务活动管理暂行办法》相关规定的平台要求按期完成整改；涉嫌恶意欺诈、发放高利贷和暴力催收等违法违规的平台，各地在及时掌握犯罪行为事实证据和线索的情况下，及时移送公安机关进行处置。同时，对网络小贷开展“现金贷”业务进行风险排查和整治，立即叫停未经许可开展此类业务的机构，存量业务逐步压降至零；存在涉嫌恶意欺诈、发放高利贷和暴力催收等违法违规行为的网络小贷，及时移送公安机关进行处置，切实防范风险，引导“现金贷”业务健康有序发展。

（2）宣传引导，及时开展相关风险提示和宣传教育活动

在清理整顿“现金贷”平台违法违规行为过程中应当做好舆论引导，通过官网发布、媒体访谈、专家解读等多种方式，持续开展相关风险提示和宣传教育活动，主动对外发声，释放监管信号，及时回应公众关切，正面引导舆情。

（四）网络小贷监管政策梳理与评析

1.《关于立即暂停批设网络小贷公司的通知》

近年来，我国部分地区陆续批设了网络小贷公司或允许小贷公司开展网络小贷业务，一方面部分“现金贷”平台正在或计划通过购买网络小贷牌照的方式解决自身放贷资质问题，另一方面部分机构开展的“现金贷”业务存在较大风险隐患。鉴于此，2017 年 11 月 21 日，互联网金融风险专项

整治工作领导小组办公室发布《关于立即暂停批设网络小贷公司的通知》，明确提出各级小额贷款公司监管部门一律不得新批设网络（互联网）小贷公司，禁止新增批小贷公司跨省（区、市）开展小额贷款业务。

2.《小额贷款公司网络小额贷款业务风险专项整治实施方案》

2017 年 12 月 8 日，银监会 P2P 网络借贷风险专项整治工作领导小组办公室发布了《小额贷款公司网络小额贷款业务风险专项整治实施方案》（下文简称《整治方案》），旨在严格网络小额贷款资质审批，规范网络小额贷款经营行为，严厉打击和取缔非法经营网络小额贷款的机构，从而进一步完善网络小额贷款经营规则和监管机制，实现监管全面覆盖和风险有效防控。

（1）《整治方案》明确给出了网络小额贷款的定义，强调贷款必须依托特定场景

《整治方案》明确提出网络小额贷款是指互联网企业通过其控制的小额贷款公司，利用互联网向客户提供的小额贷款，具有通过互联网平台获取借款人，运用互联网平台积累客户经营、网络消费等特定场景信息评定信用风险，在线上完成贷款全业务流程等特点。

（2）《整治方案》的主要整治内容

①严格管理审批权限。小额贷款公司的批设部门应符合国务院有关文件规定。对于不符合相关规定的已批设机构，要重新核查业务资质。已由计划单列市批设的相关机构，由省级政府小额贷款公司监管部门和计划单列市小额贷款公司监管部门协商核查业务资质。

②重新审查网络小额贷款经营资质。根据网络小额贷款业务的特点，根据国务院有关文件和当地现行有关制度规定（当地无相关监管制度的应尽快补齐），主要审查发起股东资质、借款人来源、互联网场景、内生数据基础和数字化风控技术等方面的经营资质要求是否严格合理，核查获批经营资质的机构是否符合相关条件。

③股权管理。排查小额贷款公司的股东是否具有良好的社会声誉、诚信记录、纳税记录和财务状况，是否符合法律法规规定和监管要求。运用穿透式监管手段，排查股东是否以委托资金、债务资金等非自有资金出资入股，

是否委托他人或接受他人委托持有小额贷款公司股权。

④表内融资。排查小额贷款公司是否主要以自有资金从事放贷业务。是否进行非法集资、吸收或变相吸收公众存款。是否通过网络借贷信息中介机构融入资金。排查通过股东借款方式融入的资金是否为股东自有资金。

⑤资产证券化等融资。通过信贷资产转让、资产证券化等方式融资的，排查是否符合有关规定，审批（备案）手续是否齐备，是否通过互联网、地方各类交易场所或线下协商方式销售、转让及变相转让本公司的信贷资产，穿透式核查最终投资者是否是合格投资者，其用于交易的基础资产是否是合法合规的信贷资产，不得直接或变相以“现金贷”“校园贷”“首付贷”等为基础资产发售（类）证券化产品或其他产品。以信贷资产转让、资产证券化等名义融入资金的比例按照《现金贷通知》有关要求执行。

⑥综合实际利率。将以利率和各种费用形式对借款人收取的所有借款成本与贷款本金的比例计算为综合实际利率，并折算为年化形式。排查综合实际利率是否符合最高人民法院关于民间借贷利率的规定。是否存在从贷款本金中先行扣除利息、手续费、管理费、保证金或设定高额逾期利息、滞纳金、罚息等行为。综合实际利率、贷款额度、贷款期限、还款方式以及逾期处理等关键信息是否在事前向借款人全面、充分披露并提示相关风险。

⑦贷款管理和催收行为。排查是否建立较为完善的网络小额贷款风险控制体系，即全面考虑信用记录缺失、多头借款、欺诈等因素对贷款质量可能造成的影响，从借款人身份识别到贷款本息收回的全流程风控体系。是否充分评估和持续关注借款人的信用状况、偿付能力、贷款用途等，审慎确定综合实际利率、贷款额度、贷款期限、贷款用途限定、还款方式等。是否诱导借款人超过自身可负担能力过度举债，陷入债务陷阱。是否自行或委托第三方通过暴力、恐吓、侮辱、诽谤和骚扰等方式催收贷款。

⑧贷款范围。排查小额贷款公司是否在其监管部门批准的经营区域或业务范围外发放贷款。是否发放无特定场景依托、无指定用途的网络小额贷款。是否采取有效措施防范借款人“以贷养贷”和“多头借贷”等行为。是否发放“校园贷”“首付贷”。是否发放贷款用于股票、期货等投机经营。

⑨业务合作。排查小额贷款公司是否与未履行网站备案手续或取得相应的电信业务经营许可的互联网平台合作发放网络小额贷款。是否与无放贷业务资质的机构共同出资发放贷款，是否为无放贷业务资质的机构提供资金发放贷款。与第三方机构合作开展贷款业务的，是否将授信审查、风险控制等核心业务外包，是否通过“抽屉协议”等方式接受无担保资质的第三方机构提供增信服务以及兜底承诺等变相增信服务，第三方机构是否向借款人收取息费。

⑩信息安全。排查小额贷款公司是否建立网络信息安全管理体系，是否妥善保管客户资料和交易信息，保护客户隐私。是否以“大数据”为名窃取或滥用客户隐私信息，非法买卖或泄露客户信息。

⑪非法经营。排查是否存在未经批准或不具备放贷资质的机构经营网络小额贷款业务，或者以其他各种名义支付款项但实质上是经营网络小额贷款业务。充分利用举报平台等渠道，及时发现非法经营网络小额贷款业务有关线索，充分发挥社会监督作用。

（3）网络小额贷款专项整治工作安排（见图2）

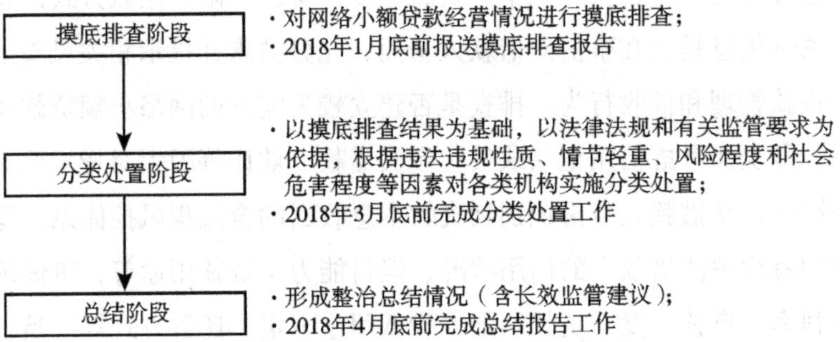

图2　网络小额贷款专项整治工作安排

在分类处置阶段，具体分类处置方式如下：

①合规类机构。对于已获得网络小额贷款经营资质的机构，按专项整治要求重新审查网络小额贷款经营资质，对确认符合资质要求、依法合规开展业务的纳入合规类机构继续实施有效监管，督促其规范经营。

②整改类机构。一是对于已获得网络小额贷款经营资质，重新审查后发现不符合经营资质要求的，撤销网络小额贷款经营资质，严禁此类机构在其批设部门所辖行政区域外开展贷款业务，由机构提出整改计划，监管部门监督执行。二是对于已获得网络小额贷款经营资质，重新审查后确认符合资质要求，但在股权管理、融入资金、综合实际利率、贷款管理、贷款催收、贷款范围、业务合作、信息安全等方面不符合专项整治要求和有关规定的，责令限期整改。整改后验收合格的，继续实施有效监管，督促其规范经营，发生违法违规行为的视情节轻重采取相应监管措施。整改后验收不合格的，撤销网络小额贷款经营资质，并且依法予以处置，违法违规情节严重的坚决取缔，涉嫌非法集资的按照处置非法集资工作机制予以查处。

③取缔类机构。对于未经批准或不具备放贷资质却经营网络小额贷款业务的机构，依法予以严厉打击和取缔，责令其停止开办网络小额贷款业务，涉嫌犯罪的，移送相关司法机关处置。

二　网络借贷行业监管政策回顾与评析

（一）网络借贷行业已构建起“一办法三指引”制度体系框架

2015 年 7 月出台的《关于促进互联网金融健康发展的指导意见》规定网络借贷业务由银监会负责监管，并从客户资金第三方存管制度、信息披露、风险提示和合格投资者制度、消费者权益保护以及网络与信息安全等方面提出具体监管要求。2016～2017 年，银监会牵头制定了《网络借贷信息中介机构业务活动管理暂行办法》《网络借贷信息中介机构备案登记管理指引》《网络借贷资金存管业务指引》《网络借贷信息中介机构业务活动信息披露指引》四个文件，搭建了网络借贷行业的“一办法三指引”制度体系框架，为网络借贷行业发展指明了方向，为监管机构开展监管工作提供了制度和技术依据。

1. “一办法”——《网络借贷信息中介机构业务活动管理暂行办法》

近年来，我国网络借贷行业发展迅猛，有着蓬勃的生机和巨大的发展空间。网络借贷借助互联网平台，跨越时空的限制，为资金需求方和供给方提供了接洽的平台，降低了搜寻成本，提高了融资效率，尤其是为小额资金需求提供了便捷的金融服务，具有普惠性质，不仅可以弥补传统金融体系的“大企业偏见”，而且还有助于资金支持实体经济、促进创业创新。但不可忽视的是，网络借贷行业乱象依然大量存在，部门平台不局限于信息中介，甚至充当了信用中介的角色，并且存在虚假标的、私设资金池、自融、违规放贷、期限拆分、线下营销等放大信贷风险的行为，导致网络借贷行业资金链条脆弱，行业风险不容忽视，对区域性、系统性金融安全构成了隐患。

为规范网络借贷行业发展，遏制网络借贷平台野蛮生长趋势，打击部分网络借贷平台的违法违规经营行为，引导网络借贷平台回归信息中介本质，发挥互联网支持普惠金融的优势。2016 年 8 月 24 日，银监会、工业和信息化部、公安部、国家互联网信息办公室等四部委联合发布了《网络借贷信息中介机构业务活动管理暂行办法》（以下简称《暂行办法》），《暂行办法》共八章内容，首先界定了网络借贷活动、网络借贷信息中介机构的定义，规定了网络借贷行业的监管责任，从备案管理、业务规则与风险管理、出借人与借款人保护、信息披露要求、监督管理、法律责任等各个方面做出了明确规定，基本确立了网络借贷行业的经营规则，为我国网络借贷行业监管工作的开展构建了基础框架。

2. “三指引”——《网络借贷信息中介机构备案登记管理指引》《网络借贷资金存管业务指引》《网络借贷信息中介机构业务活动信息披露指引》

（1）《网络借贷信息中介机构备案登记管理指引》

2016 年 10 月 28 日，中国银监会、工业和信息化部、工商总局联合发布《网络借贷信息中介机构备案登记管理指引》（以下简称《备案登记管理指引》），标志着网络借贷信息中介机构备案登记工作、工商变更、电信业务许可证办理和资金存管等工作正式全面启动。《备案登记管理指引》主要分为新设机构备案登记申请、已存续机构备案登记管理和备案登记后管理三部分。

第一，新设机构备案登记申请流程。《备案登记管理指引》对新设机构的备案登记申请给出了详细流程，具体流程如下：

第一步，网络借贷信息中介机构办理工商登记注册并取得企业法人营业执照，并在经营范围中明确网络借贷信息中介机构等相关内容。

第二步，新设立的网络借贷信息中介机构在依法完成工商登记注册、领取企业法人营业执照后，应当于10个工作日内向工商登记注册地地方金融监管部门申请备案登记。网络借贷信息中介机构设立的分支机构无须办理备案登记。

申请备案登记时，网络借贷信息中介机构须提交以下材料：

①网络借贷信息中介机构的基本信息，包括名称、住所地、组织形式等；

②股东或出资人名册及其出资额、股权结构；

③经营发展战略和规划；

④合规经营承诺；

⑤企业法人营业执照正副本复印件；

⑥法定代表人及董事、监事、高级管理人员基本信息资料；

⑦分支机构名称及其所在地；

⑧网络借贷信息中介机构官方网站网址及相关App名称；

⑨地方金融监管部门要求提交的其他文件、资料。

第三步，地方金融监管部门应当在收到新设的网络借贷信息中介机构提交的备案材料后，采取多方数据对比、网上核验、实地认证、现场勘查、高管约谈等方式对备案材料进行审核，要求网络借贷信息中介机构法定代表人或经法定代表人授权的高级管理人员对核实后的备案信息进行签字确认。新设的网络借贷信息中介机构办理备案登记的具体时限由地方金融监管部门根据本辖区情况具体规定，但不得超过40个工作日。

第二，已存续机构备案登记管理流程。已经设立并开展经营的网络借贷信息中介机构申请备案登记的，地方金融监管部门应当依据P2P网络借贷风险专项整治中分类处置有关工作安排，对合规类机构的备案登记申请予以受理，对整改类机构，在其完成整改并经有关部门认定后受理其备案登记申请。具体流程如下：

第一步，已经设立并开展经营的网络借贷信息中介机构需在工商登记部门修改经营范围，明确网络借贷信息中介等相关内容。

第二步，已经设立并开展经营的网络借贷信息中介机构在申请备案登记时，须提交相关材料，材料除新设机构要求的九项资料外还包括机构经营总体情况、产品信息以及违法违规整改情况说明等。

第三步，地方金融监管部门在收到已经设立并开展经营的网络借贷信息中介机构提交的备案材料后，采取多方数据对比、网上核验、实地认证、现场勘查、高管约谈等方式对备案材料进行审核，具体时限由地方金融办根据情况具体规定，但不得超过50个工作日。

第三，《备案登记管理指引》还对备案登记后管理提出了要求，为网络借贷信息中介机构后续管理提供了依据。具体要求包括以下几个方面：

一是指引要求平台应持地方金融监管部门出具的备案登记证明，向通信主管部门申请相关的增值电信业务经营许可证，并且在办理完成后5个工作日内将结果反馈地方金融监管部门。

二是要求平台应当持地方金融监管部门出具的备案登记证明，与银行业金融机构签订资金存管协议，并将资金存管协议的复印件在该协议签订后5个工作日内反馈工商登记注册地地方金融监管部门。

三是地方金融监管部门应当及时将完成备案登记的网络借贷信息中介机构信息在地方金融监管部门网站上进行公示，公示信息应当包含网络借贷信息中介机构的基本信息、增值电信业务经营许可信息及银行存管信息等。同时，建立本辖区网络借贷信息中介机构档案，并将档案信息与本辖区银监局进行共享，为后续日常管理提供依据。

综上所述，《备案登记管理指引》的颁布为网络借贷信息中介机构开展业务提供了指引，为网络借贷信息中介机构监管提供了基本依据（见图3）。

在责任主体方面，《备案登记管理指引》明确了地方金融监管部门负责网络借贷信息中介机构备案登记工作；在资料提交方面，网络借贷信息中介机构需要提交的资料多为基础性材料和说明性材料，要求较为宽松；在后续管理方面，办理增值电信业务许可证和办理银行资金存管业务成为网络借贷信息中介机构开展经营活动的“门槛”条件。

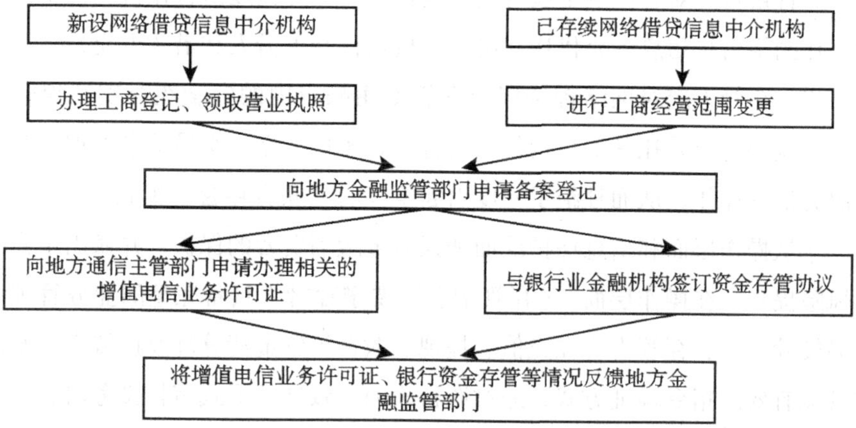

图3　网络借贷信息中介机构备案登记与后续管理流程

（2）《网络借贷资金存管业务指引》

为规范网络借贷资金存管业务活动，促进网络借贷行业健康发展，银监会于2017年2月23日正式对外公布了《网络借贷资金存管业务指引》（以下简称《存管指引》），《存管指引》共计五章二十九条，从业务定义、操作流程、责任划分、办理条件、业务规范等方面对网络借贷资金存管业务做出了详细规定。

①为网络借贷资金存管业务的顺利开展提供了依据。《存管指引》对网络借贷资金存管业务、网络借贷资金、存管人、委托人、网络借贷资金存管专用账户都进行了明确的界定。对委托人（网络借贷信息中介机构）申请开展存管业务时应履行的程序和责任，存管人（商业银行）开展存管业务应满足的条件、职责和系统要求等做出了明确规定，有利于网络借贷资金存管业务落地，增强了业务的可操作性，也为监管部门开展监管提供了依据。

②明确了商业银行作为存管人的法定地位。《存管指引》明确指出存管人必须是我国境内依法设立并取得企业法人资格的商业银行，原先部分网络借贷信息中介机构选择的第三方存管模式将逐步被取缔。

③明确了商业银行作为存管人的“唯一性”。《存管指引》规定委托人开展网络借贷资金存管业务，应指定唯一一家存管人作为资金存管机构。同时，存管银行应对客户资金履行监督责任，不应外包或由合作机构承担，不得委托网络借贷信息中介机构和第三方机构代开出借人和借款人交易结算资金账户。存管人应对网络借贷资金存管专用账户内的资金履行安全保管责任，不应外包或委托其他机构代理进行资金账户开立、交易信息处理、交易密码验证等操作，从而杜绝了一度引起争议的“联合存管”模式。

④从操作层面和信息保护层面加强对金融消费者的保护，并做出了充分的风险提示。在操作层面，《存管指引》要求存管人具备完整的业务管理和交易校验功能，存管人应在充值、提现、缴费等资金清算环节设置交易密码或其他有效的指令验证方式，通过履行表面一致性的形式审核义务对客户资金及业务授权指令的真实性进行认证，防止委托人非法挪用客户资金。在信息保护层面，《存管指引》要求存管人加强出借人与借款人信息管理，确保出借人与借款人信息采集、处理及使用的合法性和安全性。在风险提示方面，《存管指引》指出商业银行担任网络借贷资金的存管人，不应被视为对网络借贷交易以及其他相关行为提供保证或其他形式的担保。存管人不对网络借贷资金本金及收益予以保证或承诺，不承担资金运用风险，出借人须自行承担网络借贷投资责任和风险。

（3）《网络借贷信息中介机构业务活动信息披露指引》

2017年8月25日，银监会正式发布了《网络借贷信息中介机构业务活动信息披露指引》（下文简称《信息披露指引》），至此，网络借贷信息中介机构备案登记、银行存管、信息披露三大主要合规政策全部落地，网络借贷行业“一办法三指引”的制度体系框架已经搭建完成。

①对网络借贷信息中介机构业务活动信息披露进行了明确界定。《信息披露指引》明确信息披露是指网络借贷信息中介机构及其分支机构通过其

官方网站及其他互联网渠道向社会公众公示网络借贷信息中介机构基本信息、运营信息、项目信息、重大风险信息、消费者咨询投诉渠道信息等相关信息的行为。

②明确了网络借贷信息中介机构向公众披露的信息。主要包括：备案信息，包括备案登记、电信业务经营许可、资金存管、公安机关核发的网站备案图标及编号、风险管理等信息；组织信息，包括工商信息、股东信息、组织架构及从业人员概况、分支机构工商信息、官方网站、官方手机应用及其他官方互联网渠道信息；审核信息，包括上一年度的财务审计报告、经营合规重点环节的审计结果、上一年度的合规性审查报告。《信息披露指引》要求网络借贷信息中介机构应当于每年 1 月 10 日前披露平台备案、组织信息；应当于每年 4 月 30 日前披露平台审核信息；且若信息发生变更，平台应当于变更后 10 个工作日内更新披露信息。

③建立信息定期披露机制，明确要求网络借贷信息中介机构必须按月披露经营信息。《信息披露指引》要求网络借贷信息中介机构应当在每月前 5 个工作日内，向公众披露截至上月末经网络借贷信息中介机构撮合交易的如下信息：自网络借贷信息中介机构成立以来的累计借贷金额及笔数、借贷余额及笔数、累计出借人数量、累计借款人数量、当期出借人数量、当期借款人数量、前十大借款人待还金额占比、最大单一借款人待还金额占比、关联关系借款余额及笔数、逾期金额及笔数、逾期 90 天（不含）以上金额及笔数、累计代偿金额及笔数、收费标准以及其他经营信息。

④保护出借人权益，明确要求网络借贷信息中介机构应当于出借人确认向借款人出借资金前向出借人披露相关信息。《信息披露指引》要求网络借贷信息中介机构应当及时向出借人披露如下信息：借款人基本信息，应当包含借款人主体性质（自然人、法人或其他组织）、借款人所属行业、借款人收入及负债情况、截至借款前 6 个月内借款人征信报告中的逾期情况、借款人在其他网络借贷平台借款情况；项目基本信息，应当包含项目名称和简介、借款金额、借款期限、借款用途、还款方式、年化利率、起息日、还款来源、还款保障措施；项目风险评估及可能产生的风险结果；已撮合未到期

项目有关信息，应当包含借款资金运用情况、借款人经营状况及财务状况、借款人还款能力变化情况、借款人逾期情况、借款人涉诉情况、借款人受行政处罚情况等可能影响借款人还款的重大信息。

（二）各省市网络借贷信息中介机构管理办法

根据《网络借贷信息中介机构业务活动管理暂行办法》《网络借贷信息中介机构备案登记管理指引》《网络借贷资金存管业务指引》《网络借贷信息中介机构业务活动信息披露指引》四个文件组成的“一办法三指引”制度体系框架，我国各省市根据实际情况陆续制定了网络借贷信息中介机构管理办法，具体详见表2。

表2　2017年我国部分省市网络借贷信息中介机构管理办法一览

序号	发布地区	发布时间	文件名称
1	厦门市金融工作办公室	2017年2月	《厦门市网络借贷信息中介机构备案登记管理暂行办法》
2	广东省金融工作办公室	2017年2月	《广东省〈网络借贷信息中介机构业务活动管理暂行办法〉实施细则》《广东省网络借贷信息中介机构备案登记管理实施细则》
3	上海市金融服务办公室	2017年6月	《上海市网络借贷信息中介机构业务管理实施办法（征求意见稿）》
4	深圳市金融发展服务办公室	2017年7月	《深圳市网络借贷信息中介机构备案登记管理办法（征求意见稿）》
5	北京市金融工作局	2017年7月	《北京市网络借贷信息中介机构备案登记管理办法（试行）（征求意见稿）》
6	浙江省金融工作办公室	2017年12月	《浙江省网络借贷信息中介机构备案登记管理实施细则（试行）（征求意见稿）》《浙江省网络借贷信息中介机构业务活动管理实施办法（试行）（征求意见稿）》

资料来源：根据公开信息整理。

三　支付业务监管政策回顾与评析

（一）《关于规范支付创新业务的通知》

近年来，我国支付业务创新不断发展，支付服务环境日趋完善，对提高支付效率、便利社会生产生活发挥了积极作用。为进一步加强支付业务管理，促进支付创新，推动支付服务市场持续健康发展，央行于2017年12月21日发布了《关于规范支付创新业务的通知》（以下简称《通知》）。《通知》提出了支付行业健康发展的8项要求。

1. 开展支付创新业务应事前报告

各银行业金融机构（以下简称银行）、非银行支付机构（以下简称支付机构）提供支付创新产品或者服务、与境外机构合作开展跨境支付业务、与其他机构开展重大业务合作的，应当对相关业务的合规性和安全性进行全面评估，并于业务开展前30日向央行提出书面报告。

报告内容包括但不限于以下方面：拟推出产品或者服务的名称、基本业务流程、支付指令传输路径、资金清算及结算方式，合作机构名称及业务开展情况、合作方式，业务规则、技术标准、客户权益保护措施、内部控制及风险管理制度，业务试点开展时间及区域，收费项目及标准，潜在市场影响，相关合同及协议模板等。

2. 维护支付服务市场公平竞争秩序

各银行、支付机构应当切实增强社会责任意识，遵循依法合规、安全可控、商业可持续的原则，稳妥推广支付业务，共同维护支付服务市场健康持续发展。不得滥用本机构及关联企业的市场优势地位，排除、限制支付服务竞争；不得采用低价倾销、交叉补贴等不当手段拓展市场；不得夸大宣传、散布虚假信息，损害其他市场主体的商业信誉。

中国支付清算协会应当充分发挥行业自律作用，动态调整支付结算违法违规行为重要举报事项，将扰乱市场秩序、侵害消费者合法权益等行为纳入重要举报事项范畴，进一步加大自律惩戒力度。

3. 加强收单业务受理终端管理

收单机构应当建立并完善受理终端管理制度，明确受理终端选型、采购、布放、密钥管理、参数设置、程序灌装、日常维护、交易监测和巡检等环节管理措施；自主完成受理终端采购、主密钥生成和管理，对终端密钥及相关参数实行专人管理。

收单机构及其外包服务机构不得通过任何传播媒体、宣传工具或者方式发布销售银行卡受理终端、条码支付受理终端或者收款码的广告。在推广业务时，收单机构及其外包服务机构应当围绕服务质量、安全保障等进行真实、合理的广告宣传，准确披露收单机构名称及联系方式，广告内容中不得使用或者变相使用涉嫌不正当竞争、误导消费者或者违法违规行为的文字。

收单机构应当遵循“谁入网、谁负责”的原则，对通过其加入清算网络的银行卡受理终端、条码支付受理终端或者收款码承担管理责任，严格规范与外包服务机构的业务合作。

4. 规范小微商户收单业务管理

对依据法律法规和相关监管规定免于办理工商注册登记的实体特约商户（小微商户），收单机构在遵循“了解你的客户”原则的前提下，可以通过审核商户主要负责人身份证明文件和辅助证明材料为其提供收单服务。辅助证明材料包括但不限于营业场所租赁协议或者产权证明、集中经营场所管理方出具的证明文件等反映小微商户真实从事商品或者服务交易活动的材料。

收单机构为上述小微商户提供收单服务的，不得为其开通受理终端磁条交易功能。收单机构应当结合小微商户的风险等级，动态调整其可受理的银行卡种类和交易限额，以同一个身份证件在同一家收单机构办理的全部小微商户受理信用卡的收款金额上限为日累计1000元、月累计1万元。

清算机构应当配套建立小微商户收单业务规则和管理系统，细化小微商户准入、商户注册数量、交易限额和交易监测等风险管理措施。

5. 加强代收业务管理

银行、支付机构等代收服务机构根据收款人的委托协议，定期向付款人开户机构（包括银行和支付机构）发送支付指令，提请付款人开户机构不经交易验证直接扣划付款人账户资金的，应当执行下列要求：

付款人开户机构应当事先或者在首笔交易时取得付款人授权，明确收款人名称、支付款项的用途、扣款时间、授权期限、交易限额、异议处理和交易关闭方式等事项，并在后续交易时及时提示付款人交易信息。

代收服务机构应当要求收款人事先与付款人签订收款协议，并在代收交易处理中验证协议关系。代收服务机构应当真实、完整传输交易金额、交易时间、收款人名称和收款用途等代收交易信息，并采取有效措施禁止收款人滥用、出借、出租、出售代收交易接口。

具备合法资质的清算机构在核准业务范围内提供代收业务的交易转接和资金清算服务的，可通过与成员机构制定业务规则或者签订协议等方式，约定代收服务机构和付款人开户机构之间的权利、义务和责任。清算机构应当严格规范代收交易信息，完善交易监测机制，并及时处置违规交易。

上述代收业务的使用范围仅限于固定收款人定期发起的支付业务，其他支付业务应由付款人开户机构按照有关规定进行交易验证，不得由收款人代为验证。

6. 加强支付业务系统接口管理

各银行、支付机构、清算机构应当建立支付业务系统接口统一管理制度，明确牵头部门，严格业务审批，加强接入单位审核、使用范围、交易信息和资金安全等管理。同时，加大交易监测力度，确保接入单位将支付业务系统接口用于协议约定的范围和用途，并采取有效措施防止支付业务系统接口被用于违法违规用途。各银行、支付机构之间不得相互开放和转接支付业务系统接口，预付卡发卡机构为其受理机构开放支付业务系统接口的，以及央行另有规定的除外。严禁银行、支付机构、清算机构支持或者变相支持无证机构经营支付业务。

7. 严格遵守跨行清算政策要求

各银行、支付机构开展支付业务涉及跨行清算业务时，必须通过央行跨行清算系统或者具备合法资质的清算机构处理。自本通知印发之日起，各银行、支付机构不得新增不同法人机构间直连处理跨行清算的支付产品或者服务；对存量业务，应当按照央行有关规定尽快迁移到合法的清算机构处理。

8. 强化监督管理

央行应当切实履行属地监管职责，将本通知执行情况纳入业务检查重点，加大对违规行为的处罚力度。银行、支付机构的行为违反法律、行政法规以及央行有关管理规定的，央行可以依法予以处罚。

（二）《关于调整支付机构客户备付金集中交存比例的通知》

为贯彻落实第五次全国金融工作会议“强化金融监管”“防范金融风险”的会议精神，2017 年 12 月 29 日，央行发布了《关于调整支付机构客户备付金集中交存比例的通知》（以下简称《通知》），自 2018 年起调整支付机构客户备付金集中交存比例。

第一，《通知》要求自 2018 年起支付机构客户备付金集中交存比例将由现行的 20% 左右提高至 50% 左右（最高提至 54%）。考虑春节前现金投放等季节性因素的影响，为维护银行体系流动性合理稳定，2018 年 1 月仍执行现行集中交存比例 20%，2018 年 2 月至 4 月按每月 10% 逐月提高集中交存比例。

第二，《通知》要求支付机构执行新的集中交存比例后，应确保其日终在备付金存管银行存放的客户备付金，不低于当日所有未集中交存客户备付金总额的 50%。

第三，《通知》要求支付机构需在日间支取集中交存的客户备付金的，应委托备付金存管银行办理。备付金存管银行可通过央行营业部门柜台办理，或通过中央银行会计核算数据集中系统（ACS）综合前置子系统以电子化方式办理（相关业务流程另文下发）。

参考文献

[1] 李扬、孙国峰主编《中国金融科技发展报告（2017）》，社会科学文献出版社，

2017。
[2]《关于促进互联网金融健康发展的指导意见》(银发〔2015〕221号文件)。
[3]《互联网金融风险专项整治工作实施方案》(国办发〔2016〕21号文件)。
[4]《P2P网络借贷风险专项整治工作实施方案》(银监发〔2016〕11号文件)。
[5]《关于进一步做好互联网金融风险专项整治清理整顿工作的通知》(银发〔2017〕119号文件)。
[6]《关于对互联网平台与各类交易场所合作从事违法违规业务开展清理整顿的通知》(整治办函〔2017〕64号文件)。
[7]《关于开展"现金贷"业务活动清理整顿工作的通知》(网贷整治办函〔2017〕19号文件)。
[8]《关于开展"现金贷"业务活动清理整顿工作的补充说明》(网贷整治办函〔2017〕19号文件)。
[9]《关于立即暂停批设网络小贷公司的通知》(整治办函〔2017〕138号文件)。
[10]《小额贷款公司网络小额贷款业务风险专项整治实施方案》(网贷整治办函〔2017〕56号文件)。
[11]《网络借贷信息中介机构业务活动管理暂行办法》(银监会令〔2016〕1号文件)。
[12]《网络借贷信息中介机构备案登记管理指引》(银监办发〔2016〕160号文件)。
[13]《网络借贷资金存管业务指引》(银监办发〔2017〕21号文件)。
[14]《网络借贷信息中介机构业务活动信息披露指引》(银监办发〔2017〕113号文件)。
[15]《关于规范支付创新业务的通知》(银发〔2017〕281号文件)。
[16]《关于调整支付机构客户备付金集中交存比例的通知》(银办发〔2017〕248号文件)。

B.3
监管沙盒的背景、国际经验与启示

伍旭川　刘 学

摘　要： 金融科技的快速发展对传统金融业务模式带来冲击，并对当前的监管体系带来挑战。金融科技时代的金融风险需要与之相适应的有效金融监管来防范和化解，相关的金融消费者保护也需要有力的金融科技监管来实现。监管沙盒的监管模式有利于平衡金融科技的创新发展和风险防范，英国提出该模式以来，澳大利亚和新加坡等国家都开始不断将监管沙盒应用于金融科技的监管，推动金融科技和监管科技的发展。积极借鉴监管沙盒的成功经验，在具体应用时，要充分发挥监管沙盒降低监管成本的优势，明确界定监管沙盒的应用范围，确立完整的沙盒退出机制和对接机制，并注重区域与国际的合作。

关键词： 监管沙盒　金融科技　金融监管　消费者保护

随着金融科技的快速发展，大数据、云计算和人工智能等技术不断应用于金融领域，推动了P2P、第三方支付和智能投顾等金融创新业务的发展，一方面给传统金融业务模式带来了巨大的冲击，另一方面对现有的监管框架和体系提出了新的挑战。现行监管制度难以适应金融创新的发展需求，且在一定程度上已不利于金融创新。因此，主要国家的监管部门普遍认为，需要进行适当的监管改革并建立与之相匹配的监管体系。

监管沙盒模式首先源于英国的探索，意在平衡与金融科技发展相伴随的风险。“沙盒”具有本义和引申义。其本义是一种含细沙的浅口容器，儿童在其中玩耍时能起到保护作用。后来，这一词语被应用于计算机安全领域，引申为用于测试可疑程序的虚拟环境，以避免对主机的硬件或操作系统造成伤害。金融科技领域监管沙盒的模式，即从事金融创新的机构在确保消费者权益的前提下，按相应的监管部门特定简化的审批程序，提交申请并取得有限授权后，在适用范围内进行金融产品或服务创新测试，相应的监管部门会对测试过程进行监控和评估，以判定是否给予正式的监管授权和在沙盒之外予以推广。

一　监管沙盒的背景

（一）金融科技的快速发展突破了现有的金融监管框架

大数据、机器学习和人工智能等技术的发展，推动了金融与科技的融合与发展。金融科技在促进金融机构提高资源配置效率、提升风险管理能力、降低风险集中度的同时，也给金融监管带来了严峻的挑战，即如何在有效控制风险的前提下促进金融创新。2008 年国际金融危机以来，各国均实施了监管改革，我国的监管改革仍以传统的金融服务业为基础，很少考虑金融科技引发的巨大变化及带来的风险因素，从而使现有的金融监管制度不足以覆盖金融科技领域。具体而言，金融科技企业在初创阶段或在取得一定的市场份额之前，其创新产品或服务可能无法纳入既有的监管框架，法律也就无法为这些产品和服务提供相应的保护和规范，也因此金融科技领域的商品和服务不能或者不完全适用于现有的监管保护条款。限制金融科技的发展，将给金融创新带来障碍；将金融科技排除在合规要求之外，又容易带来监管套利和监管真空，不利于市场公平和金融科技相关风险的防控。金融科技的快速发展，需要监管部门在降低监管成本与促进金融创新之间取得平衡。

各国监管部门都在努力应对金融科技快速发展带来的监管挑战，所遵循的监管路径都在一定程度上显示了各国监管部门对金融科技发展的包容，这在一定程度上也反映出不同的监管部门在平衡金融创新与风险时侧重点的不同。若监管者期待金融创新推动经济增长，那么监管就会倾向于采取诸如有限许可、豁免或监管沙盒等措施，使创新在风险相对可控的环境中进行，甚至专门针对金融科技量体裁衣立法；但若监管者的目标倾向于风险防控，那么其监管路径则会偏向于对金融科技单独立法，甚至将金融科技纳入既有监管体系，适用与传统金融机构相同的严格监管标准。

监管沙盒被提出后，在全球得到阿布扎比、新加坡、澳大利亚、中国香港等金融监管部门的认同，并被不同程度地采纳。金融科技快速发展带来的金融创新需求需要现有监管框架有所调整，而监管沙盒则可以避免监管框架大幅调整带来的调整成本，同时也可以在一定程度上规范金融科技创新业务的发展。

（二）金融科技时代的风险需要与之相适应的金融监管来防范

金融科技创新中存在各种风险隐患，比如数据风险、网络风险、金融诈骗风险和系统性风险等，防范风险是金融业永恒的主题。金融领域的先进性技术是一把双刃剑，如果运用不当，很容易使金融风险和技术风险叠加，给金融活动和金融行业带来更大以及更快速的冲击。

金融科技使金融风险更具隐蔽性、传播速度更快、传播范围更广，增加了金融系统性风险。利用金融科技，金融机构与金融科技公司都可以提供金融服务，而且服务不断渗透趋同，促使各参与主体逐步多元化，经营主体与客户之间的信息逐渐增多，呈几何倍数扩张，这将有效缓解单个市场上信息不对称问题，但也强化了系统性信息不对称问题，使风险的隐蔽性和系统性增强。同时，金融科技的发展使金融业务的交叉性增强，从而使风险更具有传染性，更容易造成系统性风险。

传统的信用风险将继续存在。信用风险是金融行业最基本的风险，无论是在传统商业银行业务领域，还是在金融科技提供的金额业务领域，这一风险都会存在。金融科技业务中的银行网络金融业务是在传统的柜台业务的基础之上发展而来的，因此，存在于传统银行业务的信用风险也将对网络金融业务有着直接影响。

金融科技使传统金融“脱媒风险”加大。金融科技发展使金融交易更加快捷，成本也更低，使资金供给能够绕开现有的商业银行体系，直接输送给资金需求方和融资者，完成资金体外循环，导致商业银行重要金融中介的地位相对降低，金融交易脱离现有金融管制的情况愈发严重。

金融科技的技术风险更加突出。金融科技业务的发展有赖于先进的技术和交易平台系统，技术和交易平台系统选择失当可能使金融科技机构蒙受较大损失。一方面，技术滞后将使金融科技机构错失良好的交易机会，耗费大量资源，从而带来效率损失；另一方面，技术和交易平台系统如果与客户的软件版本不兼容甚至发生冲突，将导致信息传输滞后甚至无法传输。

数据风险与信息安全风险相互交织。以大数据推动金融创新是金融科技的主要特征和模式，数据真实性与数据信息安全是金融科技发展的重要基础。大数据在推动金融科技发展的同时，也给金融行业带来新的风险。首先，大数据是金融科技业务开展的基础，其数据风险首先体现在大数据本身的真实性上。其次，在数据质量合格的情况下，大数据分析也可能落入“虚假关系”陷阱。最后，即使与数据真实性和数据分析技术有关的数据风险得到控制，仍然无法完全避免数据使用风险。由于数据本身就是信息，当数据使用和保护不当时，数据风险就可能演化为信息安全风险。一旦风险爆发，将对金融科技公司以及相关行业产生不可估量的负面影响。

总之，金融科技的本质还是金融，金融科技没有改变金融业务的风险属性，技术的发展使得金融风险更加隐蔽，信息风险和操作风险问题也变得更为突出，潜在的系统性、周期性风险更加复杂。因此，金融科技的风险本身也是对现有金融监管能力的一大挑战，这使得监管部门需要探索出监管成本低且行之有效的风险防控手段。监管沙盒模式的提出，将金融科技创新业务限定在可控的范围内，避免了风险的传染和系统性扩散，既能促进金融创新、满足传统金融之下被抑制的金融需求，又能有效平衡风险。

（三）金融消费者保护需要有效的金融科技监管来实现

金融创新的目的是为了使金融更好地服务于实体经济的发展，并以此可以进一步改善消费者体验。与金融科技发展相关的金融消费，将涉及金融消费者保护的问题。比如，金融大数据中可能依据客户过去的消费习惯和金融活动来计算其消费偏好，这些都属于消费者的个人信息，因此金融科技还可能涉及消费者隐私保护的问题。

欺诈类的道德风险是损失金融消费利益的主要来源。当金融监管无法完全覆盖金融科技领域时，就容易产生监管真空下的欺诈风险。比如，一些不合规的P2P公司等所谓的金融科技企业明显偏离了主营业务，以金融科技作为噱头进行恶意的金融诈骗，层出不穷的跑路事件直接给金融消费者带来资金损失，不但破坏了行业发展的生态环境，甚至可能引发社会性问题。另外，一些金融科技企业在不具备金融牌照的情况下，基于虚拟账户间接推出大量金融产品，资金的流向及清算游离在中央银行的清算体系与管控之外，无法进行有效的穿透式监管，给监管机构在支付清算体系管理、反洗钱和维护金融稳定等领域带来了不小的挑战，也容易发生跑路风险。

风险控制滞后的损失事实上最终损害金融消费者的利益。金融科技的发展推动了跨界金融服务业务模式的发展，这使得信息流向日趋复杂，降低了市场的透明度和规范性，加大了业务风险的隐蔽性，有可能导致风险控制的滞后和扩大。一些金融科技企业尽管不存在主观上的欺诈风险，一旦发生由风控滞后等因素导致的风险，最终将损害金融消费者的利益。比如，一些涉及信贷类的金融科技公司，如果在信贷风险管理和流动性管理上一旦滞后，容易导致由流动性风险和信贷风险产生的破产，最终也会损失金融消费者的利益。

数据寡头垄断侵犯了金融消费者的隐私和利益。互联网场景下积聚的海量客户数据，如管理不善或过度使用，将会对客户隐私的保护带来新的挑战。一些互联网企业依托交易场景，汇集了大量客户的行为数据，并在与外部机构合作获取更多的客户数据后可能升级为金融数据寡头。这些海量数据一旦因管理不善而遭泄露，客户隐私及数据在未经授权情况下而被用于非法用途的风险将显而易见。比如，近年来频繁发生的电信诈骗，源头上是由金融消费者数据保护不利带来的，进而可以非法获取金融交易控制权进行资金窃取，由于交易涉及的主体多、信息不对称、协调配合难，给相关案件的侦破和打击带来很大难度。

总之，金融科技业态下交易环节与流程复杂化、交易对手与渠道多元化，一旦某个环节出了问题，都有可能损害金融消费者的利益。因此，金融科技的创新必须是负责任的创新，监管沙盒的监管模式有利于最大程度上保护金融消费者的利益。

二 监管沙盒的基本模式

（一）沙盒的申请与准入

监管沙盒的申请和准入是需要遵循一定规则的。首先，在监管沙盒申请阶段，申请测试机构按照监管沙盒的准则和要求填报申请表，监管机构负责审核申请测试项目内容及申报材料，从而履行尽职调查和全面审核职责，如项目通过审核，则监管机构与申请测试主体共同协商确定测试项目具体实施方案。申请经监管机构批准后，可以与参测机构密切沟通，协商确定测试方案，包括宽免政策、测试边界、报告要求、客户保护措施、测试结果评估方法与沙盒退出计划等。在申请前，参测机构可与监管机构取得联系，以确保充分了解相关政策。参与测试的机构在申请中需按要求提交材料，说明自己如何达到准入标准，有的国家还要求参测机构在申请中提交完整测试计划。在参测机构提交有效申请后，监管机构根据准入标准审核申请，决定是否批准，并告知参测机构审核结果。

准入标准。参测产品必须是属于金融或金融科技领域，有创新性且能使消费者受益或促进金融行业发展，产品达到成熟开发阶段足以参加现实测试，同时确有在沙盒中测试的必要性；参测机构对产品的开发、风险评估与控制、消费者保护等要投入足够的资源，有详细的测试计划及退出计划，测试成功后要有在沙盒之外部署产品的意愿和能力。

准入限制。为有效降低监管的不确定性，英国和新加坡等国的监管机构对申请测试主体和申请测试项目均放宽了沙盒准入限制，将那些不确定是否属于管理权限及监管范围的金融创新均纳入监管沙盒，并且对于企业的规模、类型及组织结构等限制较少，只要致力于提供新技术支撑和产品、服务创新的企业均可申请监管沙盒测试。申请监管沙盒测试的产品及服务必须是真实的"颠覆性"创新，能填补现有行业领域的技术空白，有益于提升金融消费者的服务体验和权益保障，而且申请项目无法通过其他测试环境进行有效验证或者验证成本过高。

（二）沙盒的测试与审核

在监管沙盒测试流程中，监管机构负责对拟开展金融技术创新的金融科技企业及拟开展的金融科技创新项目进行全流程、动态化监测管理，并做好风险处置预案及缓释措施以保证测试项目风险整体可控。参测机构按照与监管机构协商确定的测试方案在监管沙盒中展开产品测试，并向监管机构定期报告测试情况。有的国家允许参测机构根据实际运行情况申请修改测试参数。如参测机构无法达到测试要求或有其他不端行为，监管机构保留撤回测试批准、提前中止测试的权力。具体运作流程如下：第一步是正式测试阶段，监管机构依据不同的测试项目制定不同测试方案及测试要求，并提供合规性评估和指导，注重对测试项目的及时跟进以便能有效处理信息反馈、客户投诉等，并根据沙盒的适用规则进行有针对性的调整、改善；第二步是评估反馈阶段，测试结束以后，监管机构对测试结果进行综合评估并将结果反馈给申请测试机构，由申请机构和监管机构协同决定是否将合格项目在更大范围内推广应用。

测试标准与弹性。大多数推出监管沙盒机制的国家和地区，包括英国、新加坡均对企业、金融机构或相关组织是否适用监管沙盒进行测试，设置了比较详细明确的标准，明确监管要求，并因需制定弹性规定。比如，中国香港地区目前没有出台详细的审核标准，但要求依据具体情况、逐一分析，香港金管局会对银行小范围推出新金融科技产品或服务时的部分监管要求做弹性处理，银行不必全面符合相关监管要求，也不需要通过所有测试和第三方认证，但服务仍将受监管条例约束，当产品全面推出时必须符合所有监管要求。金管局要求银行机构按照真实数据和用户意见去改进项目，更加切合客户需要，以降低正式退出时的风险。

测试边界的作用。沙盒测试有一定边界，测试期限为3个月至2年不等，有的国家针对不同项目分别确定期限长短。英国FCA规定沙盒测试是在有限的时间内进行，一般3~6个月为合适时间。客户类型应与产品的特征与风险类型相匹配，公司要找到适合拟测试的产品服务及其市场，以及能够承受相关风险的测试用户。测试应以小规模进行，客户数量尤其是零售客户数量应有所限制，但具体上限视产品情况逐一确定；有的国家还要求对单个客户的交易金额、交易总金额、交易频率有所限制；FCA也认为客户数量要足够大才能确保获取到相关统计数据。

在整个申请及测试期间，监管机构都会有专门的金融科技监管团队与参测机构保持密切沟通，向参测机构提供量身定制的监管指导与支持。测试期间，参测机构也需要向监管机构定期报告测试情况，并在测试结束后提交最终报告。

（三）金融消费者保护和鼓励金融创新的监管豁免

英国FCA、阿布扎比金融服务管理部门、新加坡金管局以及中国香港金管局均在推出沙盒计划的同时，就测试过程中会涉及消费者相关利益和权利的情况制定保护措施，要求参测机构应充分告知客户产品风险特征与客户保护措施，以及公司尚未获得完整牌照、产品正在参与沙盒测试的情况，并获得客户知情同意；参测机构实施有效的风险缓解方案；强化客户投诉处理与损失补偿机制；提高客户个人信息保密性。比如，由于新的创新产品和服务将在真实环境下测试，为实现消费者保护目标，FCA采用个案审查以实现监管灵活。企业对零售客户（Retail）和专业客户（Sophisticated）的保障需满足各自的保护标准，并根据测试的具体情况决定是否采取附加措施（如向零售客户披露其被纳入测试）。此外，若企业在测试期间失败，消费者可通过英国政府设立的金融服务补偿计划（Financial Service Compensation

Scheme）获得救济。

尽管各个国家和地区的具体方法不同，但大体上都给予了金融科技公司短期豁免权，或者是免除关于资金要求或管理经验的法规。如新加坡金管局的监管沙盒，任何只要在沙盒中注册的金融科技公司，允许在事先报备的情况下，从事和目前法律法规有所冲突的业务，并且即使以后被官方终止相关业务，也不会追究相关法律责任。中国香港金管局也明确表示在试行期间可无须完全符合金管局的一般监管规定，但也要求试行机构制定合理的风险补充管控的措施。同时，阿布扎比金融服务管理部门（FSRA）提出一种“空白”监管方法，由 FSRA 授权的金融科技参与者在监管沙盒的活动不会受到标准条例和规则的限制；相反 FSRA 可能会根据金融科技业务模型确定的风险有选择地制定一套规则，这些规则也许会改变 FSRA 现有的条例和规则，或者根据具体的业务模式和技术制定新的规则。

（四）信息披露与沙盒的退出

信息披露。信息披露包括测试前披露和测试中披露。首先，测试前需要披露信息。英国 FCA 明确要求信息披露，即在测试用户进行沙盒测试前，公司有义务对测试及补偿（包括公司倒闭等情形）的信息进行披露。其次，测试过程需定期报告。英国 FCA 希望在沙盒测试中的企业与其保持密切的合作，特别是公司必须根据具体情况逐案向 FCA 报告，FCA 期望公司每周汇报关键事件，进而发现并管理风险；在测试完成后，公司向 FCA 提交最终的书面报告。新加坡金管局、中国香港金管局、阿布扎比 FSRA 均要求参与测试的公司有适当的信息披露义务，包括存在的风险和重大事故发生的可能性等信息披露。

监管沙盒的退出。监管沙盒测试除了有“安全空间”的范围约束，还有较为明确的时间限制。英国的监管沙盒测试时间一般为 3～6 个月，澳大利亚的测试周期为 12 个月。尽管各国监管沙盒测试时限各不相同，但是一旦达到时限节点，在线测试的项目必须退出监管沙盒；因特殊原因需要延期的，金融科技企业可在测试期结束前提出申请并说明情况。测试结束以后，对评估效果良好的金融创新项目，金融科技企业可向监管机构申请投入正式运营以及扩大适用范围。测试期限到期时，所有宽免政策到期失效，参测机构必须退出沙盒，并向监管机构提交最终报告，有的国家明确规定了提交期限是测试结束后的30天或两个月之内。监管机构根据测试结果的以下三种可能性决定是否允许产品上市：第一，参测机构可以在到期前申请延期，并说明原因，监管机构审核申请并做出最后决定，一般而言如非确有必要不予批准；第二，如果测试达到预期结果，且参测机构在到期前达到完整监管要求，参测机构可以在沙盒之外部署产品；第三，如测试失败，或参测机构未达到监管要求，或产品存在重大缺陷且测试期间无法解决，参测机构需按照预定退出方案停止产品运行，退出沙盒。

新加坡金管局规定，若规定的沙盒测试时间结束，金管局发布的任何相关法律及监管规则都会同步到期，申请人会被要求退出沙盒。如果沙盒测试期延长，申请人应该在沙盒截止日期前至少一个月向金管局申请，并提供延期理由。如果新加坡金管局和申请人对沙盒的预期实验结果均感到满意，且申请人完全遵守相关法律和监管要求，申请人在退出后也可继续在更大范围内部署解决方案。

三　监管沙盒的国际经验

（一）英国

1. 启动与试运行

2015 年 11 月，英国金融行为监管局（FCA）发布《监管沙盒》报告，第一次对监管沙盒的概念、背景、参加条件、宽免政策、测试期限、消费者保护措施等进行了全面阐述。2016 年 5 月，FCA 开始受理测试申请，并于同年 8 月，启动首批沙盒测试项目的筛选。截至 2017 年 4 月，FCA 的监管沙盒第 1 轮 18 家公司的测试接近完成。2017 年 6 月 15 日，FCA 宣布开启监管沙盒第二组测试，收到了 77 份关于监管沙盒第二阶段的申请书，31 家涵盖了各个地域和部门的企业申请符合监管沙盒的资格标准，并接受测试。截至2017年8月8日，已完成共三批测试招募。这些创业公司的业务非常多样化，涵盖保险、付款、小额银行业务和贷款等，也包括基于区块链技术的跨境和国内支付解决方案、帮助消费者进行财务管理的移动应用程序、证券管理平台和借贷产品等，而涉及的新技术包括人工智能和区块链技术。

2. 进入条件与主要流程

为使所有企业都得到公平和透明的对待，同时确保企业能够将精力更多地用于对消费者有利的创新，FCA引入以下公开可用标准作为进入沙盒的先决条件：第一，监管范围。企业制定的新的解决方案应是服务于金融服务业或支持金融服务业发展的。第二，真实的创新。测试的产品服务要蕴含真正的创新，或与现有方案有显著的不同。第三，对消费者有利。创新要能为消费者带来明显的收益，并且这一条件在沙盒测试期间也能得到满足。第四，对沙盒的需求。该金融创新需要在沙盒框架中测试。第五，背景研究。企业要在开发新产品中投入足够的资源，符合适用的法规，能够采取措施控制风险。

英国的监管沙盒主要流程由七个步骤构成：第一，公司向FCA提交测试申请，提出新的解决方案，以及满足标准。第二，FCA审核申请。如果符合资格标准，则接受该申请。第三，公司和FCA合作并确定一种测试方案。如果创新产品或服务通过审查，FCA将与公司合作推进“选择沙盒”选项、测试参数、结果测量和保护措施等方面的事宜。第四，企业获得FCA有限授权后，进入监管沙盒开展测试。第五，测试及监控。公司根据要求开始测试，在此期间，FCA将全程监测测试过程，以控制风险。第六，公司将根据业务开展情况，向FCA提交有关测试结果的报告，FCA将对此报告进行评估。第七，FCA负责审核收到的最终报告。如果最终报告通过审核，公司可决定是否在沙盒之外推广新产品或服务。

3. 金融消费者保护措施

处于监管沙盒的金融创新产品也有可能给金融消费者带来利益损失，为了避免这一损失，FCA采取了多项保护金融消费者利益的措施，主要包括以下四个方面：第一，FCA 要求进入沙盒的公司充分告知客户潜在的风险和可获得的补偿，只有在客户同意参加测试的前提下才能测试他们的新产品。第二，寻求使用监管沙盒的企业在提交提案时，FCA 将仔细审核提案，重点审核这些企业如何进行信息披露，以及提供怎样的保护和补偿措施等信息。第三，使用监管沙盒的公司需要向 FCA 证明，其有足够的实力向消费者赔偿可能引发的损失。第四，参与沙盒测试的消费者可以同样享受英国金融服务补偿计划和金融申诉服务公司的保护等。

英国创造性地推出了监管沙盒政策，提供了一个测试创新产品和服务的“安全空间”，可以在一个相对封闭的空间内，对产品和服务进行测试，同时不需要担心承担正常监管的后果。这对于英国巩固其全球金融中心地位，引领金融科技监管规则具有战略意义。

（二）美国

1. 前期相关政策

美国消费者金融保护局（Consumer Financial Protection Bureau，CFPB）坚信金融市场有效运行的条件是：市场鼓励各类从全新角度解决问题的金融创新，鼓励进行开放竞争。2012 年 11 月，CFPB 启动了项目催化计划，该计划开始之初就非常注重与金融创新者、市场监管者以及其他相关方面的紧密合作，以充分了解和监测驱动金融市场变化的金融科技。同时，该计划还致力于在新产品和服务发展的概念化阶段就全面考虑制定保护金融消费者权益的措施。项目催化计划的主要工作思路包括：积极与各相关方建立沟通机制；出台支持消费者友好型金融创新发展的政策和方案；开展各类试点和研究合作。

2. 监管沙盒的雏形

2013 年 10 月，CFPB 制定了“实验性披露豁免政策”（Trial Disclosure Waiver Policy）。2016 年 2 月，CFPB 制定了“无异议函政策”（No-Action Letter Policy）。这两项政策虽未提出“监管沙盒”概念，但这两项政策包含了创新识别、创新测试、法规豁免、消费者保护等内容，已经具备监管沙盒的雏形，其理念和措施被之后的英国等国家的监管沙盒所借鉴。

3. 进一步发展

2016 年 9 月，国会议员 Patrick McHenry 提出《2016 年金融服务创新法案》，建议在相关管理机构内增设专门的金融服务创新办公室，并对符合要求的金融创新在一段时间内予以法规修改或豁免。这一法案实际上提出了美国的金融创新监管沙盒计划。该法案构建的监管框架与英国沙盒有很多相似之处，包括金融科技企业需要向监管机构进行申请，重点阐释其创新将为公众带来哪些好的影响，获得批准的公司即可获得测试环境内的经营许可。不同的是，美国的监管框架涉及多个机构，包括联邦储备委员会、财政部和证券交易委员会，每个机构都需要设立一个金融服务创新办公室，负责金融科技企业相关沙盒监管规则的修改，处理金融科技企业的提案，审批沙盒测试服务。

（三）澳大利亚

1. 监管沙盒的政策出台

2015 年 3 月，澳大利亚证券与投资委员会（Australian Securities and Investment Commission，ASIC）成立创新中心，以帮助金融科技公司熟悉金融监管体系。2016 年 3 月，ASIC 与 FCA 签署金融科技领域监管合作的协议。2016 年 3 月 21 日，联邦政府批准 ASIC 成立并管理监管沙盒，使处于试验阶段的金融科技公司也能够应对监管风险，从而降低上市的成本和缩短上市时间。2016 年 12 月，ASIC 发布《公司法关于概念验证的牌照豁免》（2016/1175 号文书）、《消费信贷保护法关于概念验证的牌照豁免》（2016/1176 号文书）两部文书。2017 年 2 月，ASIC 发布了《257 号监管指南：在不持有金融服务牌照和消费信贷牌照情况下测试金融科技产品和服务》。这些文件被称为“金融科技牌照豁免政策”，与原有法规的弹性安排、ASIC 的单独豁免共同形成了监管沙盒框架。ASIC 的监管沙盒允许没有金融服务牌照和消费信贷牌照的公司对规定类别之内的金融创新产品进行测试，而且只需事前备案，不进行审批。对于不符合条件的产品，可以向 ASIC 申请单独豁免，但需要经过审批。

2. 豁免方案

ASIC现行监管框架中对于是否必须持有牌照已经有一定的灵活性，提供有条件的全行业豁免，允许澳大利亚的新企业在6个月内测试某些金融服务，而不需要持有金融服务许可证（AFSL），这也被称为“监管沙盒豁免”。“监管沙盒豁免”大大缩短了金融科技产品和服务上市所需的时间。ASIC对参测机构有三种牌照豁免方案，分别为现有监管灵活性、金融科技牌照豁免和单独豁免。

第一，公司作为牌照持有者的代表，从事不需要牌照的业务（如立即清算的外汇兑换合约等）和从事ASIC权限内对特定类别产品的牌照豁免（如小额非现金支付产品等）。

第二，金融科技牌照豁免。ASIC允许合格的公司无须获得牌照即可在12个月的期限内测试指定类型的金融产品顾问和信贷中介服务。公司只需事前向ASIC备案，无须审批。ASIC对客户数量与风险暴露金额、信息披露、客户补偿措施、争议处置机制做出严格规定。如公司需要申请延长测试期限、调整客户数量上限或其他限制条件，ASIC将其视同申请单独豁免。这是目前最为宽松的豁免方案，也是仅有ASIC推行的政策，但这一方案对产品类别的限定非常严格。

第三，单独豁免。在前两种方案都不适用的情况下，ASIC鼓励创新公司与创新中心联系，讨论公司的产品或服务，申请单独豁免；ASIC单独授予量身定制的牌照豁免，类似于其他司法体系中的监管沙盒框架。

3. 主要特点

第一，ASIC是监管沙盒的监管主体。ASIC作为一个独立的监管沙盒监管主体，同时也是澳大利亚银行、证券、外汇零售行业的监管部门。

第二，监管范围较窄。虽然英澳两国发布监管沙盒的目的均是为了支持金融创新，但澳大利亚ASIC明确将范围限于金融科技领域，而英国的监管沙盒适用范围则更广，包括“颠覆性创新”，而不仅仅局限于金融科技领域。

第三，申请流程注重时效性。在获取金融科技许可证豁免之前，必须先向 ASIC 提交书面申请，表明需要救济的意图，并给予 ASIC 某些信息。申请必须以书面形式提交至 ASIC 创新中心的电子邮箱。提供的某些信息将在 ASIC 网站上发布，以满足透明度要求。在发送通知成功的 14 天后，测试期将会开始。ASIC 将书面通知测试期开始的日期。在测试期结束后两个月内，企业向 ASIC 提供一份简短的报告。报告应列出测试业务在测试期间的详细情况，并按照规定提供所要求的信息。在特殊情况下可能会延长测试期或提高客户数量上限。ASIC 在“监管沙盒豁免”中对时间方面的规定充分体现了对时间效率的重视。

第四，允许个人申请。个人申请是澳大利亚监管沙盒框架的重要组成部分，不符合条件的企业可以根据现有的政策申请个人的、定制的豁免。ASIC 针对特定业务，量身定制个人许可豁免，以促进产品或服务测试。例如，对于希望测试创新产品或服务而言，此选项是开放的。而在英国，只能由企业来申请监管沙盒。

第五，澳大利亚的监管沙盒十分注重风险控制。ASIC 规定，测试业务提供服务的零售客户不能超过 100 个，且所有客户的总敞口必须低于 500 万美元。提供金融服务或信贷援助的测试业务必须向零售客户提供一些信息。例如，有关其服务、报酬和争议解决程序的信息。提供信贷援助的测试业务还必须遵循“负责任贷款”义务。同时，ASIC 还规定了一套诚信措施。该诚信措施要求测试业务必须做到以下几点：一是通知 ASIC 开启监管沙盒豁免的日期；二是提供沙盒赞助商的赞助证据，沙盒赞助商须是非营利行业协会或其他政府认可的实体；三是有合理的依据证明该业务可从指定日期起经营六个月。此外，测试业务在测试阶段完成后，需提交一份有关测试的简短报告。

（四）新加坡

1. 相关政策

为建设智慧金融中心，新加坡政府于 2015 年 8 月在新加坡金融管理局（Monetary Authority of Singapore，MAS）设立了金融科技和创新团队（Fin Tech & Innovation Group，FTIG），在 FTIG 内建立支付与技术方案、技术基础建设和技术创新实验室三个办公室，并于2016年5月3日联合新加坡经济发展局、信息通信媒体发展管理局、国家研究基金会等多部门或机构设立金融科技办公室，作为处理金融科技相关事务的一站式虚拟实体。在此基础上，新加坡金融管理局于2016年6月发布了《金融科技监管沙盒指南（征求意见稿）》（简称《指南》），拟通过为金融科技的发展营造安全有益的环境，以实验性的方式向市场推出其产品和服务，最大化降低金融创新风险，同时最大化减少金融创新阻力，让一些初创企业获得更大的发展空间，然后再根据实际的市场影响进行适当监管。

2016年11月，MAS正式发布《金融科技监管沙盒指南》，对监管沙盒的适用对象、准入条件、操作流程进行了说明。在指南中，MAS列出了部分可以放宽的监管要求，比如资产管理要求、董事会结构、财务稳健规定等，同时强调必须坚守部分监管规定，比如客户信息保护、反洗钱、客户资金第三方存管等。在监管沙盒的运行机制下，监管机构为创新项目提供较为宽松的监管环境，准许其在特定范围和特定时间段内对创新项目进行测试，为一定数量的顾客提供创新产品和服务，以检验金融科技创新的实际效果和潜在风险。从静态来看，它可以被视作创新机构用于试验、试错的虚拟试验场；从动态来看，它可以被视作创新机构享受相对宽松的监管要求，测试创新项目效果的一段试验期。

MAS计划通过鼓励在金融领域采用创新和安全的技术，将新加坡转变为智慧金融中心。为此，沙盒以鼓励在明确的空间和时间内进行更多的金融科技试验为目的；同时MAS将提供必要的监管支持，以便提高效率，更好地管理风险，创造新机会。新加坡旨在借监管沙盒构建金融科技生态系统。在监管力度方面，新加坡比英国更为宽松和灵活。英国身为传统老牌金融中心，在制度设立方面更为稳健和严苛。如英国明确确定金融科技企业在监管沙盒中的时间，一般为3~6个月。而新加坡虽然对处于监管沙盒中的金融科技企业也有时间要求，但没有给出具体时长，弹性较大。

2. 主要特点

MAS在监管沙盒的具体操作方式上有以下特点：一是鼓励金融科技试

验，目的是使有潜力的创新能够在市场中得到测试并有机会在国内外得到更广泛的应用，MAS 规定金融机构和任何有意向的公司均可以申请加入沙盒，在明确界定了空间和时间的环境中测试金融服务创新；二是沙盒包含适当的安全措施来容忍失败的后果和维护整个金融体系的安全与稳健；三是金融管理局制定灵活的措施，根据需要测试的金融服务种类以及涉及的申请人和申请事项，针对具体项目放松制定法律和出台监管规定；四是一旦通过申请，申请者就成为部署和操作沙盒的责任主体，金融管理局通过放宽其自身发布的具体法律和监管规定来为其提供适当的监管支持；五是一旦测试成功退出沙盒，沙盒实体就必须完全符合相关法律和监管要求。

MAS 监管沙盒的目标对象包括但不限于金融机构、金融科技公司以及与其合作或为其提供支持的专业服务公司。MAS 的目标是通过鼓励金融部门的创新以及采用安全技术，将新加坡转变成智慧金融中心。因此，其要求申请者必须理解沙盒的目标和原则，不能利用沙盒作为规避法律和监管要求的手段，并提出了两种不适用沙盒的情形：一是拟申请的金融服务与新加坡已有的金融服务类似，除非申请者能够说明应用了不同的技术；或者同样的技术以不同的方式被应用。二是申请人尚不能证明其已经做了尽职调查，包括在测试环境下测试过申请的金融服务并且知晓拟实施金融服务的法律和监管规定。

3. 沙盒的申请

新加坡监管沙盒的申请流程分为以下几个步骤：第一，申请人需要向 MAS 提交申请书；MAS 在收到申请后的 21 个工作日内完成审核。第二，如果其与沙盒制度的潜在匹配度高，可以进入评估阶段，同时通知消费者金融科技解决方案进行沙盒测试。第三，运行评估后续情况分为赞成和拒绝。

MAS 要求申请中应包括必要的支持信息以说明其满足以下评估标准：一是提交申请的金融服务包含有新的或正在兴起的技术，或者对现有的技术以创新的方式应用；二是提交申请的金融服务解决了某个问题，或者有益于消费者或行业；三是申请者有意愿和能力在退出沙盒后将提交申请的金融服务在新加坡更大规模地实施，如果有其他原因导致金融服务不能在新加坡实施，申请者也应继续以其他方式为新加坡做贡献，比如继续努力开发原来申请的金融服务；四是沙盒试验的测试场景和预期结果应有明确的定义，而且沙盒实体应根据商定的时间表将测试进程向金融管理局报告；五是对沙盒在执行中的适当边界条件应有明确界定，以同时保护消费者的利益和维护行业的安全与稳健；六是对由金融服务引发的重大风险应有评估和相应的化解、减轻措施；七是应有一个可接受的退出和过渡策略，以防申请的金融服务在被停止或者退出沙盒后继续在更大规模上实施。

4. 沙盒的退出与终止

在沙盒的最后时期，由金融管理局放宽的法律和监管要求也将到期，沙盒实体必须退出沙盒。如果沙盒实体需要延长沙盒存续期，沙盒实体应在沙盒到期前至少 1 个月向金融管理局提出申请，并提供支持延期申请的理由，金融管理局将进行个案审批并具有最终决定权。沙盒实体退出沙盒后，在试验的基础上以更大规模实施金融服务的前提条件是金融管理局和沙盒实体均对沙盒已经实现的预期测试成果满意，并且沙盒实体能够完全满足相关的法律和监管要求。而在下列情况下沙盒实体将被停止：一是基于与沙盒实体达成共识的最新测试场景、预期成果和进度，金融管理局对已经实现的预期目标不满意；二是在沙盒时限到期时，沙盒实体不能完全遵守相关法律和监管规定，如果预期出现这种情况，沙盒实体最好将该情况提前告知金融管理局；三是试验过程中发现了金融服务中的某个缺陷，其带给客户或金融系统的风险超过其所带来的收益，且沙盒实体也承认它们在沙盒存续期内无法解决该缺陷；四是金融管理局会因为某些原因终止沙盒，比如沙盒实体违反了沙盒存续期限内实施的条件；五是沙盒实体已经通知监管局其在自由裁量权内做出的退出沙盒的决定。

（五）中国香港

1. 背景

面对全球金融科技的迅速发展，中国香港地区银行业也开始运用金融科技，或者研发更多的创新科技，例如区块链、生物认证和移动支付服务等。为了推进金融科技的发展，香港金融管理局在2016年3月成立了金融科技推进办公室（FinTech Facilitation Office，FFO），为独特的新金融科技方案探索潜在的应用领域，促进银行业和支付服务发展，从而带动银行业相关金融科技的发展。2016年9月，香港金融管理局推出金融科技监管沙盒，旨在通过更具弹性的监管安排，授权金融科技机构及其他技术创新进行试验，让银行及其伙伴科技公司可在无须完全符合金融管理局监管规定的环境下，邀请有限数量的客户参与金融科技项目的试行。这项安排让银行及科技公司能在受控环境中收集有关其新金融科技产品或服务的真实数据及用户意见，以便对新科技产品做出适当修改，从而加快推出产品的速度及降低开发成本，最终促进和支持香港地区银行业金融科技和金融创新的发展。

香港的监管沙盒制度适用于授权机构打算在香港进行的金融科技以及其他科技的创新，授权机构被允许进行创新实验，包括真实的银行服务试验以及针对参与客户数量的试验。试验期间，它们所进行的试验不需要全部遵守香港金融管理局通常的监管要求，但是试验需要遵守一定的边界要求、客户保护措施以及风险管理控制。受香港金融管理局监管范围所限，香港的监管沙盒只对银行业机构和相关金融科技适用，而一些初创企业为了能够通过金融科技监管沙盒机制试验和尽早推出新金融科技和金融创新，纷纷与银行合作研发金融科技项目。2016年11月，香港金融管理局联合香港应用科技研究院设立金融科技创新中心，以支持金融科技研究与应用。香港金融管理局还在2016年12月与FCA签署金融创新领域合作协议。

2. 运行原则

香港金融科技的监管沙盒坚持三项运行原则：一是可供认可机构计划在香港推出的金融科技或其他科技项目使用；二是在试验环境中，认可机构可就其项目进行试行，试行可涉及真实的银行服务和有限数目的参与客户，而认可机构在试行期间可无须完全符合香港金融管理局一般的监管规定；三是认可机构不应利用监管沙盒试验规避适用的监管规定。

香港金融管理局还将根据监管沙盒的实施经验及业界发展，适时改进有关制度安排。

金融管理局未罗列在沙盒环境中可能会有所放宽的所有监管规定，按照三大原则运作沙盒。一是沙盒可供银行计划在香港推出的金融科技或其他科技项目使用。二是获许可使用沙盒的银行管理层应确保制定了以下保障措施：清楚界定试行范围及阶段、时间及终止安排；在试行期间保障客户利益的措施，一般包括挑选知悉所涉及的风险并自愿参与试行的客户，投诉处理、就客户的损失做出赔偿，以及客户退出试行的安排等范畴的措施；推出补充管控措施，以减低因并未完全符合监管规定而引起的风险，以及对银行的生产系统及其他客户所构成的风险；涉及试行的系统及程序应准备就绪，并须密切监察试行的情况。三是银行不应利用沙盒规避适用的监管规定。除金融管理局外，香港证券及期货事务监察委员会及保险业监管局也分别推出沙盒。任何公司如有计划就跨界别金融科技产品进行试行，可向相关监管部门申请使用其认为最适合的沙盒。

3. 法律审查与规制

从法律规制角度，香港金融管理局对许可机构在开展监管沙盒试验的过程中进行下列审查和规制：一是试验范围和阶段审查及要求。许可机构应按规定明确试行范围及阶段、时间及终止安排。二是试验参与人保护措施审查及要求。许可机构应当准备足够的措施在试行期间保障客户利益，有关措施一般应包括通过妥善的程序挑选明白所涉及的风险并自愿参与试行的客户、加强的投诉处理程序、就试行的任何失误引致客户蒙受财政损失做出及时和公平的赔偿机制，以及让客户退出试行的适当安排。三是风险管理措施审查及要求。许可机构应实施合理的补充管控措施，以减少和降低因未完全符合监管规定而引起的风险，以及应对试行对认可机构的生产系统及并未参与试行的客户所构成的风险。四是准备的充分性审查。许可机构应确保开展监管沙盒试验可能涉及的系统及程序已经准备就绪。五是监察监管沙盒试行的审查及要求。认可机构应密切监察试行的情况，以能迅速识别及处理任何可能发生的重大问题或事故。

四 监管沙盒的应用启示

（一）充分发挥监管沙盒降低监管成本的优势

我国金融市场大、金融科技发展快，尽管监管沙盒不宜作为全国性的、系统性的金融科技监管工具，但在局部地区、局部市场和特定业务领域，可以考虑建立多层级的监管沙盒，降低金融监管的成本，以促进金融科技的发展，平衡金融创新和风险防范。具体而言，可考虑在国务院金融稳定发展委员会下设金融科技专业委员会，协调未能囊括的监管沙盒分工事宜。“一行两会”等主体监管部门可针对分管金融科技领域专门设立监管沙盒制度。除此之外，可由中国互联网金融协会等行业协会等自律组织，或符合条件的地方性金融管理部门，牵头发起设立监管沙盒，解决行政监管部门监管资源缺乏、监管制度改革周期长等现实问题，帮助相关企业尽快获得测试支持、防范金融创新潜在风险。

（二）监管沙盒的应用范围需明确界定

监管沙盒在实际操作中也存在一定局限性，如包括企业参与成本高、测试效果有限，以及由于其依赖监管者主观性所可能导致的不公平竞争，监管沙盒的应用范围如果不够明确，容易带来监管套利，则相关风险无法得到有效防控。同时，我国金融市场比较大，当前大部分地区尚不具备实施监管沙盒试点的基础，且相对缺乏建设监管沙盒的相应资源，在金融科技企业自身发展的强动力阶段，建设全国范围的沙盒试验很可能效果不佳并带来混乱局面。尽管监管沙盒是“以产品和服务为界”的试验，是一种打破区域限制的试点思路，如果在经验尚未成熟情况下在全国范围推广，容易带来潜在的系统性风险。因此，对监管沙盒的应用范围在试点期间有必要明确到区域、行业和具体的金融产品。比如，在区域的选择上，可以在北京和上海等金融发展水平高的城市进行试点；在行业上，可以考虑先从监管力度较严的银行业开始。

（三）确立完整的沙盒退出机制

需要明确的是，监管沙盒主要是用于解决金融科技快速发展过程中的监管适应性问题，发挥的功能作用主要限定于过渡期，因而不宜作为长效的监管机制，这就需要有严格和完整的退出机制，以避免市场相关主体的监管套利。另外，由于测试沙盒资源也是有限的，为了实现资源的最优配置和维护市场公平竞争，也有必要实行严格的沙盒退出机制。比如，当企业测试期满、测试产品证明不具备创新性和可行性或者企业已进入成长期不再属于初创企业时，就应当退出沙盒。具体标准应当由监管机构予以详细规定，并且在执行过程中严格遵循法定程序，保证测试企业在退出机制上受到公平的对待，并且已经具备相应的能力。

（四）建立监管沙盒的对接机制

相关的金融科技企业和金融产品退出监管沙盒时，在符合标准可以进一步扩大市场应用范围时，需要按照功能性监管的原则，将其纳入现有的金融监管体系，避免监管套利和监管真空。因此，这就需要按照市场主体和金融产品的性质，建立多层次的监管沙盒对接机制。必要的时候，还需要将发展快、规模大和系统重要性的金融科技企业和业务纳入宏观审慎政策框架。2008 年国际金融危机后，宏观审慎政策框架成为防范系统性金融风险的理论和实践创新，它主要使用审慎政策工具来控制系统性金融风险。金融科技风险具有传播速度快、传染性面广等特点，为防止金融科技风险引发系统性金融风险，我国应将规模较大、具有系统重要性特征的金融科技业务纳入宏观审慎政策框架，构建系统重要性金融科技业务评估体系，对其进行宏观审慎评估，有效防范系统性风险。

（五）区域与国际的合作

当前各国针对金融科技监管措施存在较大差异，缺乏全球统一标准，呈现碎片化的割裂状态。在资本自由流动的情况下，金融科技业务的跨领域、跨行业特点在国际上也成立。对于已经开展跨境经营的金融科技企业，无论是在监管方面还是消费者保护方面，目前尚无任何国际化机制安排，各国监管合作问题还主要集中在市场准入领域等初级阶段。本地区的金融创新必然会对周边地区乃至世界范围内产生一定的影响，完善沙盒监管的跨区域合作机制，既是对自身金融创新监管的提高，也可以在有效协作范围内提升监管的效果。有必要与监管沙盒发展比较成熟的国家和地区建立密切合作机制，促成技术支持、数据共享、有效监管的创新监管机制。比如，可以借助我国内地的地缘优势，尝试与香港地区建立互通有无的长效金融创新监管合作机制，尝试利用香港的沙盒系统测试内地创新项目，旨在收集测试数据以做样板研究，在内地推广该创新项目，并逐渐发展到金融科技全行业的监管合作。

产业应用篇

Industrial Application Reports

B.4

FinTech 驱动下的共享直销银行中国实践

中科金财研究院

摘　要： 直销银行在20世纪80年代欧美地区的发达国家就已经诞生，90年代随着互联网技术的崛起逐渐发展起来，2013年直销银行被引入中国地区。直销银行在中国是金融与科技深度融合背景下衍生出来的一种新型银行运作模式，在中国的实践已经有5个年头，但是仍然面临定位不明确、定位存在偏差以及零和博弈等痛点，加上监管和体制因素的制约以及传统商业银行互联网经验的缺乏，直销银行在中国的发展并不及预期。但是随着金融科技技术的逐渐成熟及其在金融领域的应用，共享直销银行的模式应运而生。在大数据、云计算、人工智能、区块链等 FinTech 的驱动下，科蓝、金融壹账通、中科金服百行直销平台以及中融金旗下的互联网金融云服务平台等新兴共享直销银行平台有望解决中小银行及其直销银行的技术、互联网运作痛点，从而推动国内直销银行快速发展。

关键词： FinTech　直销银行　共享直销银行

一　引言

直销银行是指没有实体网点，通过互联网、移动互联网、电话、邮件、ATM、VTM 等为无法亲临柜台的客户提供产品和服务的新型银行运作模式，直销银行也被称为“无网点银行”“虚拟银行”“纯网络银行”。

直销银行的雏形是基于电话提供服务的银行，其中于 1965 年成立于联邦德国的储蓄与财富银行（BSV），是现今欧洲最大的直销银行 ING-Diba 的前身。20 世纪 90 年代互联网技术的崛起和网上银行技术的发展推动直销银行在欧美地区快速发展，SFNB、ING Direct Canada 等直销银行就成立于这一时期。当今蜚声国际的直销银行主要有 ING Direct、Ally Bank、Capital 360 等。

直销银行在欧美地区是经历了时间检验的商业模式，占银行业的份额在 10% 左右，直销银行与传统银行相比具有重要优势。廖理对比了美国的银行业和直销银行，得出结论：“相比于传统银行，直销银行具有效率高、生息资产比重高这两大显而易见的先天特征；这两大特征进而使直销银行拥有更低的运营成本并且使其有能力提供更高的存款利率、有能力承担更高风险的贷款并从中获得更高的收益。”①

中国的传统商业银行过去主要依靠存贷利差获利，但是随着利率市场化

① 廖理：《直销银行，将发展向何处？美国直销银行和整体银行业的对比分析》，《清华金融评论》2015 年第 8 期，第 16 ~ 26 页。

的基本完成，存贷利率高度透明化，加之互联网金融对传统银行业务的冲击，商业银行既有的商业模式受到冲击；从银行业内部来看，2017 年第四季度国内商业银行不良贷款余额已经上升至 1.71 万亿元，不良贷款率达到 1.74%，其中股份制商业银行、城商行、农商行的不良贷款率显著上升，2017 年第四季度农商行的不良贷款率已经突破 3%（见图 1）；此外，国内商业银行的净息差在 2017 年第四季度已经收窄至 2.1 个百分点。

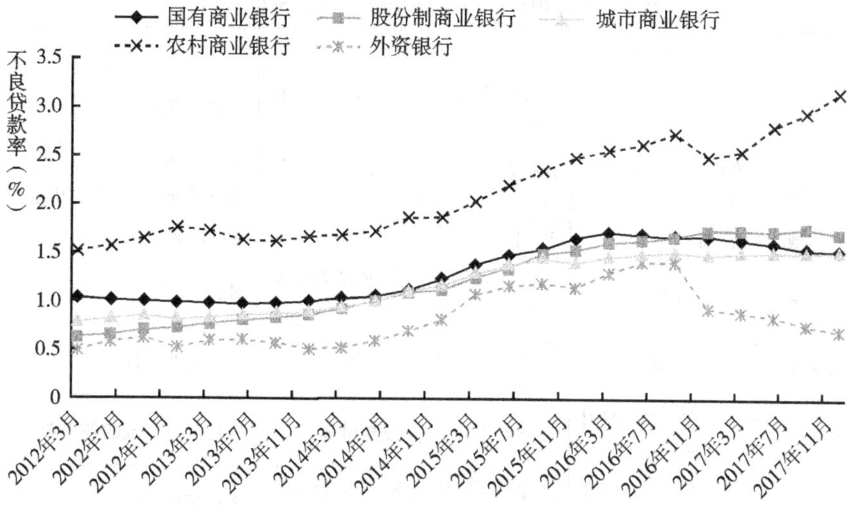

图 1　2012～2017 年各银行不良贷款率

资料来源：WIND 资讯、中国银监会。

在上述因素的影响之下，商业银行传统的商业模式遭到挑战，差异化经营是商业银行尤其是中小型银行在未来取得成功的关键，而直销银行业成为国内众多商业银行实现金融创新、参与互联网金融的突破口。

二　国内直销银行发展现状

2013 年 9 月北京银行牵手 ING 集团推出了国内第一家直销银行——北京银行直销银行，随后国内的直销银行如雨后春笋般快速增长，截至 2017 年 11 月，我国已经有大约 114 家直销银行。

（一）直销银行与电子银行、互联网银行的区别

谈及直销银行，很多人会将其与电子银行、互联网银行等概念混淆，但事实上直销银行与电子银行具有本质区别，直销银行与互联网银行在某些方面虽然具有相似性，但也存在一些区别（见表1）。

表1　直销银行、互联网银行、电子银行对比

	互联网银行	直销银行	电子银行
牌照	民营银行牌照	目前仅百信银行有独立牌照，且牌照类别为有限牌照	无单独牌照
开户渠道	在线开通，绑定银行卡	在线开通、绑定直销银行开放认证的银行卡（借记卡）	在线开通（享受部分功能）、网点开通（享受全部功能）
账户类型	Ⅱ、Ⅲ	Ⅱ、Ⅲ	Ⅰ、Ⅱ、Ⅲ
业务类型	对公、对私	大部分直销银行目前仅做对私业务	对公、对私
运营主体	互联网企业	传统商业银行为主，尤其是城商行、农商行	传统商业银行
主要业务	线上存贷款、理财及支付等	线上存贷款、理财及支付等	存贷汇等领域的各项业务
目标客户	存量客户、他行客户及非银行客户	存量客户、他行客户及非银行客户	本行存量客户
获客渠道	互联网获客	互联网获客为主	网点获客
性质	互联网企业开拓金融业务的渠道	传统银行参与互联网金融的方式	网点业务的互联网化

资料来源：中科金财研究院、艾瑞咨询。

电子银行是传统银行网点业务互联网化的手段，依托于传统银行运行，主要服务于开通了电子银行业务的传统银行客户，更倾向于利用互联网工具和手段提高存量业务的服务效率，因此电子银行可以被视为一种互联网渠道；而直销银行和互联网银行则是金融创新与互联网科技快速发展背景下产生的新型银行运作模式。与互联网银行一样，直销银行在线上开展存贷汇付等业务，支持的账户类型均是二类户和三类户；二者均不满足于存量客户的培植而是更关注增量客户的开拓，这导致互联网银行与直销银行在客户获取

上的直接竞争；但是二者仍存在一些差异，首先，互联网银行通常拥有民营银行牌照，而直销银行方面截至 2018 年 3 月，仅百信银行一家直销银行具有独立牌照且其牌照类别为有限牌照，其余的直销银行基本以传统银行的事业部或者二级事业部的形式开展业务，尚未独立于传统银行。其次，互联网银行通常既包含对公业务也包含对私业务，而大部分直销银行目前仅从事对私业务，仅有百信银行、鹿城农商行直销银行、江苏直销银行、上海农商行直销银行等少数直销银行同时兼顾对公和对私业务。此外，互联网银行的运营主体主要是互联网企业，其性质表现为互联网企业开拓金融业务的方式，而直销银行的参与主体以传统商业银行为主，逐渐也有互联网企业加入，更多表现为传统银行参与互联网金融的模式。

（二）运营主体：中小行趋之若鹜，大行动力不足

就整个直销银行体系而言，参与方十分广泛，包含商业银行、解决方案提供商、互联网企业、非银金融企业等企业或机构，银监会及央行等监管层以及企业和个人用户（见图 2）。

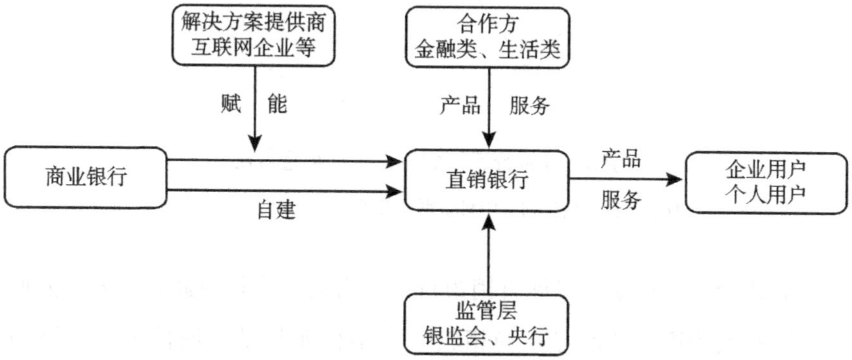

图 2　直销银行体系参与方

资料来源：中科金财研究院。

运营主体方面，商业银行尤其是中小行是直销银行最广泛的运营主体，除了商业银行，也有互联网企业与商业银行携手建立直销银行实体以开展直

销业务，百信银行就是典型的案例。不过并非所有的商业银行都有成立直销银行的动力，目前中小行尤其是城商行、农商行更为积极地建立直销银行，而国有大行对此缺乏动力。

截至2017年9月，全国范围内的直销银行数量上升至113家，其中由城商行运营的直销银行有68家，占比超过六成；农商行、农信社运营的有30家直销银行，占比约26.55%；国有大行目前仅有工商银行开发了直销银行App（见图3）。

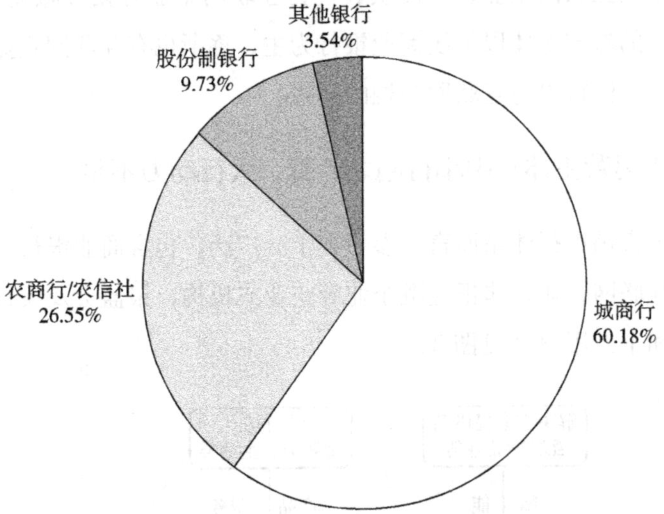

图3　各银行运营的直销银行数量占比

资料来源：艾瑞咨询、中科金财研究院。

我们认为，大行缺乏发展直销银行的动力而中小行对此趋之若鹜的原因在于：国有大型银行的网点布局相较于中小行尤其是区域性中小行更为完善，大型银行依靠网点能够服务众多客户，成立直销银行对于全国性大型银行来讲更容易出现直销银行和网点之间的客户争夺、此消彼长的局面，这种零和博弈带来的结果不一定是好的。而对于区域性中小银行而言，区域的限制导致许多小银行并不能为该区域以外的客户提供产品和服务，通过直销银行在线上提供产品、服务有助于其打破区域限制，获得异地或他行的客户，这是中小行在大型银行、互联网金融企业的多重围剿之下实现业务增长和破局的重要手段。

（三）运营模式：事业部制 + 线上经营

国内直销银行运营模式方面，按不同的线上线下组合可以分为纯线上经营模式、线上 + 线下门店模式、线上 + 互联网企业合作模式；按组织结构形式可以分为独立法人式的直销银行以及事业部或二级事业部制的直销银行。

纯线上经营模式下，直销银行纯粹依靠官方网站、手机 App 等线上渠道为客户提供产品和服务，目前的绝大多数直销银行均采取了纯线上的经营模式。

线上 + 线下门店模式中，直销银行除了提供官方网站、手机 App、微信公众号等线上服务平台之外，在线下设置自助式的直销门店，店内放置自主交费设备、ATM 等自助设备，既能够起到拓展直销银行用户的作用，也能够通过门店加强与客户的沟通。目前采用线上 + 线下门店模式的主要有北京银行直销银行。北京银行直销银行通过 PC 端官方网站、直销银行微信公众号、直销银行 App 为用户提供线上存贷汇付等产品及服务，此外在北京、南京、武汉、济南、西安等城市还设置直销门店。

线上 + 互联网企业合作模式中，传统的商业银行拥有丰富的金融行业经验，而互联网企业深谙流量与互联网运作之道，商业银行与互联网企业的合作综合了双方的优势，并实行资源共享进而完成用户和产品的对接。民生银行与阿里巴巴合作建立的民生银行直销银行以及中信银行和百度成立的百信银行是线上 + 互联网企业合作模式的直销银行的典型代表。

事业部制的直销银行是指直销银行以传统商业银行的事业部或者二级事业部的形式开展业务，这种模式的直销银行尚未与商业银行分离，依靠原有的银行组织架构，产品上线和业务开展需要申报审批，灵活性方面具有一定缺陷；具有独立法人地位的直销银行则不依赖于传统商业银行，是拥有单独牌照的直销银行。截至 2018 年 3 月末，国内具有独立法人地位的直销银行仅有百信银行一家，其他直销银行大多数以二级事业部的形式存在，较多直销银行归属于商业银行的网络金融部、电子渠道部或信息技术部。

（四）产品与服务：存贷销 + 生活类为主

艾瑞咨询研究结果表明，国内直销银行提供的产品和服务基本为存贷销、生活交费等种类，其中提供货币基金、储蓄存款和银行理财等业务的直销银行占比均在70%左右，有50%以上的直销银行提供贷款产品、生活交费服务等，有些直销银行也提供保险产品、贵金属交易、保证金、信用卡等服务（见图4）。

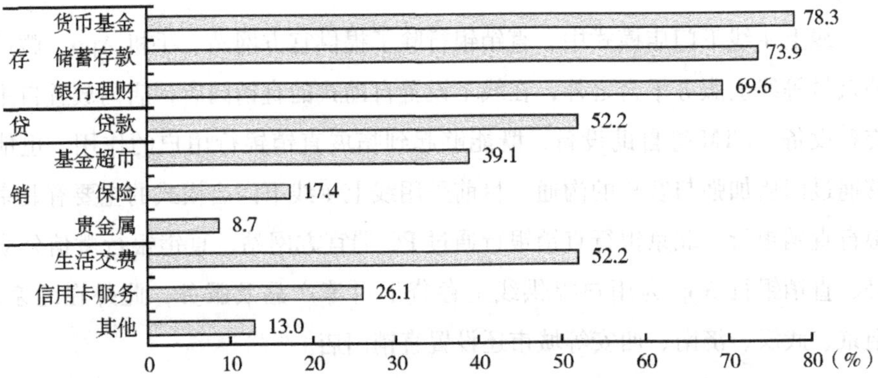

图4　超七成的直销银行提供货币基金和储蓄存款产品

资料来源：艾瑞咨询。

以国内目前发展态势较好的上海银行直销银行为例，该直销银行为用户提供金融服务、银行服务、便民服务以及车辆服务等，其中金融服务中包含理财产品、智能存款产品、国际汇款、信用卡申请等，便民服务主要包含健康商城、特卖会、手机充值、生活交费、在线问诊等服务，车辆服务主要涉及车辆估值、油卡充值等，银行服务则主要立足上海银行，为用户提供网点查询、风险测评以及在线客服等服务（见图5）。

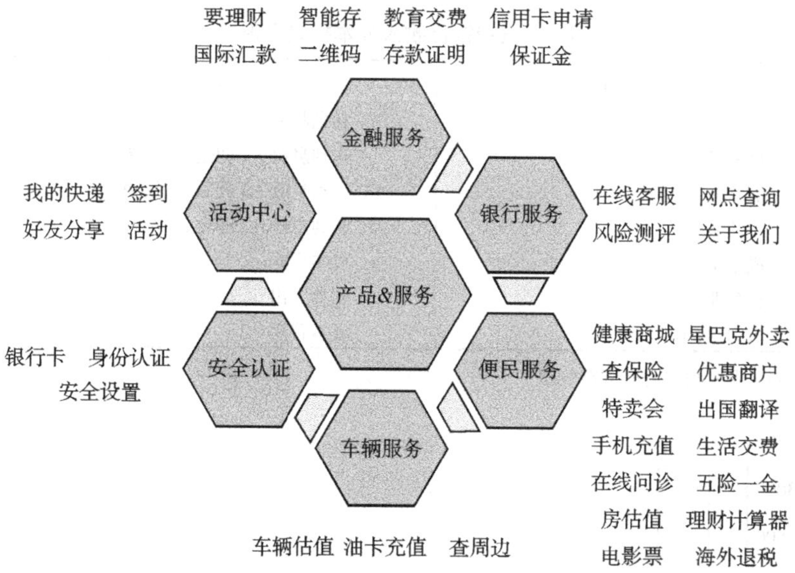

图 5　上海银行直销银行产品和服务类型

资料来源：上海银行直销银行 App、中科金财研究院。

（五）盈利模式与收入成本构成

直销银行主要为用户提供贷款业务、投资理财、汇款业务以及生活服务等产品及服务类型，对应的收入形式有利息收入和非利息收入两大类，非利息收入主要表现为佣金、手续费等；成本方面，主要由利息支出以及人力、技术、市场等成本费用构成（见表 2）。

（六）用户与资产规模

截至 2017 年第三季度，平安橙子银行用户数达到 3200 万人，上海银行直销银行和民生银行直销银行用户规模也突破千万人，分别达到 1500 万人和 1000 万人；假设直销银行用户规模符合 20/80 原则，粗略测算 2017 年我国直销银行的用户规模约为 1.1 亿人（见图 6）；按照单个客户贡献约 8000 元测算，国内直销银行业资产规模约为 9100 亿元。

表 2　直销银行收入成本构成及形式

收入结构	收入形式
贷款业务	利息收入
投资理财	非利息收入(佣金、手续费)
汇款业务	非利息收入(佣金、手续费)
生活服务	非利息收入(佣金、手续费)
成本结构	成本形式
存款业务	利息支出
人力/技术/市场	成本费用

资料来源：根据公开资料整理。

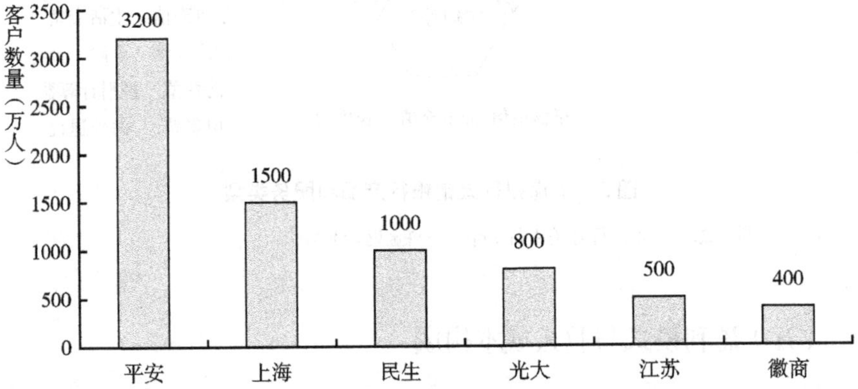

图 6　截至 2017 年第三季度，平安橙子、上行快线、民生直销银行用户规模均破千万

资料来源：根据公开信息整理。

三　国内直销银行的痛点

自 2013 年北京银行推出直销银行至今，不足 5 年时间市面上已经有 110 多家直销银行，上线速度令人咂舌，但是真正将直销银行做大做强的商业银行屈指可数，国内直销银行业整体还面临一些痛点。

（一）国内直销银行定位的问题

首先是直销银行定位的问题。定位问题主要有以下两种表现：其一，定位不明确；其二，定位存在偏差。

1. 定位不明确

定位不明确通常与“羊群效应”有所联系。2013 年北京银行与 ING 集团合作推出直销银行以后，国内众多商业银行尤其是中小行纷纷将直销银行提上日程，其中不乏这样的商业银行，它们开发直销银行并未经过缜密的计划和严格的论证，但是受到竞争对手行为的影响于是随波逐流，当然它们也希望能够坐上互联网金融的班车分一杯羹。然而这种从“众”行为的结果就是它们对直销银行的定位不甚明了，到底是一种互联网营销的渠道，还是互联网金融或金融科技的表现形式、商业模式，并没有明细的定位。

2. 定位不准确

还有一些运营主体，它们对直销银行有明确的定位。梳理现有的直销银行的定位，主要有以下三类：（1）产品销售平台或渠道；（2）商业银行实现零售转型参与金融科技的手段；（3）金融科技背景下新型的银行运作模式。

作为销售平台或渠道存在的直销银行，其平台上线的产品以及能够提供的服务基本还是传统商业银行的产品和服务，并未结合长尾用户的金融消费能力、消费习惯以及偏好等因素进行优化和创新，并未触及直销银行的本质，与真正的直销银行存在巨大差异。

作为商业银行实现零售转型参与金融科技的手段而存在的直销银行，其定位与作为销售渠道直销银行相比有了一些进步，这类直销银行会考虑互联网用户的行为特征及偏好，借助互联网场景以及新兴技术对传统产品和服务进行优化和改造，协助商业银行打破地理区域限制，通过互联网和移动互联网在全国范围内快速布局，快速吸引用户实现业务拓展。但是这类直销银行的定位在于协助传统商业银行实现零售转型，它们提供的产品和服务在一定程度上依赖于商业银行的传统产品和服务。这种直销银行定位是目前国内大多数直销银行所采纳的，但是这也导致这些直销银行无法独立于商业银行，直销业务的发展往往受到双方在监管、组织结构、人员等各方面的牵扯。

前两种直销银行定位与真正的直销银行具有明显差异，并不利于直销银行的发展，但是这两种定位是作为舶来品的直销银行在中国市场和监管环境下的产物。我们认为直销银行最精准的定位当属第三种，作为新型银行运作模式的直销银行，在客户群体、产品研发、运营手段、会计核算等方面均与商业银行应区别开来。

（二）国内直销银行业的"零和博弈"困局

1. 电子银行或线下存量客户向直销银行端迁移

目前，我国大多数直销银行是作为商业银行的事业部或者二级事业部的形式存在，一些直销银行仍隶属于电子银行部、网络金融部等业务部门，其运营仍然依托于母行，在直销银行 App 或官方网站上上线的产品与母行在网点或者电子银行中销售的产品存在竞争，但是由于同类产品在直销银行的收益率比在实体网点高 1 个百分点左右，部分价格敏感型用户从网点或者电子银行端向直销银行端迁移，实际上造成了商业银行的网点、电子银行与直销银行左右互搏的局面，在这种情况下，商业银行唯有设法使设立直销银行而非进行网点扩张节约的成本覆盖银行内部竞争导致价格上升的成本才能够发挥直销银行的优势进而获得利益。

2. 直销银行之间同质化竞争严重，客户资金此消彼长

国内的大多数直销银行提供的产品和服务主要有存款、贷款、银行理财、货币基金、花费充值、生活交费等，国内直销银行提供的产品和服务的类型同质化现象较为严重。2018 年 3 月 28 日直销银行理财收益比价平台比财的数据显示：各大直销银行 1～3 月期银行理财的收益率集中在 5.3% 左右，3～6 月期银行理财收益率集中在 5.5% 左右；1～3 月期小额理财集中在 5% 左右，3～6 月期小额理财收益率集中在 5.3% 左右。从这些数据中不难看出，国内的直销银行提供的产品和服务不仅在种类上表现出同质化，在价格上也趋同。商业银行开发直销银行的初衷之一在于缓解传统产品和服务的同质化竞争，但是直销银行的运营又不可避免地走上了同质化竞争的老路，在社会财富并未大幅上涨的情况下，价格敏感用户的资金会随着各家直销银行产品收益率或者贷款率的波动来回转移，客户资金表现为此消彼长的状态。

3. 互联网金融巨头对直销银行具有较强的替代性

2013 年，中国的互联网金融正式拉开序幕，以余额宝为代表的产品冲击着商业银行，国家支持互联网金融的发展最直接的目的在于为小微客户提供服务，促进普惠金融的落地，而直销银行也具有这一作用，直销银行的运营主体虽然以商业银行为主，但是其无论是产品和服务类型还是客户群都与互联网金融具有重大重叠。但是互联网金融企业的互联网基因比商业银行更为强大，它们深谙互联网用户的消费行为和习惯，拥有更多互联网运作的经验。艾瑞咨询研究结果表明，综合性互联网金融平台在存、贷、汇业务上的成熟度远高于直销银行，且蚂蚁金服、京东金融、P2P 平台等互联网金融平台对直销银行具有较强的替代性（见图 7）。

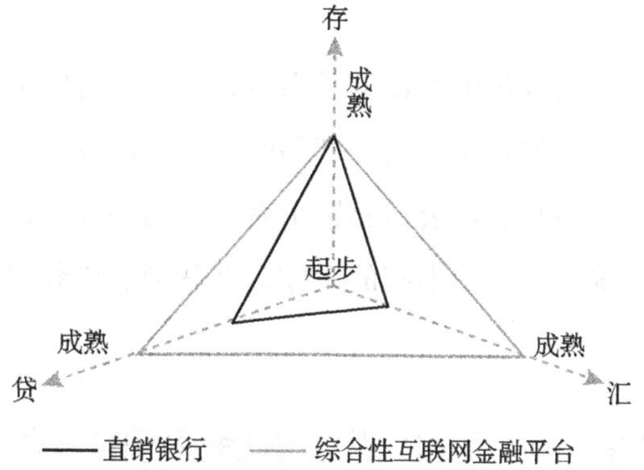

图 7　直销银行与综合性互联网金融平台存贷汇业务成熟度

资料来源：艾瑞咨询。

（三）监管和体制因素限制直销银行发展

国内直销银行主要受中国银监会和央行监管，中国银监会有明确规定，首次购买银行理财产品的客户必须临柜进行风险评估，而央行规定查询央行征信也需临柜授权，这导致直销银行很难完全脱离实体网点开展纯线上业务。央行《302 号关于落实个人账户分类管理制度通知》规定：在线上开立二类账户时，需要对非信用卡账户进行五要素认证（包括开户申请人姓名、身份证号码、手机号码、绑定账户账号、I类户标识)，而许多银行不开放I类户标识，使得直销银行跨行绑卡限制重重，对潜在客户使用直销银行的积极性造成一定的打击，也在一定程度上限制了直销银行的发展。

体制因素是限制直销银行发展的另一个因素。截至2018年4月，国内99%以上的直销银行以事业部或二级事业部的形式存在，仅百信银行一家直销银行具有独立法人地位；由于直销银行位于商业银行内，产品上线与业务开展需要履行申报、审批手续，有些直销银行甚至没有独立的产品研发团队，与商业银行传统产品共用一个开发团队，一方面会受到窗口期限制，另一方面有可能与传统业务的产品出现同质化问题。

（四）互联网运作能力有限，运营效率有待提升

国内银行业在发展过程中通过电子银行、网上银行的运作已经积累了一些互联网运营的经验，但是在互联网产品的创新、研发，互联网获客留客黏客、渠道部署等方面与互联网公司相比仍有较大的差异。还有部分直销银行的主要负责人是传统业务经验丰富的人才，互联网、创新思维不够敏锐。

四　FinTech驱动直销银行的发展

（一）FinTech的定义

金融科技近年来深受创业者和投资人青睐，目前对金融科技还没有统一的定义，国际组织以及各国对金融科技的定义和理解有所不同，梳理重要国家和组织对金融科技的定义（见表3），我们发现重要国家和组织对金融科技主要持两种观点。一种观点认为金融科技的核心是各种能够影响金融活动的技术创新，其核心在于技术；另一种观点则认为金融科技不仅是技术创新或新兴技术，还包含利用这些技术创造出的产品、服务以及商业模式。

表 3　重要国家及组织对金融科技的定义

国家或组织	定义
美国国家经济委员会	金融科技涵盖各种技术创新，这些技术创新影响着金融活动，包括支付、投资管理、资本筹集、存款和贷款、保险、监管合规以及金融服务领域里的其他金融活动等
英国金融行为监管局	金融科技主要是指创新公司利用新技术对现有金融服务公司进行去中介化介入
新加坡金融管理局	金融科技是指利用创新技术来设计新的金融服务和产品
金融稳定理事会	技术带来的金融创新，能创造新的业务模式、应用、流程或产品，从而对金融市场、金融机构或者金融服务的提供方式产生重大影响
国际证监会组织	金融科技是指有潜力改变金融服务行业的各种创新的商业模式和新兴技术

资料来源：中科金财研究院。

本文对金融科技的理解倾向于第二种观点，即金融科技不仅包含新兴技术，也包含技术创新带来的新的金融产品、服务、商业模式。本文讨论的直销银行以及共享直销银行本身就是一种金融科技的应用，而在直销银行、共享直销银行的建设和发展中，也应用了金融科技领域的技术，如大数据、区块链、人工智能、云计算等。

（二）FinTech 生态体系：金融科技企业是核心，传统金融机构试水 FinTech

稳定的金融科技生态体系有助于金融科技行业的发展。In Lee、Yong Jae Shin 对金融科技的生态体系、商业模式、投资决策以及面临的挑战进行了研究，两位学者“确认了金融科技生态系统的五大要素，即金融科技初创企业、技术开发人员、金融客户、传统金融机构以及政府”[①]（见图 8）。

金融科技初创企业是金融科技生态体系的核心，这类企业具有创新精神，通过降低运营成本在更多利基市场提供比传统金融企业更个性化和便捷的服务，在支付、财富管理、贷款、众筹、资本市场及保险等领域实现巨大

① In Lee, Yong Jae Shin. Fintech: Ecosystem, business models, investment decisions, and challenges [J]. Business Horizons, 2017.

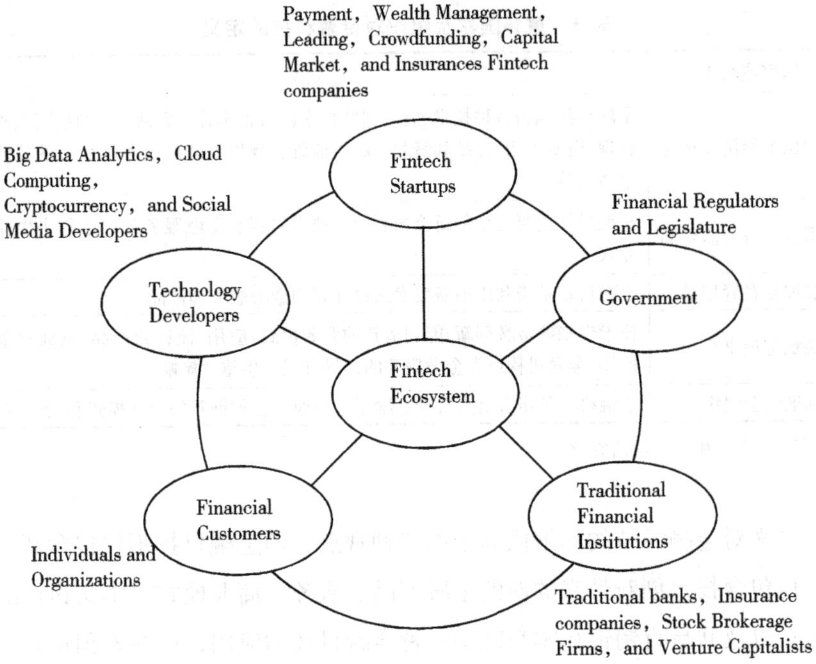

图8　金融科技生态系统的五大要素

资料来源：In Lee, Yong Jae Shin. Business Horizons, Fintech: Ecosystem, business models, investment decisions, and challenges。

创新，金融科技企业的创新加速了金融服务的分拆，这使消费者不再依赖单一的金融机构满足自身金融需求，金融服务提供的分离是驱动金融科技行业增长的重要动力之一，却将传统银行置于不利地位。

技术开发人员为金融科技初创企业创造有利的环境以迅速推出创新服务，目前国内金融科技领域的核心技术包括ABBCI，即人工智能（Artificial Intelligence）、区块链（Block Chain）、大数据（Big Data）、云计算（Cloud Computing）、物联网（Internet of Things）等（见图9）。大数据通过不断地获取数据、信息整合、知识发现等步骤最终根据不同的市场需求向不同的用户提供个性化产品和服务，实现精准获客与营销，大数据分析还有助于提升风险评估能力从而改善金融服务的运营效率。云计算与大数据密不可分，企业服务端云的规模化使用促进各大云平台之间的在线互联互通，从而实现业务层更深层次的协同，用户端移动互联网和智能终端的普及一方面为用户接入提供了便利，另一方面也为数据汇聚、分析和业务模式创新提供了可能。人工智能则可以用于征信信息服务计划的制订、客户需求的分析、投资报告的形成，为金融服务的智能化、标准化和流程化提供路径。物联网与金融的融合，使得资金流、信息流和实体流合一，对传统金融机构的原有服务模式进行深刻变革。FinTech 核心技术的使用促进了金融服务全流程的自动化、电子化和实时化，能够降低运营成本，并且能够覆盖长尾客户，有利于普惠金融的落地。

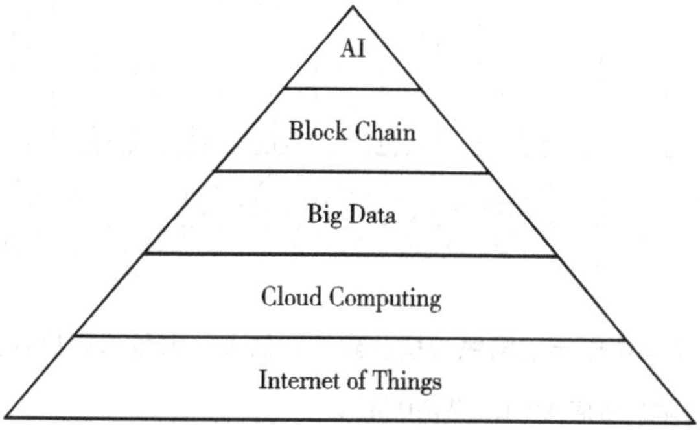

图 9　国内金融科技领域的五大核心技术

资料来源：中科金财研究院。

传统金融机构也是金融科技体系的重要组成部分。传统金融机构在意识到金融科技对它们的围剿与巨大破坏力之后，也在评估现有的业务模式并开始探索金融科技，直销银行就是商业银行这类传统金融机构探索金融科技的重要表现形式。

金融客户是金融科技企业收入的来源，“早期的金融科技使用者倾向于精通技术的、收入相对处于高水平的年轻一代，千禧一代是大多数国家金融科技的主要消费者”①。就国内而言，截至 2017 年 12 月，手机网民规模已经

① In Lee, Yong Jae Shin. Fintech: Ecosystem, business models, investment decisions, and challenges [J]. Business Horizons, 2017.

达到7.5亿人，2007年6月至2017年12月中国手机网民规模占整体网民规模的比例由27.4%增长至97.5%，手机网民的增长为金融科技提供了庞大的用户基础；新中产阶级的崛起为金融科技行业提供了主力客群（见图10）。

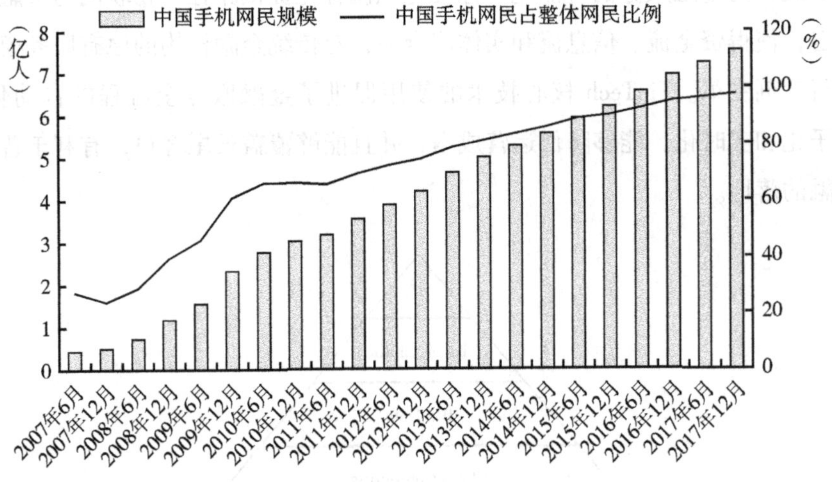

图10　2017年末中国手机网民规模达到7.5亿人，占整体网民规模的97.5%

资料来源：中国互联网络信息中心、WIND资讯。

政府在金融科技生态体系中也是必不可少的一部分，主要扮演着监管和引导产业发展的重要角色。2017年4月，央行等十部门出台了《关于进一步做好互联网金融风险专项整治清理整顿工作的通知》，奠定了金融活动“持牌经营”的基调，并在年内开展了无证经营支付业务整治、P2P网络借贷风险专项整治工作；7月，中国人民银行金融科技委员会成立，旨在加强对金融科技工作的研究规划和统筹协调；8月，央行下发《关于将非银行支付机构网络支付业务由直连模式迁移至网联平台处理的通知》，要求自2018年6月30日起，支付机构受理的涉及银行账户的网络支付业务全部通过网联平台处理，并且要求各银行和支付机构于2017年10月15日前完成接入网联平台和业务迁移相关准备工作；12月，央行、银监会印发《关于规范整顿“现金贷”业务的通知》，对开展现金贷业务的小贷公司、P2P企业以及银行业金融机构进行规范整顿。

（三）直销银行：商业银行探索 FinTech 的重要形式

直销银行早在 20 世纪八九十年代的西方发达国家就已经诞生，随着互联网技术逐渐在银行业大规模使用，直销银行才迅速发展起来并于 2013 年登陆中国。作为舶来品，直销银行在中国的实践既是互联网技术、客户需求及用户消费习惯等外部环境变化驱动的，也与商业银行自身寻求转型和业务创新密切相关。可以说直销银行在中国是银行业电子化转型以及各产业互联网转型大环境下的产物，是双重转型的聚合点。

金融科技产业百家争鸣方兴未艾，互联网企业、金融机构、技术企业纷纷开始金融科技布局，商业银行也不例外，直销银行就是商业银行探索金融科技的重要表现形式。

五　FinTech 助力“共享直销银行”的建设

（一）何为共享直销银行

中科金财副总裁沈浩在演讲中指出：“共享直销银行是指通过互联网共享的精神，在获客、产品、运营支撑体系以及 IT 系统开发等领域为中小银行提供全面的服务，帮助中小银行实现互联网转型。”

直销银行是金融科技发展的产物，直销体现出互联网本质，银行体现出金融属性，因此直销银行的运作需要金融人才、技术人才，也需要互联网人才，但这恰恰是传统商业银行并不具备的条件。如前文所述，国内虽然已经有 110 多家直销银行，在数量上已经初具规模，不过仍有部分银行尤其是区域性中小型银行想要参与金融科技却苦于行内缺乏技术支持；已经上线的直销银行在获客能力、产品研发、交易规模、管理资产规模、借贷规模、App 运营及维护等方面却并未取得成功，仍处于起步阶段。共享直销银行的实践就是在这个背景下应运而生的，共享直销银行平台汇聚了金融、技术和互联网经验丰富的高水平人才，对于想要进行直销银行实践的商业银行，共享直销银行秉持“缺啥补啥”的理念，通过成就中小行的互联网转型实现自身的利益。

共享直销银行的逻辑如图11所示。

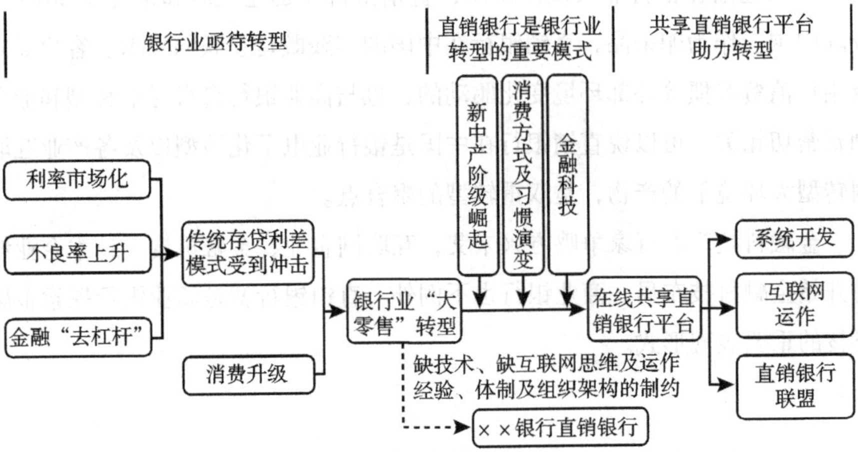

图11　共享直销银行的逻辑

资料来源：中科金财研究院。

（二）共享直销银行的布局者

自直销银行登陆中国之后，涌现出一批为其提供服务的平台，这些平台主要有四类，第一类是共享技术的解决方案提供商，如金融壹账通、科蓝等；第二类是直销银行产品比价平台，如比财等；第三类是共享互联网金融场景资源、运营咨询的互联网资源整合平台，如直银汇；第四类则是全方位共享技术、场景、运营等资源的平台，如中科金服共享直销银行平台、中融金的互联网金融云平台等。

第一类和第四类企业均为商业银行提供集“技术+产品+互联网运营”于一体的直销银行合作方案，两者的区别在于解决方案提供商定位于为直销银行提供解决方案，而共享直销银行平台则不仅提供直销银行解决方案，还会打造一个集各家直销银行产品和服务于一体的综合性直销银行平台，众多直销银行形成一个直销银行联盟抱团取暖。第二类和第三类企业则仅为直销银行的某一环节或某几个特定环节提供服务。

（三）共享直销银行建设中的 FinTech 应用

直销银行是技术创新和金融创新深度融合的产物，是金融科技带来的一种商业模式，共享直销银行的出现则是为了解决直销银行发展遇到的瓶颈和挑战，FinTech 涉及的大数据、云计算、区块链、人工智能等技术正在驱动共享直销银行在中国的落地。

1. 大数据在共享直销银行中的应用

金融行业具有很强的数据导向性，金融业将继续向技术化、数据化、智能化和场景化发展。大数据可以应用于共享直销银行的精准营销、风控、差异化等诸多领域。

首先，共享直销银行可以利用大数据分析实现精准营销。在直销银行的零售业务中利用大数据技术对用户的交易行为进行分析，寻找出用户的消费偏好、消费习惯进而在合适的时间给用户推荐合适的产品实现精准营销。其次，在信贷业务方面将大数据与区块链技术相结合能够提升效率降低成本且能够协助银行控制信贷风险。共享直销银行将多家直销银行及其归属的商业银行的征信信息上传至统一的征信平台，调用征信信息，使用大数据对客户的违约风险进行更精准的评估。最后，共享直销银行坐拥海量数据，能够对其转化为新产品提供增值服务，增强用户黏性拓展收入来源。

2. 云计算在共享直销银行中的应用

云计算与大数据相伴相生，金融云对金融大数据而言至关重要。云计算包括基础设施即服务（Iaas）、平台即服务（PaaS）及软件即服务（SaaS）三个层次的服务。共享直销银行将软件研发的平台作为一种服务，为中小银行提供 SaaS 解决方案，搭建直销银行服务平台。

3. 人工智能在共享直销银行中的应用

人工智能在共享直销银行客户服务等环节以及信贷、投资等业务方面起到重要作用。

国内大多数直销银行宣称能全天候为用户提供服务，但是截至目前国内鲜有能真正做到24小时服务的直销银行，它们的服务时间主要还是集中在8点到18点，人工智能的应用可以有效解决这一痛点；语音识别的应用可以让机器听懂、理解人类的语言，与人脸识别、指纹识别、虹膜识别等计算机视觉识别技术相结合，目前已经应用于直销银行远程开户、用户咨询以及交易确认等环节。

在信贷业务中人工智能在反欺诈以及智能融资授信等领域大有作为。算法和基于算法开发出来的应用属于人工智能的技术层面，深度学习是基于算法的一项人工智能核心应用技术，通过建立模拟人脑进行分析和学习的神经网络，可以构建模仿人脑的机制对数据进行解释。在人工智能的环境下，利用机器对数据大规模以及高频率的处理能力，获取用户的征信以及交易行为信息，判断用户的真实度、还款意愿以及还款能力，提升共享直销银行的反欺诈和风险控制能力；在此基础上，通过智能系统判定用户信用程度，还有望实现自动决策功能，免去人工决定这一最后步骤，提高服务效率节约成本。

智能投顾是人工智能在用户投资业务中的重要应用之一。智能投顾又被称为机器人投顾，智能投顾主要为长尾客户提供服务，它结合投资者的财务状况、理财目标、风险偏好等，运用智能算法及投资组合理论，为用户提供智能化的投资管理服务。智能投顾的应用能替代或部分替代昂贵的人工财务顾问，使投资顾问服务趋于标准化、批量化、低成本化，降低投资门槛和财富管理的费率，推动普惠金融的实现。

4. 区块链在共享直销银行中的应用

区块链技术在共享直销银行信贷业务中客户征信和反欺诈领域得到广泛应用。银行客户征信及法律合规的成本呈现增长趋势，为了顺应日益严格的监管趋势，商业银行逐渐加大信用审核以及用户征信的投入以提升反欺诈和风险控制能力。结合区块链技术，将客户信息及交易记录、征信信息上传至统一的平台，银行能够随时获取和更新客户信息及交易记录，调用征信记录，省去KYC大量重复性工作，监测异常行为。

六　共享直销银行案例研究

（一）百行直销

百行直销致力于成为为中小型银行赋能、为用户提供一站式共享直销银行的具有高度独立性的第三方平台。之于中小银行，百行直销专注于“赋能”，通过共享云平台的方式帮助商业银行在资金资产对接、互联网产品设计实施、产品运营和互联网获客导流等方面进行联合运营服务，帮助商业银行实现零售转型；之于 C 端用户，百行直销为其提供一站式共享直销银行平台（见图 12）。

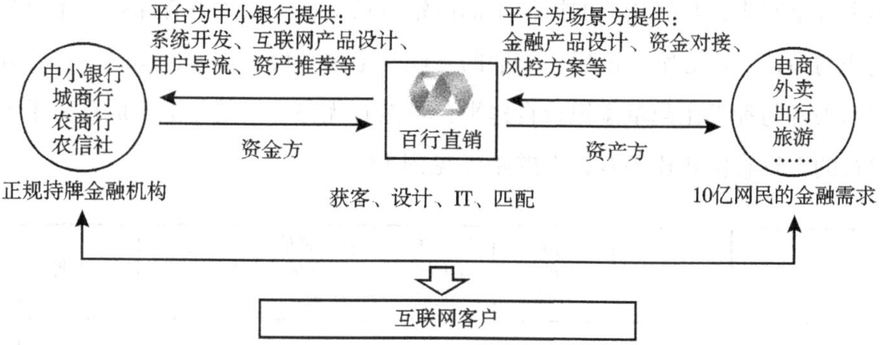

图 12　百行直销业务模式

资料来源：中科金财研究院。

1. 百行直销的模式优势

事实上，目前国内银行自建的直销银行平台以及一些互联网金融平台在提供的业务上与百行直销有一定的相似性，但是百行直销模式独具优势。

与银行自建的直销银行一样，百行直销具有很高的中立性以及安全性，但在功能的全面性、线上获客能力等方面百行直销较银行自建平台拥有显著优势，在跨区域影响力以及展业能力方面百行直销也处于优势地位。百行直销“汇百家银行，聚精品直销”，基于银行共享、互联的精神打开通往成百上千家直销银行的大门，与单一直销银行相比在产品与服务的类型和数量上得到了极大的丰富，为用户提供了更多的选择；百行直销汇集分布在不同区域内的百家银行精品于一身，在跨区域影响力和展业能力上也得到强化，弥补了区域性中小行在地域限制以及线上展业能力不足的劣势。

与一般的互联网金融平台相比，百行直销的优势也十分明显。首先，百行直销是为银行提供技术支持帮助其转型而存在的，百行直销与银行不是竞争关系，而互联网金融平台与银行在很多业务层面存在直接竞争；其次，互联网平台上的产品资质参差不齐，而百行直销上展示的产品均来自银行等金融机构，而且用户的银行账户开立、产品交易、资金划拨等均归属于合作的直销银行，百行直销仅提供技术支持和信息展示，平台本身不碰敏感信息亦不做资金归集，与钱相关的操作全部由银行负责，安全性更有保障，是合规运作的最佳解决方案；最后，一般的互联网金融平台合作方也相对单一，其产品来源与种类比起单家银行自建平台虽然有优势，但是与汇集成百上千家银行的百行直销相比仍有较大差距（见图 13）。

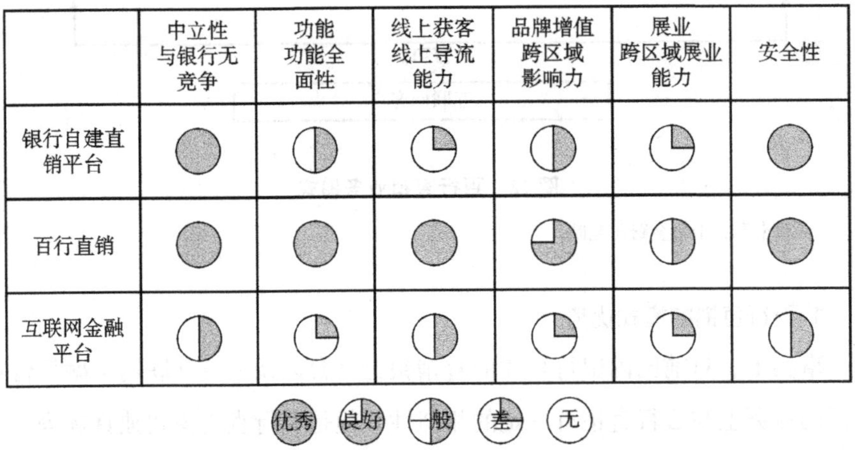

图 13　银行自建直销平台、百行直销、互联网金融平台特点对比

资料来源：中科金财研究院。

2. 百行直销通过 FinTech 技术为中小银行赋能

在中小银行端，百行直销主要在三个领域为其赋能，即：技术架构、营销获客以及一站式运营服务。

针对中小银行技术能力的不足，百行直销为其提供技术架构服务。面临愈发严峻的生存环境，许多中小银行渴望向零售银行转型，然而碍于自身技术实力的不足，中小银行转型步伐缓慢，百行直销的技术服务恰好解决了中小银行的燃眉之急，百行直销不仅提供完备的直销银行基础架构和中后台管理系统，而且还为其提供容量管理、应用管理以及事件管理等一系列的运维服务以及机房托管、灾备方案等硬件服务，真正实现了 Web3.0 技术架构的输出，有望加快中小银行零售转型的步伐。

针对中小银行互联网运作经验缺乏，线上获客、营销能力差等缺陷，百行直销为其提供营销获客服务。直销银行在中国的实践是在互联网金融、金融科技大发展的背景下逐渐发展起来的，但是传统银行此前的业务拓展以网点为依托，商业银行尤其是中小银行往往缺乏互联网运作经验与线上获客线上展业能力。百行直销平台提供的智能化推荐导流、大数据营销以及与场景方合作批量获客等服务，为中小银行解决了流量不足的痛点（见图 14）。

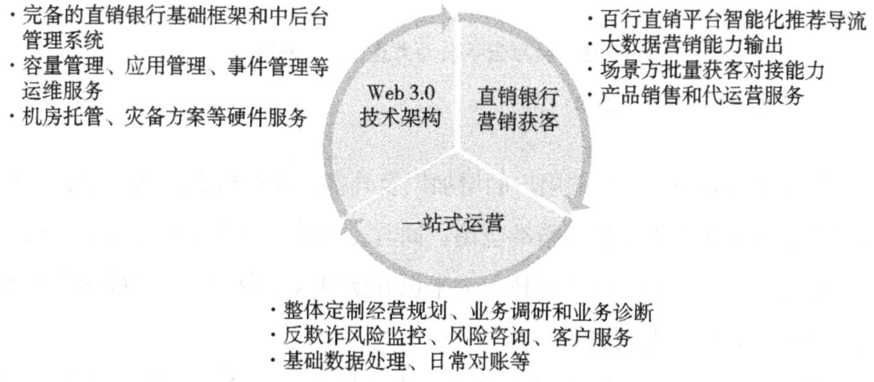

图 14　百行直销主要为中小银行提供技术服务、营销获客以及一站式运营服务

资料来源：中科金财研究院。

针对中小银行经营同质化、风控能力弱以及互联网运营经验欠缺等不足，百行直销还可以为中小银行的直销银行提供一站式运营服务，包含整体经营计划的制订、业务调研与业务诊断、反欺诈风险监控、风险咨询以及基础数据处理等。

百行直销目前正在探索大数据在线上获客、营销等领域的应用。百行直销通过数字营销、渠道合作以及场景对接获得海量数据，进而对数据的渠道来源、用户的行为特征以及交易偏好等因素进行分析，并对用户的需求和直销银行的产品、服务进行智能匹配（见图15）。

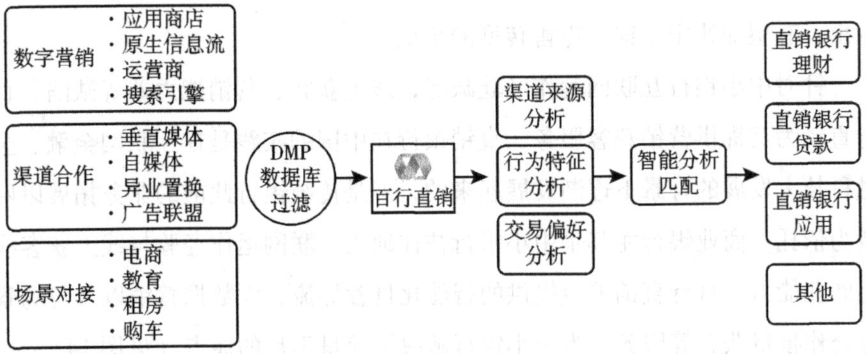

图15　共享云平台助力直销银行获客

资料来源：中科金财研究院。

随着加入银行方、C端用户的增加以及外部合作机构数据的积累，百行直销未来有望实现大数据的精准应用；同时，随着百行直销自身金融科技实力的发展，人工智能与区块链技术未来也有望引入平台中，以更好地为中小银行以及个人用户提供服务。

当前，百行直销已网罗了众多具有丰富银行、互联网、IT从业经验的人才，团队真正实现了金融+科技人才的配置，既弥补了银行方IT技术以及互联网运作经验不足的缺陷，也弥补了互联网企业不懂金融的不足（见图16）。

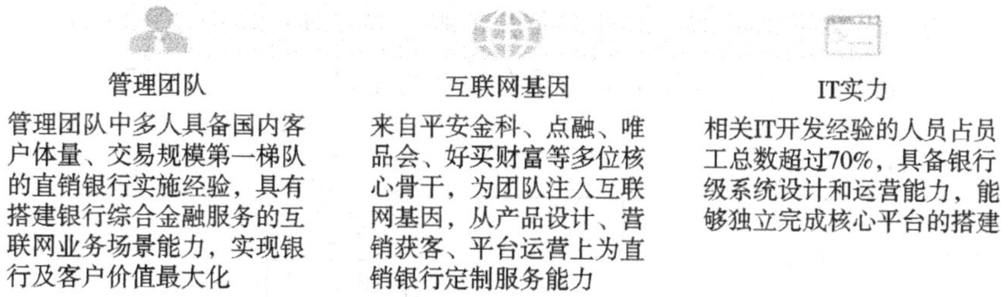

图 16　百行直销团队的金融 + 互联网 + 技术人才配置

资料来源：中科金财研究院。

（二）钱包金服互联网金融云服务平台

钱包金服致力于为中小银行打造互联网金融平台，为个人用户提供便捷的信贷、投资理财及消费服务。钱包金服的核心业务链条包括互联网金融云服务平台、供应链金融以及社区金融 O2O，并通过汇集大量的银行和海量的用户资源将三大业务板块整合成互联网金融生态闭环。

之于中小银行，钱包金服的互联网金融云服务平台为其激活线上存量用户，并依托于互联网的无边界性，借助大数据、云计算等 FinTech 技术将服务推广至全国市场；对于线下的商家，该平台打通其与中小银行的互联网金融通路，将银行的“柜台”延伸至社区；对于个人用户，该平台通过互联网及移动互联网 APP 入口为其提供广泛的产品及服务。

其中互联网金融云服务平台主要为中小银行提供 SaaS 解决方案，为其搭建互联网金融平台，包括直销银行、统一支付平台及电子账户等。

1. 钱包金服互联网金融云服务平台的模式优势

钱包金服旗下的互联网金融云服务平台为中小银行提供技术支持，帮助其打造直销银行、支付平台等以实现互联网转型。虽然该平台在中立性上略显不足，钱包金服旗下的好贷宝理财、钱包生活等业务与直销银行存在一些竞争关系，但是在该云平台上线的产品均来自合作银行方，在安全性上与一般的互联网金融企业相比优势明显。同时，该互联网金融云服务平台连接多家银行，并形成银行间资产及资金撮合平台，银行可以通过同业拆借、银行理财等方式进行资金融通。此外，在获得银行的允许后，中小银行的产品可以上线到好贷宝理财、钱包生活等平台以获得更多流量（见图 17）。

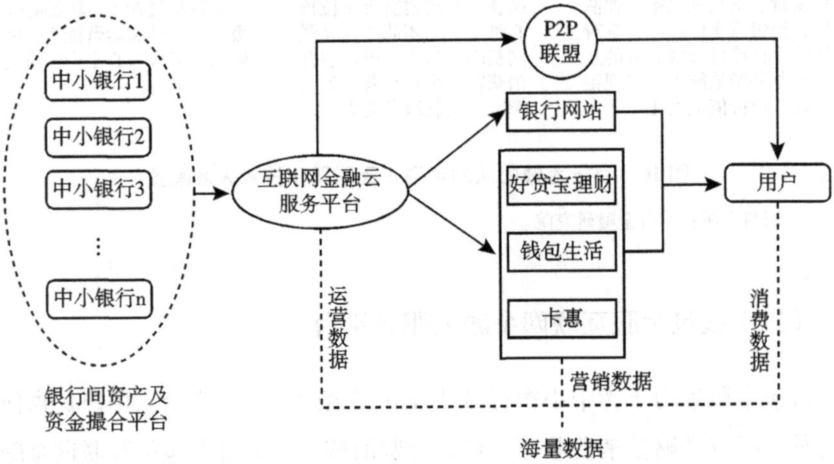

图 17　钱包金服互联网金融云服务平台

资料来源：中科金财研究院。

2. 钱包金服互联网金融云服务平台通过 FinTech 为中小银行赋能

钱包金服主要在三个层面为中小银行赋能，即技术服务、营销获客、风控能力输出。

针对中小银行技术能力的不足，钱包金服互联网金融云服务平台为其提供 SaaS 解决方案。公司凭借自身在互联网金融领域的技术储备，为中小银行打造直销银行、支付平台等，帮助传统金融机构互联网转型。此外，公司建设了以金融云计算平台为支撑的互联网金融云中心，该金融云中心可以为中小银行等传统金融机构提供金融云计算、云储存等服务，满足中小银行的互联网化需求。

针对中小银行互联网运作经验缺乏、线上获客营销能力差等缺陷，钱包金服互联网金融云服务平台为其提供联合运营服务。钱包金服拥有相对丰富的金融科技服务实践经验，其秉持“场景 + 科技 + 新金融”发展战略，一方面通过构建深入场景以帮助中小银行批量获取客户以大幅降低获客成本；另一方面通过场景获取及积累数据，再利用大数据、云计算等技术手段进行精准营销。

针对中小银行风控能力不足的缺陷，钱包金服为其提供风控能力输出服务。钱包金服通过与银行、商户合作获取大量用户，在运营过程中积累海量的经营数据及个人消费、信贷和投资理财数据，然后建立征信模型，结合高性能数据处理、数据分析挖掘、数据抓取、数据应用等功能，向银行输出贷前、贷中、贷后的全方位风控能力。

直销银行在中国的发展已经接近 5 个年头，但是其在中国的发展与预想的结果有所不同，中小型银行在技术、互联网运作经验方面的短板正好由诸如百行直销、金融壹账通、科蓝等共享平台来弥补。大数据、云计算、区块链、人工智能等金融科学技术不仅能够帮助中小型银行打造直销银行 App，还能提升其在获客、营销、风控等方面的能力，金融科技的应用有望推动共享直销银行在中国快速发展。

参考文献

[1] 董玉峰、陈维国：《直销银行国际经验借鉴及对我国的启示》，《金融发展研究》2015 年第 2 期。

[2] 赵雪：《直销银行如何打破“零和博弈”的魔咒》，《国际金融》2015 年第 5 期。

[3] 李睿、胡冰、王月：《基于互联网金融创新视角的直销银行运营模式研究》，《西南金融》2015 年第 9 期。

[4] 巴曙松、吉猛：《从互联网金融模式看直销银行发展》，《中国外汇》2014 年第 2 期。

[5] 邱峰：《互联网金融催生新型银行运作模式——直销银行》，《金融会计》2014 年第 3 期。

[6] 许超：《直销银行：国际经验分析及对我国的启示》，《湖北社会科学》2014 年第 6 期。

[7] 段盈：《从中美比较视角探究直销银行在我国的发展》，外交学院硕士学位论文，2016。

[8] 廖理：《直销银行，将发展向何处？美国直销银行和整体银行业的对比分析》，

《清华金融评论》2015 年第 8 期。
[9] In Lee, Yong Jae Shin, "Fintech: Ecosystem, Business Models, Investment Decisions, and Challenges", *Business Horizons*, 2017.
[10] Yongwoon Shim, Dong-Hee Shin, "Analyzing China's Fintech Industry from the Perspective of Actor-Network Theory", *Telecommunications Policy*, 2016, 40 (2-3).

B.5

金融科技推动保险行业全面发展

刘柯杰　宋宁

摘　要： 保险行业未来的发展空间是巨大的，将金融科技应用于保险行业前景广阔。金融科技在保险行业取得了积极成果，其中大数据、人工智能、区块链是最有发展前途的典型技术类型，这三大技术将促进保险行业的改进、升级和创新。与此同时，金融科技在保险业的应用中也面临一些问题和挑战，需要各方主体把握潮流，共同促进金融科技发展。

关键词： 保险行业　金融科技　科技创新

创新是引领发展的第一动力。近年来，中国科技创新能力得到极大提升，主要科技创新能力进入世界前列，2017 年科技进步贡献率达到 57.5%。在保险行业，科技创新发挥着越来越重要的作用，保险公司主动拥抱金融科技，加快利用金融科技进行产品研发和开发相关应用，成果显著。从长远来看，金融科技在保险行业具有广阔的前景，是保险公司决胜未来的重要手段之一。

一　金融科技具有巨大的发展潜力

随着新一代信息技术的发展，金融科技风起云涌，被视为能够颠覆传统保险的重大力量，成为各方关注的焦点，日益成为投资的新风口。直观地讲，金融科技（FinTech）就是金融（Financial）与科技（Technology）的结合，即各种企业（包括金融机构、互联网技术公司等）应用科技手段使金融服务变得更加亲民、更有效率，并最终形成一个庞大的新型产业。金融科技可以提升金融服务的可获得性和便捷性，降低金融交易成本。

金融科技，首先是科技，其次才是金融。在保险行业，金融科技就是以大数据、人工智能、区块链等技术为核心，围绕保险的方方面面，通过创建新的平台、应用新的技术来服务保险用户。金融科技的发展，能够让保险更加全面地渗透到普通消费者身边，让保险公司摆脱无序、同质化竞争。可以说，科技创新催生了金融科技，金融科技的发展改变了保险行业的整体生态，促进保险行业提升服务品质和服务效率。

近些年中国经济保持持续快速发展，给保险行业发展以有力的支撑，保险行业发展成绩喜人。2017 年，中国保险行业共实现原保险保费收入 36581.01 亿元，同比增长 18.16%（见图 1）；赔付支出 11180.79 亿元，同比增长 6.35%；资产总量 16.75 万亿元，同比增长 10.80%。保险行业还处在快速增长时期，传统的产险、寿险，新兴的健康险、意外险等险种保费收入都保持较快增长。中国已经成为保险大国，保险市场规模仅次于美国。

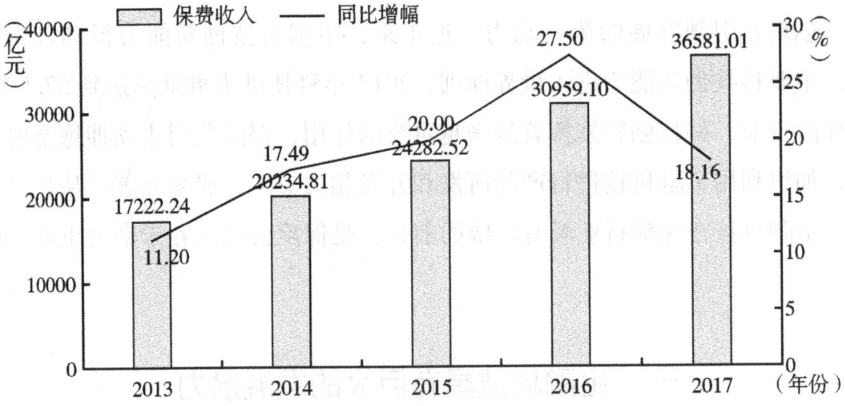

图 1　2013 ~ 2017 年原保险保费收入及增幅情况

2017 年中国的保险密度为 2646 元，保险深度为 4.42%。从年度趋势看，近五年中国的保险深度和保险密度都处于稳步上升阶段（见图 2）；从国别比较看，中国的保险深度和保险密度远远落后于欧美国家，比如2016年，美国的保险深度为7.3%，日本的保险深度为10.8%，英国的保险深度为10.6%，而中国的保险深度仅为4.16%；美国的保险密度为4096美元，日本的保险密度为3554美元，英国的保险密度为4359美元，而中国的保险密度仅有360美元。

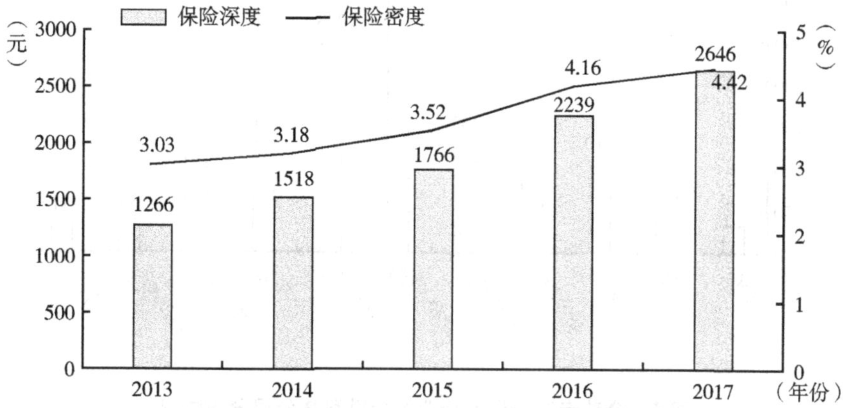

图2　2013～2017年中国保险深度和保险密度

根据国务院《关于加快发展现代保险服务业的若干意见》的规划，到2020年我国保险密度要达到3500元，保险深度要达到5%。随着人民收入水平以及健康意识和风险意识的提高，保险渗透率将持续提升，国务院提出的上述目标能够达成，这就预示着保险行业未来的发展空间是巨大的，也为金融科技提供了广阔的市场前景。

根据Venture Scanner公司的数据统计，截至2017年4月全球专注于保险行业的金融科技公司数量达到982家，其中从事比价市场和后台支持的公司分别为335家和253家，从事车险、健康/旅游险和企业团险的公司分别为130家、132家和118家，专门从事数据分析的公司为110家，而再保险、产品开发和培训类公司分别为32家、34家和38家（见图3）。国外专注于保险行业的金融科技公司主要侧重于AI智能保险顾问的应用，而国内相关公司由于特定场景的存在，其表现形式多样，有专做车险、农险、场景险等特定险种的公司，有专做大数据平台的公司，有专做服务的公司，也有新兴的互联网保险公司，还有传统保险公司应用科技升级其产品和服务，形式的多样性为金融科技的应用提供了广阔的空间，避免了业务的趋同性。

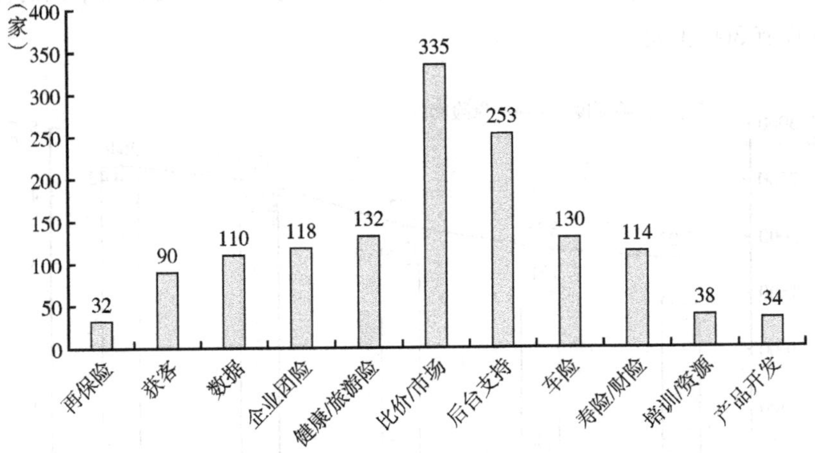

图3 全球专注于保险行业的金融科技公司分布情况

二 金融科技在保险行业的应用取得积极成果

面对金融科技日新月异的发展，保险行业也积极介入。整合原有的信息技术部门，组建数据中心或科技平台，开展数字化运营，是传统保险公司普遍采用的手段。新型互联网保险公司更是积极布局，依托大数据和云计算，建立具备数据挖掘、处理、存储的核心系统，不断提高运营效率和服务能力。阿里巴巴、百度、腾讯、京东等互联网巨头充分利用用户流量数据优势，采用多方合作、单独设立等方式布局保险业。而新型科技公司则依靠科技优势，针对长尾客户需求开发保险产品，根据渠道特点设计定制化产品，打造多元的保险生态环境。

具体来说，金融科技应用于保险行业已经取得不俗的成绩，主要有以下几个方面。

（1）金融科技实现了对业务流程的全面渗透

首先，应用金融科技，保险公司开辟了新的销售渠道。金融科技进入保险行业发端于销售领域，目前，该领域金融科技渗透率最高。截至 2016 年底，76% 的保险公司应用金融科技开展销售。比如，自建官网、开发移动 App、与第三方平台合作等，进行产品展示、比价销售、精准营销，开拓 O2O 模式（线上线下结合）等。

其次，应用金融科技，保险公司不断推出创新型产品。比如，依托大数据、云计算、人工智能等，一些保险公司推出保费低、保障高的重疾险、防癌险等个性化产品，受到市场欢迎；一些保险公司开发出一批场景化、碎片化的保险产品，适应网络经济的新需求。2017 年，通过互联网渠道销售的普通寿险实现原保险保费收入 954.82 亿元，同比增长 99.28%。

最后，应用金融科技为客户提供新的服务体验。是否能提供优质的服务关系到保险行业的生存和发展，而金融科技的应用能够助力保险行业提高服务水平。在移动互联网时代，保险行业致力于为客户提供优质的投保体验，自助投保、手机投保、一键式投保等方便快捷，深受客户喜爱。保险公司应用大数据、云计算、区块链等技术，找准行业痛点，不断推出自助理赔、快赔、闪赔等服务，使客户满意度和服务体验得到提升。目前，基于互联网销售的意外险和小额财产险，基本上能实现一站式自助理赔，90% 以上的车险公司提供线上理赔服务，全国业务量排前五位的人身险公司自助式理赔业务量占比达到 80%。

（2）金融科技催生了保险业务新模式

金融科技的发展，为保险业务新模式的开发奠定了基础。对于保险业务来讲，有两种比较成熟的模式。一是以某种保险服务为纽带，不断延伸服务链条，从而提供覆盖客户提供日常生活的大部分服务。比如很多车险公司都能为车主提供一站式服务，除此之外，还提供附加服务，比如为车主提供投保通道、理赔、违章、交通状况、汽车维修、餐饮、住宿、购物、娱乐等信息，涵盖了车主的车保险、车服务、车生活等方方面面，这方面的主要代表是平安车险生态圈。二是整合和拉长保险上下游的产业链。比如一些寿险公司整合医药品、健康、养老、投资等在内的关联产业和客户，为客户提供衍生产品和相关增值服务，主要代表是泰康医疗健康生态圈。

(3) 金融科技为保险监管提供技术支撑

在新形势下，金融科技不仅在企业中得到普遍应用，保险监管部门也积极探索，运用金融科技助力实施监管。一是推进现有监管信息系统的整合与数据的联通，打造保险监管大数据平台；二是推进跨行业金融监管平台技术应用，利用新技术提升监管效能；三是利用金融科技对互联网保险业务进行实时流程监管，构建风险监测预警体系；四是利用大数据等实时采集、抓取相关风险数据，实施动态监管，提升风险监测的时效性。

三 金融科技三大技术类型的应用和展望

随着金融科技在保险行业的具体应用，传统保险服务将发生翻天覆地的变化，主要表现有：在产品设计方面，将呈现场景化、小额化、定制化和规模化，产品上线速度将大幅度提升；在定价承保方面，将针对不同人群精准定价，并且随着环境变化和用户资信变化而随时调整；在分销渠道方面，场景化使得保险销售方式更加多样化；在理赔服务方面，将实现理赔流程自动化和透明化，欺诈检测更加优化；在技术系统方面，新技术自然内嵌，架构更加灵活，平台更加开放。

在金融科技中，大数据、人工智能、区块链是与保险行业结合最为紧密、最有发展前途的典型技术类型。大数据、人工智能、区块链三大技术将促进保险行业的改进、升级和创新，具体而言：一是改进传统保险产品。保险产品价格日趋透明化，保险公司建立动态定价能力，实时响应市场需求；保险公司对用户行为习惯的趋势数据进行识别和分析，快速应对；保险公司通过海量数据分析，优化价值链，提升承保能力和识别欺诈能力。二是升级现有保险服务。保险公司将提供更多与保险相关的增值服务；保险公司利用技术手段快速理赔，提升用户体验。三是创新保险商业模式。保险公司将积极参与生态系统整合，提供更加全面的保险服务；保险公司能够提供个性化、订制化和场景化的保险产品，彰显“个人保障”概念；保险公司将实现理赔自动化，降低运营和理赔成本。大数据、人工智能、区块链三大技术的广泛应用和快速提升，将开创一个属于金融科技的全新未来。

（一）大数据

在全球范围内，保险公司都处于科技变革的关键时期，而大数据对于保险行业的影响是最具颠覆性的。大数据，就是通过对大量复杂数据进行加工和处理，进而发现其中巨大商业价值的技术。就未来而言，大数据是保险公司的核心资产，通过大数据技术，保险公司能够降低成本、细分市场、优化决策，产生巨大的商业价值。

大数据在保险行业中的应用，主要是基于海量数据进行分析，判断未来发展趋势并提供下一步行动规划，以个性化的产品和高效的流程，不断优化用户体验。保险公司通过数据平台和行业合作，将积累和拥有的大量用户数据，应用大数据技术进行分析，实现用户精准画像，全面提升各项业务能力。在精准营销方面，应用大数据对客户进行分析，获取用户精准画像，个性化推送保险产品；在风险评估方面，应用大数据技术构建定价和反欺诈模型，有效评估用户承保前中后的风险；在核保流程方面，实现核保流程自动化，缩短核保时间，提高准确度；在挽留用户方面，主动挽留高退保风险用户，分析不同客群退保原因，降低退保率。

过去，保险公司实际上在交易和风控方面都在应用内部数据和调研数据，只是停留在限制性数据层面。随着大数据技术的兴起，保险公司开始把重点放到多渠道获取数据上。随着外部数据重要性日益显现，保险公司更多地利用外部数据来构建用户的立体模型，进行定向推销。比如，保险公司在获取用户的消费习惯数据后，发现用户是网购爱好者，就主动推送与快递配送风险相关的险种；再比如，保险公司在获取用户信息后，推算用户手机出现碎屏的概率较大，则主动推送“碎屏险”。

大数据可以挖掘新的保险市场。目前，最大的可能是 UBI（Usage Based Insurance，基于使用的保险）车险和健康险。在车险领域，保险公司通过车载传感设备搜集驾驶员的驾驶信息，简单操作就是根据驾驶里程定价车险，复杂操作就是根据驾驶行为（比如行驶里程、累计驾驶年份、损耗率、转向、速度、驾驶时间等）定价车险。国内“里程保”公司采用约定赔付率的利润共享模式，帮助保险公司找到出险率更低的车主，同时帮助车主用里程计费的方式获得更多的车险折扣。2016 年里程保累计成交 10000 单，保费超过 3000 万元。UBI 成为互联网车险的一个发展方向，保险监管部门在车险费改中明确指出，“鼓励保险公司搜集数据、建立风险保费，在中国建立个性化、差异化、多样化的汽车保险”。太平洋保险公司于 2016 年上半年战略投资美国 Metromile 公司 5000 万美元，Metromile 是一家 UBI 车险服务商，这被认为是太平洋保险公司对 UBI 车险的一次重要布局。在健康险领域，保险公司通过可穿戴设备，基于用户运动、健康、生活等数据，进行个性化定价和针对性服务。2016 年 3 月，美国保险公司 United Health 和高通公司旗下的 Qualcomm Life 公司合作，推出一款医疗保险计划，帮助用户管理自己的健康，针对用户的运动量、运动频率与强度进行奖励；2015 年 8 月，众安保险公司与小米运动和乐动力 App 推出国内首款可穿戴设备与运动大数据结合的健康管理计划“步步保”，2017 年用户数超过 1000 万人，投保用户数超过 130 万人。

（二）人工智能

人工智能（AI）是近年来的热门话题，机器学习能力大有进展，诸如自动导航、语音助手等人工智能技术逐渐进入人们日常生活的方方面面。人工智能通过模拟人类的意识、思维和行为，能够替代人类智能执行视觉感知、语音识别、行为决策等任务。人工智能在各个领域的应用有了很大的发展，在保险行业也不例外。目前，保险行业应用人工智能主要以智能客服、智能顾问、图像定损为主。

1. 智能客服

在保险行业，智能客服的应用较早。面向用户端，应用聊天机器人和自然语言处理（NLP），智能客服可以提供快速回答问题，满足用户的咨询需求，提高客服效率和质量。智能客服通过语音识别、自然语言处理和深度学习帮助用户完成对保险产品的评估和选择。比如，沿海地区高发台风，意外险就优先推荐给相关地区的用户；再比如，一些地区高发疾病是肺癌、乳腺癌，则根据用户的地理位置和性别年龄来推荐相关保险产品。

2012 年，新华保险公司在其电话短信互动服务平台引入人工智能技术系统，用以解答常见的咨询问题。2016 年，平安保险公司对服务热线进行升级和改造，上线了全新的语音导航系统，解决了传统电话客服系统层级多、业务杂的问题，语音识别率超过 87%，极大优化了用户体验。2017 年 9 月，太平洋保险公司推出首个人工智能语音客服机器人“小慧”（1.0 版），在车险结案回访场景中能够与用户进行积极的语音互动，自主思考，快速应答，具备服务稳定、自主学习、能说会道等优点。

2. 智能顾问

智能顾问主动向用户提供全流程服务，包括保险知识普及、产品导购以及后端理赔的自动化。人工智能可以分析多个平台的用户数据，引导用户到最有可能吸引他们兴趣的产品上面；进行产品智能匹配，精准推销和定向服务；结合第三方数据，搭建用户分层分级体系，进而降低骗保率。一些保险公司已经利用语音交互技术，在线上使用智能机器人为用户提供风险教育、知识解答、投保推荐、智能保单分析和理赔服务。中国创新型互联网健康保险服务平台，大特保于 2017 年 9 月推出智能顾问“聊天”机器人。这款 AI 在自然语言识别和动态地域数据层面引领技术发展，实现了一键生成保险推荐方案，可以帮助用户更好地挑选保险和协助理赔，还可以通过不同领域的平台实现数据、产品和服务的对接，将保险渗透不同的互联网场景，更好地服务用户。

3. 图像定损

图像识别技术帮助保险公司优化定损流程，提高用户理赔效率。应用图像识别技术的理赔程序见图 4。

在这一理赔程序中，智能 OCR 依据神经网络和深度学习，降低运营成本，保证理赔时效，收集理赔数据；手机移动端理赔，能够随时自动理赔，

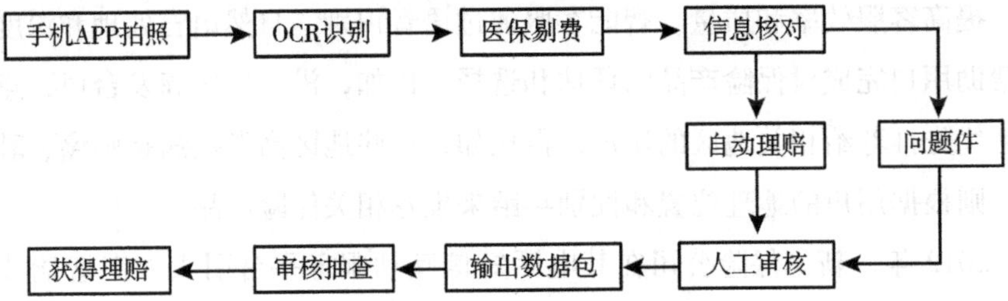

图 4　应用图像识别技术的理赔程序

规则透明化，操作简便，理赔到账时间效率高；多部门协同参与理赔程序，有利于降低理赔纠纷发生率，并通过理赔大数据来研发符合市场需求的保险产品和服务。由于欺诈骗保的现象往往呈现一定的共性，这类共性通过个人判断可能很难鉴别，但是通过人工智能技术可以轻易鉴别出来，而且人工智能的自我学习能力又能对新出现的欺诈进行学习、适应和鉴别。

2017 年 1 月，日本富国生命保险宣布将用人工智能平台 Watson Explorer 取代原有的 34 名员工，执行保险索赔分析工作。2016 年，法国 Shift Technology 公司获得 1000 万美元 A 轮融资。Shift Technology 公司是一家运用人工智能来鉴别保险索赔欺诈的创业企业，这个公司处理过的保险索赔案已经达到 5000 万件，辨识诈骗索赔的准确率高达 75%。蚂蚁金服在 2017 年 6 月公开一款基于深度学习和 AI 技术的车险自动定损的解决方案“定损宝”。有了“定损宝”，出车险时，保险公司不再需要派专员到现场，用户只需简单拍摄几张现场照片就可以完成整个定损出险的流程，节省了用户的时间，降低了保险公司出险的成本。这对 AI 特别是计算机图像识别技术的发展有着重大意义。

（三）区块链

近年来区块链随着比特币的概念而逐渐进入人们的视野。区块链是一种“实时点对点”的数据交互管理架构，具有去中心化、不可篡改、可编程控制等特点。区块链技术最初产生于比特币交易系统，是一种把区块以链的方式结合起来的数据结构。在该数据结构中，数据块是分布式储存的，每一个数据块都包含一整条区块链的信息，可以在没有可信第三方的条件下，解决陌生人之间的信任问题。过去保险公司以保单为主，对产品进行管理。基于用户信息的分散性，区块链技术能够整合多渠道的用户信息，实现用户账户统一管理，实现数据共享，以缩短相应时间和提高业务效率。

根据适用范围和节点权限，区块链可以分为三类：第一类是公有区块链，这是应用最广泛的区块链，任何人都可以参与其中，比如比特币。第二类是私有区块链，它仅仅适用区块链的总账技术进行记账，可以是一个公司，也可以是个人，其独享该区块链的写入权限。第三类是联盟区块链，是指其共识过程受到预选节点控制的区块链，本质上仍然是一种私有区块链，只不过它比单个小组织开发的私有区块链更大，却又没有公有区块链那么大，规模介于两者之间，联盟区块链是最受保险行业关注的部分。

区块链可以解决交易和信任的安全问题，在登记、记账、对账、清算、结算等场景具有应用前景。区块链在保险行业中的应用，创新点主要体现在：一是去中心化解决方案，即去中心解决双重花费问题，记录所有交易数据的历史信息；二是数据安全，即生成加密秘钥，保护数据安全；三是进程完整性，即验证主体选择的随机性，维持数据库完整性；四是有价值的冗余，即处理同一规模网络中数据的多个副本，减少宕机时间，并能够抵抗恶意攻击。

在应用层面，区块链技术将促进保险公司业务发展。在业务创新部分，区块链将提高用户参与度，开发与物联网相关的保险产品。在欺诈检测部分，区块链技术将验证被保对象身份真实性，以确认被保对象是真实存在的；验证服务对象相关信息，例如病史信息、投保历史信息等；验证出险的时间和地点，以确认保险事件发生的真实性。在成本控制部分，区块链技术自动验证投保人身份和合同有效性，并通过第三方机构提出可用于审核注册的索赔数据，最后通过基础支付设施或者智能合同完成业务流程，这一流程省却了多个渠道，进而节约了相关行政费用。

在国外，区块链在保险领域主要用于智能合约、相互保险和互助保险；在我国，区块链主要用于积分平台管理和某些简易险种。2017 年 3 月，上海保险交易所联合9家保险公司成功通过区块链数据交易技术验证，从功能、性能、安全、运维四个方面验证了区块链在征信方面运用的可行性，致力于解决保险行业在征信方面的痛点，此次验证过程肯定了区块链的性能。预计区块链在保险行业有着广阔的发展空间。

四 金融科技存在的问题和下一步发展的建议

在保险行业，金融科技有着广阔的市场前景和众多的实践应用。作为一个新生事物，金融科技不可避免会面临一些问题和挑战，具体有以下几个方面：

第一，保险用户接受和信任程度有待提高。新一代保险产品和定制化解决方案依赖于保险用户是否愿意与保险公司分享个人数据，一些保险公司开始向用户推介可穿戴设备和联网装置，获取一些个人数据，进而开发一些保险产品和定制化方案，但是，很多个人数据（比如医疗数据），保险用户是不愿意分享的。提高个人数据的安全性和隐私性，以获得客户信任是保险公司应用金融科技的一大挑战，也是促进金融科技进一步发展的关键所在。

第二，保险信息数据尚未共享或者交易。保险信息数据是金融科技的关键因素。目前，大部分保险信息数据都掌握在互联网巨头和传统保险公司手中，它们很少有意愿共享或者交易保险信息数据，可能形成数据垄断，造成信息孤岛，不利于降低保险行业的数据成本。大数据背景下，保险信息数据呈现分隔状况，对于金融科技进一步发展是十分不利的，必须鼓励各方主体共享或者交易保险信息数据。蚂蚁金服向保险行业开放平台数据、中信保发布事故车定损平台、平安智能保险云对外开放保险经营中的最核心技术等，都是数据共享的表现，对于金融科技的发展有很大的促进作用。

第三，金融科技资金和人员投入严重不足。金融科技的开发和应用需要大量资金的长期投入。现阶段大多数保险公司的IT系统比较陈旧，无法支持全新的在线购买和平台服务。这些保险公司应用金融科技，改造IT系统和应用新技术，需要大量的资金投入。除了硬件系统和新兴技术外，保险行业应用金融科技还需要既懂保险又懂技术的复合型人才，许多保险公司的人才储备还远远不足，限制了金融科技的发展和应用。平安保险公司拥有大数据科学家500多人，科技研发人员超过两万名，每年研发投入将近70亿元，产生了积极成果，比如成功开发“智能保险云”。如此巨大的投入对于中小保险公司来说是不可能的，中小保险公司未来更多的可能是与大型保险公司合作，达到互惠互利的效果。

展望未来，保险行业将重点围绕用户需求展开，提升用户体验，比如保险条款更加简单，产品价格更加亲民，保险服务更加便捷。金融科技助力保险行业发展，主要围绕定价、核保、风控、反欺诈、营销、在线服务、内容互动等核心能力展开。大数据技术可以改造保险行业的整个价值链；人工智能技术能够赋予机器智慧，为客户提供更加高效的客户服务，实现快速理赔；区块链技术以其可追溯、不可篡改等特性，能够确保信息真实透明，防范欺诈。总体上看，金融科技将重塑保险行业发展的基本盘，推动保险行业走向一个新的时代。

一是构建一个鼓励创新、适度宽松的发展环境，加强保险行业各方主体的沟通和交流，加强对行业的规划和引导，提高政策透明度。二是建设金融科技合作平台，加强各方主体和监管者的有效互动，提供引导资金和优惠政策，扶持中小型技术创新企业。三是加强信息和数据监管，保护网络安全、信息安全、隐私安全，进而促进信息数据的共享或交易。四是开展金融科技应用示范，形成一批优秀的示范项目，累积相关经验，展示成功案例。五是建设金融科技人才培养体系，加强产学研结合，鼓励和支持高校开设相关专业或者课程，培育复合型人才。六是加强国际交流与合作，重视发达国家先进做法，鼓励企业“睁眼看世界”，积极投身金融科技创新事业。

B.6

互联网金融人才分布与企业分布

范小云　邸超伦

摘　要： 近年来，互联网金融行业飞速发展，P2P、众筹、第三方支付等金融业态相继出现，这一方面转变了传统的金融发展模式，另一方面也加速了互联网金融领域的不断创新。在这一大背景下，以BATJ为代表的互联网企业纷纷涉足金融领域，对原有的经营模式和产品结构进行调整，从而满足了客户不断变化的消费需求。与此同时，随着大数据、云计算等金融科技的广泛应用，新兴互联网企业不断出现，原有企业的业务范围也不断扩大，不再局限于传统的借贷融资和支付清算两个方面，这也对互联网金融从业人员提出了更高的要求。传统的金融或者互联网从业者已经无法满足互联网金融发展的需要，互联网金融领域人才供不应求的情况日益严重。与此同时，我国传统金融发展与IT人才之间存在较为严重的隔离问题，这使得我国互联网金融人才供给与需求间的矛盾更加突出。面对这一人才短缺状况，以BATJ为代表的互联网金融企业纷纷采用不同的方式，吸纳和发掘互联网金融领域人才，并对其进行进一步的引导与培训。例如，阿里巴巴与西安政府合作，建立地方性校企合作基金。百度和腾讯分别建立了百度金融学院和腾讯学院，对不同层级的员工进行更有针对性的培训。京东通过开展“JDATA算法大赛”的方式，吸收和挖掘优秀的互联网金融人才。从供给方来看，作为互联网金融人才供给方的国内高校，正逐渐完善自身的互联网人才培养体系，更新教育理念，优化课程设置，创新教育模式。作为互联网金融人才需求方的各类互联网金融企业，也纷纷建立了有效的人才激励机制和绩效考核机制。实行分散化管理，促进员工的个性化发展。从整个市场来看，互联网金融发展潜力巨大，前景十分广阔。企业和人才是市场发展的重要组成部分，在互联网发展方兴未艾的当下，理解和把握互联网金融企业和人才分布，具有重要的理论及现实意义。

关键词： 互联网金融　企业分布　人才分布

一　引言

近年来，随着互联网金融的不断发展，各类新兴的互联网金融产品相继出现。P2P 贷款、阿里小贷、众筹融资、网络货币等互联网金融形式，正在悄悄地改变消费者原有的消费结构，影响着消费者的支付能力与支付行为。面对这一大的发展趋势，以国内互联网巨头 BATJ（阿里、腾讯、百度、京东）为代表的互联网企业也相继涉足金融领域，借助互联网盘活大众闲散资金。数据显示，2017 年，我国网络借贷、互联网资产管理等平台超过了 1.9 万个。网络借贷、网络众筹、互联网支付的累计交易额达到 70 万亿元，覆盖了融资借贷、资产管理等 21 种业态。对促进我国经济金融市场现代化发展，提高我国国际竞争力发挥了很大的作用。

在这一大的趋势下，不同类型的互联网金融企业应运而生，已有的互联网企业业务范围不断扩大，产品形式更为丰富。互联网金融企业不再局限于传统的借贷融资型企业和支付清算型企业，其对应的主要经营业务也拓展到支付清算、借贷融资、资产管理、金融征信、信息检索等诸多领域。互联网金融企业作为经济发展过程中重要微观主体，明确其互金企业定位，创新互金企业服务，完善互金企业分布，从微观上了解互联网金融企业的经营发展，从宏观上把握互联网金融企业的整体分布，对于促进互联网金融发展具有重要意义。

同时，互联网企业的发展使得企业间竞争不断加剧。现代企业竞争的实质是人才竞争，行业人才的发展已经成为制约行业发展的重要因素之一。因此了解互联网金融人才结构，加强对相关人才的培养，对互联网金融企业的生存和发展具有重大意义。《2016年互联网金融人才白皮书》显示，目前互联网金融行业的人才存量仅为互联网行业的1/10，供不应求情况严重。比较互联网行业、金融行业和互联网金融行业的职位分布，可以发现互联网金融行业的初级职位人才比例介于互联网行业与金融行业之间，但高级职位人才的比例却远远低于互联网行业与金融行业。未来几年，我国互联网金融行业人才供不应求的局面将继续延续，人才缺口将达百万人以上。

二　互联网金融的企业分布

近年来，我国互联网金融企业不断增加，质量不断提高，各种类型的互联网金融企业相继出现，企业提供的业务类型也更为多样化。

（一）互联网金融企业种类分布

1. 借贷融资型金融企业

借贷融资型金融企业主要负责解决各类企业发展过程中的融资问题。其通过连接资金的供给方与需求方，实现资金的合理融通。目前我国主要的借贷融资型金融企业包括众筹类金融企业和P2P借贷金融企业。

（1）众筹类金融企业

众筹类金融企业，也称众筹平台企业。其发展模式为发起人通过众筹融资平台实现项目的展示与推介，投资人根据相应的信息决定是否投资，如何进行投资。目前我国的众筹融资平台主要包括股权投资平台和非股权投资平台两类。

（2）P2P网络信贷类金融企业

P2P网络信贷类金融企业主要从事点对点的信贷中介服务，是连接借款人和贷款人的桥梁与纽带。借款人向 P2P 网络信贷类金融企业提供相关材料，信贷类金融企业进行信用评级与预测。通过后，交易双方借助 P2P 网络信贷平台自由竞价、撮合成交。与传统的银行贷款相比，P2P 网络信贷要求较低，更为灵活，很好地填补了传统融资方式的空白，发展速度较快。

2. 信息化金融机构

信息化金融机构改变了传统金融机构的产品特点与运营模式，包含了更多电子化、信息化的因素，实现了机构治理的优化升级以及机构产品的发展创新。我国的信息化金融机构主要包括互联网银行、互联网证券公司和互联网保险公司。

（1）互联网银行

互联网银行作为互联网金融发展过程中的一大产物，实现了传统银行业务与新兴金融科技的有效结合。其通过云计算、大数据等方式，充分满足了客户存款、贷款、支付结算、投资理财等需求。在经营模式上，互联网银行突破了实体银行的限制，不再局限于网点和柜台业务，客户不受时间和地域的限制，节约了时间成本，也降低了管理费用，使得整体的运营成本降低。目前，我国典型的互联网银行包括微众银行、网商银行、新网银行等（见表 1）。

表 1　我国主要的互联网银行

银行名称	开业时间	注册资本	参与的互联网公司
微众银行	2014. 12. 28	42 亿元	腾讯持有 30% 股权
网商银行	2015. 06. 25	40 亿元	蚂蚁金服持有 30% 股权
新网银行	2016. 12. 28	30 亿元	小米持有 29. 5% 股权，与新希望、红旗连锁等共同设立
亿联银行	2017. 05. 16	20 亿元	美团点评关联方为第二大股东，持股 28. 5%
苏宁银行	2017. 06. 16	40 亿元	苏宁云商为第一大股东，持股 30%
百信银行	2017. 11. 18	20 亿元	中信银行控股 70%，百度持股 30%

资料来源：中国产业信息网。

（2）互联网保险公司

互联网保险公司是一种网络化的金融机构，其依托自身的网络平台实现保险合同订立等多项网络化的保险服务。在我国，互联网保险公司主要包括“百安保险”“众安保险”“泰康在线”“安心财险”等。对于互联网保险公司而言，其业务主要包括产品、营销和服务三个方面。相关数据显示，从2012年到2016年，我国总保费收入由15487.93亿元上升至30959.1亿元（见图1）。互联网保费收入则由2012年的110.7亿元上升至2016年的2347亿元。

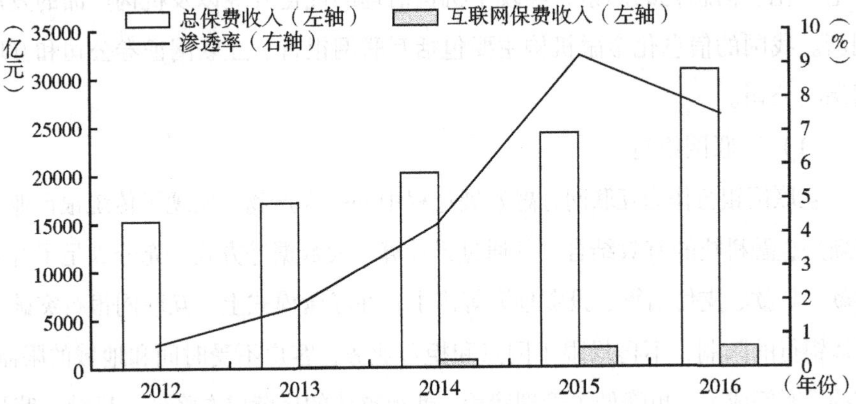

图1 2012～2016年中国互联网保险增长情况

资料来源：保监会。

(3) 互联网证券公司

1997年3月，中国华融信托投资公司湛江营业部推出了多媒体公众信息网网上交易系统，标志着中国互联网证券化业务的起步。其主要通过互联网的方式，完成签约开户、委托交易、交易执行等业务，打破地域限制，使得证券交易更为灵活方便。目前，我国互联网证券公司发展模式主要有两种。一种是终端业务模式，例如雪球、老虎等。另一种是借助大宗商品渠道开展业务，例如雪豹金融等。随着互联网金融的发展，越来越多的券商开始涉足互联网金融领域，互联网证券公司的类型也将更为丰富。

券商踏足互联网金融领域情况见表2。

表 2　券商踏足互联网金融领域情况

时间	证券公司	合作方	具体内容
2014.08.18	中信证券	金融界 证券之星	推出证券通，提供资讯解读、在线开户、实盘交易等服务
2014.08.12	湘财证券	大智慧	大智慧整体收购湘财证券
2014.07.09	东吴证券	同花顺	互联网渠道，大数据服务和互联网信用领域合作
2014.06.25	中山证券、华龙证券、西藏同信证券、华林证券、广州证券	腾讯 金证股份	腾讯企业 QQ 证券理财服务平台，是集多项服务于一体的全新金融服务平台
2014.06.23	海通证券	自建平台	互联网金融综合理财服务平台
2014.04.09	华泰证券	网易	网上开户，佣金万分之三
2014.05.08	国元证券	WIND	手机移动开户、理财产品销售和对冲基金头等舱等业务
2013.12.18	国泰君安	自建平台	君弘金融商城、金融超市、一户通
2013.11.22	国金证券	腾讯	佣金宝、在线理财等服务

资料来源：平安证券研究所。

3. 支付清算型企业

支付清算型企业作为客户与银行之间沟通的媒介，主要借助大数据、云计算等金融科技，实现互联网支付与移动支付两种第三方支付交易模式，实现对传统支付方式的有效补充。同时，大数据技术的应用实现了账户历史交易信息的分析汇总，有效地降低了支付风险。根据中国支付清算协会发布的《中国支付清算行业运行报告（2017）》，近几年我国互联网支付业务和移动支付业务均呈现增长的趋势。2016 年，商业银行和非银行支付机构的网上支付业务共计 1125.08 亿笔，金额达 2139.2 万亿元。商业银行的移动支付业务共计 257.10 亿笔，金额达 157.55 万亿元。因此，支付清算企业市场广阔，发展潜力巨大。

（二）互联网金融企业业务分布

互联网金融的发展必将对传统的金融业务产生颠覆性的影响。金融业发展不需要物流的特点，决定了其必然受到信息技术的影响。具体而言，这一影响主要表现在借贷融资、支付清算和投资管理业务等多个方面。

1. 借贷融资业务

借贷融资业务通过大数据、云计算、区块链等技术的有效运用，实现了对客户情况的有效分析，形成了合理的风险管理模式，缓解了“信息不对称”带来的融资难、融资贵等问题，有效地提升了金融机构的风险控制能力。数据显示，在P2P借贷领域，2010～2017年P2P网络平台贷款余额始终呈现上升趋势，由2010年的0.6亿元上升至2017年的10450亿元（见图2）。P2P借贷融资业务具有方便、快捷和降低信息不对称等优势，受到大多数投资人的青睐。P2P借贷拓宽了现有的融资渠道，提高了社会资金利用效率，促进了经济发展。

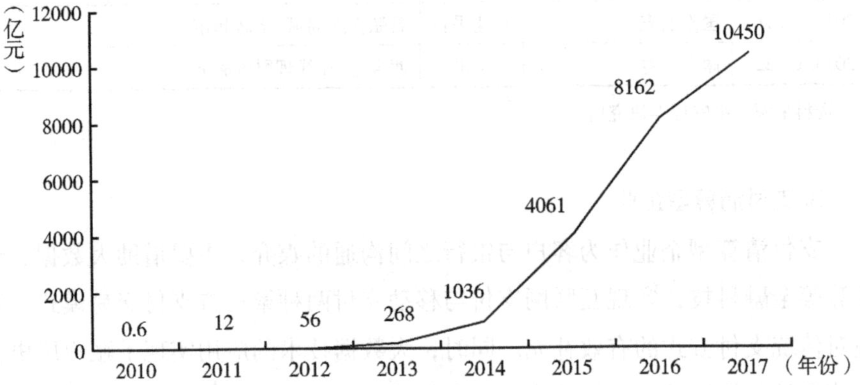

图2　2010～2017年P2P网贷平台贷款余额

资料来源：网贷之家研究中心。

在众筹领域，我国的众筹平台类型主要包括回报众筹、股权众筹、综合众筹、物权众筹和公益众筹五类，其中回报众筹和股权众筹作为两种主要的众筹平台，合计占比高达一半以上。数据显示，2016年底，众筹平台共有511家，其中正常运营平台415家，下线89家，转型7家。互联网非公开股权融资平台118家，下线26家，转型平台1家。

2. 支付清算业务

在支付清算领域，互联网金融的影响主要表现在第三方互联网支付和第三方移动支付两个方面。2010 年，我国第三方支付金额仅为 1.1 万亿元，2016 年这一数额上升至 48.9 万亿元。预计 2018 年，我国第三方支付金额将达到 85.6 万亿元。互联网金融在支付清算领域内的应用使得支付服务的覆盖范围不断扩大。同时，随着第三方支付企业的不断发展，信息化的金融解决方案被不断提出，差异化的发展战略被不断强化，更好地助力小微企业的成长。同时，第三方支付的逐渐普及也使得金融交易更为方便快捷，加速了金融体系的发展和完善。

3. 投资管理业务

科技金融在金融业投资管理领域的应用，主要表现为资产的有效配置以及智能投顾投资策略的研究。其所依托的技术主要包括大数据和人工智能。在资产配置方面，亚洲投资者学会风险管理中心执行董事陆晨博士表示，大数据和人工智能主要通过资金、资产和产品三个方面提高资产的配置效率与水平。在资金方面，充分了解客户需要，利用机器学习进行更为精准的客户定位，从而提供更有针对性的产品与服务。在资产方面，进行更为细致的划分，充分了解企业的资产与风险情况；在产品方面，利用大数据和智能算法，进行更为有效的动态投资组合。

在智能投顾领域，金融科技的作用主要表现在信息的收集、整理、分析和归纳，主要应用于投资决策和风险管理当中。智能投顾通过对海量信息的收集和分析，得出投资者的风险偏好，进而采用人工智能的算法构造合理的投资方式，能够有效地降低成本、分散风险。以 2016 年 9 月安信证券的 A 股机器人为例。其以 24.06% 的累计收益率战胜了 98% 的用户。通过建立数据因子库的方式生成训练样本，不断进行机器学习，最终建立模型并输出有效的投资组合。

我国主要的智能投顾平台见表 3。

表 3　我国主要的智能投顾平台

类型	代表平台	主要特点
智能分析型	慧理财	智能选股、理财产品智能推荐
智能交易型	微量网	提供专业的量化投资工具，提供不同风格的量化产品
智能配置型	平安一账通	创新式综合金融理财平台
智能配置型	钱景私人理财	以销售公募基金为主，与德圣基金研究中心合作进行组合推荐
智能陪伴型	钱大白	采用 3D 全息技术、语音智能交互系统，为用户提供面对面的交互服务
智能资讯型	百度股市通	消息选股和主题选股，基于百度大数据，为股民在全球股市提供选股信息
智能交易型	宽策略	单策略智投、多策略组合智投、ETF 智投模块

资料来源：搜狐财经。

与此同时，随着中国经济社会的不断发展，私人财富不断增加，理财观念渐渐普及，智能投顾投资管理的发展前景将更为广阔。根据波士顿研究报告，2018 年，我国的私人财富总规模将达到 40 万亿美元，若按 10% 的渗透率进行计算，用于智能投顾领域的资金将达到 4 万亿美元，这为智能投顾领域的发展提供了广阔的市场基础。同时，智能投顾通过构建投资组合的方式，能够更为精准有效地分散风险，迎合大众理财需求。数据显示，2015 ~ 2020 年我国互联网理财用户规模将持续扩大，互联网理财将成为更为普遍的理财方式（见图 3）。智能投顾长尾客户潜在市场巨大，千亿元市场空间可期。

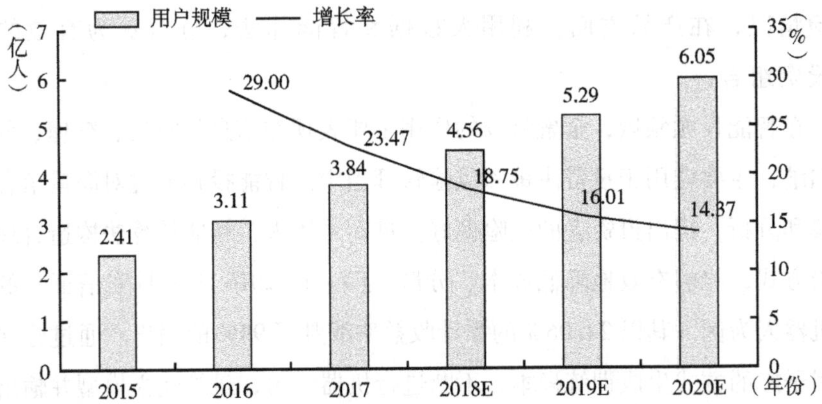

图 3　2015 ~ 2020 年中国互联网理财用户规模及预测

资料来源：艾媒北极星。

（三）互联网金融企业地域分布

目前，我国的互联网金融企业地域分布尚不平衡，东部地区相对较多，西部地区相对较少。数据显示，2016 年东部地区有 88 家互联网百强企业，其互联网业务收入总额为 7436.6 亿元，占全国百强互联网企业业务收入的 98.36%。然而，在未来，互联网企业的地域差异有望逐渐缩小。

三 互联网金融企业的 Fintech 人才分布

（一）Fintech 人才特点

1. 多样化的人才背景

互联网金融人才与传统的金融人才不同，具有跨行业、跨学科的基本特点。未来互联网金融的发展必然依赖互联网技术优势与金融学的结合，包括金融业务、网络信息技术、市场营销、法律的充分结合。其将大数据、云计算等金融科技融入资金融通、支付、投资等过程当中，因而具有明显的金融和互联网二重属性，这决定了互联网人才必须具有多样化的知识与思维，既要拥有扎实的金融知识，又要理解互联网精神，掌握大数据、云计算、人工智能、区块链和信息安全等数字技术。

2. 专业化的人才水平

对于传统金融行业，数字化转型对人才专业化水平的要求包括数据分析、基础设施维护与管理、移动应用管理、支付应用管理、风险管理等。然而，对于互联网金融行业而言，其对从业人才的要求则更为细致。通过整理国内领先互联网企业的招聘条件，我们发现目前互联网金融企业对互金人才的要求还包括熟悉编程语言、代码语言、机器学习等。

3. 创新化的人才思维

互联网金融与传统金融有所不同，其通过互联网技术与金融发展的有效结合，孕育了第三方支付、智能投顾、众筹等不同金融业态。然而，我国互联网金融的发展并没有进入一个成熟的阶段，金融 2.0 将会向金融 3.0 逐步发展演进。在这一过程中，除了互联网技术的发展作为条件支持之外，如何使互联网技术与金融发展的现状充分结合，并根据发展情况不断调整，需要互联网金融从业者的创新型思维。

4. 较高的人才薪资水平

互联网金融行业不同于传统的互联网行业与金融行业，人才缺口相对较大。这使得现有的互联网金融企业不得不通过增加员工薪资等方式，吸纳和留住市场中的互联网金融人才。《2016 年互联网金融人才白皮书》数据显示，互联网金融行业员工的起薪水平大约为年薪 10 万元，骨干员工大约为 25 万～35 万元，主管可达 45 万元。从互联网金融各细分行业来看，互联网金融行业的调薪率高达 10.9%，仅次于排名首位的资产管理行业的 11.1%（见图 4）。

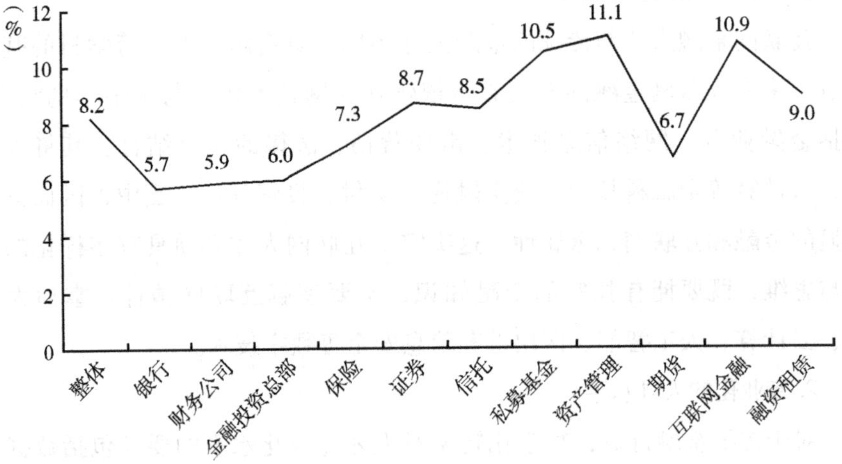

图 4　2017 年金融各细分行业调薪率

资料来源：中智咨询人力资本数据中心。

5. 具备扎实的金融理论基础和实际业务能力

互联网金融的不断发展，在促进整体经济发展水平提高的同时，也带动了各行业的发展与转型，这就要求互联网金融从业人员充分理解银行、证券、保险相关知识，并能根据不同转型行业的具体特点灵活运用。除此之外，互联网从业人员应充分把握互联网金融发展模式，具有互联网金融思维，从理论与实际业务两个角度出发，进行更为全面的思考，实现理论与实践的有效结合。

（二）Fintech 人才结构

1. 不同职能人才所占比重

从职能构成上看，互联网金融人才的职能分布主要包括工程、信息技术、金融、人力资源、项目运营等几大方面。其中，工程与信息技术合计占一半以上的比重，工程单项占比 34%（见图 5）。

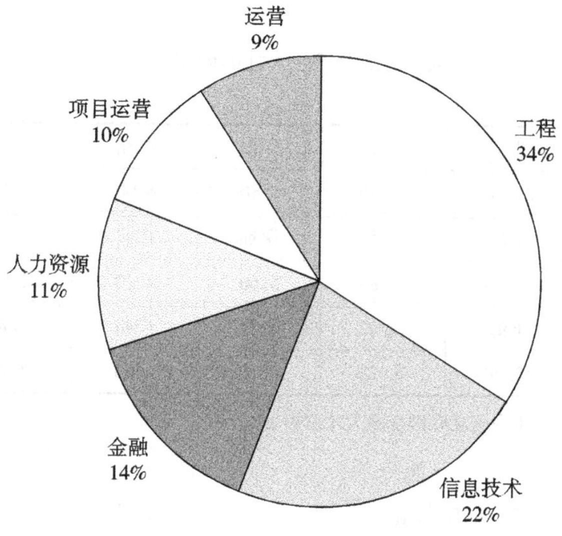

图 5　互联网金融行业人才的职能分布

资料来源：《2016 年中国互联网金融人才白皮书》。

2. 不同年龄人才所占比重

从年龄分布上看，我国互联网金融人才呈现年轻化趋势，原因在于互联网金融概念的日益普及以及互联网金融意识的不断提高。一方面，高校作为人才培养的重要来源，更加注重互联网人才的培养，使得互联网金融毕业生的数量增加。另一方面，互联网及金融行业相关人才也纷纷跳槽到互联网金融行业，使得互联网金融人才队伍中的年轻力量供给有所增加，30～40 岁年龄段人才比重上升。

3. 不同地区人才所占比重

与互联网金融企业分布相同，互联网金融人才分布也呈现一定的地区差异。从劳动力需求上看，上海、北京、杭州、广州和成都五大城市的互联网金融企业数量较多，劳动力需求也相应较大，互联网金融人才占比合计达到32.60%（见表4）。然而，由于互联网具有跨地区、覆盖性较强等特点，加之国家经济政策的不断实行，互联网金融企业和人才的地区分布差异正在逐渐缩小。

表4 三大行业人才的城市分布

单位：%

	北京	上海	深圳	广州	杭州	其他
互联网行业	22.90	11.70	7.50	6.00	5.50	46.40
	上海	北京	深圳	广州	成都	其他
金融行业	14.80	13.80	5.60	4.10	2.60	59.10
	上海	北京	杭州	广州	成都	其他
互联网金融行业	12.40	8.00	5.70	3.60	2.90	67.40

资料来源：《2016年中国互联网金融人才白皮书》。

4. 不同学历人才所占比重

从学历分布上看，互联网金融行业人才大多为本科学历，其占比高达60.70%，除MBA外硕士占比33.10%，MBA占比4.10%，博士占比2.10%（见图6）。互联网金融行业本科生占比高于金融行业的54.3%，低于互联网行业的68.5%；硕士生占比合计低于金融行业的43.3%，高于互联网行业的29.7%。随着我国教育水平的不断提高和人口素质的不断提升，互联网金融行业从业人员中，硕士生所占的比重有望进一步上升。

5. 不同梯度人才所占比重

从人才梯队来看，四种不同产品类型对应的互联网人才构成也有所不同

(见图7)。其中开发类和产品类的新员工所占比重较低，基层员工相对较多。而销售类和风险类的新员工所占比重较高，基层员工占比较小。数据显示，开发类和产品类的基层员工与骨干人员梯度比约为1.4:1，管理人员与员工梯度比约为6:1。风险类和销售类员工层各级别梯度比为2:1，管理人员与员工梯度比为12:1。

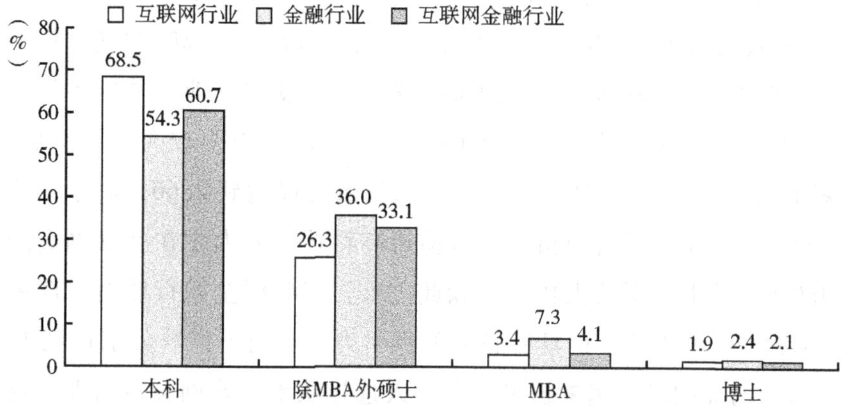

图6　三大行业不同学历人才所占比重

资料来源：《2016年中国互联网金融人才白皮书》。

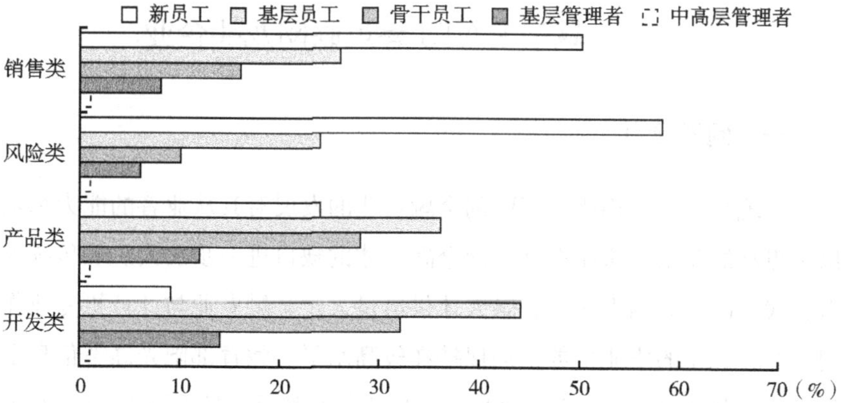

图7　四类产品不同梯度的互联网人才构成

资料来源：《2016年中国互联网金融人才白皮书》。

（三）FinTech 人才来源

互联网金融人才来源主要包括高校毕业生和转职人员两个来源。一方面，对于互联网金融企业而言，其通过竞赛、实习项目等方式发掘和吸纳优秀人才。例如微软中国的“编程之美挑战赛”、“微软校园极客加速计划”和 Google 的“Google 学生俱乐部”、“Google 大学生创新创业培育项目”等项目，通过校园活动、校园比赛平台，将优秀的人才资源吸纳到对接的孵化项目当中。另一方面，互联网金融作为一个新兴行业，具有良好的发展前景和巨大的发展潜力，对不同行业人才的吸引力较大。数据显示，互联网金融人才对高科技人才的吸引力指数可以达到 2.66，高于互联网行业和金融行业的吸引力指数。这使得高科技行业人才在互联网金融人才的转职人员中占据较大比重。除此之外，互联网金融行业对互联网行业和金融行业的人才，也具有较大的吸引力。吸引力指数分别达到 1.86 和 1.61。与此同时，越来越多的青年人选择从事互联网金融行业，这与互金行业的年轻化趋势相适应。

四　传统金融发展与 IT 人才相对隔离问题分析——基于 BATJ 等互联网龙头企业

（一）问题现状

与传统金融行业相比，互联网金融行业的发展对其从业者的能力和素质提出了更高的要求，这使得互联网金融人才的缺口进一步加大。从传统人才上看，我国的互联网人才和金融人才供给量大。金融专业与计算机专业作为热门专业，每年的毕业生数量均保持在较高水平。教育部阳光高考信息平台数据显示，截至 2016 年 12 月 30 日，当年全国普通高校金融学类专业本科毕业生数量为 82850 ~ 90050 人，全国普通高校计算机类专业本科毕业生数量为 189100 ~ 199200 人（见表 5、表 6）。

表 5　2016 年全国普通高校金融学专业本科毕业生人数

单位：人

学科类别	全国普通高校金融学类专业本科毕业生人数
金融学	70000 ~ 75000
金融工程	3500 ~ 4000
保险学	5000 ~ 6000
投资学	3000 ~ 3500
金融数学	350 ~ 400
信用管理	900 ~ 1000
经济与金融	100 ~ 150
合计	82850 ~ 90050

资料来源：教育部阳光高考信息平台。

表 6　2016 年全国普通高校计算机类本科毕业生人数

单位：人

学科类别	全国普通高校计算机类本科毕业生人数
计算机科学与技术	100000 以上
软件工程	50000 ~ 55000
网络工程	20000 ~ 22000
信息安全	4500 ~ 5000
物联网工程	7000 ~ 8000
数字媒体技术	6000 ~ 7000
智能科学与技术	1000 ~ 1500
空间信息与数字技术	450 ~ 500
电子与计算机工程	150 ~ 200
合计	189100 ~ 199200

资料来源：教育部阳光高考信息平台。

另外，从金融市场的从业者数量来看，其更是呈现逐年增加的趋势。2005 年，我国金融业从业人员数量仅为 307 万人，而 2016 年上升到 800 万人，增长达到 160.59%。然而，互联网金融行业的人才却相对较少，仅为互联网行业的 1/10。且其在数量和质量上均呈现供不应求的特点。与此同时，传统金融以理论传授为主导的教育模式，使得学生的实践能力较弱，导致人才的供给与企业的实际需求间存在较大的差距，无法满足互联网金融企业发展的实际需要。此外，我国的互联网金融教育仍处于起步阶段，普及范围相对较小，这也加剧了互联网人才供需不平衡的矛盾。

以我国的BATJ互联网龙头企业为对象，对其人才需求与供给进行分析，不难发现当前传统金融发展与IT人才相对隔离问题严重，需要政府、企业、高校相互配合，加强互联网金融人才培养，缓解互联网金融领域人才供不应求的局面，促进互联网金融行业的发展。回顾BATJ互联网龙头企业人才招聘要求，也不难发现其对复合型人才的需求不断提高。

1. 百度

百度作为目前全球最大的中文搜索引擎网站，在搜索、人工智能、云计算、大数据等领域均处于领先水平。其在人才选拔过程中，除注重传统金融知识外，更加注重软件使用、代码运用等方面的能力。以百度在线网络技术（北京）有限公司为例，其岗位职责要求中特别提到了对社交软件系统有所了解，并能独立使用discuz后台操作系统，并对FTP应用程序、html等代码语言、PHP开发框架提出了相应的要求。对于传统的金融人才来说，这些条件均无法得到满足，传统人才与互联网人才之间相互隔离现象较为严重。

2. 阿里巴巴集团

阿里巴巴集团致力于改变企业的销售和经营方式，其借助互联网营销平台，实现了互联网与客户间的交流互动。登录阿里巴巴集团的招聘网站，在校园招聘方面，主要包括体验设计师、算法工程师、测试开发工程师、研发工程师Java、创意设计师等职位。招聘要求大多包括熟悉C/C++/Java等至少一种编程语言，有Shell或Ruby/PHP/Perl/Python等使用经验者。对于其中的算法工程师招聘，阿里巴巴提出应熟悉深度学习以及常见机器学习算法的原理，运用聚类、回归等模型解决问题等要求。这与当前互联网金融发展的大趋势相适应。然而，传统的金融人才大多只熟悉金融领域知识，对人工智能、大数据等金融科技尚不熟悉，更达不到熟练掌握的程度。

3. 腾讯

腾讯作为中国最大的互联网综合服务提供商之一，在社交、娱乐、资讯等方面均具有很大的市场份额和市场占有率。登录腾讯校园招聘网站，其在编程语言、数据结构和算法基础等方面均有相应的要求。部分岗位要求深入理解 MapReduce，熟练使用 Storm、Hadoop、Spark、Flink，并阅读部分源码。随着互联网金融的不断发展，这些要求可能变得更为普遍，对传统的金融人才形成冲击。

4. 京东

京东，作为中国自营式电商企业，所经营的产品包括 13 大类 3150 万种。其产品品牌主要包括京东商城、京东金融、京东云和 JINI 机器人。其中的 JINI 机器人借助自然语言处理、机器学习等技术，通过人工智能系统实现了产品与服务的销售咨询和售后服务。分析京东的人才招聘要求，可以发现其在要求人才具有基础的财务金融知识之外，还加入了对互联网金融知识的把握，数据的监测、分析与挖掘等方面的内容，同时提出了有 APP 数据分析经验者优先。

基于以上分析，我们不难发现，传统的金融人才已经不能适应互联网金融企业发展的需要。在传统金融发展与 IT 人才培养相对隔离的情况下，对其原因进行分析，并提出相应的人才培养模式意义重大。

（二）原因分析

从供给方的角度来看，一方面，我国的科技人才培养具有滞后性。另一方面，科技人才的自身转型比较困难，使得我国互联网金融人才的供给无法满足需求。

1. 人才培养具有滞后性

互联网市场发展带来的市场需求上升与互联网人才教育的滞后性之间存在矛盾。随着中国互联网金融的不断发展，大数据、云计算等技术不断运用，为金融市场带来更大发展空间的同时，也对从业人员提出了更高的要求。然而，我国现有的金融人才培养模式尚且较为传统，在课程设置、教材选用等方面更新较慢，教育滞后性较为明显。与此同时，高等院校专业的调整与更新，需要一个相对较长的时间周期。这在一定程度上，也加剧了互联网金融人才培养的滞后性。

2. 人才自身转型较难

互联网金融人才对金融和互联网知识的要求，使得金融人才和互联网人才实现自主转型的难度上升。因为互联网与金融两者在知识结构上具有不同，因而需要较长的时间理解与消化。这在一定程度上限制了互联网行业与金融行业人才向互联网金融行业的流动。

3. 缺乏体系化的人才培养模式

目前，国内高校围绕互联网金融开设的课程主要包括在职培训、MBA 课程、专业硕士、高级研修班、在职研究生、本科专业设置以及研究生教育（见表7）。大多仍局限在短期培训和单一课程方面，尚未形成人才培养的模式体系。

表7　国内高校互联网金融人才培养情况

主要类别	培养方向	开设学校
在职培训	企业互联网金融	复旦大学、武汉大学
MBA 课程	EMBA 公开课	上海财经大学
高级研修班	互联网金融高级研修班	北京大学、电子科技大学、西南财经大学、对外经济贸易大学、上海交通大学
硕士招生	互联网金融专业	浙江大学、北京航空航天大学、北京交通大学北京理工大学、清华大学
本科招生	互联网金融专业	中国人民大学、广州金融学院

资料来源：根据公开资料整理。

从需求方的角度看，近年来互联网金融快速增长，不同业态相继出现，金融企业的数量增加，岗位数量也随之上升，使得对应的人才需求不断增长。

五　隔离下互联网企业 FinTech 基因的培养模式——基于 BATJ 企业分析

（一）政策鼓励科技金融复合型人才的发展

政府应加强对互联网人才的资金与政策支持力度，增加资金投入，支持互联网金融人才的培育与发展，鼓励互联网金融人才的研究与创新。同时，互联网金融企业应主动与地方政府进行合作，建立合理的人才引入机制。充分发挥政府在人才引进方面的作用，成立地方性校企合作专项基金，实现高校与互联网金融企业间的合作，并对成绩突出的高校、企业和个人进行奖励。

案例分析：阿里巴巴——企业与政府合作，创新科技人才引进机制

在首届世界西商大会上，阿里巴巴与西安政府签订协议。一方面，在智慧城市和大数据等方面与政府建立合作联系。另一方面，与高校、科研院所合作，建立互联网金融人才培养模式和培养平台，打造“一带一路”高科技数据人才。

（二）建立系统专业的人才培训机构

从国家层面来看，2010 年 12 月 18 日，中国科技金融人才创新促进研究院成立。其将科技人才与金融人才结合起来，提供教育、维权、咨询等一系列服务，有效地促进了科技金融人才的发展，对于科技金融整体的发展布局具有重要意义。从微观企业层面来看，以 BATJ 为代表的互联网企业也纷纷建立自身的互联网金融人才培养机构与培养体系，包括腾讯学院、百度金融学院等。

案例分析：百度 & 腾讯——建立企业系统专业培训学院

（1）腾讯学院

腾讯学院作为腾讯的企业系统培训学院，由领导力发展中心、职业发展中心、培训运营中心等多个部分组成。其依托“培训发展大厦”，为基层、中层和高层干部提供更有针对性的课程体系，主要包括“飞龙”“潜龙”“育龙”等（见表 8）。以针对中层管理者的飞龙计划为例，其主要通过面授课堂和学术沙龙的方式建立起一套完善的培训体系。学员对理论知识进行学习，并应用到具体的实践当中。学习结束后按照飞龙计划为全体学员举行结业典礼，形成了良好的校友关系。数据显示，目前参与这一计划的中层管理者已经达到 70% 以上，其对公司互联网人才的培育和发展具有重大意义。

表 8　腾讯学院培训体系

培训类型	课程体系	经典项目
干部培训	中层干部培训	飞龙、潜龙、育龙
	基层干部培训	
职业培训	技术族培训、市场族培训、专业族培训、设计族培训、产品项目族培训	新攀登计划、飞跃计划、创意马拉松、魔鬼训练营
新人培训	社会招募新人岗前培训	毕业生回归日，腾讯达人
	校园招聘新人岗前封闭培训	
	实习生培养项目	

（2）百度金融学院

百度金融学院作为一所企业大学，旨在培养适应互联网金融发展的复合型人才，其吸纳了学术界和业界优秀的师资力量，建立了一套完整有效的培养模式与培养体系。百度金融学院针对不同员工，设置融道班、融智班和融英班三门课程（见表 9）。

表 9　百度金融学院基本课程

课程名称	基本内容
融道班	面向 TPU9 及 M3 以上的 FSG 高管人群，构建交流沟通平台，旨在明确战略方向，强化战略思考，培养行业领军人才
融智班	面向 TPU6 - TPU9 及 M1、M2 的中坚人才，提供金融专业课程与企业管理课程，促进中坚人才多方面发展
融英班	引进专业化的师资力量，建立系统化的培训体系。融英班主要专注于专业课程的辅导与培训，帮助员工熟悉基本金融业务，实现利用金融语言进行沟通

资料来源：根据公开资料整理。

未来互联网和金融的发展一定是充分结合的，仅仅了解互联网或者金融是远远不够的，李彦宏曾经这样说。百度作为全球最大的中文搜索引擎，不仅要为客户提供有效的信息，也应为客户提供便捷的金融服务。百度金融学院院长朱光认为百度金融学院是一个学习创新的平台，员工应该不断地提高和充实自己，在 FSG 成长为一名跨界金融科技人才。

案例分析：阿里巴巴——建立全面的人才培养平台

阿里巴巴旨在赋能企业，改变传统的营销方式。其成立的阿里巴巴人才培养平台针对在职人才和入职新人的不同需要，提供不同的培养内容。其借助技术百家讲坛、回炉培训等多个平台，建立了企业专属的培养模式与培养体系。同时，阿里巴巴的阿里技术沙龙，为其员工提供了参与 Qcon、Velocity、JavaOne 等大会的机会（见表 10）。

（三）发挥高校的桥梁纽带作用，加强学生与企业间的联系

一方面，高校应加强与互联网金融企业的联系，明确企业的用人需求，改变理论与实践相脱节的教育情况。以企业的实际需求作为参考，制订切实可行的人才培养计划，提升毕业生的求职竞争力。对于高校的研究生教育，可以联系互联网金融行业的专业人士作为兼职导师，走进学校，加大互联网人才的培养力度，使培养的人才更加适应实际的发展需要。另一方面，企业应主动与高校建立联系，充分重视高校这一重要的人才培养基地，通过比赛、训练营等方式，为学生提供良好的实践平台，发掘和培养优秀人才。

表 10　阿里巴巴人才培养平台

培养对象	培养内容	培养平台
在职人才培养	业内技术深入 技术领域深入 技术视野拓展 岗位技能提升	对外技术交流 技术圈 技术百家讲坛 在职体系课程培训
新人入职培养	新人软技能培养 入职文化技能培养	回炉培训 逐浪堂培训

资料来源：阿里巴巴官网。

案例分析：京东——通过“JDATA 算法大赛”吸收人才

京东作为全球领先的电商企业，其定期通过“JDATA 算法大赛”的方式，发掘和孵化人才。其以“创响中国”在大数据领域落地为契机，旨在

激发算法创新，培养数据人才。选手利用脱敏后的真实数据，建立相应的算法模型，对未来的销售情况进行预测。获胜的选手将有机会得到丰厚的奖金和京东的 Special Offer。

案例分析：微软中国——通过“编程之美挑战赛”吸收人才

“编程之美挑战赛”作为微软发掘筛选优秀人才的途径之一，已经成功举办了五届，先后有超过 7 万名高校学生参加。其通过竞赛的形式，为学生展示先进的技术理念，并提供了实践的有效平台。微软中国通过这样竞赛的方式，发掘了更多的优秀学生，并将其加入自身的人才孵化项目当中。数据显示，在微软加速器已经“毕业”的 85 个项目中，90% 以上获得了新一轮融资。

案例分析：Google——建立“Google 学生俱乐部”

“Google 学生俱乐部”作为一种学生社团，由 Google 提供资助，学生管理。它搭建了不同学校大学生进行学习交流的平台，是 Google 精神和理念的有效应用。“Google 学生俱乐部”定期举办丰富多彩的学生活动，实现现有资源的充分利用。在这一过程中，“Google 学生俱乐部”的成员不断学习成长，更加符合互联网金融发展的需要。

（四）互联网金融企业加大对高科技人才教育的投入

互联网金融企业作为互联网金融人才的需求方，应加大人才教育的投入力度。与高校进行合作，通过建立培训项目、设立专项资金等方式，支持互联网金融人才的培养。同时，互联网企业应完善资金管理办法，提高在互联网金融项目上的支出比例，建立合理的资金奖励机制，并建立与之相对应的薪酬奖励制度。

案例分析——凡普金科向清华大学五道口金融学院捐赠 100 万元人民币

凡普金科作为一家金融科技公司，致力于提供互联网金融信息服务。其向清华大学五道口金融学院捐赠 100 万元人民币，用作“互联网金融实验室研究基金”。这一基金将主要用在互联网金融的学术研究与会议活动等方面，为互联网金融人才的培育与发展提供资金支持。

（五）各高校建立科技金融人才培养制度

1. 更新金融教学理念，培养互联网大数据思维

互联网金融的发展与传统金融有所不同，大数据、云计算、区块链等技术的应用对互联网金融人才提出了新的要求。因此，各高校应创新金融教学理念，注重学生金融思维和互联网意识的培养，提高学生的综合能力和实际操作技能水平。在人才培养过程中，考虑加入数字化的因素，营造良好的互联网氛围。

2. 优化互联网金融人才培养的课程设置

互联网金融的发展应用加速了传统金融领域的发展创新，这就要求各高校应不断更新自身的课程设置体系，加强互联网金融教育。具体而言，优化课程设置，将课程内容与社会的实际需求紧密结合，既注重学生理论知识的学习，也注重学生实践内容的培养。同时，增加课程设置中热点问题的关注程度，对经典案例进行讨论，在案例中向学生展示互联网金融的具体实现方式与实现流程。同时，根据互联网金融公司的招聘要求，在互联网金融人才的课程中，加入 Spark、Hadoop、Python 等软件的学习，从而与市场实际需求相适应。

3. 创新互联网金融人才的教育模式

加强互联网金融人才培养，不应仅局限于提高其专业理论知识，应更注重于实践和创新能力的培养。一方面，学校可以以相关比赛作为依托，使得学生将所学知识通过比赛的形式加以运用，达到“以赛促教，以赛促学”的目的。另一方面，采用与互联网金融发展要求相适应的教学方式，优化互联网金融人才培养模式。充分利用多媒体等技术，将互联网线上与线下教学资源进行结合，通过购买金融交易软件、建立金融模拟仿真实验室等方式，营造互联网金融的学习氛围，使学生真正参与到互联网金融交易的实际过程中。

4. 明确互联网金融人才的培养重点

一方面，大数据、云计算平台的广泛使用要求金融人才必须具有熟练

的信息采集和处理能力。因此，高校应注重学生数据收集和处理能力的培养，利用信息对客户的需求和偏好进行分析，进而提供更为精准的服务。另一方面，互联网金融发展的日益普遍，要求金融人才必须具有超强的营销能力和沟通能力。越来越多的人可以参与到金融活动当中，而不仅仅是具有金融知识的专业人士，因而对金融产品与服务提出了更高的要求。从业人员具有良好的沟通能力，可以将互联网金融产品推荐给不同的客户。

5. 开展国际合作

积极开展国际合作，加强互联网金融人才的国际化培养，培养互联网金融人才的国际化视野。国内各高校可以通过联合办学，聘请国外专家学者，鼓励教师出国交流等方式，增加师生进行国际交流的机会。

（六）完善互联网金融企业人才机制

1. 提高互联网金融岗位员工的薪资水平

合理提高互联网金融岗位员工的薪酬水平，建立相应的薪酬奖励机制。将薪酬与绩效有效地结合在一起，有利于提高员工的工作积极性。

2. 实施分散化的企业管理，尊重和培养员工个性化的发展

互联网金融的发展离不开互联网金融人才的创新精神，传统的统一管理模式已经不适合互联网金融发展的需要。因此，实行分散化的企业管理，鼓励员工的创新型思维，能够有效推动互联网金融企业的发展。

3. 创新人才激励方式

创新互联网金融人才的激励方式，将短期激励与长期激励结合起来。一方面，保证短期考核的及时性和有效性，建立公平的员工激励机制。另一方面，建立中高端人才的中长期激励机制，最大限度地留住高端金融人才。

4. 建立有效的绩效考核制度

根据企业管理研究公司 CEB 的数据，在采访过程中，大多数员工对现有的绩效考核方式表示不满。因此，互联网金融企业应重新审视互联网金融人才的绩效考核模式，进行适当的调整与创新。例如 Adobe 公司的“Check In”管理考核模式，通过频繁的绩效谈话，建立了有效的绩效考核体系，提

升了员工的归属感和使命感。

5. 定期进行员工培训

随着互联网金融的不断发展，互联网金融从业人员的从业环境也在不断地发生变化。这就要求从业人员要不断更新自身的知识与观念。员工培训，作为一种广泛使用的学习方法，对于提高从业人员的专业水平非常重要。在员工培训过程中，应采用差异化的内部培训体系，满足不同阶段员工的实际需求。对于新员工而言，其大多缺乏实践经验，对企业的具体业务也尚不了解。对于专业员工而言，应侧重其自身专业能力的培训。因此，企业需要建立系统的培训体系，制定合理的培训目标，培训形式应趋于多样化。

六　结论与建议

本文通过对 BATJ 等互联网典型企业进行分析，解读了在传统金融与 IT 人才相对隔离的条件下，互联网金融企业的 Fintech 基因是如何培养出来的这一问题。提出了与政府建立合作基金，建立企业自身的研究学院，组织相关学术竞赛等发掘和培育互联网金融人才的方式。同时，本文从整体的角度对互联网金融行业的企业分布和人才分布进行了详细的介绍。未来随着互联网金融的不断发展，政府应根据互联网金融企业和人才的基本特点，制定更为切实可行的发展战略。加强政府、企业、高校、人才这四方面的联系，实现企业发展、人才培养和互联网金融发展三者的充分结合。以互联网发展促进企业发展，企业发展带动人才发展，形成良性的动态有机循环。

参考文献

[1] 熊莉媛：《互联网金融企业的发展历程及类型研究》，《金融经济》2017 年第 8 期。

[2] 段世德：《科技金融人才培育的路径选择研究》，《观察思考》2017 年第 12 期。
[3] 严玉华：《互联网金融发展下人才供需状况和高校的应对措施》，《牡丹江教育学院学报》2015 年第 9 期。
[4] 莫易娴、刘仁和：《论我国“互联网金融”人才的培养》，《金融教育研究》2014 年第 3 期。
[5] 汪连新：《互联网金融和大数据时代金融学课程改革及人才培养的思考》，《教育教学论坛》2015 年第 32 期。
[6] 张艳英、罗薇薇：《互联网时代复合型金融人才培养模式探讨》，《厦门城市职业学院学报》2016 年第 1 期。
[7] 谢平、邹传伟、刘海二：《互联网金融模式研究》，《新金融评论》2012 年第 1 期。
[8] 李东荣：《大数据时代的金融人才培养》，《中国金融》2013 年第 24 期。
[9] 陆岷峰、徐阳洋：《互联网金融人才发展战略研究》，《区域金融研究》2016 年第 4 期。
[10] 胡烨丹、潘锡泉：《互联网金融语境下的金融职业教育模式创新》，《中国职业技术教育》2015 年第 34 期。
[11] 王超：《移动互联网金融的发展对于高职金融专业人才培养的影响分析》，《中外企业家》2016 年第 2 期。
[12] 高清霞：《互联网企业人才激励方式之研究论述》，《现代商业》2017 年第 3 期。

B.7
金融科技服务中小微企业成长
——以供应链金融为例

京东金融研究院

摘　要： 供应链金融兼具产业和金融的双重属性，是实践金融服务实体经济的最好场景之一，也成为助力中小企业发展的重要抓手。随着大数据、云计算、人工智能、物联网等技术的快速发展，金融科技正逐步成为打破供应链金融发展瓶颈、促进商业模式变革的重要驱动力。本文在梳理我国供应链金融发展现状、市场机遇和面临问题的基础上，深入阐述了金融科技为供应链金融发展赋能的着力点，重点介绍了京东金融供应链金融解决方案的核心能力，以及如何帮助实体企业摆脱融资困境的典型案例。最后，系统展望了我国供应链金融的发展趋势和下一步发展建议，以期为行业健康发展和政府监管提供有益借鉴。

关键词： 供应链金融　金融科技　中小企业　京东金融

供应链金融为金融机构带来新增信贷业务和降低风险的同时，也有效缓解了中小企业的融资难题。近年来，金融科技创新的持续发酵为供应链金融的模式变革注入了一股新鲜血液，特别是在打破供应链金融发展瓶颈方面表现出前所未有的潜能。因此，深入研究如何利用大数据、云计算、人工智能等技术提高供应链金融的效率和服务中小企业的能力，具有重大的理论价值和现实意义。

一 我国供应链金融发展迎来新的历史机遇

供应链金融作为一种以预付款、应收账款及存货等为基础的贸易融资服务方式，不仅使中小企业的融资渠道得到拓展，而且能够提升产业链的竞争力。可以说，供应链金融的健康发展有利于我国经济结构转型和供给侧结构性改革的深入推进。

（一）我国供应链金融的主要发展模式

互联网向传统供应链金融的渗透，使部分新兴主体在一定程度上“取代”了传统金融机构，开始承担为上下游企业提供融资服务的功能。如今，金融科技切入供应链金融，更是改变了传统金融机构在供应链金融服务中“一家独大”的格局，开启了电商平台、软件公司、网贷平台、商业银行、传统龙头企业等多主体主导的局面。具体来看，主要有以下几种模式。

一是电商平台主导模式。电商平台通过自己的交易平台可以获取买卖双方在其交易平台上的交易信息，并且根据客户的需求为上下游供应商提供融资服务。二是软件公司主导模式。软件提供商一般都拥有丰富的客户资源，并能够较便捷地获取企业财务、采购、销售、库存、订单等数据，从而深入供应链金融业务领域。三是P2P网贷平台主导模式。这种模式是指的P2P平台寻找供应链上的核心企业及资金需求方，并撮合线上投资人与其达成交易，履行中介平台的职能。四是银行主导模式。银行以买卖交易中买方购买货物后从卖方收到的货物提单和有效发票为依据，为买方办理承兑汇票，并向卖方支付货款，买方在指定日期内偿还货款和融资款。五是传统龙头企业主导模式。龙头企业依靠深厚的行业背景、上下游关系为供应链上的企业提供融资服务。

（二）我国供应链金融发展面临的机遇

1. 供应链金融需求非常强劲

近年来，应收账款、商业票据以及融资租赁市场发展迅速，促进我国供应链金融呈现快速发展的态势。在企业交易中，企业以签发商业汇票的形式来保证交易正常进行。商业汇票能够缓解买方的资金压力，同时拥有商业汇票的卖方，既拥有对签发方的汇票金额索取权，也可向商业银行进行质押，获得流动性。将商业汇票质押从而获取融资也是供应链金融的重要形式。从历史上看，我国商业汇票发展与供应链金融的发展是紧密相关的。目前我国商业汇票签发量总体呈上升趋势，2015 年已经突破 22 万亿元（见图 1）。

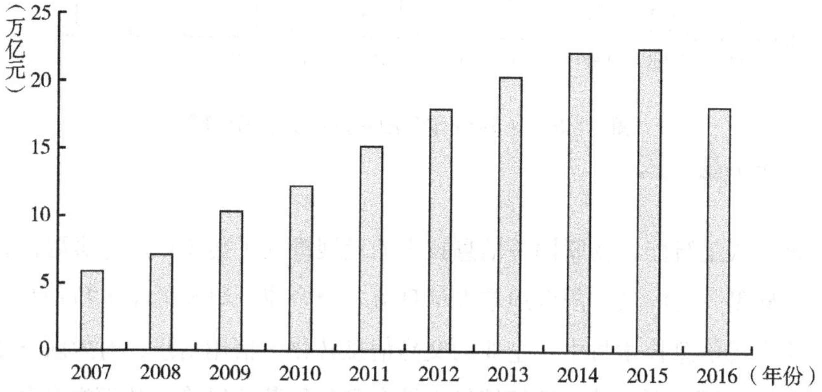

图 1　2007～2016 年我国商业汇票签发额

资料来源：Wind。

供应链金融与诸多环节有密切的关系，除了应收账款以及商业汇票外，融资租赁与供应链金融同样密不可分。近年来我国融资租赁业发展迅猛，行业业务量不断提升。2016 年融资租赁业业务总量已经超过了 5 万亿元（见图 2）。融资租赁业的快速发展与需要大规模专业设备的企业关系密切，同样也与供应链金融的发展息息相关。

应收账款、商业汇票以及融资租赁的快速发展，带动了我国供应链金融出现了迅速发展的态势。根据前瞻产业研究院的预测，到 2020 年，我国供应链金融的市场规模可达 14.98 万亿元左右。

2. 科技创新加速供应链金融转型升级

传统供应链金融依赖于核心企业的模式已不能满足多元化发展的需求，同时也存在着信息不对称、不透明、欺诈等众多风险。而云计算、区块链、

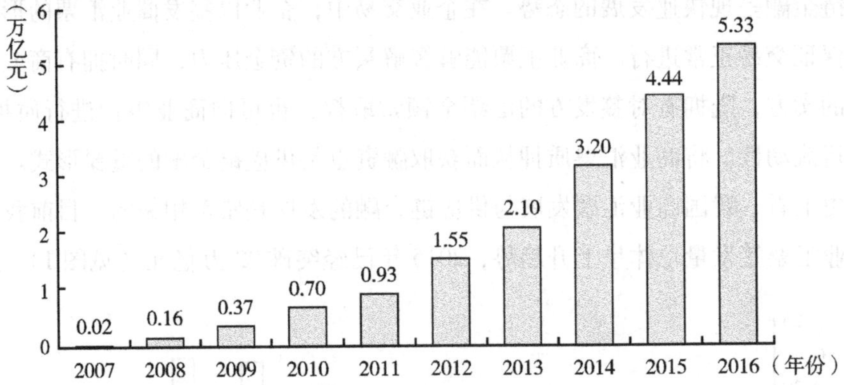

图2　2007～2016年我国融资租赁合同余额

资料来源：Wind。

大数据、人工智能、物联网等信息技术的发展推动了传统供应链金融向数字化进行转型，能够最大限度地掌握信息流、资金流、物流的全方位信息，进而运用上述信息技术将中小企业的交易信息转化为信用信息，有效缓解信息不对称的问题，更加精准地把控供应链金融各环节的风险，从而提升融资效率、降低融资成本。金融科技的介入加速了供应链金融转型升级的速度。

3. 供应链金融发展的政策红利持续释放

近年来，与供应链金融相关的支持政策陆续出台，为促进供应链金融良性发展奠定了良好的政策基础。2016年2月，中国人民银行等八部门印发《关于金融支持工业稳增长调结构增效益的若干意见》，提出要大力促进应收账款融资发展。2017年5月，多部门联合印发《小微企业应收账款融资专项行动工作方案（2017～2019年）》（银发〔2017〕104号），该方案指出应收账款是小微企业重要的流动资产，要大力发展应收账款融资，以促进企业盘活存量资产，提高小微企业融资效率，这无疑意义重大。2017年10月，国务院办公厅发布《关于积极推进供应链创新与应用的指导意见》，鼓励商业银行、供应链核心企业等建立供应链金融服务平台，为供应链上下游中小微企业提供高效便捷的融资渠道。该文件进一步明确了供应链金融发展的精确目标：到2020年，基本形成覆盖我国重点产业的智慧供应链体系，培育100家左右的全球供应链领先企业，中国成为全球供应链创新与应用的重要中心。在各类政策的鼓励之下，供应链金融市场呈现百花齐放的良好态势，众多市场主体参与到供应链金融市场的竞争之中。

（三）供应链金融发展面临的主要问题

供应链金融在高速发展的同时，也不可避免地滋生出一些风险，诸如产业管理水平低下、风控能力欠缺、授信对象的局限和欺诈事件高发等，对供应链金融的生态健康产生了许多不良影响。

1. 供应链管理水平成为制约供应链金融发展水平的瓶颈

供应链金融的基础是产业供应链，产业供应链的管理水平决定了供应链金融发展的水平和稳定性。目前，我国各领域的产业链管理大多相对低端、低效，管理水平不足以支撑强大的供应链金融需求。整个供应链的商流、物流和资金流，不能完全做到有效匹配且全程高效透明，因此，金融机构对其风险控制会有很大的担忧和疑惑，进而制约了供应链金融业务的发展。相反，如果产业链整体运作良好且稳定，有稳定高频的业务资金往来，其链条企业的运营能力和抗风险能力势必会加强，其供应链融资也就会更加顺畅。

2. 风控问题关乎供应链金融发展的命脉

供应链金融的风险是产业链风险和金融风险的双重叠加，具有很强的传染性。从产业链风险的角度来看，如果供应链上某个企业的经营状况出现问题，就可能会对供应链上的其他企业也产生一定的影响，单个企业的风险会向供应链上下游的其他企业传导，最终影响供应链金融的效果。从金融风险的角度来看，一方面，供应链上的企业所面临的金融风险是不断变化和高度复杂的；另一方面，这种金融风险是可以相互传递的。因此，供应链金融风险的复杂和多样给风控带来了巨大挑战，这也直接关系到供应链金融生存的命脉。

3. 授信对象的范围相对较小

目前由于我国征信体系尚不完善，供应链上的中小企业缺乏完备的征信信息，银行无法直接对其授信。实践中，银行往往只能对与中小企业有业务往来的核心企业进行授信。因此，无论是核心企业对上游供货商的付款义务，还是对下游经销商的担保责任，都是基于对核心企业的信用所派生出的授信。问题在于这除了需要核心企业的极力配合外，银行在供应链上延伸的授信范围也是有限的，往往只能限于与核心企业发生直接业务往来的企业，而与核心企业具有间接业务关系的供应链上的中小企业，其融资需求是得不到满足的。

4. 欺诈风险影响供应链金融发展

除企业经营风险外，供应链金融业务的风险有很大一部分来源于企业的欺诈行为，包括套汇套利、开具虚假仓单或者重复质押、自保自融等，这些欺诈行为不仅扩大了供应链金融的风险，而且对于相关产业的发展都是毁灭性的打击。比如2012年上海钢贸事件和2014年青岛港事件，便是企业通过重复质押资产、骗取银行贷款的恶性欺诈事件，在行业内和社会上都造成了极其恶劣的影响。

二 金融科技为供应链金融发展赋能

尽管我国供应链金融发展取得了长足的进步，未来的发展潜力和空间也值得期待，但供应链金融越是高速发展，固有的融资成本高、效率低下、信息不对称等瓶颈亦愈发暴露。以人工智能、大数据、区块链、物联网、云技术等为代表的新技术，在为供应链金融提供数据基础、降低融资成本、提升服务效率、完善风控体系、促进新业态和新模式创新等方面，发挥了不可替代的作用。金融科技已成为打破供应链金融发展瓶颈、促进商业模式变革的重要驱动力。

（一）金融科技能够实现供应链管理的数字化和智能化，为供应链金融发展提供了创新的原动力

目前大量信息技术应用在供应链金融之中，信息化正向供应链的上下游扩散。通过云平台的搭建，核心企业便可以通过电商渠道与上下游企业完成

一系列交易活动，整合优化了线上线下资源的同时，也优化了企业内外部的管控体系。这可以推进供应链管理的智能化和数据化，很大程度上提高企业的运行效率。通过实现供应链数据化与智能化，会使供应链金融的数据基础进一步夯实。一方面，线上的数据采集为供应链金融的良性发展奠定了良好的基础；另一方面，数据驱动的供应链金融决策模式也在逐渐建立并完善，这为供应链金融模式创新奠定了良好的基础。

（二）金融科技降低了供应链金融的交易成本

金融科技可以实现传统供应链金融的线上化，能够快速降低边际成本。具体表现在两个方面：一是“线上化”提升了金融服务的效率和标准化程度。在传统供应链金融业务中，往往存在纸质单据繁多、审批流程冗长、企业须多次往返银行网点等问题，交易成本高、效率低。而金融科技实现了供应链金融业务的线上化，能够将单据审核、账款受理、债权转让、授信审批、放款等业务流程完全“线上化”，极大地提升了供应链金融的服务效率，降低了各参与方的交易成本；二是“线上化”有效缓解了供应链金融业务流程中的信息不对称问题。在供应链金融业务中，供应商和买方之间、融资方和金融机构之间的支付和结算受限于各参与方的履约意愿，尤其是涉及多级供应商结算时，易出现挪用、恶意违约或操作风险。而金融科技的加持使融资过程中的各种合同实现数字化并且自动执行，解决了信息不对称的问题，从而有效管控了违约风险，大大提升了履约效率。

（三）金融科技拓宽了供应链金融的服务范围

相比传统供应链金融“商业银行 + 核心企业”的模式，金融科技的引入使供应链金融的市场范围不断扩大。一方面，金融科技使供应链金融的核心和主体企业的边界进一步淡化，未来数据将是供应链金融开展的最关键要素，数据方也会不再是原来的核心企业，而是会延伸到物流公司、电商平台和 ERP 厂商，等等。换言之，供应链金融不再是核心企业独大的局面。另一方面，随着移动互联网、云计算、人工智能技术的发展，供应链金融服务的范围和半径得到拓展。通过软件、平台、基础设施等云服务，跨区域的企业也能享受到高效、便捷的供应链金融服务，供应链金融服务的地域范围变得更广。

（四）金融科技助力了供应链金融风控模式的创新

在传统供应链金融服务中，金融机构通常需要核心企业为上下游企业增信，数据风控仅仅是辅助的功能，并不能有效控制风险。同时，如果供应链金融只依赖核心企业对其上下游中小企业进行信用捆绑，将大大提高因核心企业信用风险而产生的系统性风险，从而并没有从根本上突破传统信贷的瓶颈。而金融科技的应用能够有效避免基于单一主体的风控模式，实现对资金流、物流、信息流的封闭管理。例如，在供应链金融的融资环节，如果核心企业不给经销商提供信贷支持，供应链融资将面临很大的困难，核心企业不给经销商提供信贷支持的理由就是它既没有债权也没有物权，甚至没有完备的征信信息。而大数据技术能够依据对经销商多维度的经营数据的采集，对其经营状况进行一个全方位、多角度的立体刻画。此外，基于电商平台数据、在线支付数据、第三方征信、外部黑名单等建立的风控模型，更能精准把控经销商的信用风险。

（五）金融科技催生了供应链金融新业态的萌芽

金融科技催生了供应链金融新业务模式、应用、流程的出现，从而对金融市场、金融机构、金融服务的提供方式产生了很大的影响。比如在平台创新方面，企业内部开发的供应链管理平台——云筑网，第三方供应链金融服务平台——群星金融等，这些平台将互联网技术与供应链金融结合起来，搭建在线投融资和结算平台，实现对大小客户需求的全方位覆盖，既覆盖到供应链上下游各个企业，又盘活了核心企业的资金链，很大程度上缓解了中小微企业融资难的问题。此外，供应链金融业务创新也在加速发力。如中企云链联合多家央企，创造性地提出“云信”概念，将优质企业的信用转化成可流通、可分解、可融资的创新型金融服务体系。中国建设银行创新“E信通”产品，利用互联网技术在银行业首次实现优质核心企业授信的可分解性与流通性。平安银行利用物联网技术实现了质押品的溯源与追踪，增强了供应链的可视化程度，很大程度上解决了商品质押监管的难题。可以想象，未来随着更多新技术的应用，供应链金融的新业态、新模式将会层出不穷。

三　金融科技助力供应链金融创新升级——以京东金融为例

如前所述，目前供应链金融存在电商平台、软件公司、网贷平台、商业银行、传统龙头企业等不同主体主导的多种模式，但这些模式大多存在供应链自身风险难以把控、产品相对单一、尚未建立中小企业信用评级体系等问题。近年来，科技创新对破解上述难题起到一定的促进作用，然而探索一种利用金融科技提高供应链管理水平、提升供应链融资能力的新模式，是整个行业亟待解决的难题。

京东金融的全供应链金融方案，不失为金融科技在供应链金融模式创新方面的有益探索，它依靠大数据等金融科技能力和供应链综合管理能力，实时关注全供应链各节点流转中的资金缺口，综合把控生产进度监控、物流方向监控、资金支付方向监控、原材料及成品处置等关键点，从而实现对全供应链的风险评估及控制。

（一）京东金融全供应链金融方案的发展概况

京东金融全供应链金融方案，是依托区域性产业集群，基于大京东生态圈，整合供应链链条上各个合作伙伴的优势，输出包含众筹、经销、分销、物流、仓储的供应链管理和金融支持。京东金融全供应链金融方案的核心是整合供应链管理和金融科技能力，均匀缓释或对冲不同节点的风险，在最大限度控制风险的前提下注入资金润滑整条供应链，促进全供应链高效、良性地运转。在全供应链金融产品支持下，品牌商或制造企业可以在京东金融一站式满足全供应链需求，快速减轻融资压力，从而更专注于突破供应链优化管理、产品设计、市场营销难题等，快速提升市场竞争力。

截至目前，京东金融供应链金融已累计服务20万家中小微企业，帮助中小企业节省融资成本最高可达50%。京东金融的供应链金融服务能力享誉全球，是截至目前唯一荣获《经济学人》旗下欧洲金融颁发的“全球卓越司库奖”的中资企业。

（二）京东金融供应链金融的核心竞争力

传统金融产品更多以金融风控逻辑为首要出发点，对商业逻辑大多处于次要甚至忽略的位置。其结果是传统贸易金融或交易银行更多地进行点对点的交易风险把控，造成金融产品的割裂，且大量分布在供应链链条上的风险被忽视。同时由于传统金融产品很难脱离法人主体的授信逻辑，对于融资主体的信用要求较高，造成大量新兴科技企业、中小微企业融资困难。且传统互联网金融缺少长链条供应链管理能力的积累，把更多精力放在横向拓展数据宽度来实现批量客户准入，对纵向供应链的复杂情况难以处理应对。

京东金融从2013年成立至今，陆续开展了保理、小贷、融资租赁、动产融资、对公理财等业务。其中保理、动产融资、小贷业务发展平稳，在各自产品维度下分别形成了对债权、物权、信用这三个供应链要素的评估及控制能力。基于三个能力的构建，京东金融逐渐具备了供应链的拆解分析能力。此外，凭借京东金融借助京东商城在供应链管理方面的深厚积累，其拆解并嵌入全供应链得到了强大的保证。整体来看，全供应链金融方案的突出优势有以下几点。

1. 大数据模型

作为科技公司，以京东商城的B端供应链场景为依托，京东金融拥有互联网行为数据，零售商消费数据、物流数据，供应商数据及独有的风控体系的信用数据。基于精深的数据积累，京东金融可获知基于采购订单的实际销货风险，也可获知实际物料加工品的流动性风险，可整合物流、仓储等环节降低货物流转风险，可整合全链条数据输出各节点标准对价并有效控制某节点下的物权或债权。

2. 货物处置能力

全供应链金融方案与 ODM（原始设计商）/OEM（原始设备制造商）合作，做到对物料进行浮动抵押，并基于此提供金融服务，以确保资金用途的真实性。同时，全供应链金融方案对物料进行监管，对供应链管理及生产制造把控，确保物料生产为成品。物料和货物的处置方面，全供应链金融方案与多渠道合作，提供多样化的物料和货物的处置方案，将潜在损失和风险降至最低，以形成风险闭环。

3. 物流仓储整合能力

与供应链管理公司和物流公司合作，提供通报关、订仓订车、理货验货等一系列服务，同时打通数据，以物联网的方式进行实时追踪和监控，以可视化的形式实现对物流和仓储各个环节的把控。同时，在对在途货物严格监控的基础之上，以动产质押的形式，提供动产融资服务，通过大数据让流转中的商品成为标准金融质押品。

4. 风险把控能力

在采购订单阶段即支付融资对价，从源头开始填补资金缺口。同时，京东金融与物料管理方展开深入合作，针对该笔预采购单上货品所需的组装物料，物料管理方从中选择高价值、高流动性的原产品向供应链金融做浮动抵押，帮助供应链金融把控货品生产阶段的风险敞口。即便发生意外，供应链金融拥有第一优先权变现浮动抵押资产对冲风险。物料组装成成品后，即可由京东物流送往京东自建或合作的仓库等待销售发货。此时，供货卖方可选择引入动产融资产品再次获得一部分对价资金，结算与物料管理及物料组装产生的费用，并为产品推广及销售做准备。在这一阶段，京东供应链金融以其强大的产品把控力，比照物权与债权的切换空间，融合保理及动产融资两款金融产品，完美解决这一供应链承上启下环节的资金缺口及风险把控。

成品经供货方确认后京东平台即可按期完成销售，结算销售款即可最终结清供货方与供应链金融产生的融资款。至此，京东金融完成全供应链布局风险抓手，将从采购订单到应收结算积累的风险均匀缓释至全供应链环节。

（三）京东金融为企业提供全供应链金融解决方案的典型案例

基于京东供应链金融对于整条供应链的深刻理解与有效把控，整合供应链的信息流、物流、资金流，能够向企业提供高度自动化和可定制化的一站式综合供应链金融解决方案。

某国内自主品牌手机厂商，在2016年左右一直面临着供应链管理的棘手问题和资金的困境，其供应链环节涉及从最上游的采购，中间的生产，到下游的销售。绝大部分的金融机构并不会完全参与到这些环节，不完全了解供应链状况，导致金融机构无法客观评估供应链上某个公司的信贷风险，其金融产品很难匹配实际的供应链金融需求。在当时来看，其不论是体量还是资产，尚无法达到与传统巨头一样的评分标准，成为银行眼中的“优质信贷客户”，因此便无法轻易地从银行拿到同等的条件。同时，由于手机供应链冗长复杂，企业需要在不同阶段分别寻求融资。而在传统金融机构的组织架构中，流动资金贷款、订单融资、商业保理等分别由不同的部门进行管理，包括产品设计、风险审批等，这容易割裂金融服务链条，很容易发生资金与供应链生产需求的错配或缺口，导致企业不能如期完成产品。

在与该国内自主品牌手机厂商的合作中，京东金融对其供应链进行拆解分析后，为供应链各个环节匹配最适合的金融产品，整合了旗下京保贝、动产融资、订单融资等金融产品，为其提供了完整的供应链金融解决方案。同时，在物料采购、产品生产到成品入仓过程中，充分利用京东自身生态优势并辅以支付监管、物流监控、质物评估技术等，使该自主手机品牌的全供应链金融解决方案快速落地。

在该国内自主品牌手机厂商面临资金困境的情况下，京东供应链金融敢于为其提供供应链金融服务的底气，来自其通过数据看懂并把控整条供应链风险的能力。京东供应链金融可以通过数据将企业供应链的状况可视化，包括采购贸易环节，即时的生产状况，货物的销售路径，评估其风险特征以及供应链的各个节点状况。然后，通过大数据分析建模，量化、控制各个节点上的信贷风险。与此同时，凭借京东强大的供应链能力，为品牌手机厂商匹配每个供应链节点上的合作企业，进一步降低了其供应链的成本且提升了效率。至今该企业运行良好，产品市场占比逐年攀升，京东金融已累计为其提供超过几十亿元资金，并未产生任何不良资产，实现了融资服务方和企业双赢的局面。

四　总结和展望

供应链金融兼具产业和金融的双重属性，是实践金融服务实体经济的最好场景之一。在金融科技加持的背景下，一方面要审慎对待金融科技在供应链金融发展中的作用；另一方面，需要准确把握供应链金融的发展趋势和前景。

（一）发展趋势

1. 数字化

数字化是供应链金融未来发展的必经之路，供应链金融服务企业的数字化能力将是其核心竞争力，这种能力主要体现在两个方面：一方面，数字化能够帮助企业自身优化生产、经营和管理流程，降低管理成本、提升管理效率；另一方面，运用大数据、云计算等技术能够将供应链的物流、信息流和资金流信息，转化为对企业进行授信的信用信息，进而更加准确地控制供应链金融的风险，提高融资效率，保障资金安全。因此，数字化能力可以概括为产业链的管理能力和服务产业链融资的能力。

2. 普惠化

传统供应链金融因多依赖于核心企业为其上下游企业提供融资服务，也呈现“强者愈强”的倾向，即供应链金融扶持中小企业壮大的普惠性受到牵制。然而，随着移动互联、云计算、大数据、人工智能等技术的持续引入，能够突破以往的授信逻辑，使供应链金融的服务范围和边界进一步延伸，扩大到全供应链条，进而帮助整个产业降成本、提效率，从而实现真正意义上的“普惠金融”，保障中小企业的权益。

3. 标准化

供应链金融的标准化主要是一系列流程的标准化，涉及获客、信息交换、风险控制和风险监测等环节。一是利用大数据分析客户融资需求，核算客户授信额度，并利用互联网实现融资额度的主动推送和批量营销，将获客业务标准化。二是依靠互联网技术实现电子化的远程信息交互，实现贸易背景信息的在线验证。三是利用数学模型测算替代人工的主观判断，既能提高审批效率，又能避免主观审核标准不一而产生相应的风险。四是利用数学模型实时监控贷款用途、企业经营状况、质押品状态等，使标准化数据采集替代现场检查，提升检查效果。

（二）发展建议

1. 加强对供应链金融发展的政策和法律支持

供应链金融发展规模的不断扩大，尤其是金融科技的加持，使许多法律和政策问题“走到台前”。比如目前应收账款融资的主要法律依据是《合同法》和《物权法》，权利人因提供一定的货物、服务或设施而获得的要求义务人付款的权利，包括现有的或未来的金钱债权及其产生的收益，但不包括因票据或其他有价证券而产生的付款请求权。未明确规定将登记作为应收账款出售的权利人获得优先受偿权的必要条件。在应收账款转让的贸易背景下，银票、商票等票据作为一种结算方式在金融机构间流转，不利于商业保理公司资金回款闭环的控制。又比如，区块链技术在供应链金融运用中的智能合约的法律问题等，这些都需要有关部门加强政策和法律的前瞻性研究，完善供应链金融发展的政策环境。

2. 加强对金融科技的投入，推动建立供应链金融行业的技术标准

目前云计算、物联网、大数据、人工智能、区块链等技术应用不断深入，但缺乏统一的行业技术标准，使得企业间的技术对接成本、交易成本大大增加，进而影响了这些技术的大规模落地应用。因此，建议未来组建供应链金融科技创新联盟，推动行业内技术标准和规范的统一，为供应链金融的良性发展打下坚实的技术基础。

3. 加强征信体系的建设和完善

供应链金融的发展离不开对供应链上中小企业的信用评价，这是影响对中小企业进行融资帮扶的重要因素。然而，小微企业的民间借贷行为一直缺乏统一的登记管理制度，其在央行征信系统的征信记录非常少，获取小微企业有价值的征信信息是十分困难的，以致中小微企业融资难、融资贵的问题难以解决。由于小微企业的信用状况更多体现于企业主个人的信用状态，因此，建议央行征信系统的企业征信数据库和个人征信数据库打通，形成小微企业和企业主联合征信管理体系。

参考文献

[1] 崔勇：《供应链金融业务发展创新》，《中国金融》2018 年第 6 期。
[2] 侯志铭、任雪迪：《互联网金融视域下供应链金融模式发展与思考》，《金融经济》2018 年第 4 期。
[3] 平安证券：《科技创新赢未来》，2018。
[4] 宋华、陈思洁：《供应链金融的演进与互联网供应链金融：一个理论框架》，《中国人民大学学报》2016 年第 5 期。
[5] 史金召、郭菊娥：《互联网视角下的供应链金融模式发展与国内实践研究》，《西安交通大学学报》（社会科学版）2015 年第 4 期。
[6] 谢平、邹传伟：《Fintech：解码金融与科技的融合》，中国金融出版社，2017。
[7] 中泰证券：《供应链金融行业深度报告：持续创新下，步入快速发展通道》，2018。
[8] 周徽、黄韬：《科技驱动供应链金融创新》，《新理财》2018 年 Z1 期。

B.8
FinTech如何助力金融企业解决流量与场景痛点

中科金财研究院

摘　要： 近三年来国内金融行业对GDP的贡献率基本保持在8%左右，但是传统金融行业却面临着高增长难以为继、结构问题也日益突出等问题。后互联网时代背景下场景和流量成为影响金融企业持续发展的重要因素，然而场景与流量恰恰也是许多金融企业面临的痛点。区块链、大数据、云计算等FinTech技术的逐渐成熟为解决这些痛点提供了可能。FinTech助力金融功能企业突破流量及场景痛点的模式有两种，即内部创新和外部获取；只有当传统金融企业存在FinTech基因（金融科技人才或团队），能够突破文化、认知、体制等因素的限制，并且有能力负担在内部布局金融科技的资金成本及时间成本时，传统金融企业才可以采用内部创新的模式来获得FinTech以解决流量及场景痛点。

关键词： FinTech　流量　内部创新　外部获取

一　国内金融行业生存现状与发展趋势

（一）国内金融行业企业分类

根据中国人民银行发布的《金融机构编码规范》，国内的金融企业可以分为存款类和非存款类两大类，存款类金融企业又可以分为银行、信用社、财务公司等；非存款类金融企业包含信托、金融资产管理公司等银行业非存款类企业，证券类、保险类、交易及结算类、金融控股类企业等。其中银行、证券、保险是金融行业的主要子行业（见图1）。

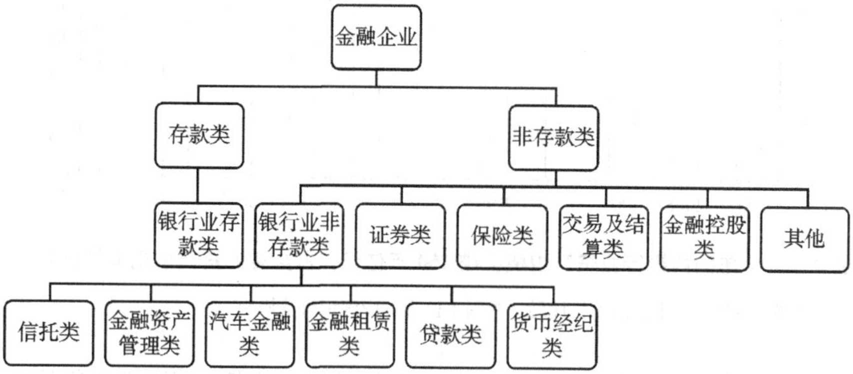

图1　国内金融企业分类

资料来源：中国人民银行。

（二）生存现状：银行业资产规模、净利润增长乏力；保险业保费收入增长放缓；证券业波动性强，盈利能力下滑

1. 银行业：资产规模占比逾八成，息差收窄，整体增长乏力，零售银行是亮点

2007～2017年，金融业总资产规模呈增长趋势，银行子行业的资产规模自2008年以来持续扩张。近十年间，银行业年均复合增长率为16.9%，截至2017年末，银行业金融机构资产规模增长至252.40万亿元，占金融行业总量的比重逼近87%。增速方面，银行业资产规模增速在2017年已经下滑至8.7%，此为近十年来银行业资产规模增速首次降至个位数（见图2）。

2010年以来，商业银行净息差呈现收窄趋势，2017年第四季度商业银行净息差收窄至2.1个百分点，其中大型商业银行、股份制银行、城商行以

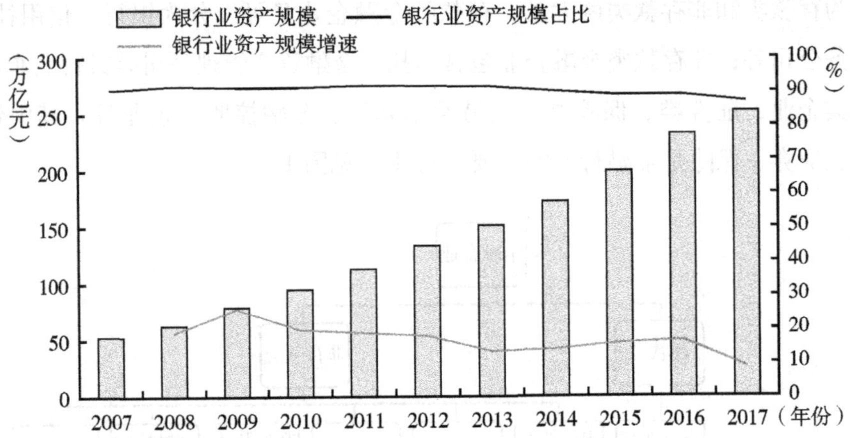

图 2　2017 年国内银行业资产规模突破 250 万亿元，占金融业资产总规模的近 87%

资料来源：WIND 资讯、国家统计局、中国银监会、中国银行业协会。

及外资银行的净息差均低于平均水平；民营银行凭借资产端更高的贷款收息率表现亮眼，其净息差达到 4.52 个百分点（见图 3）。

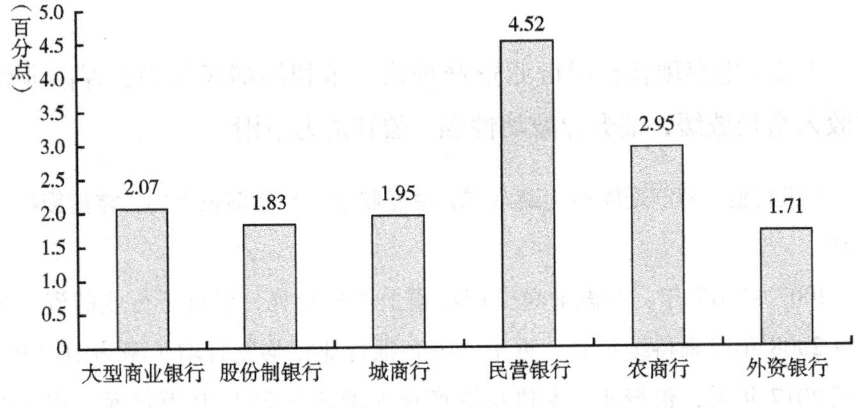

图 3　2017 年民营银行净息差达到 4.52 个百分点，远高于其他类型银行

资料来源：中国银监会、WIND 资讯。

与此同时，银行业不良贷款率呈上升趋势。截至 2017 年末，商业银行不良贷款余额为 1.71 万亿元，不良贷款率为 1.74%，关注类贷款余额 3.41 万亿元，关注类贷款率为 3.49%；2013 年第一季度以来国有大行、股份制银行、城商行、农商行、外资行的不良贷款率纷纷上升，至2017年第四季度国内城市商业银行的不良贷款率已经突破3%。

不良率的上升不仅增加了银行的经营风险，对银行的利润也产生了一定的影响。在净息差收窄、不良率上升等诸多因素的影响下，银行业整体处于增长乏力的状态。就净利润而言，2016年银行业金融机构实现2.07万亿元，同比增长约5%；2017年商业银行实现净利润1.75万亿元，同比增长6%（见图4）；截至2017年商业银行净利润增速已经连续四年低于10%。银行业增长乏力的状态愈发明显。

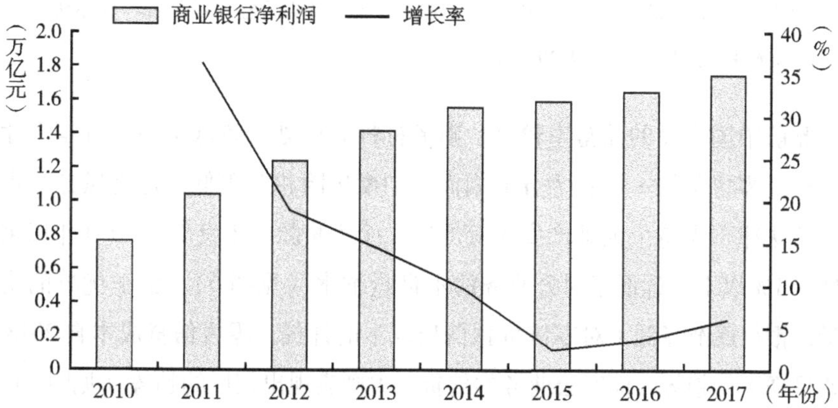

图4　商业银行净利润增速已经连续四年低于10%

资料来源：中国银监会、WIND资讯。

值得注意的是，虽然银行业整体表现不尽如人意，但零售银行表现抢眼。零售银行业务主要是个人贷款，包括住房按揭、车贷、信用卡、个人经营贷款等类别。中金公司研究认为："贷存比提高、贷款质量优异且结构改善、非息收入稳定增长、成本收入比大幅改善是零售银行过去几年快速发展的主要因素。"

数据显示：2009～2017年，零售银行业务贷存比由29.6%上升至63.1%，而对公业务贷存比则呈现下滑趋势，8年间对公贷存比下降逾18个百分点（见图5）。

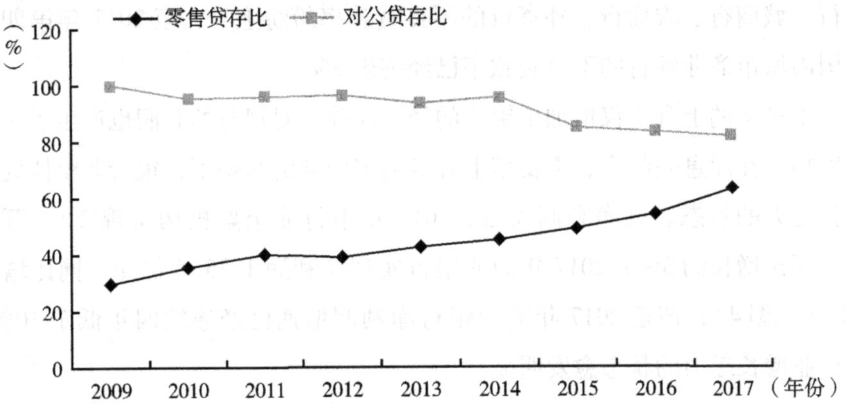

图5　2009～2017 年零售银行业务贷存比上升势头明显，对公贷存比下降

资料来源：中金公司、WIND 资讯。

此前中国居民的储蓄率较高，财务杠杆总体处于较低水平，近年来才逐渐增长，零售贷款一般较为分散因而集中度风险相对更低，加之风控技术进步以及法律不支持个人破产安排等原因，个人贷款的不良率自 2009 年以来长期处于 1% 以下，远低于对公业务的不良贷款率（见图 6）。由于优异的贷款质量，银行逐渐降低了对零售贷款信贷成本的计提，零售信贷成本自 2013 年开始呈现下行趋势，而对公业务的信贷成本则表现出相反的趋势（见图 7）。

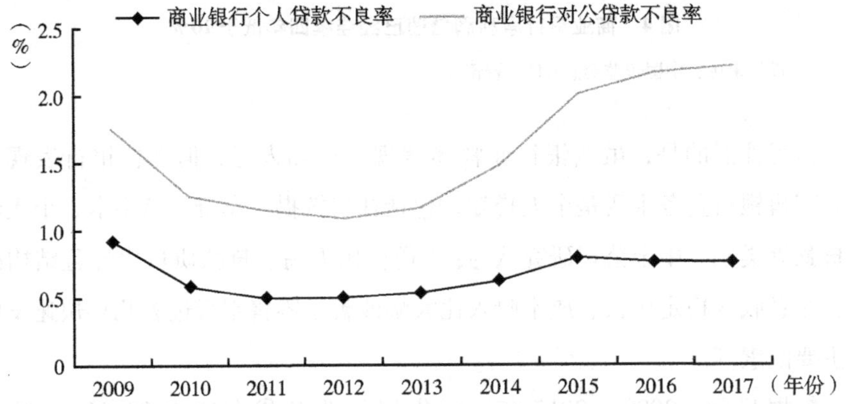

图6　2009 年以来个人贷款不良率持续低于 1%

资料来源：中金公司、WIND 资讯。

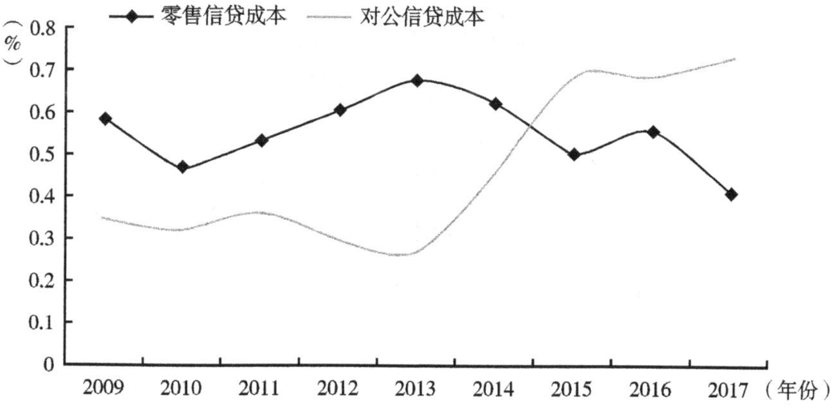

图 7　零售业务信贷成本自 2013 年以来呈现下降趋势

资料来源：中金公司、WIND 资讯。

2. 保险业：保险销售环节监管持续发力，保费收入增长放缓，将回归保障本质

2017 年国内保险行业资产规模继续扩张，截至 2017 年末保险业资产总规模增长至 16.75 万亿元，同比增长 8.9%，增速较前三年大幅度下滑（见图 8）。其中，寿险规模达 13.21 万亿元，占保险业总资产规模的 78.9%，产险规模其次，占比约 14.9%（见图 9）。

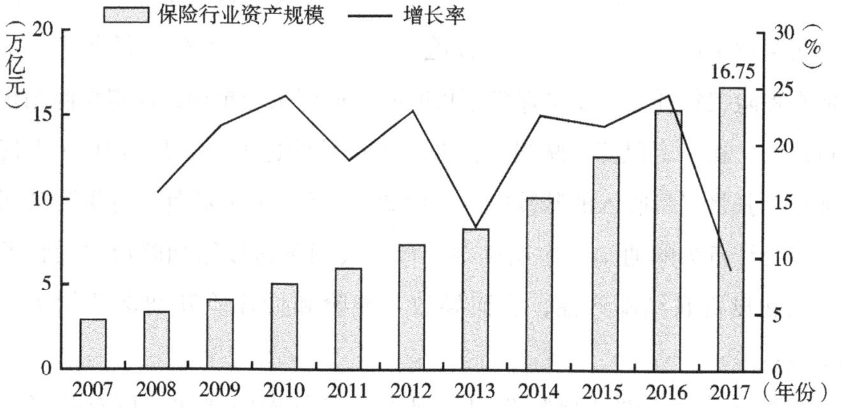

图 8　截至 2017 年末保险行业资产总规模增长至 16.75 万亿元

资料来源：中国保监会、WIND 资讯。

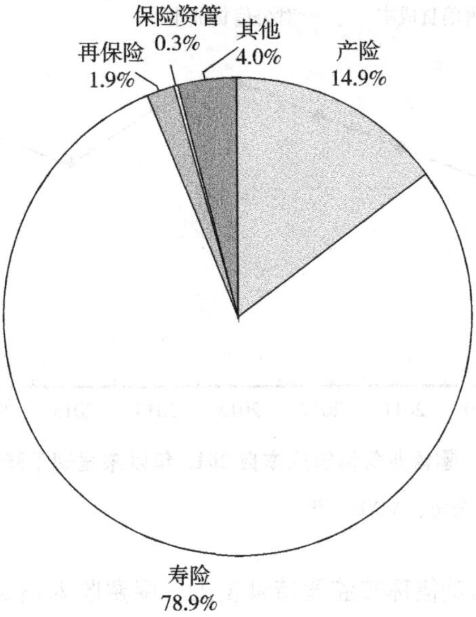

图9　截至2017年末，寿险资产规模占比接近八成

资料来源：中国保监会、WIND资讯。

2017年保险业保费收入约3.36万亿元，同比增长约18%，增速较2016年下滑近10个百分点（见图10）。保险业保费收入增速放缓的原因主要有两个：一是2017年监管持续发力，《中国保监会关于进一步加强人身保险公司销售管理工作的通知》以及《保险销售行为可回溯管理暂行办法》将重点放在保险销售环节，要求保险销售时必须进行录音录像，使得保险销售行为可回溯，在一定程度上减缓了保费收入增长的速度；二是2016年万能险的无序扩张将保费收入的基数推高，而2017年《关于规范人身保险公司产品开发设计行为的通知》中明确规定保险公司不得以附加险形式设计万能险产品和投资联结险产品，进而导致万能险和投连险新增保费均下滑了50%左右。

近年来，国内部分保险公司假保险之名行投资之实，更有甚者利用保险资金在资本市场举牌上市公司，此举在社会上掀起了对“保险的主要功能是保障还是投资”的争论。“从保险的起源以及发展历程来看，经

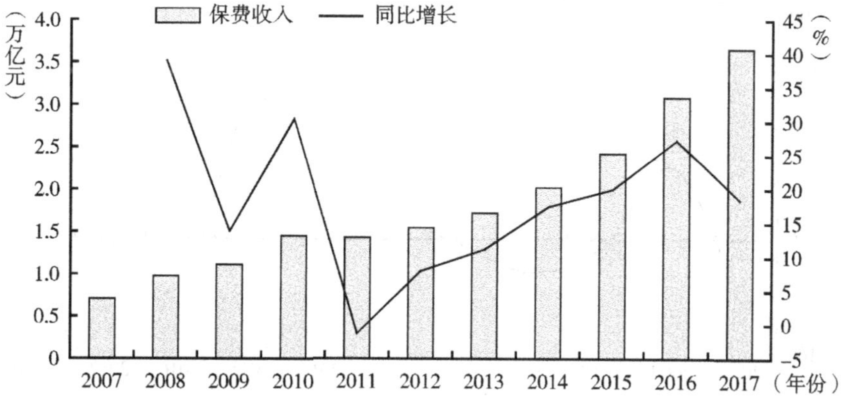

图10　2017年保险业保费收入约3.36万亿元，同比增长约18%

资料来源：国家统计局、WIND资讯。

济补偿功能始终是保险的最基本、最核心的功能，最能体现保险价值的是风险管理和经济补偿，因此‘保险姓保’才是保险的本质。”① 未来，保险业的发展将继续回归到保障的本质，“保险姓保”也将逐渐落实至营销端。

3. 证券业：牌照业务总量稳定，盈利能力有所下滑

2017年，国内证券行业实现3113.3亿元营业收入和1130.0亿元净利润；相较于银行业与保险业，证券业营业收入和净利润的波动性更为剧烈，且近两年来持续表现为负增长态势（见图11）。

收入结构方面，2012～2017年证券业结构持续调整，近5年间经纪业务收入占比几乎减半，由48%下降至26%；投资业务收入占比于2017年提高至第一位，成为证券公司第一大收入来源，收入占比约28%（见图12）。

2017年证券业经营杠杆约为2.75倍，较2016年略有回升，但是行业净资产收益率却下滑了1.5个百分点左右，ROE约为6.5%，盈利能力有所下滑。

① 岑敏华、罗向明、张伟：《“保险姓保”：理论溯源与价值回归》，《南方金融》2017年第5期，第45～50页。

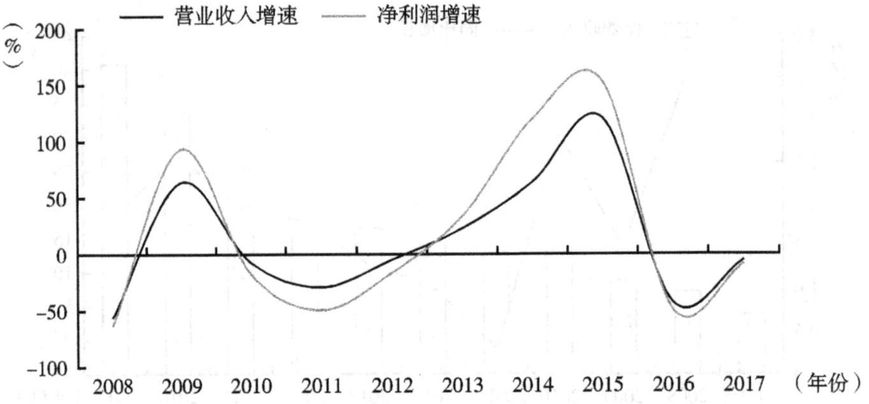

图 11　证券业营业收入、净利润波动性强，近两年呈负增长状态

资料来源：中国证券业协会、WIND 资讯。

经纪业务、投行业务和资管业务是券商的三大牌照业务，2017 年牌照业务总量处于相对稳定的状态，未来牌照业务的竞争将围绕销售渠道和客户结构等方面展开；经纪业务方面佣金费率下移，未来的发展重点在于机构客户的开发与储备。

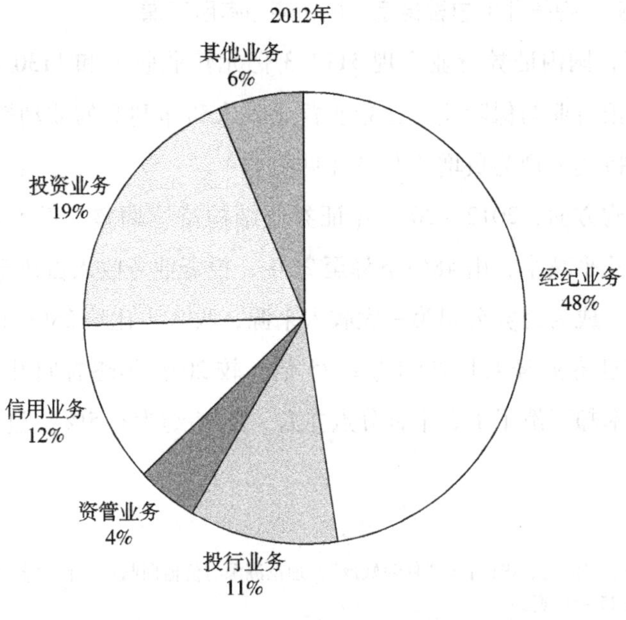

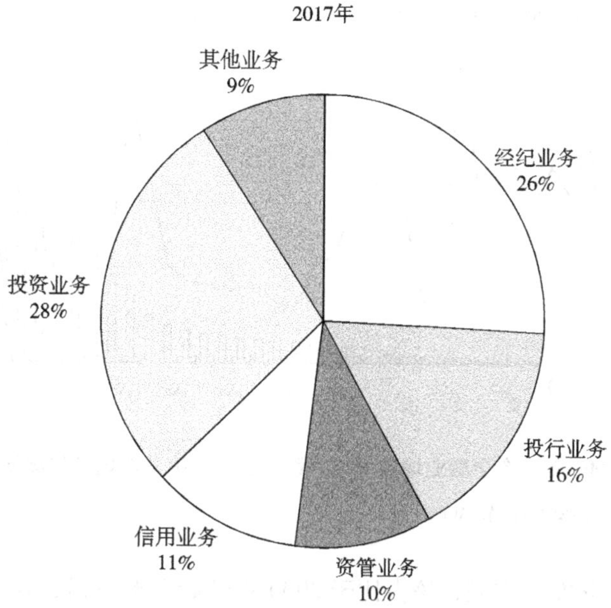

图 12　证券业收入结构持续调整，2017 年投资业务收入占比跃至首位，约占 28%

资料来源：中国证券业协会、WIND 资讯。

（三）金融业发展面临的问题：高增长难以为继，结构性问题日益突出，过度金融化苗头显现

我们认为金融业高速增长的时代已经逐渐过去。自 2008 年以来金融业增加值增速逐步回落，2016 年、2017 年连续两年以低于 10% 的增速增长（见图 13）。2017 年金融服务业增加值为 6.6 万亿元，同比增长 7.6%，金融业高速增长的局面难以持续。就各个子行业而言，如前文所分析，银行业不良贷款率上升、净息差逐步收窄，增长乏力；保险业监管持续发力，保费收入增速放缓，保险业经营正加速向保障本质回归；而证券业营业收入与净利润波动性强，2016 年、2017 年连续两年呈负增长态势，盈利能力也处于下滑通道。

就金融业增加值所占比重这一指标而言，1990 ~ 1999 年金融业增加值

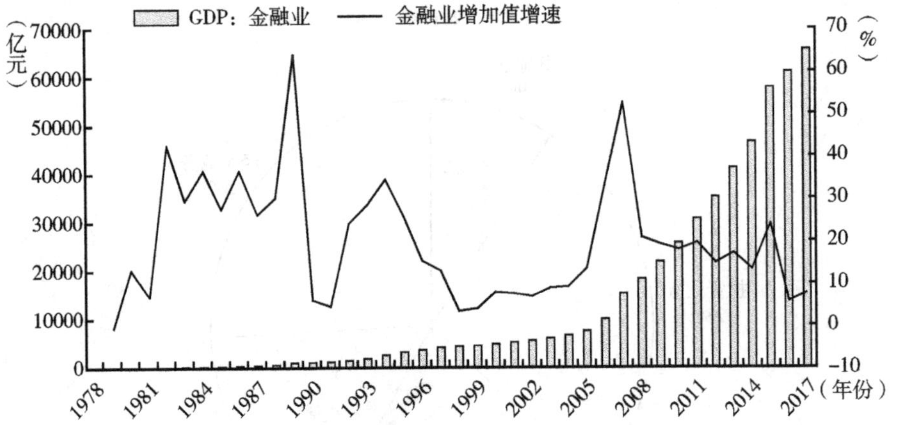

图13　2008年至今金融业增加值增速逐步放缓，近两年增速持续低于10%

资料来源：国家统计局、WIND资讯。

占比基本在5%左右徘徊，该占比于2000年开始逐渐下滑，在2005年下降至4%左右，随后不断提高，到2015年金融业增加值占比高达8.4%，并一度领先于美国、日本、英国等发达国家，2017年金融业增加值占比为7.95%，较2016年略有下滑（见图14）。

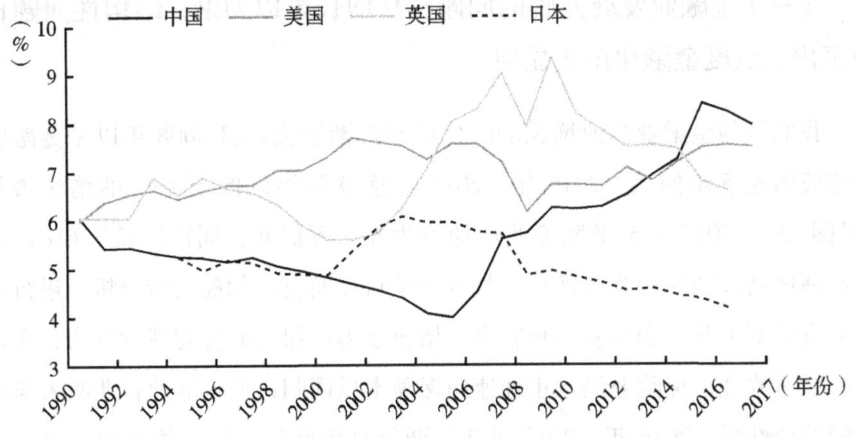

图14　2015年开始中国金融业增加值占比超过美英日等发达国家

资料来源：国家统计局、美国经济分析局、英国统计局、日本内阁府、WIND资讯。

央行曾在《金融业发展和改革“十二五”规划》中提出“十二五”期间金融服务业增加值占 GDP 的比重保持在 5% 左右，但实际上“十二五”期间该比重平均约为 7.1%，超过预设目标约 41%。金融业增加值占比超过美英日等发达国家以及国家的预定目标，在一定程度上体现出过度金融化的苗头；过度金融化会加速风险的积累，也会推高监管成本导致资源错配等问题，不利于金融业的健康发展。

与此同时，国内金融业的结构失衡问题也日益凸显。首先，“国内金融资源分布不平衡，传统金融业的资产及贷款主要集中在东部地区，其股票融资比例也超过全国一半”①；其次，传统金融体系中贷款投向主要为大中型企业，对于小微企业的支持不足；最后，对于 C 端客户而言，传统金融较多服务于 20% 的高净值客户，较少能够满足占约 80% 比例的长尾客户的需求。

（四）金融业发展趋势：聚焦长尾细分客户，向技术化、数据化、场景化发展

由于承受了高昂的运营成本，传统金融天然地选择将核心资源用于高净值客户的拓展和维护上，传统金融服务于 20% 的用户获取 80% 的市场蛋糕，市场相对分散，传统金融企业在成熟市场中激烈竞争。传统金融企业对 80% 的长尾客户的忽略，给新兴的互联网金融企业及现在通常所说的金融科技企业提供了发展机会，互联网金融企业聚焦长尾细分客户，信心满满地发展普惠金融。自 2013 年以来，互联网金融在中国遍地开花发展迅速，许多传统金融企业感受到来自新型金融业态的压力，加之传统金融部门增长乏力，金融企业逐渐寻求互联网化转型，还有些企业已经开始了金融科技的布局，希望借助技术化手段抓住 80% 的长尾客户。

互联网金融被广泛认为是金融科技的一个发展阶段，互联网金融对于传

① 赵浩淼：《“新方位”背景下传统金融业转型策略探析》，《全国商情》2016 年第 33 期，第 74～75 页。

统金融变革的核心在于营销渠道拓展、去中心化、供需配置优化等；未来金融业则逐渐向数据化、技术化和场景化发展。

金融行业是具有极强数据导向性的行业，数据的积累在精准获客、精准营销、风险控制、风险定价、量化投资等方面具有重要作用，传统手段积累、处理和运用大量数据的能力有限，而大数据和云计算等技术的发展对原有的结构化数据体系将造成巨大冲击。大数据的数量、数据种类以及分析速度正在不断积累，有望引导国内金融行业向数据化发展。

FinTech 领域的新兴技术如大数据、云计算、人工智能、区块链等与金融的深度融合将作用于用户获取、风险定价、交易决策、风险控制等诸多领域，技术化会逐渐渗透至金融体系的内核。

场景化是金融服务与实体经济结合的必然需求。实体经济是金融的根基，金融是实体经济的血脉，为实体经济服务是金融的天职。党的十八大以来，党中央多次强调要增强金融服务于实体经济的能力，而场景化金融为金融服务于实体经济提供了更多可能。

二　流量与场景是金融企业谋发展亟待解决的痛点

（一）流量、场景成为金融企业制胜的关键

在互联网时代的早期，“流量争霸、赢者通吃”的生态法则充斥着整个市场，许多企业通过大肆“烧钱”这一简单粗暴的方式获得大量的流量，跑马圈地之后 BAT 分别成为网络搜索、电商领域和社交领域的胜利者，几乎所有的流量被三大巨头所垄断。而进入后互联网时代之后，依赖烧钱获得流量的做法已经难以奏效，流量即商业模式的想法并不能带来高黏性、长发展的局面。

近三年来，场景金融在金融业成为一个流行词语，场景金融通俗来讲就是将金融需求融入日常生活的场景中去，以场景为核心为用户提供金融服务。相较于传统金融服务，场景金融实现了从独立金融服务到嵌入式金融服

务的转变，将金融与生活高度融合，并由提供单一的金融产品演变成提供金融综合解决方案。场景金融的这些特点使得企业能够以低成本迅速地拓展渠道和入口，且拥有更高的用户忠诚度和用户黏性，也有利于精准营销和按需定制。

流量本身并不能作为商业模式，必须与产品、价值等因素结合，但是身处互联网大背景下无论是新型金融还是传统金融的发展都离不开流量；为实体经济服务是金融的天职，而场景化则为金融服务于实体经济提供了更多的可能。后互联网时代，如何获得高质量的有效流量，如何通过场景吸引更多用户的驻足进而提高转化的可能性才是金融企业的制胜关键。

（二）金融业发展遇瓶颈，流量与场景是痛点

正如前文所述，目前国内金融行业正面临高增长难以持续、结构性问题日益凸显、过度金融化现端倪等问题，这是阻挡金融行业高质量持续发展的瓶颈。金融企业要解决这些问题，一言以蔽之，既需要落实普惠金融，又要提高金融服务的质量；隐藏在其背后的则是流量与场景的痛点。

互联网与移动互联网技术日趋成熟，以大数据、云计算、区块链、人工智能为代表的新兴技术掀起热潮，金融服务将从主要依托线下服务逐步向线上线下并驾齐驱的模式转变；线上业务无法独立于流量开展，而在互联网时代，流量即用户。传统的金融机构过去较多依靠线下网点提供服务，近几年才逐渐以互联网为渠道开展业务，许多业务的互联网化程度并不高，获得流量对于这些传统的金融机构而言是一大痛点。

对于传统的金融行业也并无“场景”之说，随着互联网的逐渐成熟以及互联网金融爆发之后，场景金融的概念才渐渐进入人们的视线。场景金融将金融服务嵌入已有的场景服务中以促进经济活动快速高效完成，例如：将保险嵌入旅游场景中，将贷款嵌入网购活动中，等等。场景金融通俗来讲就是“当你的日常生活中需要金融时，它恰好就在那里”。但是与流量一样，场景也是传统金融机构谋发展的一个痛点。

三　FinTech 可助力金融企业解决流量与场景痛点

（一）FinTech 解决流量和场景痛点的两大路径

FinTech 解决金融企业流量和场景痛点主要有两条路径：其一，通过大数据、云计算、人工智能等技术的应用吸引新的用户、提升存量用户的活跃度以提高流量，并通过精准营销等手段影响和促进用户交易行为，从而提升流量的质量以及有效流量①的形成；其二，通过搭建与用户日常生活、工作等具有高度相关性的场景吸引用户带来流量，增加用户的停留时间影响用户行为，提高转化可能以及用户黏性从而提升有效流量（见图 15）。

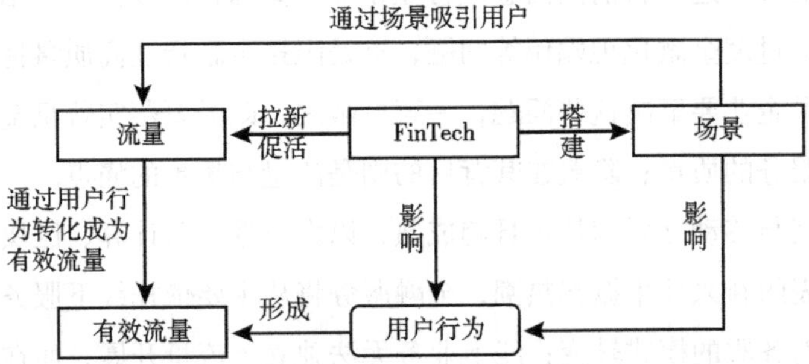

图 15　FinTech 解决金融企业流量与场景痛点的路径

（二）FinTech 助力金融企业搭建场景

1. FinTech 搭建场景大有可为

区块链技术提供安全的、可追溯的、高效的交易记录方式，在搭建场景方面大有可为。区块链的系统架构由基础层、核心层以及开放 API 三大块构成，其中基础层包含数据基础服务、数据保管、外部系统适配等，核心层提

① 有效流量：产生了交易行为的用户带来的流量。

供同态加密、分片存储、密钥管理、跨链传输等，开放 API 则包括账户 API、产品信息 API、交易信息 API 以及资金信息 API 等；在系统架构的基础上构建区块链服务平台，结合不同业务类型创造不同的场景，利用平台将金融机构与 B 端客户、C 端客户进行连接（见图 16）。

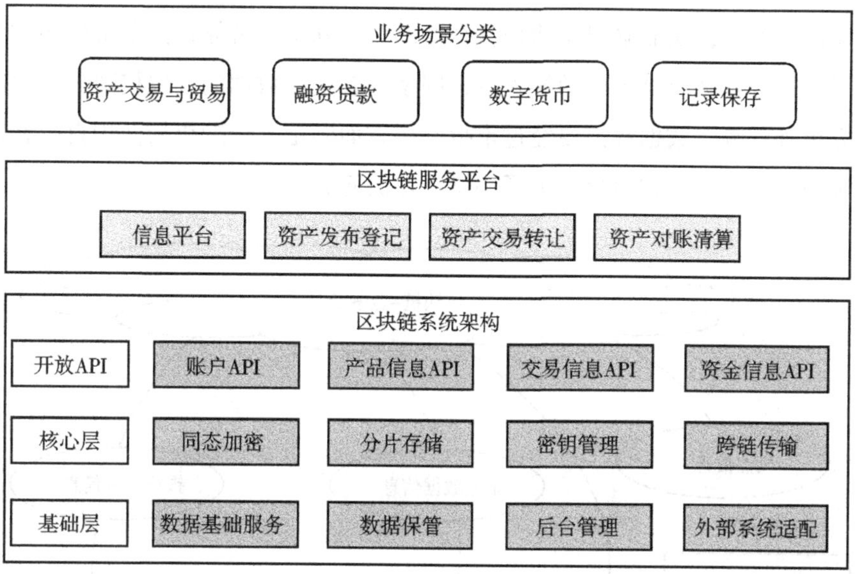

图 16　区块链主要用于四大类业务场景搭建

资料来源：根据公开资料整理。

目前区块链在信息平台、资产发布登记、资产交易转让以及资产对账清算等领域已经落地，区块链结合大数据、云计算等技术已经实现了资产交易与贸易、融资贷款、数字货币、记录保存四大场景的搭建。以平安集团为例，目前集团利用金融科技可搭建的细分场景包含众筹、P2P、供应链金融、同业资产交易、抵押贷款、跨境支付、保险出险、互联网征信等多种类别。

2. 区块链 + 金融云，打造小微企业贷款场景

区块链和金融云技术可用于搭建小微企业贷款场景。该场景中涉及三类

主体，即小微企业端、平台端及银行端。在整个流程中，区块链平台为小微企业金融服务云平台提供底层数据加密和共享服务，企业利用区块链平台可将企业数据直接加密上传到区块链中（见图 17）。由于区块链的信任机制是基于非对称密码原理，属于纯数学的加密方法，区块中包含创始块开始的所有交易数据，形成的交易记录无法被篡改，交易记录也无法虚构，所有数据都能追本溯源，从而确保申请贷款企业的数据真实、可靠；而金融机构作为小微企业贷款区块链平台的接入点，则掌握着企业数据的读取权限，任何第三方想查看解密数据都需要经过审批，一方面满足了金融机构保护自己客户资源的需求，另一方面也保护了小微企业的隐私。

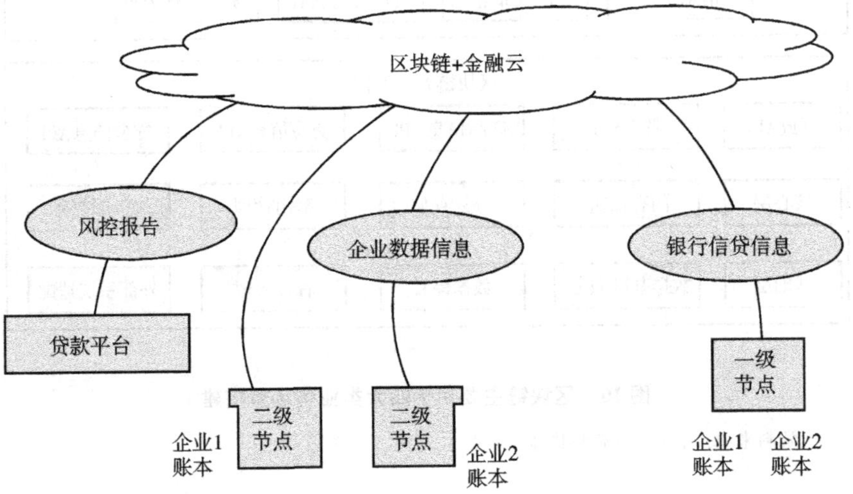

图 17　小微企业金融服务云平台运作流程

资料来源：根据公开信息整理。

在传统的融资业务中，小微企业由于财务报表不完备、抵押品质押品不足、抗风险能力弱、履约还款能力差等原因经常遭受银行的“惜贷”，小微企业融资难问题的根源还在于信息的不对称。依靠区块链和金融云打造的小微企业贷款场景，可采集企业的加密 ERP、财务、税收等数据，为银行解决了对小微企业的贷前调查、贷中审查以及贷后管理等造成的不经济问题，提升了银行对小微企业的贷款意愿以及贷款工作效率，在一定程度上解决了小微企业融资难的困境，该场景强化了银行贷款业务获得 B 端用户的能力。

3. 金融科技技术搭建汽车供应链金融场景

利用区块链、大数据、云计算等技术搭建汽车供应链金融场景，在客户购车阶段，可实现贷款业务、保险业务的切入，后续又可提供维修保养、二手车估值出售等业务；而在 B 端则以线上竞拍平台为纽带聚合汽车商户，为其提供汽车金融服务。

通过做大 B 端服务板块，汽车供应链平台能够形成规模经济，通过做多 C 端业务用户有助于形成粉丝经济，与此同时，金融企业通过自身在保险、汽车贷款、汽车金融等领域的优势，也能够满足产业链两端产生的配套金融需求（见图 18）。

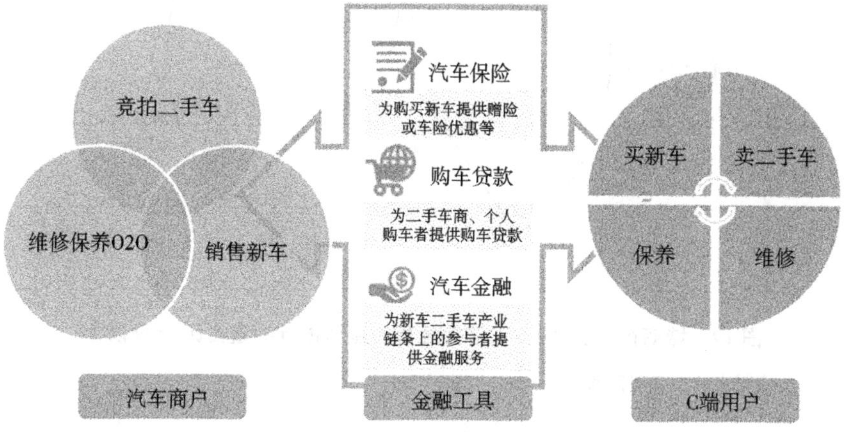

图 18　汽车供应链金融运作示意

资料来源：根据公开资料整理。

（三）FinTech 助力金融企业解决流量痛点

1. 直销银行：金融科技加持下传统银行转型的抓手

广义的金融科技既包含技术也包含商业模式，直销银行是传统商业银行参与金融科技的重要体现，也是银行业突破增长瓶颈向互联网化、大零售转型的抓手，在其运转过程中也借助大数据、云计算、区块链等技术提升服务质量。

区域性银行往往受到地域限制，线下展业能力有限，直销银行为其提供了线上展业获得异地用户的手段。截至2017年9月，全国范围内的直销银行数量上升至113家，其中由城商行运营的直销银行有68家，占比超过六成；农商行、农信社运营的直销银行有30家，占比约26.55%（见图19）。

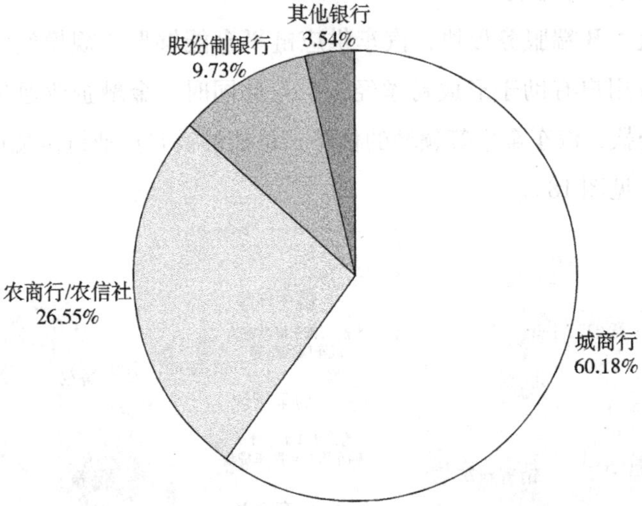

图19　城商行、农商行/农信社运营的直销银行数量占比85%以上

资料来源：艾瑞咨询。

直销银行业务的开展确实也为传统商业银行带来了流量，为其解决流量痛点提供了一种手段。截至2017年第三季度，平安橙子银行用户数达到3200万，上海银行直销银行和民生银行直销银行用户规模也破千万，分别达到1500万和1000万（见图20）；假设直销银行用户规模符合20/80原则，粗略测算2017年我国直销银行的用户规模约1.14亿。

2. 互联网保险：大数据、云计算助力保险业务定制化发展

保险将逐步回归保障本质，“保险姓保”将逐步落实到营销端，保险的

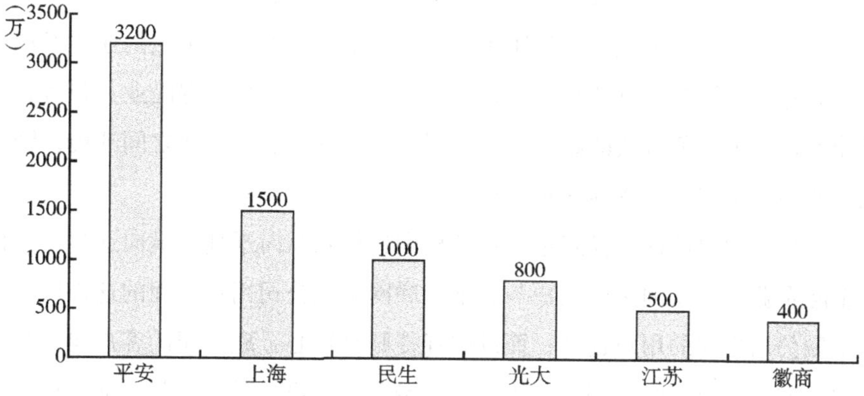

图20　截至2017年第三季度，平安橙子、上行快线、民生直销银行用户规模均破千万

资料来源：根据公司公告、公开信息整理。

定制化发展精准化营销显得尤为重要。

用户定制主要包含精准预测、定制与营销以及精细化定价两个方面。我们认为，保险企业通过保险业务积累的数据，通过大数据分析和云计算技术对用户与保险相关的行为进行分析，进而为其匹配和推荐适合的保险，可以实现精准营销。金融企业集团凭借在保险、贷款、投资理财等业务中积累的海量数据，更容易实现定制化服务的提供。例如，凭借保险业务优势，加上好医生、医健通、平安好车、行车助手、一账通等相关业务的数据，平安保险规模化地获取大量数据并加以分析和利用，当在平安好车平台上监测到用户的购车交易，平安保险可结合用户特征、购车行为细节及偏好分析寻找到最适合该用户的保险产品进行推介。众安保险战略发展总监王敏表示，“互联网保险的核心更应该是定价而不是低价”，随着用户数据的不断积累，大数据对个体风险的识别能力也会得到提升，进而实现产品的差异化定价。

金融科技助力平安保险提升流量的机制主要表现为：通过数据积累和分析提升保险产品的差异化定价能力，利用大数据、云计算等技术，适时地将最合适的产品推介给潜在用户促使其成为用户，进而转化为有效流量。

3. 区块链+大数据：助力客户迁徙，获得海量流量

客户迁徙用于金融企业集团更具优势。金融集团各大板块的业务发展往往并非并驾齐驱的，有些集团银行业务领先，还有些集团保险业务强势，如果能够将各个业务板块的账户打通，促进客户在各业务板块之间迁徙，则金融企业能够实现低成本地海量获客。

客户、用户迁徙的模式主要包括横向迁徙和纵向迁徙。横向迁徙是指核心金融企业的互联网平台用户与旗下互联网金融公司用户之间的迁徙以及核心金融公司之间的用户迁徙；而纵向迁徙则是核心金融公司的客户向互联网用户的转化以及互联网用户成为核心金融公司客户的过程，其迁徙过程如图21所示。

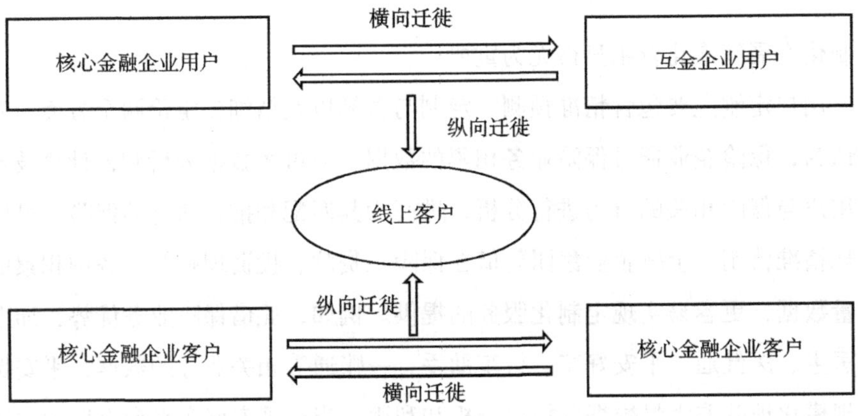

图21　用户迁徙可分为横向迁徙和纵向迁徙

注：客户指持有某金融集团旗下核心金融企业有效金融产品的个人客户；用户指使用该金融集团旗下互联网金融企业和核心金融企业的互联网平台并注册了账户的互联网用户；线上客户指该金融集团的客户中同时拥有该金融集团旗下互联网服务平台账户的客户。

资料来源：根据公开资料整理。

通过大数据、区块链等技术打通用户信息，通过广泛的金融及生活服务增强用户黏性，金融企业有望实现客户、用户在各个平台之间的迁徙，从而为其带来海量的流量。

四　金融企业利用 FinTech 突破流量及场景痛点的模式选择

（一）两种模式：内部创新、外部获取

金融企业利用 FinTech 突破流量和场景痛点的模式有两种，一是通过内部创新，二是通过外部获取。内部创新是指金融企业通过自己的技术团队在企业内部进行金融科技的布局进而解决流量和场景痛点；外部获取则是通过战略合作、并购技术公司、与技术企业成立合资企业等方式获得 FinTech 技术并加以利用突破流量痛点。

（二）内部创新：必须满足三大前提条件

企业通过内部创新进行 FinTech 布局突破流量、场景痛点的模式需要满足三个前提条件，即：该金融企业存在 FinTech 基因，可突破文化、体制等因素对创新的限制以及企业可负担内部创新的成本。

1. 前提一：金融企业自身存在 FinTech 基因

创新的主体是人才，技术基因的载体也是人，因此金融企业是否存在 FinTech 基因在一定程度上等同于是否拥有技术人才。只有当传统企业获得了技术人才，通过内部创新解决流量场景痛点才具有可能。

但是公开资料表明，上市银行中的全国性大型银行以及部分股份制银行对其技术人员数量进行了披露，区域性中小行则并未对此进行披露，这可能是两方面的原因造成的：一是因为大部分中小行对技术的重视程度不够，缺乏技术人员；二是技术人员数量太少因此被归类至“其他专业人员”之中。而在国有大行及股份制银行中，近三年来工行、中行、浦发银行的技术人员占比在 3% 左右，建行的技术人员比重在 2017 年突破 8%，平安集团的技术人员比例则在 2017 年上升至 12.6%（见图 22）。

我们认为，目前自身拥有 FinTech 基因（金融科技人才）的传统金融企

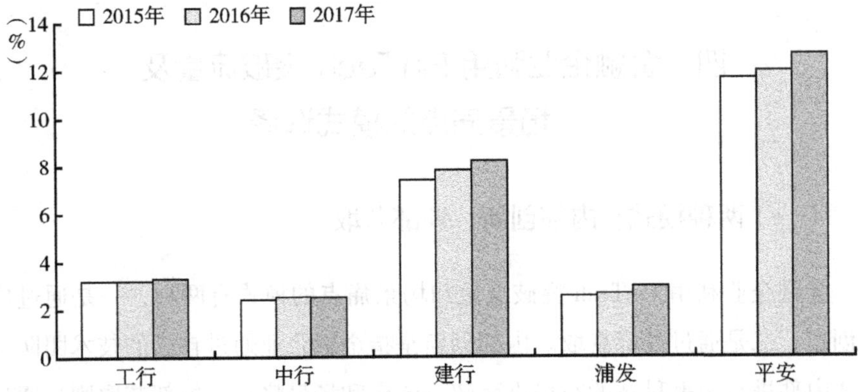

图22　2017年建行技术人员占比突破8%，平安集团技术人员占比达12.6%

资料来源：公司公告、WIND资讯。

业仍是少数，随着金融与科技更加深度地融合，具有一定资金实力的传统金融机构可能也会加速组建金融科技团队。

2. 前提二：金融企业可负担内部创新的成本

有实力负担内部创新的成本是传统企业通过布局金融科技突破流量与场景痛点的第二个前提，此成本既包含金融科技人才的薪酬福利、技术专利等成本，也包含金融科技布局达到应用状态所耗费的时间成本。

韦莱韬悦研究结果显示：中国对金融科技人才的需求非常旺盛，2017年金融科技企业平均人员编制增长25%，其中，初创型企业平均人员编制增长150%。需求最大的岗位集中在技术研发类，包括大数据、云计算、区块链、人工智能、UIUX。而金融科技人才的来源无非三个途径：国内现有的金融科技人才、金融科技相关专业的应届毕业生、海外人才招募。人才争夺大战已然拉开序幕，其中最主要的方式就是提高薪酬及福利水平。韦莱韬悦研究结果显示：来自国内外高等院校、顶尖实验室或研究院、全球顶尖科技巨头的技术专家薪酬水平优越，人工智能技术专家的年薪平均在百万元以上；来自国内外领先互联网企业或创业公司的中高级工程师年薪平均比企业内一般软件工程师高20%左右；来自国内外高等院校应届毕业生和相关培训机构的初级工程师的年薪平均比应届毕业生高50%（见图23）。

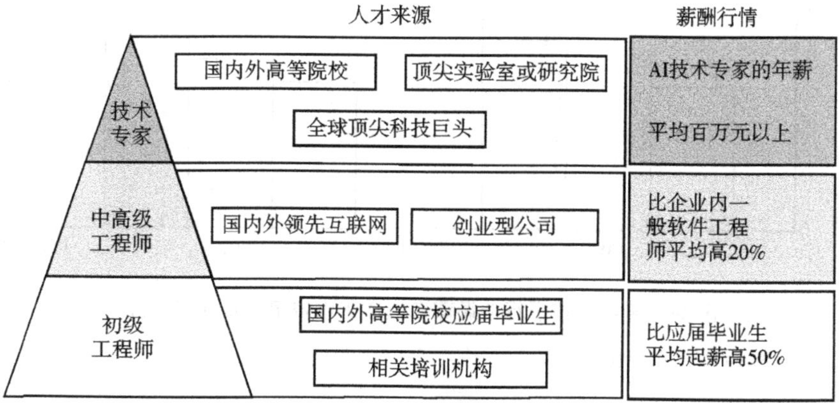

图23　金融科技人才来源及薪酬行情

资料来源：韦莱韬悦。

就主动离职率而言，金融科技行业主动离职率处于高度活跃地带，离职率约为24%，高居金融行业各子行业首位。韦莱韬悦数据显示，在人才高流动率的背景下，人才保留压力加大，薪酬增速快是其中的一个表现，金融科技行业固薪调薪率远超传统银行。2016年大金融行业全行业平均调薪率（含晋升）为8.1%。其中，金融科技行业2016年调薪率为10.1%，2017年略升至10.7%。相比之下，中资银行2016年调薪率为5.1%，2017年调薪率为5.2%；外资银行2016年调薪率为6.2%，2017年调薪率为6.0%（见图24）。

金融科技人才薪酬高加上高调薪率使得网罗金融科技人才的成本十分高昂，并非所有的传统金融企业都有能力负担。

此外，技术从研发到落地并非一蹴而就，在企业内部从布局金融科学技术到利用金融科技突破流量、场景痛点需要花费一段时间，时间成本也是传统金融企业必须要考虑的。

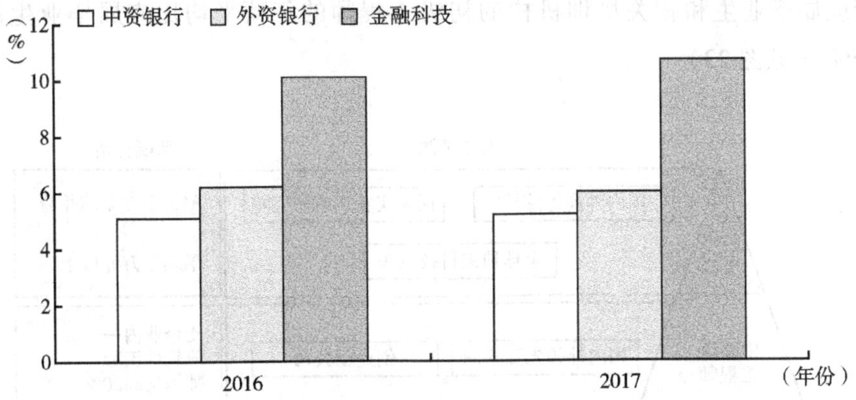

图24　金融科技子行业调薪率远高于中资银行及外资银行

资料来源：韦莱韬悦。

3. 前提三：金融企业能够突破文化与体制因素的限制

有一些传统金融企业本身拥有一些技术实力与技术基因，但是无法实现内部创新，这在一定程度上是受到文化与体制因素的限制，突破这些限制是金融企业通过内部创新突破流量场景痛点的第三个前提。

传统金融企业对技术认识的障碍是限制其内部创新的一个因素。如果将互联网技术、IT技术以及金融科技团队或部门统称为技术部门，通常而言，传统金融企业对技术部门的认识可以分为三重境界。第一重境界是把技术部门看成一个纯成本部门，作为纯成本部门存在的技术部门只是改变了业务的形态，但是并未改变业务的流程与本质。第二重境界是把技术部门看成一个节流部门，通过互联网与移动互联网、金融软件、金融科技对金融传统流程做流程再造，可以节省金融企业内部运营成本。第三重境界是把技术部门看成一个创收部门，即用互联网和金融科技的手段来抢夺客户，进行积极创收（见图25）。

三重境界中，互联网、IT、大数据、云计算等技术的作用在不断增强，而传统金融的作用在不断减弱。第一重境界，全靠传统金融部门来冲锋陷阵，技术部门纯粹是金融的一个后方机构；第二重境界，金融部门仍是主攻部队，技术部门最多作为辅攻部队存在。第三重境界中技术仍然是服务于金

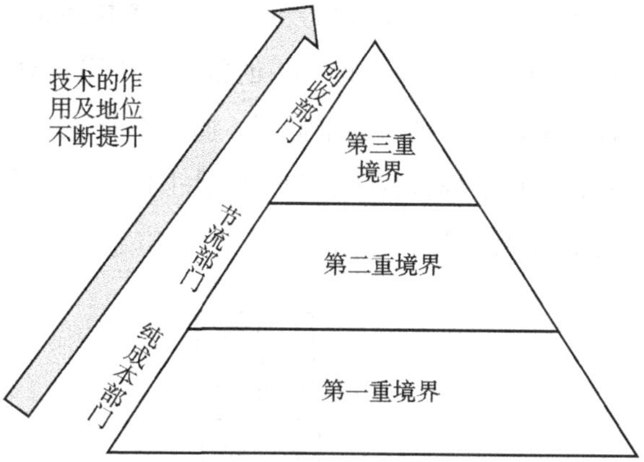

图 25　传统金融企业对技术部门的认识可分为三重境界

资料来源：中科金财研究院。

融，技术的应用不改变金融的本质，但是技术部门与传统金融部门进行了身份的转换，技术部门变成主攻部队，传统金融部门反而成为辅攻部队。只有到了第三重境界，才能称得上是真正的金融科技。

但是，由于大部分传统金融机构的核心领导层都出身于传统金融部门，长期在传统金融部门工作所形成的思维惯性，使他们在向第三重境界转变的过程中，往往容易产生认知障碍，进而导致传统金融企业通过内部创新解决流量场景痛点存在一定的难度。

体制因素是限制传统金融企业内部创新的另一因素。

首先，银行的金字塔式管理架构对银行业创新存在一定限制。在银行业参与金融科技之前，传统商业银行业务的增长逻辑以网点驱动规模发展为主，由于大部分主流的银行产品要求面签，因此业务的开展往往要借助线下力量，网点也就成为商业银行拓展业务的战地，然而单个网点的辐射范围十分有限，银行要做大规模靠提升单个网点的业务规模是不够的，增加网点也是必要的。随着银行网点的增加逐渐有了储蓄所、分理处、支行、分行、总行的区分并形成了金字塔式的架构；其中，总行对产品设计、考核指标的设计以及指标的完成进度负责，分行负责上传下达，支行则处于业务一线。这种金字塔式的管理架构下，总行掌握着产品设计、考核体系等指标的设计，越接近 C 端用户的支行、网点即使有一些创新点，传递至总行也需要经过一系列流程，花费大量时间，创新效率低下，而且不能排除创新信息的传递失真等问题；另外，总行手握大权也会使一些员工担心自己的创新难以被采纳，进而降低了员工的创新动力（见图 26）。

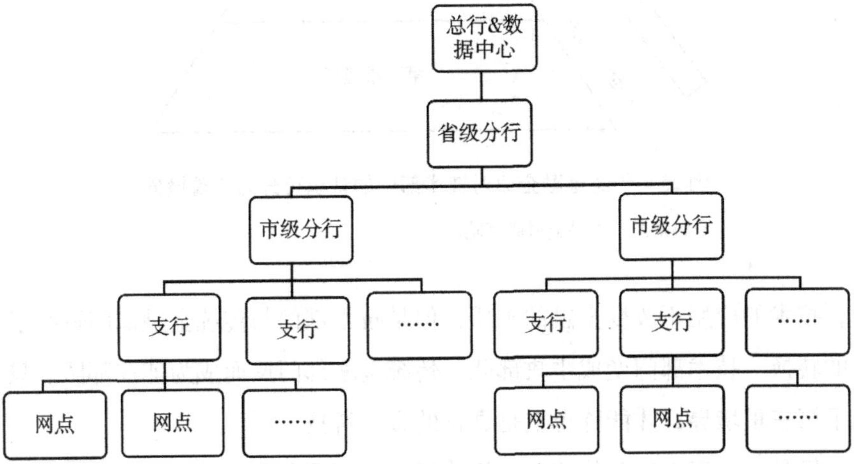

图 26　银行的金字塔式管理架构

资料来源：中科金财研究院。

其次，体制导致银行缺乏互联网思维。银行业其实早在 20 世纪 90 年代就开始了信息化探索，在 2000 年前后推出了网上银行，随着智能手机的兴起又布局了手机银行，但是缘何被冠以“传统”商业银行之名呢？我们认为其中一个原因在于缺乏互联网思维，许多银行的互联网化运作只是具备了互联网的形式，并未触动互联网业务的内核。互联网思维的特点之一在于以用户为中心，强调用户体验，但是许多商业银行并未抓住这一关键，进而出现了一些诸如 App 运行不流畅、界面美感不足、不支持 7 × 24 小时服务便捷性不足等影响用户体验的问题。

此外，部门间的利益冲突也会在一定程度上影响内部创新的推进。银行业的金融科技新兴业务目前仍放在银行体系内，例如大多数商业银行的直销银行作为业务部或者电子银行部、互联网金融部或者渠道部的二级业务部门存在，新兴业务的布局虽然是处于银行战略层面的布局，有利于银行的长期发展，但是新兴业务与传统业务之间可能存在的利益冲突会带来各部门在各种资源上的争夺与博弈，也不利于内部创新的推进。

传统金融企业对技术的认识以及体制问题都限制了它们的创新能力，因此，金融企业想通过内部创新利用 FinTech 解决流量和场景痛点必须先突破文化、体制因素的限制。

（三）外部获取：合作、并购、合资公司

外部获取按照不同的程度可以分为合作、并购以及成立合资公司。

合作主要是指与专业的技术企业进行业务合作或者战略合作，由外部技术企业通过大数据、云计算、人工智能、区块链等技术的应用帮助传统金融企业进行场景搭建及流量获取。目前金融壹账通、兴业银银平台、百行直销、钱包金服互联网金融云平台、科蓝、东华软件等企业均能够为传统金融企业提供金融科技综合服务。

并购是指传统金融企业通过并购技术企业快速获得金融科技的方式。成立合资公司则是指传统金融企业拥抱互联网公司、科技公司，成立合资企业发挥双方优势的方式，中信银行牵手百度就是典型的代表。

外部获取金融科学技术的方式最大的优点在于基本能够使用现成的技术，能够快速实现金融科技的应用，进而能够在流量与场景竞争中先人一步，但是外部获取也存在一定的问题。例如，业务合作、战略合作的方式使得传统金融企业在技术上受制于技术公司，并不利于长远发展；并购能够快速获取和拥有技术但是并购后的整合，尤其是业务、会计、文化的整合并非易事；建立合资公司便于各合资方发挥自己的优势，但是会存在控制权之争以及文化冲突等。

（四）内部创新还是外部获取？

我们认为，只有当传统金融企业存在 FinTech 基因（金融科技人才），

能够突破文化、认知、体制等因素的限制，并且有能力负担在内部布局金融科技的资金成本及时间成本时，传统金融企业才可以采用内部创新的模式来获得 FinTech 以解决流量及场景痛点；缺乏任何一个条件的情况下，传统金融企业选择外部获取是比较经济和有效的做法（见图 27）。

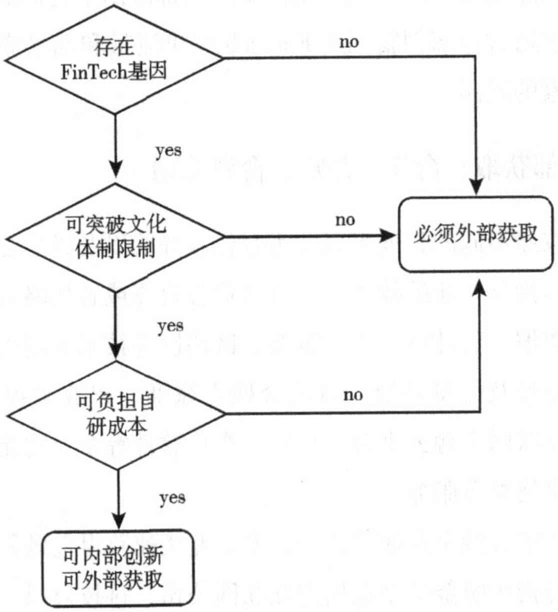

图 27　内部创新获取 FinTech 需满足三个前提条件

值得注意的是，传统金融企业即使满足了可以内部创新的三个前提条件并不代表它们一定要通过内部创新来实现金融科技的获取，换言之，这三个条件是传统金融企业通过内部创新获取 FinTech 的必要不充分条件。考虑到经济性、便捷性与时效性等问题满足了三个前提条件的企业也有可能采取外部获取的方式。

五　结论

国内金融行业正面临着高增长难以为继、结构性问题日益突出等问题；

同时金融与科技的深度融合已经成为不可逆转的趋势，未来金融业将逐渐向数据化、技术化和场景化发展。

流量与场景仍将继续成为金融企业在未来的竞争中获胜的关键，但流量与场景恰恰是传统金融企业谋发展所面临的痛点，区块链、大数据、云计算、人工智能、物联网等技术在金融行业的应用为传统金融企业搭建场景获取流量提供了途径；传统金融企业可通过内部创新或者外部获取的方式进行 FinTech 布局，结合自身发展情况和战略定位选择合适的方式获取金融科技，传统金融企业有望突破场景与流量痛点破除增长乏力的魔咒。

参考文献

[1] 巴曙松、白海峰：《金融科技的发展历程与核心技术应用场景探索》，《清华金融评论》2016 年第 11 期。

[2] 赵浩淼：《“新方位”背景下传统金融业转型策略探析》，《全国商情》2016 年第 33 期。

[3] 张新宇：《区块链技术在保险行业的应用研究》，《中国金融电脑》2017 年第 1 期。

[4] 武安华：《金融科技重塑银行生态》，《中国金融》2017 年第 17 期。

[5] 牛壮：《区块链技术对境内证券业影响展望》，《公司金融研究》2017 年第 Z1 期。

[6] 徐如志、白沛东、赵华伟：《区块链在商业银行中的应用研究》，《公司金融研究》2017 年第 Z1 期。

[7] 马颐新：《刍议区块链技术及在金融领域的应用》，《中国管理信息化》2016 年第 19 期。

[8] 徐大维：《区块链技术带来保险行业的创新》，《时代金融》2016 年第 30 期。

[9] 陈心颖：《打造战略赋能型金融科技公司》，《中国银行业》2017 年第 11 期。

[10]《金融科技塑造金融未来》，《中国信用卡》2018 年第 1 期。

[11] 王蕾、薛杨阳：《保险科技：重塑还是颠覆?》，《清华金融评论》2017 年第 12 期。

[12] 李珮：《金融科技创新助力构建金融发展生态圈》，《金融时报》2017 年 12 月 23 日。

[13] 金融壹账通：《中国平安首创“壹账链”，有望成区块链吞吐效率国际框架标

准》，https：//baas. yizhangtong. com/news/company。

[14] 王瑶平：《零售业务：决定银行长期盈利能力和估值的关键》，《中金公司证券研究报告》2018 年第 5 期。

[15] 岑敏华、罗向明、张伟：《“保险姓保”：理论溯源与价值回归》，《南方金融》2017 年第 5 期。

场景应用篇

Scene Application Reports

B.9
大数据在征信及风险识别领域的应用

秦 璐

摘 要： 科技的进步，把我们带入了一个崭新的信息时代。大数据征信的应用领域涉及各行各业。大数据可以解决海量征信数据的采集和存储问题，机器学习和人工智能方法可对征信数据进行深入挖掘和风险分析，借助云计算和移动互联网等手段可提高征信服务的便捷性和实时性。深度挖掘互联网大数据信息，开发大数据风控模型，更加精准地评估风险，已经逐渐成为新一代信用风险识别领域的核心课题。

信用大数据创新应用：AXIS 平台结合特定消费场景引入独立第三方信用评估，基于大数据能力的专业化建模，逐笔扫描每笔资产，进行交叉检验、交叉对比，对单笔贷款的欺诈风险和信用风险进行智能化评估，平台具有可秒级处理千万笔资产的评分结果及现金流测算等。破解消费金融 ABS 市场的信息不对称困局，实现风险可控且高效的资产流转，是AXIS平台在消费金融ABS领域要解决的核心问题。

关键词：　大数据　信用大数据　风险识别　智能投顾

个人征信是伴随着金融体系中面向个人信贷业务的发展而兴起的。近年来，由于互联网与金融的日益融合，个人信贷业务也随之快速发展，因而对个人征信体系建设的要求也愈加迫切起来。

从欧美发达国家的经验来看，征信体系已经成为现代经济运行的重要基础，这不但包括完善的法律体系，也包括进行良性竞争的征信机构。从《征信业管理条例》的实施到国务院颁发《社会信用体系建设规划纲要(2014~2020)》，中国的征信业受到前所未有的关注。

信用不仅是现代社会中每个个体的一张“名片”，也是国家经济领域和社会领域的基础性要素，对信用的征集和使用就是现代征信的主要工作。可以看到，征信天然就是依赖数据的，那么大数据时代背景下，大数据征信的探索就成为一个热门的话题。

一　征信是什么?

征信一说，最早出自《左传》，谓“君子之言，征而有信，故怨远于其身”。现代所谓征信，指的是依法设立的信用征信机构对个体信用信息进行采集和加工，并根据用户要求提供信用信息查询和评估服务的活动。简单来说，就是信用信息的集合，本质在于利用信用信息对金融主体进行数据刻画。

信用作为一国经济领域特别是金融市场的基础性要素，对经济和金融的发展起到非常重要的作用。准确的信用信息可以有效降低金融系统的风险和交易成本。健全的征信体系能够显著提升信用风险管理能力，而培育和促进征信市场发展对维护经济金融系统持续、稳定的发展具有重要价值。所以征信是现代金融体系的重要基础设施。

二 我国目前的征信是怎么做的？

1. 信息流及产业链

个人、企业和其他组织在经济、社会活动中产生各种行为，这些行为数据被各类金融机构、政府部门、企事业单位、互联网公司等数据收集方采集，通过一定的数据处理被征信机构采用，征信机构对这些数据按照某些模型继续加工和分析得到个体的征信情况，商业银行、保险公司等在有业务场景需要时就会查询个体的征信情况。这就是目前我国征信行业整体的信息流向以及与之配合的产业相关方。其中征信机构的体系架构各国的发展模式不尽相同，下面来看看我国的征信机构体系。

2. 征信体系

与欧美国家市场化的发展模式不同，我国的征信体系有着明显的中国特色，是以公共机构（主要是央行）为主导，其他机构为辅助的模式。近年来，随着互联网金融的迅猛发展，以民营机构为主力的征信机构逐渐走到舞台前端。2015 年 1 月，央行下发通知要求芝麻信用、腾讯征信、拉卡拉信用等 8 家个人征信机构做好个人征信业务的准备工作，授予 8 家机构征信资格。2018 年 2 月，央行披露了首张设立经营个人征信业务的机构许可信息公示表。公示表显示，百行征信有限公司申请设立个人征信机构已获得许可，是我国民营机构获得的首张个人征信业务牌照。

3. 使用传统的征信方式

在征信方式方面，传统的征信机构主要使用的是金融机构产生的信贷数据，一般是数据库中直接提取的结构化数据，来源单一，采集频率也比较低。另外对于没有产生信贷行为的个体，金融机构并没有此类对象的信贷数据，那么传统的方式就无法给出合理的评价。对有信贷数据的个体进行评价时，主要是根据过去的历史信用记录给出评分，作为对未来信用水平的判断，应用的场景也普遍局限于金融信贷领域的贷款审批、信用卡审批环节。

三　大数据为征信发展提供技术“新利器”

大数据等新兴技术的发展，使我们具备了处理实时海量数据的能力，搜索和数据挖掘能力也得到了长足进步。征信行业本就是严重依赖数据的，信息技术的进步则为征信行业注入了新的活力，带来了新的发展机遇，例如，大数据可以解决海量征信数据的采集和存储问题、机器学习和人工智能方法可对征信数据进行深入挖掘和风险分析、借助云计算和移动互联网等手段可提高征信服务的便捷性和实时性等。

四　大数据征信的应用

什么是大数据征信？大数据征信就是利用信息技术优势，将不同信贷机构、消费场景的海量数据整合起来，并进行数据清洗、模型分析、校验等，从而加工融合成真正有用的信息。

1. 多元化的数据来源

社交（人脉、兴趣爱好等）、司法行政、日常生活（公共交通、铁路飞机、加油、水电气费、物业取暖费等）、社会行为（旅游住宿、互联网金融、电子商务等）、政务办理（护照签证、办税、登记注册等）、社会贡献（爱心捐献、志愿服务等）、经济行为等数据都成为数据来源。

包括传统征信的信贷历史数据在内，所有的“足迹”都被记录，这其中既有结构化数据也有大量非结构化数据，能够多维度地刻画一个人的信用状况。同时，利用大数据挖掘技术获得的数据具有实时性、动态性的特征，能够实时监测信用主体的信用变化，企业可以利用这些数据及时制订解决方案，有效控制风险。

2. 深度化的分析方式

大数据征信主要通过迭代模型，从海量数据中寻找关联，并由此推断个人身份特质、性格偏好、经济能力等相对稳定的指标，进而对个人的信用水平进行评价，给出综合的信用评分。采用的数据挖掘方法包括机器学习、神经网络、Page Rank 算法等数据处理方法。

3. 多维化的应用场景

大数据征信的应用场景不仅有个人信贷流程管理等传统征信覆盖的金融领域业务，还将在包括汽车房屋租赁、定向营销、签证办理、出行住宿等诸多日常生活场景中得到进一步丰富。

总而言之，未来的征信不只局限于金融领域，在当今互联网大发展的时代，通过共享经济等新经济形式，征信会逐渐渗透到衣食住行方方面面，在大数据的助力下帮助社会形成“守信者处处受益、失信者寸步难行”的良好局面。

五 大数据征信重塑互联网金融风控体系

2016 年初，国务院在《推进普惠金融发展规划（2016～2020 年）》中提出“鼓励金融机构运用大数据、云计算等新兴信息技术，打造互联网金融服务平台”。大数据的发展减少了信息不对称问题，推动了数据统计模型的完善，有利于征信、授信及风控的创新。特别是人工智能模型可以更加前瞻地反映申请人的信用状况，快速形成对潜在客户的风险评估和授信决策，提高审核的效率。

1. 大数据优化借贷流程

目前大数据技术主要应用于借贷环节，覆盖贷前评估、贷中监控和贷后反馈三个环节。下面以网贷平台为例，分析涉及大数据征信及风控的环节。

纵观整个借贷周期，大数据对流程的优化无处不在。

首先是贷前评估环节。在销售过程中需要了解申请人的主观意愿以及申请信息的真实性；审批过程中会采取系统审核和人工审核两种方式，剔除不符合信贷政策要求的申请人，包括有严重不良征信记录、有违约记录、近期有较大风险被纳入关联黑名单等情况。

其中贷前阶段是整个风控流程的核心阶段，包括申请、审核、授信三个步骤。贷前阶段就是过滤榨汁的阶段，有第三方的征信数据、黑名单、反欺诈规则、风控模型作为滤网，可作为第一道降低风险的要素。

(1) 申请：申请人需要提供抵款额度、贷款期限以及个人信息（姓名、身份证号、银行卡信息、学籍信息、社保公积金记录等）。

(2) 审核：将个人信息与黑名单数据、征信数据匹配，并放入反欺诈模型过滤。

(3) 授信：根据个人预期及风险评估结果，确定授信额度并放款。

贷中阶段主要是对借款人信息的跟踪和监控，一旦有异常信息，可及时发现、处理，尽可能保证资金安全性。例如：是否有新的借款记录或者逾期信息产生，设备是否稳定，位置是否规律等。

贷后阶段主要是集中在催收。催收包括还款前若干天的提醒，还款日点催，逾期后的属地催收或者委外催收方式。贷后阶段还包括续贷，指收款人逾期以后申请贷款展期或还贷后再度申请。

2. 大数据时代下广泛、丰富、多维的征信数据

大数据时代征信数据呈现广泛多维、动态实时的特点，数据来源更加广泛，种类更加丰富，时效性也更强。广泛多维体现在个人或企业在互联网上的所有行为都将被记录，包括个人征信的电商数据、社交数据、支付数据、生活服务数据等，以及企业征信的供销存、现金流、物流、资产负债等，大大扩展了征信体系的数据范畴。动态实时体现在互联网的数据是动态且易追踪的，基于此评估信息主体的行为变化更加全面和准确。

网贷平台运营较长时间以后能够积累诸如用户行为数据、借贷数据、信用数据、地理位置数据、业务流数据等，因此可以通过自建征信体系实现大数据征信及风控。

3. 更精准的数据分析模型是关键

目前，很多网贷平台缺乏的并不是数据，而是对数据进行精准恰当分析

的能力。因此，构建合适的计量模型进行有效的量化分析，提高平台甄别贷款申请的效率，降低投资者面临的信贷风险就非常必要。大数据征信及风控模型的构建大致分为数据收集、数据建模、画像构建和风险定价四个环节。

在运用大数据进行征信及风控时，需建立自身的云数据系统、风险评估模型、信用衡量体系、风险定价模型等核心产品。对体系内及体系外海量用户的各项指标进行搜集整合分析，将数据模型应用到信贷业务中，实现风控的流程化、自动化、高效化。网贷平台大都青睐大数据建模，但对于规模较小的平台而言，是建立自身的大数据风控模型，还是直接采用其他机构成熟的产品，需要考虑成本问题。

在新机遇、旺盛的需求和社会的广泛关注下，国内未来市场化征信业的发展势不可当，一定会在当前互联网时代经济和金融基础设施建设过程中留下浓墨重彩。

六　大数据征信案例：AXIS 资产交易智能扫描平台

1. 项目背景

近年来，互联网的广泛普及，大数据和人工智能等新技术的发展，给信用产业的革新提供了新的契机。如何将新技术成功应用于信用产业，使金融机构能够更加准确地进行对信用风险的识别、计量和定价，从而能够更加有效地管理信用风险？信息不对称是制约消费金融 ABS 市场发展的瓶颈，这个问题在资产方主体信用评级较低时尤为突出。破解消费金融 ABS 市场的信息不对称困局，实现风险可控且高效的资产流转，是 AXIS 平台在消费金融 ABS 领域要解决的核心问题。

2. 项目简介

中诚信征信自主研发的针对消费金融资产证券化信息服务解决方案——资产交易智能扫描平台（AXIS），在资产端，可以为主体信用不足但资产信用良好的资产方做到间接增信；在资金端，可以帮助投资者减少逆向选择的风险，增加优质的资产标的。对于整个消费金融 ABS 市场，可以打通从借款人到ABS投资人的信息流和资金流，降低信息成本和资金成本（见图1）。

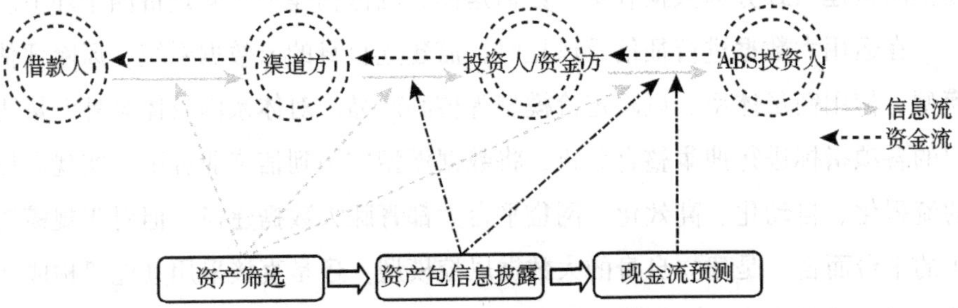

图1　全周期的资产质量信息服务价值

资产交易智能扫描平台（AXIS）主要包含以下三个模块。

（1）资产筛选。结合特定消费场景引入独立第三方信用评估，对资产进行智能化评估，对单笔贷款的欺诈风险和信用风险进行智能化评估，帮助资产方和投资人从源头上把控资产信用情况，基于大数据和机器学习模型的方法，在消费金融领域打通个人信用和资产信用的关联。

（2）资产包信息披露。基于第三方大数据，自动化跟踪底层资产的信用风险，对资产包质量的变化情况进行跟踪监控，并且与其他资产包的同期表现进行对比；在纵向（时间轴）和横向（其他资产包）两个维度对资产包质量的变化情况进行评估，对严重的风险信息进行及时预警。

（3）现金流测算。基于中诚信征信的机器学习与现金流模型，对资产端和证券端的现金流做出预测，资产端上基于转移矩阵的方法论，不仅能够预测是否违约，还可以预测何时违约；证券端上可以对市面上各种消费金融ABS交易结构进行证券端的现金流测算，用于ABS投资人的收益分析。

3. 项目具体解决方案

AXIS平台的核心是“让资产更透明”，给信用资产的投资者提供更加全面的信息和更有效的分析工具，帮助投资者评估当前的资产状况，以及评估未来的投资损益。AXIS平台结合特定消费场景引入独立第三方信用评估，基于大数据能力的专业化建模，逐笔扫描每笔资产，进行交叉检验，交叉对比，对单笔贷款的欺诈风险和信用风险进行智能化评估，平台具有可秒级处理千万笔资产的评分结果及现金流测算等功能。

在不侵害借款人隐私的前提下，投资者可以看到逐笔的底层资产的脱敏数据，以及中诚信征信作为独立第三方提供的信用评估。投资者还可以使用AXIS平台的现金流分析工具计算投资的风险和收益，并且依据投资风险偏好进行压力测试。此外，投资者还可以根据中诚信征信统一的信用评估标准，筛选出符合自身投资偏好的信用资产进行投资。

◆单笔资产的信用评估

在单笔资产的信用评估上，AXIS平台采用了“第三方数据+机器学习模型”的解决方案。传统的信用评估手段依赖于资产生成方提供的数据，这其中的问题在于投资者缺乏有效的手段防范资产生成方的道德风险。AXIS平台在进行信用评估时，采用了第三方数据源提供的数据，数据质量相对较高，并且可以对资产生成方提供的数据进行交叉验证。此外，AXIS平台主要基于机器学习模型进行信用评估。图2用一个案例展示了机器学习和传统统计方法间的不同。

图2的最左侧罗列了申请人信息，右侧展示了三张风险热力分析图。最左侧的一张图展示了真实的历史数据。

从图2可以看出，申请人处于由高风险区域环绕的中低风险区域之中。

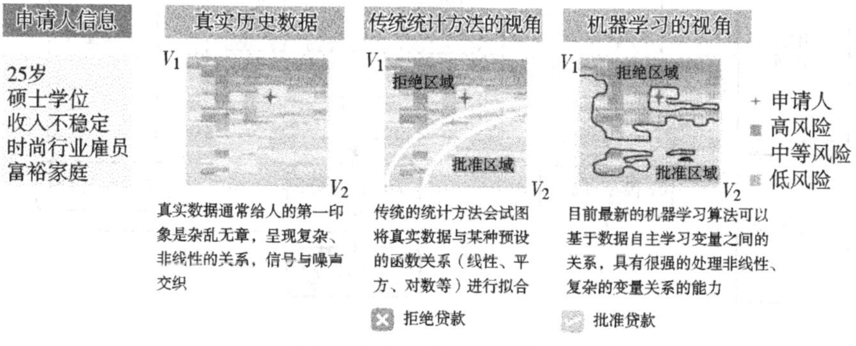

图2　抵押贷款申请案例

资料来源：麦肯锡，中诚信征信整理。

左侧第二张图展示了传统统计方法的视角。传统的统计方法会将真实数据与某种预设的函数关系进行拟合，其实质就是对图形进行切割。图中的两条白线展示了两种切割的方式，白线之上会被认为是高风险，从而拒绝申请；白线之下会被认为是低风险，申请会得到批准。左侧第三张图展示了机器学习方法的视角。机器学习方法可以有效地挖掘变量之间复杂的非线性关系，对图中区域进行精细的切割，从而得到更加准确的预测。

AXIS 平台的机器学习模型采用了集成学习的框架，参考了美国广泛应用的征信局评分的建模理念和传统银行信用卡评估的标准，创新性地将互联网大数据和碎片化的个人信息数据应用于信用评估之中（见图 3）。其主要特点如下：

- 利用机器学习等方法解析数以亿计用户的数千维度信息；
- 基于自主研发的动态数据规则引擎，有效将碎片化的互联网大数据应用于信用评估；

创新性地应用了多模型交叉校验技术，比多维度信息的简单叠加更有洞察力（见图 4）。

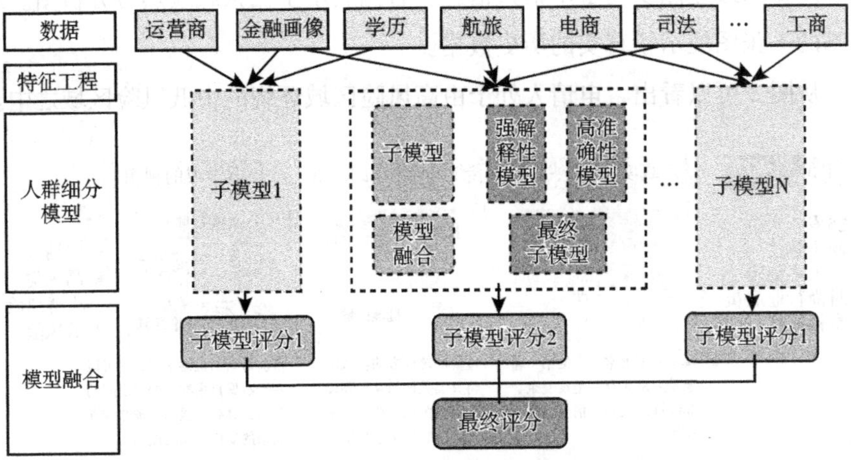

图 3　AXIS 平台的集成学习建模框架

资料来源：中诚信征信。

资产信用评分分布

指标名称	初始资产包		分析日：2018年3月4日	
资产信用评分	本金余额（万元）	本金余额占比	本金余额（万元）	本金余额占比
(600,620]	0.00	0.00%	394.90	0.08%
(620,640]	0.00	0.00%	2579.63	0.54%
(640,660]	5103.02	4.67%	43648.58	9.18%
(660,680]	67446.08	61.74%	288919.70	60.76%
(680,700]	36657.47	33.55%	139810.81	29.40%
(700,720]	43.46	0.04%	166.00	0.03%
(720,740]	0.00	0.00%	0.00	0.00%
(740,760]	0.00	0.00%	0.00	0.00%

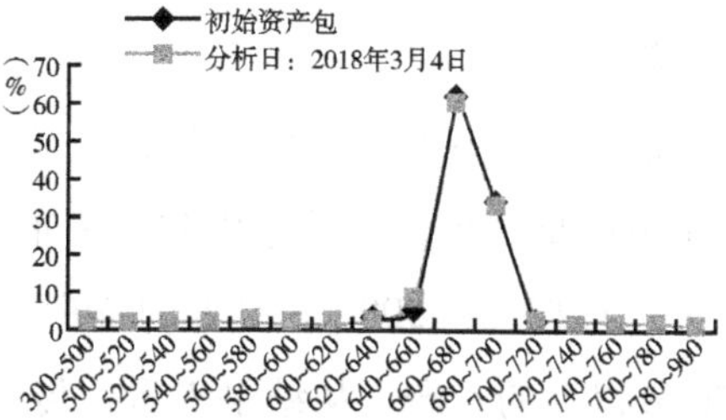

图 4　AXIS 平台中一个资产包样例的信用评分分布

资料来源：中诚信征信。

◆资产筛选

投资者在投资信用资产时，为了保证资产的质量，通常会要求资产符合一定的标准。资产筛选的目标是控制投资标的的信用风险，这要求资产筛选标准可以比较准确地预测还款人的信用能力，有效区分将会正常还款和可能违约的资产。

传统的资产筛选标准是使用年龄、学历、地区和收入等指标限定借款人的资质。这种方法的问题在于对于正常还款和可能违约的资产区分度不够，原因是它通常仅依赖于信息有限的少数指标，并且没有考虑到这些指标间的

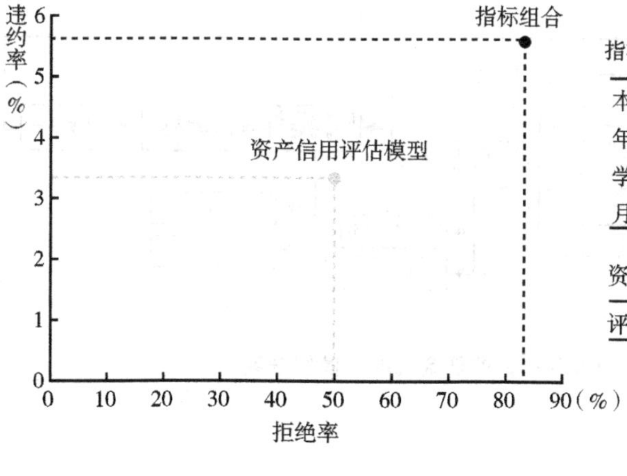

指标组合（KS=0.21）

本地人	1
年龄	<50
学历	本科及以上
月收入	≥5000元

资产信用评估模型（KS=0.36）

评分	650+

图 5　AXIS 平台的资产筛选标准与传统标准的比较

资料来源：中诚信征信整理；为保护合作方商业机密，对数据有所调整。

相关性。AXIS 平台创新性地采用了基于机器学习模型的资产信用评分进行资产筛选。

图 5 基于一个真实的案例，比较了两种资产筛选的标准。其中之一使用了常见的指标组合：挑选借款人为本地人、年龄小于 50 岁、学历在本科及以上、月收入在 5000 元以上的资产。另外一个标准是挑选资产信用评分为 650 分以上的资产。从结果来看，传统的指标组合拒绝了 80% 以上的资产，通过的资产中违约率为 5.5%，而使用资产信用评分的拒绝率仅约为 50%，通过的资产中违约率不到 4%。使用 AXIS 平台筛选出来的资产，无论是在数量上还是在质量上，都优于传统的指标组合。

◆现金流测算

现金流测算的目的是预测信用资产在考虑违约、回收和提前还款之后的实际现金流，并计算内部回收率、净现值等风险及收益指标。

AXIS 平台的现金流测算模型创新性地融合了机器学习模型和金融工程模型的方法论。如图 6 所示，现金流测算的起点是基于机器学习模型的资产信用评分，根据评分通过蒙特卡洛模拟方法生成违约率、回收率、提前还款率的概率分布以及时间分布，从而对底层资产的现金流以及证券端的现金流进行预测，并计算出风险和收益指标。

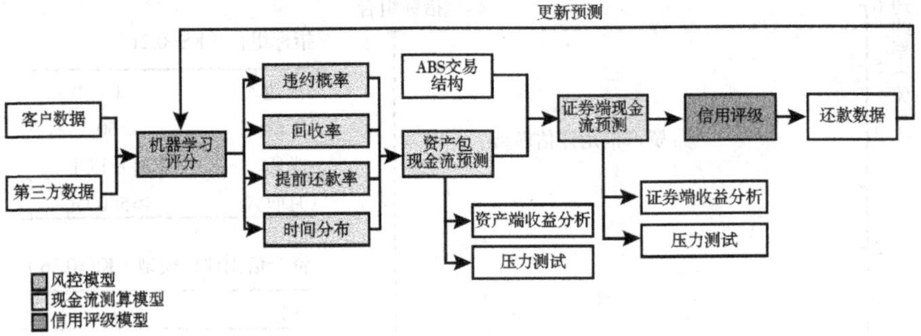

图 6　AXIS 平台的现金流测算模型框架

资料来源：中诚信征信。

AXIS 的现金流预测模型有两点优势：a. 智能化。平台会根据机器学习评分给出推荐参数。b. 可配置化。用户可以对参数进行灵活调整，并进行多种压力测试。

图 7 展示了 AXIS 计算的基准、压力和极端场景的违约率的推荐参数，其中压力场景对应 95% 的概率，意即实际违约率小于压力场景的概率为 95%，极端场景对应 99% 的概率，意即实际违约率小于极端场景的概率为 99%。投资人可以依据自身的偏好设定现金流测算的参数并配置压力场景（见图 8）。

综上所述，AXIS 平台在单笔资产的信用评估、资产筛选和现金流测算三个方面提出了创新的解决方案，让资产更透明，从而帮助金融机构实现更有效的风险管理。

4. 项目实施中克服的困难

消费金融资产信用信息不透明，投资人对底层资产“看不清、管不住”，难以准确衡量投资风险，导致优质的资产方无法对接到优秀的投资人，快速整合处理内外部信息并实时应用对资产进行逐笔扫描和交叉检验，解决信息不对称问题是面临的核心痛点。

AXIS 平台采用第三方数据以及机器学习模型对入池资产进行逐笔筛选

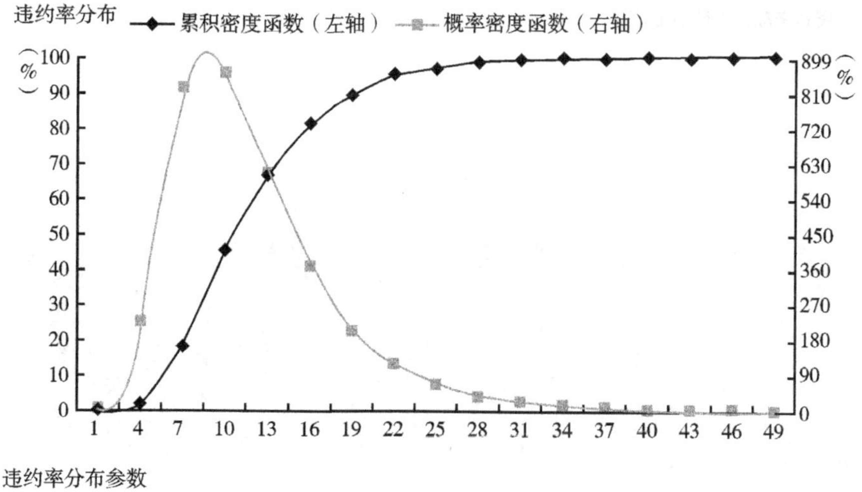

违约率分布参数

	期望	标准差	基准场景（期望）	压力场景（P=95%）	极端场景（P=99%）
违约率	11.87%	5.81%	11.87%	22.84%	31.33%

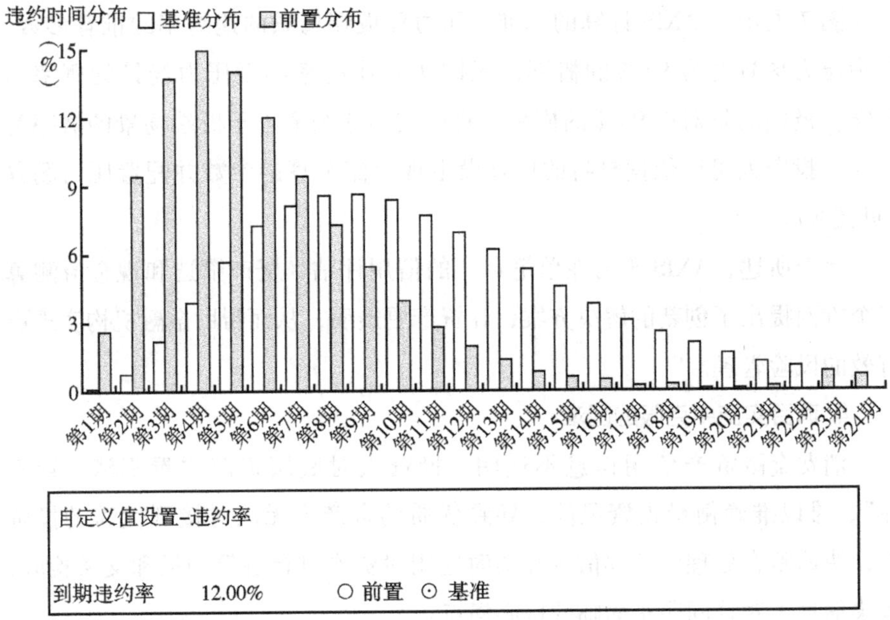

图 7　AXIS 平台的违约率概率分布和时间分布的推荐参数

资料来源：中诚信征信。

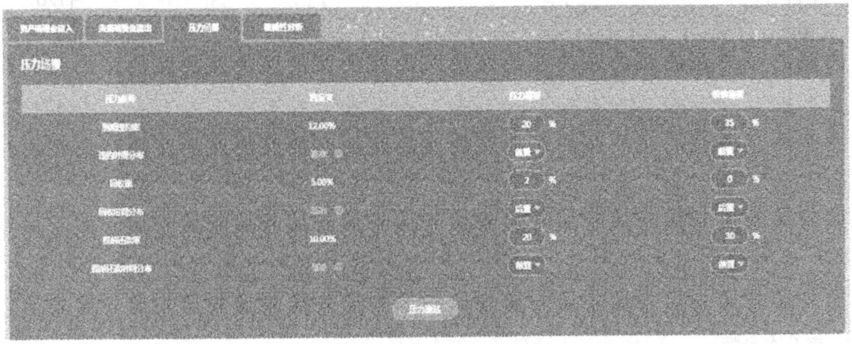

图 8　AXIS 平台的压力场景配置

资料来源：中诚信征信。

和评估，可以有效识别道德风险，并降低投资者的潜在损失降低资产包的不良率和波动性，让资产更透明。

核心模块：

—资产筛选：结合特定消费场景引入独立第三方征信评分，对资产进行自动化评估。

○对单笔贷款的欺诈风险和信用风险进行自动化评估，帮助资产方和投资人从源头上把控资产信用情况。

○对进入ABS资产包的资产进行自动化筛选，帮助资产方和投资人衡量资产池的信用风险。

—资产包信息披露：基于第三方征信大数据，智能化跟踪底层资产的信用风险。

○对资产包质量的变化情况进行跟踪监控，并且与其他资产包的同期表现进行对比；在纵向（时间轴）和横向（其他资产包）两个维度对资产包质量的变化情况进行评估。

○对严重的风险信息进行及时的预警，可以进行逐笔资产风险的展示和分析。

—现金流测算：基于中诚信征信的机器学习与现金流模型，对资产端和证券端的现金流做出预测。

○资产端：基于转移矩阵的方法论，不仅能够预测是否违约，还可以预测何时违约。

○证券端：可以对市面上各种ABS交易结构进行证券端的现金流测算，用于ABS的分层与评级和投资人的收益分析。

5. 项目收益

自2017年7月产品发布以来，基于AXIS平台在执行和洽谈的项目已有数十个，由AXIS平台处理的资产超过百亿元。

对于投资人，AXIS平台可以帮助投资人从源头上把控资产信用情况，降低逆向选择的风险，增加优质的资产标的，实现更加精确的信用风险管理。对于资产方，AXIS可以帮助资产方打通风控端和资金端，从而降低资金成本。基于已完成的项目数据的估算，中诚信征信基于AXIS平台的解决方案可以帮助资产生成方节省0.3%~0.5%的资金成本。

参考文献

[1] 姚前等：《征信大数据：理论与实践》，中国金融出版社，2018。

[2] 胡侃、夏绍玮：《基于大型数据型仓库的数据采掘：研究综述》，《软件学报》1998年第1期。

[3] 李国杰、程学旗：《大数据研究：未来科技及经济社会发展的重大战略领域——大数据的研究现状与科学思考》，《中国科学院刊》2012年第6期。

B.10
大数据在金融领域的应用与作用

伍旭川　王达

摘　要：“大数据革命”已悄然而至，传统金融业面临转型的重大机遇和挑战。本文从三个方面论述了大数据在金融领域的前沿应用及其对传统金融体系的影响。首先，数据可视化分析能够对非结构化数据进行直观、有效的展示，目前在系统性风险的集中度分析、关联度分析以及随时间累积的失衡程度分析方面应用广泛。其次，通用房屋抵押贷款识别码系统在美国发展较快，有利于提高监管效率、促进政策研究以及保护个人隐私。最后，基于语义网技术的FIBO模型是降低数据管理成本、提高风险分析能力的重要技术范式。其逻辑推理、语义查询以及自动归类功能有利于改善系统性金融风险监测效果。当然，大数据方法仍然存在诸多不足，仍有待继续完善。

关键词：大数据　系统性风险　可视化分析　贷款识别码　FIBO

随着互联网特别是移动互联技术的普及，20世纪90年代以来发展起来的信息技术革命出现了新变化：在信息化时代以各种方式被产生、记录、存储、传播以及使用的数据开始成为信息技术革命的主角。一场被形象地称之为“大数据革命”的信息技术变革悄然而至。与历次技术革新所不同的是，从来没有哪一次技术变革能够像这场大数据革命一样，在短短的数年里从少数科学家的主张转变为全球领军公司的战略实践，从而上升为大国的国家竞争战略，并最终演变为一股对人类经济社会发展将产生深远影响的历史潮流。金融业作为一个信息密集型传统行业，正成为应用大数据技术的先锋。全球金融基础设施正在面临系统性的重构，传统金融机构的经营方式和风险管理也面临着转型的重大机遇和挑战。本文将从三个方面系统论述大数据在金融领域的前沿应用及其对传统金融体系的影响。

一 可视化分析技术的开发与应用

（一）可视化分析技术概述

大数据分析是大数据研究领域的核心内容之一。大数据分析可以从两个维度展开，这两个维度均涉及理论分析和方法论问题。一个维度是从机器或计算机的角度出发，利用机器的计算能力和人工智能，以高性能处理算法、分布式处理技术、智能搜索与挖掘算法等为主要研究内容，例如，基于谷歌公司的 Hadoop 和 MapReduce 框架的大数据处理方法以及各类面向大数据的机器学习和数据挖掘方法等；另一个维度则是从人作为分析主体和需求主体的角度出发，强调基于人机交互的、符合人的认知规律的分析方法，意图将人所具备的而机器并不擅长的认知能力融入分析过程中，这一研究分支以可视化分析（Visual Analytics）为主要代表。

当大数据以直观的可视化的图形形式展示在分析者面前时，分析者往往能够一眼洞悉数据背后隐藏的信息并转化为可行动的知识（Actionable Knowledge），正所谓“一图胜千言”。可视化分析是科学计算可视化、人机交互、认知科学、数据挖掘、信息论、决策理论等研究交叉融合所产生的新的研究领域。Card et al.（1999）将信息可视化（Information Visualization）定义为：对抽象数据使用计算机支持的、人机交互的、可视化的表示形式以增强人的认知能力。与传统计算机图形学以及科学可视化研究不同，信息可视研究更侧重于通过可视化图形呈现数据中隐含的信息和规律，所研究的创新性可视化表征旨在建立符合人的认知规律的心理映象（Mental Image）。

Thomas 和 Cook 则认为，可视化分析是一种通过交互式可视化界面来辅助用户对大规模复杂数据集进行分析推理的技术。事实上，在科学计算可视化领域以及传统的商业智能（Business Intelligence）领域，可视化分析一直是重要的方法和手段。然而，这些研究领域并未深入地结合人机交互的理论和技术，因此难以全面地支持可视化分析的人机交互过程。同时，大数据本身的新特点也对可视化分析提出了更为迫切的需求与更加严峻的挑战。

可以将可视化分析的过程看作一个由数据到知识再到数据的循环过程。近年来，可视化分析已经逐渐从一个新兴的交叉学科发展成为一个独立的研究分支，其研究目标主要是大规模、动态、模糊或者常常不一致的数据集，主要是利用支持信息可视化的用户界面以及支持分析过程的人机交互方式与技术，有效融合计算机的计算能力和人的认知能力，以获得对于大规模复杂数据集的洞察力（Insight）。可视化分析研究逐渐被应用在大数据的热点领域，如互联网、经济与金融、社会网络、城市交通、商业智能、气象变化、安全反恐等。

（二）可视化分析在宏观审慎监管领域的应用

由于数据可视化分析技术能够对不同维度、不同属性的非结构化数据在二维平面上以图形的形式进行直观、有效的展示，因此其非常适合用来描述和研究系统性风险问题。如前所述，金融体系的系统性风险具有一个十分突出的特征，即风险形成机制的复杂性和多面性。换言之，度量系统性风险的视角并非是固定的。也正因为如此，才会有大量的基于不同研究视角和不同维度数据的衡量系统性风险的工具和方法。如果利用可视化分析技术将度量金融体系系统性风险不同维度的数据以图像的形式表现出来，往往能够更加深刻地揭示系统性风险的程度以及不同因素之间的内在联系，从而为金融当局实施宏观审慎监管提供决策参考。特别是当微观金融数据的数量十分巨大时，可视化分析技术相对于传统的统计分析方法的优势尤其明显。

因此，可视化分析技术一直以来都是主要发达国家金融监管当局分析宏观经济金融风险的工具之一。然而，在此次全球金融危机爆发之前的相当长的一段时间里，相对于回归分析等传统的风险分析方法而言，可视化分析仅仅是一种辅助性的工具和手段。这主要是因为，一方面金融监管仍然以传统的维护单一金融机构稳健性的微观审慎监管为主，以整合全部微观金融数据为基础的宏观审慎监管尚未成为金融监管的主旋律；另一方面，由于监管部门所采集的微观金融数据的样本容量相对有限，数据结构和维度特征相对简单，因此金融风险管理对于更加复杂的数据可视化分析技术的需求并不高。然而，全球金融危机爆发后，美国对危机的教训进行了深刻的反思，将金融监管当局未能有效预测和防范此次危机的原因之一归结为“数据缺口”问题。因此，美国国会在2010年通过的《多德—弗兰克法》，全面强化了监管机构对微观金融数据的搜集。如成立金融研究办公室（OFR）专司微观金融数据的搜集、整合与分析工作，要求联邦证券交易委员会（SEC）全面加强证券交易层面（transaction-level）数据的搜集与分析，乃至全部的场外衍生（OTC）交易都必须同中央对手方结算并向数据中心（data repositary）报备交易数据，等等。强化微观金融数据搜集的上述法案和监管新规极大地加强了美国金融监管当局获取微观金融交易数据的能力。然而，与之相对应的则是美国金融监管部门获取的微观数据量迅速增长，尤其是大量的微观交易层面的数据（很多都是非结构化的数据）。这对于金融监管当局的数据处理能力提出了更高的要求。美国金融当局需要突破传统研究方法的局限，采取更加有效的方法提升从海量微观金融数据中提取金融风险信息的能力。于是，可视化分析技术得到了重视和普遍应用。

目前，可视化分析技术主要在宏观审慎监管的以下三个方面得到了一定程度的应用。

第一，系统性风险的集中度（concentrated exposures）分析。一般而言，或有负债（contingent debt）或者真实债务的总规模常常被用来衡量系统性风险的集中度。然而，系统性风险的集中度并非是一个明确统一的概念。银行、证券、保险乃至企业部门和公共部门所面临的特定风险都有可能成为度量系统性风险集中度的指标。可视化分析在度量系统性风险集中度方面有着十分突出的优势。因此，美国金融当局很早就注重利用可视化分析技术进行一些相对简单的、静态的风险分析。最为典型的例子是关于危机地理位置分布的可视化分析。如果从传统的分析视角来看，发生危机的商业银行的地理位置数据不过是一条条由城市名和街道名称构成的地址信息，似乎无法为改善宏观审慎监管提供有价值的分析。然而，如果将全部的位置数据信息在地图上标示清楚，进而形成一张“银行业危机地图”，则能够十分清晰地观察到，在1921~1929年这一期间，美国发生的5611次银行业危机都主要集中在中部地区以及东南部的南卡罗来纳州、佐治亚州和佛罗里达州；然而，仅在1931年这一年便有1804家州银行和信托公司陷入危机，而且明显地表现出银行业危机由中西部地区向金融发展水平较高的东部沿海地区蔓延的趋势。通过可视化分析，银行业危机扩散的路径变得一目了然。因此，从危机应对层面来看，更多的救助资源应该向中西部地区和东部地区倾斜；而相关州的金融监管也应该加强。

第二，系统性风险的关联度（systemic interconnectedness）分析。早在全球金融危机爆发前，网络分析（network analysis）便成为系统性风险研究的一个重要领域。网络分析主要从金融风险的关联度这一视角出发，研究系统性风险的形成与扩散机制。事实证明，系统重要性金融机构的倒闭之所以会引发系统性风险，一个重要原因是系统重要性金融机构往往是金融交易网络的重要节点甚至是核心，即大多数金融机构都会与系统重要性金融机构发生交易关联。因此，一旦系统重要性金融机构陷入危机，会在第一时间冲击金融体系中众多与之有交易关联的金融机构，从而迅速扩大其个体危机的外部负效应。同样，如果将金融产品视为节点，将金融机构持有某一种金融产品视为该机构与特定节点发生关联，则事实将会证明，如果金融机构大量持有某种或某类相似的金融产品，即大量金融机构与某个产品节点发生关联，则可能会出现诸如“火线销售”（Fire Sale）的市场失灵，从而成为系统性风险的导火索。因此，金融机构之间的关联度越集中，则中心节点危机诱发系统性风险的概率就越大。可视化分析技术也非常适合描述金融体系的风险关联度。

第三，系统性风险随时间累积的失衡程度分析。从一个较长的时间维度来看，流动性的宽松程度、主要经济指标的波动性、金融机构共同风险敞口以及关联程度、宏观经济的失衡状况乃至商业周期等诸多因素，都是度量系统性风险的重要因素。换言之，从时间维度来看，系统性风险可能是某些因素在时间轴缓慢累积直至作用最终发生的，而并非仅仅是在某个时间点上在一系列因素的作用下集中爆发的。例如，Durden 将 1990 年 2 月至 2012 年 5 月这一期间美国不同期限国债收益率的整体走势在三维坐标系里表示出来，从而展示了美国金融资产收益率随时间的变动趋势及其与系统性风险之间可能的联系。由于美国国债收益率和美国联邦基金利率共同构成了美国金融体系中的利率"锚"，因此，不同期限的美国国债收益率可以被看作美国经济金融周期性景气波动的重要指标。一张图便可以清晰、直观地展示美国经济和金融市场二十余年来景气波动的全景，尤其是 2001 年以来美国国债收益率的大幅波动与金融危机爆发之间的关系，可视化分析的效果十分明显。

（三）可视化分析技术的局限与应用前景

可视化分析是近年来兴起的一个交叉研究领域。目前，可视化分析技术已经成为大数据分析不可或缺的重要手段和工具。从技术层面来看，可视化分析技术的确为系统性风险的分析与监测提供了一种新的工具，尤其是在基于海量微观金融数据的风险分析领域，可视化分析技术有着明显优于统计回归分析等传统分析方法的独特优势，使金融监管当局能够真正从宏观层面，对系统性风险的形成与演进有着更为深入和及时的了解与掌控。然而，任何事物都具有两面性，可视化分析技术也同样如此。作为一门新兴的大数据分析技术，可视化分析在宏观审慎监管领域的应用仍然面临一定的问题和局限。

首先，我们应当清楚地认识到，现代金融体系的复杂性与系统性风险形成机制的多面性使可视化分析技术仍然难以从根本上解决系统性风险的识别与预测问题。现代金融体系可以被视为一个典型的"复杂系统"（complex system），这一系统是由不同的"子系统"（sub-system）组成的，如银行部门、证券部门、保险部门、企业部门、家庭部门、政府部门以及外国相关机构和部门都是一国金融体系的重要组成部分。如果就全球金融体系而言，其复杂程度则更高。金融体系的每一个子系统都有着特定的组织形态、分工结构、运行机制与风险特征，不同子系统之间通过货币金融联系不断进行着互动与交流。由于现代金融体系内的各个子系统之间的联系已经如此之紧密，事实上任何一个子系统的功能失灵都可能会导致整个金融体系的瘫痪和崩溃，即诱发“系统性风险”。现代金融体系的高度复杂性决定了系统性风险的形成机制具有随机性和多面性，因此非常难以准确预测。可视化分析技术仍然只能从有限的几个维度对系统性风险进行可视化度量，而难以真正全面覆盖系统性风险的全部诱因。而且就可视化分析技术自身而言，其所度量的微观数据的种类越多，可视化模型算法就越复杂，而可视化图形就越抽象即直观可理解性就越差。

其次，微观金融数据的质量可能成为影响可视化分析技术实际应用的一个瓶颈因素。可视化分析作为一种大数据分析技术，其与传统的基于小样本抽样的统计与回归分析方法相比，对数据类型和数据质量的要求均有所降低，但这并非意味着数据质量在可视化分析中无足轻重。事实上，微观金融数据的类型与质量对于可视化分析结果的准确性有着至关重要的影响。微观金融数据的质量可能涉及两个方面的问题：第一，数据标准的不一致问题。数据标准不一致是制约大数据分析方法应用的首要问题。在现行的金融数据统计体系下，不同金融监管机构往往出于特定的监管目的而各自独立地开展数据的搜集与分析，不同监管部门在统计数据标准的制定方面往往缺乏有效协同，由此导致不同来源的微观金融统计数据的整合非常困难。这无疑制约了包括可视化分析技术在内的大数据分析方法的应用和推广。由于美国采取的是典型的多头金融监管体制，因此这一问题在美国尤为突出。第二，微观数据缺失问题。2008 年全球金融危机的事实证明，美国金融体系的复杂性已经远远超出了其现行金融统计体系的计量范畴，影子银行体系便是最为典型的例证。不可否认的是，美国疏于对影子银行体系的监管是导致危机的重要原因。然而，直至目前关于影子银行体系仍未形成一个被广泛接受和认可的定义。尽管包括金融稳定委员会（FSB）和国际清算银行在内的众多国际金融监管机构纷纷呼吁各国金融监管部门重视和强化对于影子银行体系的监管，但在具体的统计标准制定方面尚无法达成一致的标准。在此情况下，可视化分析技术在度量影子银行体系风险方面无疑面临着“巧妇难为无米之炊”的尴尬。

最后，可视化分析技术本身仍存在继续改进和提高的空间。可视化分析作为一项新兴的大数据分析技术，在宏观审慎监管领域具有较大的应用潜力。然而，目前大多数数据可视化分析工具仍不完善，普遍缺乏简单易行的、以用户为中心的系统设计与开发方法论、框架以及工具。因此，数据可视化分析方法的使用仍然局限于一小部分数据专家，而难以大规模地在学术研究和金融机构风险管理领域普及。现实中，大量微观主体对金融风险分析有着切实需求，却往往难以理解和直接运用看似艰深的可视化和人机交互技术。如何使用户方便快捷地、自助式地应用大数据可视化分析系统从而满足个性化的风险分析需求，将是可视化分析技术在金融风险管理领域大范围应用并充分发挥价值的关键。此外，一些特定的技术因素也是阻碍可视化分析技术应用的瓶颈。如大数据的数据规模目前已经呈现爆炸式增长态势，数据量的无限积累与数据的持续演化，使处理能力一般的普通计算机难以承受应用的极限。同时，主流显示设备的像素数往往难以跟上大数据增长的脚步，以致成像像素的总和还不如要可视化的数据多。而且，大量在较小的数据规模下可行的可视化技术在面对极端大规模的数据时可能无能为力。因此，如何对超高维数据进行降维以降低数据规模、如何使大规模并行处理方法与超级计算机结合、如何将目前有价值的可视化算法和人机交互技术拓展应用到大数据领域，是未来将面临的最严峻挑战。

然而，尽管可视化分析技术在宏观审慎监管领域的应用面临着一定的局限和问题，但是从总体上看，可视化分析技术仍然丰富了系统性风险分析的视角与工具，并且在一定程度上弥补了传统分析方法的不足，有利于监管当局深化对系统性风险的认识从而更好地制定与执行宏观审慎监管政策。从本质上看，可视化分析技术是一种最大限度发挥人和计算机各自优势的人机交互与最优化协作求解方式。在系统性风险分析和宏观审慎监管领域，可视化分析作为一种辅助监管当局进行宏观经济金融风险管理的重要工具，具有良好的应用前景，因此，值得我们密切关注和研究。

二　金融风险识别的大数据系统：以UMID为例

（一）通用房屋抵押贷款识别码（UMID）的背景

美国私人部门的房地产抵押贷款业作为2008年全球金融危机的策源地，成为后危机时期美国加强金融监管的重点。2010年美国国会通过的《多德—弗兰克法》，明确要求各级金融监管当局应当针对如何有效识别各种类型的金融机构和金融产品（尤其是房屋抵押贷款）制定细则。该法案的第1094款还对美国《房屋抵押贷款信息披露法》（HMDA）进行了修订，并责成新成立的消费者金融保护局（CFPB）以适当的方式，要求储蓄贷款机构在披露其房屋抵押贷款信息时使用“统一的贷款识别码”（Universal Loan Identifier）。为此，美国财政部金融研究办公室以及与房屋抵押贷款相关的各级监管部门和行业自律组织纷纷开始探索对贷款合约统一编码和识别的可行性与具体方案。2013年12月，美国财政部金融研究办公室提出了构建“通用房屋抵押贷款识别码”（Universal Mortgage Identifier，UMID）方案（McCormick and Calahan，2013）。该方案提出，住房抵押贷款市场在美国金融体系中具有特殊而重要的地位，其一端为美国家庭部门约70%的负债——原生的房地产抵押贷款；另一端则为证券化后各种类型的金融衍生产品。为这一市场构建一个通用的、“从摇篮到坟墓”（Cradle to Grave）式的识别码系统，将原生信贷合约与各级衍生金融产品一一对接起来，能够极大地提高该市场的透明度，从而有助于金融监管当局和各类机构识别和管理金融风险。

众所周知，物流管理和企业质量监控等众多领域早已开始应用条形码等标准化编码技术。从理论上说，如果能够构建一个统一的、标准化的金融机构和金融产品编码系统，那么就能够在金融市场中绘制出一幅金融机构之间相互联系的网络；同理，也能够使用更加先进的大数据技术，追踪金融衍生产品的原生资产，从而实现对金融风险的跨行业乃至跨国的监控和动态管理，进一步提高金融市场的透明度和有效性。[①] 2007年美国次级抵押贷款危机已经证明，极其复杂的金融创新活动不仅拉长了房屋抵押贷款的支付链条，而且极大地削弱了各方（金融监管当局、发放抵押贷款银行以及证券化资产的购买方）对于资产证券化过程的知情权。构建住房抵押贷款识别码的初衷正是有效解决这一问题，即通过数字化编码提高金融创新链条的透明度，从而起到维护金融体系稳定和保护金融消费者利益的目的。

（二）美国的各类住房抵押贷款数据库与识别码

美国联邦层面的众多监管机构都有关于住房抵押贷款的数据系统。这些数据系统主要为监管部门对相关机构实施审慎监管提供数据支持，同时确保开展住房抵押贷款业务的金融机构没有侵犯金融消费者利益，从而维护公平竞争的环境以及促进房地产市场的健康可持续发展。与此同时，这些分散的数据系统大多数都是有限开放的，以满足学术研究和相关市场主体了解房地产市场运行的需要。然而，这些分别由不同监管部门搜集和保存的数据系统之间存在严重的重复统计问题。同一份住房抵押贷款的数据信息往往在众多数据库中都有所记载。在住房抵押贷款冗长复杂的证券化链条之中，关于住房抵押贷款本身的数据信息不断被增加、修改、传递和流转。由于缺乏一个被全部金融中介所普遍接受的贷款合约识别码，因此不同监管部门在不同环节收集的关于同一份住房抵押贷款合约的数据信息往往难以进行直接整合。从宏观审慎监管层面来看，分散的处于“数据孤岛”状态的数据库在分析和预测系统性风险方面的作用无疑大打折扣。

目前，美国住房金融体系内存在多种住房抵押贷款识别码系统。这些识别码由监管当局、相关政府机构以及发放住房抵押贷款的机构分别发放和管理，不同识别码系统的市场覆盖率和使用目标存在很大差异。大体上可以将

① MILNE A. The Rise and Success of the Barcode: Some Lessons for Financial Services [J]. Journal of Banking Regulation, 2013 14 (3-4): 241-254.

现行的识别码系统分为以下三类。

第一，监管报告类识别码（Regulatory Reporting IDs）。

根据美国《住房抵押贷款信息披露法》（HMDA）的要求，金融监管部门须收集美国境内发放的住房抵押贷款的原始数据。开展住房抵押贷款业务的金融机构每年都要向联邦金融机构检查委员会（FFIEC）等监管部门提交年度报告，该报告会使用一个由阿拉伯数字和英文字母组成的25位的识别码用来标识不同的房屋抵押贷款合约。然而，由于这仅仅是一项不具有法律效力的建议，因此并非所有发放贷款的机构都遵从这一规则，识别码中包含贷款人姓名或者社会安全号码的现象时有发生。

第二，政府商业目的识别码（Government Business Purpose IDs）。

众多承担住房融资职能的政府机构也在内部数据管理和维护过程中使用住房抵押贷款识别码系统。联邦住宅管理局（FHA）、美国退伍军人事务部（VA）以及美国农业部都有各自不同的识别码系统。金融机构登录美国联邦住宅管理局的网站信息系统，在输入贷款人和房产信息并通过验证后，便会自动获得一个10位数字的识别码用于申请贷款合约保险。退伍军人事务部则在贷款保险申请生效的第一时间为该笔贷款合约分配一个12位数字的识别码。而美国政府国民抵押贷款协会（GNMA）所使用的住房抵押贷款识别码则仅包含9位数字。

第三，特定交易目的识别码（Proprietary Business Purpose IDs）。

除了以上被使用的识别码系统之外，美国房地产金融体系中还有两种被广泛使用的特定识别码系统：一种是在美国住房抵押贷款电子注册系统（MERS）使用的抵押贷款识别码（MIN），另一种是美国证券化论坛（ASF）开发的贷款识别数字编码（LINC）。MIN为18位数字编码，主要用于在房屋抵押贷款合约流转过程中记录和识别房屋产权信息，市场使用率较高。LINC编码所包含的信息主要有贷款类型、贷款日期以及国家代码等。[①]目前使用范围仍然较为有限。

---

① 参见美国证券化论坛网站对LINC编码的介绍（www. americansecuritization. com/uploadedFiles/ASF_ LINC. pdf）。

（三）通用住房抵押贷款识别码的特征与作用

第一，从识别码覆盖的范围上看，通用住房抵押贷款识别码应当覆盖全部居民住房抵押贷款合约，而且应当在居民提出贷款申请的第一时间（无论该笔贷款获批与否）介入，从而确保完整标识和记录全部流程的数据信息。

第二，从识别码的内容和结构上看，通用住房抵押贷款识别码应当具有唯一识别性、连续性、扩展性、中立性、可靠性以及开放性。唯一识别性是指住房抵押贷款合约只能被唯一的识别码所标识，而每个通用识别码也只能够识别唯一的住房抵押贷款合约，即识别码与其所标识的抵押贷款合约之间是彼此一一对应的关系。连续性是指通用识别码一旦被分配和使用，则将贯穿其所标识的抵押贷款合约流转的全过程，直至该笔贷款合约在法律意义上得以终止。扩展性是指为保证识别码的唯一识别性，通用识别码不能够重复使用。因此，通用识别码的数量必须能够持续地增加和扩展。中立性是指通用识别码的内容中不应包含特定的信息（如贷款申请人的姓名、住房所在地的邮政编码等等）。一方面，一旦特定信息失效（如贷款人变更），识别码的有效性和唯一识别性便会受到影响；另一方面，包含特定信息的识别码的扩展性会大大下降。可靠性是指，作为一个将被众多市场主体统一使用的识别码，通用住房抵押贷款识别码不能与已有的识别码系统重复或相冲突，其发行和管理必须稳健可靠。开放性是指通用住房抵押贷款识别码须基于开放的、能够达成普遍共识的技术标准。

第三，通用住房抵押贷款识别码是能够公开获得的。通用住房抵押贷款识别码的使用不应当有特定的限制，金融监管当局、从事住房抵押贷款业务的各个市场主体以及学术研究机构都能够自由使用这一通用识别码系统。当然，这并不意味着通用识别码的注册和使用是完全免费的。

第四，通用住房抵押贷款识别码应当有效保护贷款申请人的个人隐私，即不能够被用来识别贷款人的身份信息，从而确保贷款人的身份信息不被非法使用。

第五，通用住房抵押贷款识别码应当具备足够的激励相容性。通用住房抵押贷款识别码系统应当确保相关市场主体在使用该系统开展常规业务时获得效率提升，从而确保其有足够的激励使用该系统。主要监管当局之间达成的关于推广通用住房抵押贷款识别码的监管协议将有助于提升该系统的使用率。

第六，通用住房抵押贷款识别码的注册程序应当在贷款申请阶段启动并完成，以确保不对市场主体开展相关业务产生干扰。

第七，在住房抵押贷款尤其是其证券化业务流程中，数据错误问题往往在所难免。为确保通用住房抵押贷款识别码所记录数据的连续性、完整性和可靠性，应当采取必要的质量监控措施，如定期的数据检查校验与良好的数据治理结构；等等。

从通用住房抵押贷款识别码的设计理念和主要特征中不难发现，其主要作用将体现在以下三个方面。

第一，提高监管效率、促进政策研究。首先，无论是联邦层面的监管当局还是各州的独立监管机构都能够利用通用住房抵押贷款识别码对原本被分散收集和储存的抵押贷款数据库进行数据整合（Data Aggregation），而且数据整合的效率和准确率都将大大提升，这无疑将极大地提升金融监管的有效性。从消费者金融保护层面来看，通用住房抵押贷款识别码系统使金融监管当局能够更加全面深入地掌握住房抵押贷款发放的各个环节的数据信息，从而在金融机构信息披露和公平信贷等方面更好地履行监管职责。从宏观审慎监管层面来看，通用住房抵押贷款识别码事实上在美国家庭部门的存量负债与种类繁多、风险各异的海量金融资产之间建立起了直接联系，这对于监管当局从宏观层面洞察和分析金融风险的形成与跨部门传递机制是大有裨益的。此外，从政策研究层面来看，数据质量与数据覆盖范围的大幅提升也有利于监管当局更加及时地接收相关政策的市场反馈，便于研究人员更加深入地考察政策的实际效果，从而提高政策制定的有效性。

第二，便于数据文件整理归档、改善金融机构风险管理。如前所述，在美国住房抵押贷款复杂的业务流程中，涉及大量的数据信息传递与重要文件的整理、归档。如果这些由不同金融机构或第三方服务商整理和提供的数据信息使用的是各自不同的识别系统，那么各个环节的数据和文件整理归档工作出现错误与遗漏的可能性会比较大。如果使用通用住房抵押贷款识别码将关于同一份住房抵押贷款合约的全部数据文件统一标识，那么无疑将极大地降低数据文件整理归档的出错概率。与此同时，也将大大降低金融机构的操作风险，从而改善金融机构的风险管理。更为重要的是，通用住房抵押贷款识别码的使用将提升相关业务处理的自动化和数字化程度，如将全部数据和文件资料转换为电子文件，并由可供计算机识别和处理的通用房屋抵押贷款识别码进行统一管理。这就为应用基于大数据技术的信息提取与风险分析方法奠定了基础。数据传播与分享将带来显著的正向溢出效应，金融监管的效率也将由此大幅提升。

第三，保护住房抵押贷款申请人的个人隐私。众所周知，美国是非常强调个人隐私权保护的国家。隐私权作为一项重要的人权，受到美国司法体系的严密保护。因此，如何保护住房抵押贷款人的个人隐私，确保其“可识别身份的信息”（Personally-identifiable Information，PII）[①] 不被泄露和滥用，不仅仅是通用住房抵押贷款识别码系统应当解决的一个技术性问题，而且是事关这一识别码系统能否通过司法审查而最终得以顺利实施的根本性问题。一方面，从技术层面来看，通用住房抵押贷款识别码标识了全部的与住房抵押贷款合约相关的数据信息，因此其在公开使用过程中的确存在泄露贷款人PII 的可能性；另一方面，在住房抵押贷款合约的二级市场，衍生证券资产的潜在投资者既具有强烈的动机也具有合法的理由了解房屋抵押贷款人的实际偿付能力，如调阅其个人信用评级报告，这也可能成为贷款人 PII 泄露的渠道。为此，通用住房抵押贷款识别码系统将从技术层面和制度层面多管齐下，确保贷款人的 PII 与其他数据信息相隔离，并在最大程度上保证贷款人PII 的安全性。

① “可识别身份的信息”（PII）在美国是一个特定术语，特指“能够被单独用来识别或追踪个人身份的信息（如姓名、社会安全号码以及生物信息记录等）或者与其他个人信息（如出生时间地点、母亲婚前姓名等）相结合后能够被用来识别或追踪个人身份的信息”。

三　基于语义网技术的 FIBO 模型

（一）本体与语义网等技术范式简述

金融业务本体（Financial Industry Business Ontology，FIBO）是全球金融危机爆发后，美国金融业界出于统一支离破碎的微观金融数据统计体系、降低数据管理成本、提高风险分析能力的目的而提出的一项行业动议。近年来，这一动议得到了广泛的关注和支持，美国和英国金融当局都在积极参与 FIBO 方案的制订与讨论，其全球影响力不断扩大。由于 FIBO 建立在“本体”（Ontology）这一人工智能概念以及语义网（Semantic Web）技术的基础上，因此，为了清楚阐述 FIBO 的内涵与本质，尤其是其强化系统性金融风险监测的基本原理与重大意义，有必要首先对本体与语义引擎等相关技术范式进行简要介绍。

本体最初是一个典型的哲学概念。哲学意义上的本体论起源于古希腊的哲学家对于万物本原的探究与追问，是从柏拉图到黑格尔的西方传统哲学的主干或“第一哲学”（First Philosophy）。在哲学领域，本体论是各个哲学分支的理论基础，因此被称为理论中的理论、哲学中的哲学。其他哲学问题都围绕着建设、应用、怀疑或者反对本体论而展开。德国哲学家克里斯蒂安·沃尔夫（Christian Wolff）认为，本体论论述的事物属于抽象的、普遍的哲学范畴，偶性、实体、因果现象等皆从这个抽象的形而上学中衍生出来。因此，本体论是靠从概念到概念的推演构筑起来的先天的原理系统。

20 世纪下半叶以来，电子计算机技术迅速发展。本体这一哲学概念被计算机科学借用以研究可供计算机理解的知识表述方法。Neches 等于 1993 年提出了人工智能领域首个本体的定义，即本体是指对相关领域的基本术语和逻辑关系的明确定义，该定义还包括对这些术语外延规则的明确界定。同年，美国斯坦福大学知识系统实验室（KSL）的 Gruber 在该定义的基础上，提出了被信息科学领域广泛接受的本体的定义，即本体是概念模型的明确的规范说明。Studer 等 1998 年在总结上述定义的基础上，进一步丰富本体的概念，他们认为本体是共享概念模型的明确的形式化规范说明，并解释了本体这一概念的内涵，它包含四层含义，即概念模型（Conceptualization）、明确（Explicit）、形式化（Formal）以及共享（Share）。“概念模型”是指通过抽象出客观世界中一些现象的相关概念而得到的模型，其所表现的含义独立于具体的环境状态；“明确”是指所使用的概念及使用这些概念的约束都有明确的定义；“形式化”指本体是计算机可读的（Machine-readable），即能被计算机读取和处理；“共享”指本体中体现的是共同认可的知识，反映的是相关领域中公认的概念集，即本体针对的是团体而非个体的共识。总而言之，构建本体的目标是捕获相关领域的公共知识，能够提出对该领域知识的共同理解，确定该领域内共同认可的词语，并从不同层次上对可供计算机理解和处理的这些词语（术语）和词语间相互逻辑关系进行明确定义。

计算机科学之所以需要借鉴哲学领域的本体概念，主要原因在于，计算机技术日新月异的发展以及电子计算机的普及，使人类进入数字化时代的步伐不断加快。一方面，人类历史上积累下来的海量的知识与数据信息得以被数字化，即以电子数据的形式被保存和传播；另一方面，互联网等信息技术开启了真正意义上的大数据时代，人类社会的新增数据量正在以几何级数倍增。随之而来的一个问题是，如何在数字化时代有效管理和组织人类的知识与数据？如面对浩瀚的存量知识与数据，如何最有效地查询和获取某一特定的知识点或者数据集？计算机作为具有超强数据存储和计算能力的辅助性工具，本应成为协助人类有效解决这一问题的利器。然而，长期以来，一个重要的因素始终制约着计算机与人类互动的效果——计算机是基于二进制编码的计算系统，因此只能理解和处理基于二进制的结构化数据；而人类大量的知识和信息都是以自然语言、图片、音频、视频等非结构化数据记录和表述的。这种差异成为制约电子计算机人工智能技术发展的天然屏障。因此，将人类能够理解的知识与逻辑转化为电子计算机能够认知和处理的语言就显得至关重要。本体正是在这个意义上被引入计算机科学领域的。换言之，可以将本体简单地理解为一种人类与计算机进行交流互动的“翻译器”，其主要目的在于将人类在某一领域的知识系统地转化为可供计算机理解和处理的标准化语言，从而使计算机能够帮助人类更加智能化地搜索和管理知识信息，甚至像人类一样具有一些简单的逻辑推理与演绎能力。因此，基于本体的人工智能技术是电子计算机帮助人们解决大数据难题的重要工具。目前，本体论已经广泛应用于软件工程、自然语言理解、多问题求解等许多领域，成为知识表示、知识管理、知识共享、知识复用的主流技术之一，并成为自然语言处理、网络信息检索、数据库和知识库的管理、异构数据集成等研究领域共同关注的核心问题。

本体论在互联网上的应用促使语义网（Semantic Web）技术的诞生。语义网主要解决的是网络信息共享时的语义问题。如前所述，在互联网时代，如何在海量数据中检索和获取特定信息是一项至关重要的课题。提高网络信息检索的效率大体上有两个渠道：一是在现有的数据资源的基础上设计研发更好的检索技术；二是为网络上的资源附加计算机可以理解的内容，从而便于计算机更好地执行检索等智能化任务，即设计一种计算机能够理解的表示现有数据资源的方式。针对后一种情况，万维网（World Wide Web）的发明人伯纳斯·李（Tim Berners-Lee）于2000年正式提出了语义网的概念与技术架构，其目标是使互联网上的信息具有计算机可以理解的语义，从而满足智能软件代理（Agent）对万维网上异构和分布信息的有效访问和搜索需求。①

根据伯纳斯·李的设计，语义网技术架构的底层为Unicode与URI，二者是构成语义网的基本要素。Unicode是基于通用字符集标准开发出来的业界通用的一种字符编码方式，其使电子计算机能够提供数十种语言文字；而URI（Unified Resource Identifier）即统一资源标识符，是语义网中每个数据资源的唯一名称。第二层，XML（Extensible Markup Language）即可扩展标记语言，是一种计算机能够理解的信息符号，通过这种标记，

① Tim Berners-Lee. Semantic web XML2000 [EB/OL]. (2007-05-23) [2016-07-09] http://www.w3.org/2000/Talks/1206-xml2k-tbl.

计算机之间可以处理和交换包含各种非结构化数据的信息。而 XML Schema 则规范了结构化文档的语法格式。NS（Name Space）即名字空间，其旨在确保各个可扩展标记语言文档之间的同名信息在文档合并时不发生冲突。第三层，RDF（Resource Description Framework）即资源描述框架是基本的数据模型，也是一个处理元数据（Meta Data）的可扩展标记语言应用。所谓元数据是指“描述数据的数据”或者“描述信息的信息”。资源描述框架用于对网络对象的简单描述，它不依赖可扩展标记语言，但拥有基于可扩展标记语言的语法；RDF Schema 为按层次组织的网络对象提供建模原语，主要的原语包括类、属性、子类和子属性关系、阈值和范围约束。可扩展标记语言与资源描述框架二者构成了人工智能意义上的语义网络的主体，可以进行一定层次的逻辑推理。第四层，为了明确网络资源的精确含义，并使计算机之间能够精准地理解彼此的内容，需要在网络资源之间建立一套语义明确的概念体系，这个概念体系就是本体。本体由网络本体语言来描述网络资源之间的关系以及不同资源的属性。网络本体语言比资源描述框架更加适合描述复杂的逻辑关系，因此能够更精确地表示网络资源。第五层逻辑层是由网络本体语言或者资源描述框架提供足够的逻辑推理保证。再往上的证明层和信任层则旨在保证信息是可信赖的，即提供安全方面的保证。

因此，语义网是建立在资源描述框架（RDF）等标准语言的基础上，旨在对网络上的数据资源进行一种抽象的表示。语义网所指的“语义”是“机器可处理的”语义，而并不是自然语言语义和人的推理等目前计算机尚无法处理的信息。从技术层面来看，语义网需要提供足够而又恰当的语义描述机制，而从应用层面来看，语义网要实现的则是知识的共享和语义上的互操作性，这需要信息系统之间有一个语义上的“共同理解”。在此背景下，本体自然地成为指导语义网发展的理论基础。因此，语义网是在本体理论基础之上对网络进行的扩展，其目标是使网络上的信息具有计算机可以理解的语义，从而在本体的支持下实现不同信息系统间语义上的互操作性以及对网络资源的智能访问和检索。

（二）金融业务本体（FIBO）：背景、内容与进展

2008年肇始于美国的全球金融危机已经证明，金融监管当局不能仅仅从单一部门或某个具体的金融市场视角出发评估金融风险，而必须从整个金融体系的高度关注系统性风险可能发生和传导的机制。客观上，大数据时代的到来也要求美国金融监管当局和金融机构在信息管理和数据分析方面加大投入和创新的力度。因此，无论是从反思2008年金融危机教训的层面来看，还是从适应金融业“大数据时代”的历史趋势来看，美国传统的金融数据信息的收集、存储、分析和使用模式都亟待转型。

在这一背景之下，企业数据管理委员会（Enterprise Data Management Council）于2008年提出了开发金融业务本体（Financial Industry Business Ontology）的设想。金融业务本体是由企业数据管理委员会的成员机构共同开发的业务概念本体（Business Conceptual Ontology），旨在为金融工具、金融机构以及金融交易提供明确、标准的定义，尤其是清晰地界定金融工具与金融机构的内部结构以及金融交易各方的合约责任（contractual obligations）。金融业务本体能够为不同微观金融数据系统的数据整合提供一种通用语言，从而有利于金融风险的分析并提高金融业务处理的自动化程度。

在技术标准的设定方面，其同时采用了可供计算机理解和处理的语义网技术（RDF/OWL）和可供人阅读和修改的统一标识语言（Unified Markup Language）。[①] 根据企业数据管理委员会2016年6月发布的最新版金融业务本体基础性文件（FIBO Foundations Version 1.1 – Beta 2），金融业务本体是一个金融概念正式的模块化的模型。这些金融概念已被广泛应用在金融合约、金融产品（服务）说明、金融治理以及金融监管等各类文件中的金融术语所表现。而金融业也是指广义上的金融行业，其涵盖一切与货币经营相关的组织机构，如信贷联盟（credit unions）、商业银行、信用卡公司、保险公司、消费金融公司、股票经纪公司、投资基金以及政府出资型金融企业，

---

① 参见企业数据管理委员会网站（www.edmcouncil.org/financialbusiness）。

等等。①

成立于2005年的企业数据管理委员会是一家在美国注册的非营利性的金融行业数据标准制定组织，其成员涵盖了美国联邦储备委员会（FRBG）、美国财政部金融研究办公室（OFR）、联邦存款保险公司（FDIC）、美国商品期货交易委员会（CFTC）、美国证券托管结算公司（DTCC），美国联邦储备银行纽约分行等美国主要的金融监管机构，以及全球主要大型商业银行集团、投资银行等众多金融机构。此外，企业数据管理委员会也是美国金融研究办公室金融研究咨询委员会（Financial Research Advisory Committee）的成员机构，并主持数据与技术分委会（Data & Technology Subcommittee）的研究工作。此外，该委员会也是美国商品期货交易委员会下属的技术咨询委员会（Technical Advisory Committee）以及全球金融稳定委员会（FSB）下属的公共部门咨询委员会（Public Sector Advisory Committee）的成员机构。企业数据管理委员会虽然名义上是一家致力于推动全球金融数据管理尤其是金融数据标准统一的机构，但是从其董事会的构成来看，其首席执行官以及绝大多数董事成员均供职于美国的金融机构。因此，企业数据管理委员会更类似于一家与美国金融监管当局保持密切联系并具有广泛影响力的美国金融业行业协会。

企业数据管理委员会旨在通过构建金融业务本体实现以下几个目标。

第一，为全部金融术语给出标准、统一的语义内涵。长期以来，传统的微观金融数据统计体系碎片化的原因之一是金融术语的名称及其内涵的高度差异化，这也是不同监管部门和不同金融机构之间在统计口径方面存在差异的重要原因。从术语名称上看，"多词同义"和"一词多义"现象在金融部门的数据统计中非常普遍。耳熟能详的例子包括，能够表示"股本"这一概念的常用英文词汇便有"stock""share""capital"等几个，而"credit"一词则在不同语境和统计背景下可以分别表示"信用"、"贷款"以及"贷记"（或会计术语"贷方"）等不同的含义。而即使是

① 参见 http://www.omg.org/spec/EDMC-FIBO/FND/1.1/Beta2/PDF/index.htm。

“同词同义”的金融术语，不同监管部门和金融机构对其内涵的界定往往也存在显著差异。如流动性资产、表外资产、衍生金融工具此类的名词，不同监管机构以及不同金融机构之间对其内涵和统计范畴的界定往往差异很大，进而导致不同监管机构的数据库系统之间的重复统计和交叉统计现象非常普遍。这一问题在采取多头监管体制的美国尤为突出。由此产生的直接后果便是跨部门的数据调取与数据整合的难度很大。企业数据管理委员会旨在通过本体建模的方法，从根本上解决金融术语的语义不清所导致的数据统计差异问题。如前所述，如果能够建立一个完整的金融业务本体模型，使用严谨的逻辑严格界定清楚每一类金融产品、金融交易等术语的内涵和外延，无异于为金融业制定了一套通用的数据标准，这将极大地降低金融部门的数据管理成本，提高数据分析和使用的效率，其正向的外溢效应将十分巨大。

第二，通过语义建模的方式为现有的微观金融数据添加“元数据”(Meta Data)，以便于数据的汇聚与整合。在传统的微观金融数据统计体系下，各监管部门以及各个金融机构自身的数据库基本上处于相互隔绝的状态。因此，对于处于孤立状态的单一数据系统而言，数据采集的背景信息(如数据出于何种目的被采集、数据采集的对象、数据的格式与频率等)往往并不重要。因为这些数据的使用目的都较为单一，基本上都是出于某一类固定用途而被量身“定做”(采集)的。然而，在大数据监管模式下，原本彼此隔绝的微观金融数据系统之间涉及交互和对接问题。因此，只有充分了解不同数据系统的背景信息，才有可能对不同来源的数据进行汇聚和整合。显然，语义网技术在这方面有着独特的优势，即可以通过为微观金融数据添加“元数据”(Meta Data)的方式，为不同数据系统的数据添加可供机器识别的“注解”，从而提高数据整合的效率。

第三，使用语义网技术提高金融数据信息的机器可读性。大数据监管的前提是对海量数据进行处理。由于数据处理的计算量巨大而且对处理效率有很高要求，因此单纯的人工操作以及对人工操作依赖程度较高的传统统计分析软件往往难以胜任。因此，大数据监管需要使用计算能力更强而且更加智能化的计算机系统代替人进行对计算能力要求很高但在逻辑上并不复杂的操作，如基于海量数据的查询检索、聚类合并；等等，从而提高数据分析的效率。然而，前提条件是必须确保全部金融数据可供计算机理解和处理。根据企业数据管理委员会的规划，金融业务本体的设计基于可扩展标记语言（XML）与资源描述框架（RDF）这一语义网的基本技术范式，以确保金融数据具有良好的机器可读性，并且可以通过语义网技术在网络上分享。因此，在理想状态下，金融业务本体模式下全部的微观金融数据可以分别存储在其所属的信息系统的服务器中，而任意一家联邦或者州层面的监管机构都可以通过分布式处理技术，随时从散落保存在全美国各个服务器中的微观金融数据库中调取所需要的数据，并进行高效分析和处理，从而提高对系统性风险的监测能力。

企业数据管理委员会早在 2008 年便启动了“语义仓库”（Semantic Repository）项目，并针对有价证券（Securities）开展本体建模研究，其后该委员会陆续开始对金融产品的分类、金融机构的识别、衍生金融产品与交易的界定等诸多问题进行本体建模的探索。2011 年，该委员会正式提出了构建金融业务本体（FIBO）计划，旨在将本体建模覆盖至全部的金融业务范畴。企业数据管理委员会在开发金融业务本体的过程中借鉴和参考了大量目前金融业正在使用的数据标准和本体模型，并对其进行了系统的“逆向开发”（Reverse Engineering），以求在最大程度上兼容已有的数据标准。

金融业务本体按照“主语—谓语—宾语”（Subject-predicate-Object，亦称为 Semantic“Triple”）这一语义建模的通行句法对金融行业通行的术语进行了明确、具体的定义。而且所有对金融术语的界定都围绕着两个核心问题展开：第一，所定义的目标是什么？第二，该目标具有何种独特的性质？因此，金融业务本体是一个典型的概念本体（Conceptual Ontology），其旨在为金融业提供一种通用的、标准化的语言，从而在语义层面消除由于对金融术语概念理解的不一致所可能产生的数据统计差异，为金融数据与信息的网络化、智能化交换提供便利。由于为金融行业全部的概念和术语构建语义模型是一项非常庞大的系统工程，其中既涉及不同技术部门之间的协同，还需要大量来自金融行业的主题专家（Subject Matter Experts）的参与。因此，金融业务本体的建设进展非常缓慢。以2008年便启动的“语义仓库”（Semantic Repository）项目为例。目前，该项目仅初步完成了与金融工具相关术语的语义定义，其中部分内容仍在不断增加和修订中（见表1）。

表1 FIBO金融工具“语义仓库”建设情况

术语分类	二级分类[1]	术语数量	建设进展
普通工具术语(Common Instrument Terms)	无	403	已完成
股票(Equities)	无	178	已完成
债务(Debt)	无	254	已完成
衍生品(Derivatives)	有(2)	180	进行中
权利(Rights)	无	93	已完成
集合投资工具(CIV/Funds)	无	407	已完成
索引与指数(Indices and Indicators)	无	191	已完成
证券信息[2](Securities Components)	有(8)		进行中
金融业务流程(Process Terms)	有(1)		进行中
贷款(Loans)	待定	待定	待定
金融机构(Business Entity)	无		已完成

注：1. 括号内数字为二级分类术语的个数。

2. 指关于证券产品的全部非核心信息，如证券合约条款、合约签订相关事项、是否上市交易、承诺与担保情况、限制性条款与税收情况，等等。

资料来源：http：//www. edmcouncil. org/semanticsrepository/index. html。

（三）FIBO在宏观审慎监管领域的应用

从语义网本身的技术特点来看，可以将金融业务本体在系统性风险分析和宏观审慎监管领域的应用概括为三个方面。

第一，逻辑推理（Reasoning）。构建金融业务本体的初衷之一便是在概念本体模型基础上开发更多面向具体应用的操作本体，从而利用电子计算机帮助金融监管当局更加有效地处理海量的微观金融数据，尤其是更加智能化地提取和分析系统性风险信息，从而维护金融体系的安全与稳定。由于金融业务本体对全部金融术语的内涵进行了明确清晰的界定，从而使不同微观金融数据库之间的数据交换与数据整合成为可能。在此基础上，金融业务本体模型所使用的“主语—谓语—宾语”这一语义建模的通行句法，使一些基于人工智能系统的简单逻辑推理成为可能。如从逻辑上看，根据“若A则B”和“若B则C”能够很容易推断出“若A则C”。这一看似简单的逻辑推理对于系统性风险的智能监测可能具有至关重要的意义。假定某一金融体系中存在一组如图1所示的OTC交易网络，双向箭头代表金融机构互为OTC交易的对手方。

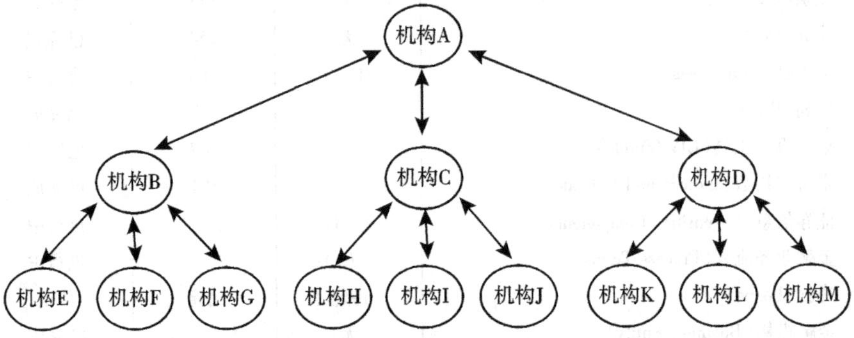

图1　某金融体系的OTC交易网络

在金融业务本体模型下，假定我们建立一个更加具体的操作本体（Operational Ontology）模型：如果OTC交易的亏损大于该机构的注册资本，则该机构破产；如果OTC交易的亏损小于该机构的注册资本但高于注册资本的50%，则该机构面临破产风险；如果OTC交易的亏损小于注册资本的50%，则该机构无破产风险。在此情况下，一旦某机构（如机构A）陷入破产，则电子计算机系统便可在我们建立的操作本体模型基础上做出“如果A破产，则B破产；如果B破产，则F破产；如果A破产，则F破产”这一逻辑推理，从而迅速识别出全部交易网络内的金融机构所面临的风险情况而无须人工介入调查（见图2）。事实上，金融市场真实的交易网络是非常复杂的。因此，这一由电子计算机完成的看似简单的推理能够极大地提高金融风险分析的效率。试想，如果在2008年9月15日美国雷曼兄弟公司破产倒闭的第一时间，能够通过这一逻辑推理厘清该公司破产倒闭可能产生的负面影响，或许就不会引发金融市场的恐慌，从而最终避免这场席卷全球的大危机。从另一个角度来看，语义网技术的逻辑推理功能也能够用来判定一家金融机构是否具有系统重要性，从而提前实施监管介入。如果我们在上述操作本体模型的基础上规定，“若某机构破产所产生的损失超过全部金融机构注册资本的50%，则该机构具有系统重要性”，那么计算机系统会在实时扫描各监管部门金融数据库的基础上，动态地识别系统重要性金融机构，从而提醒监管部门对其实施重点监管。

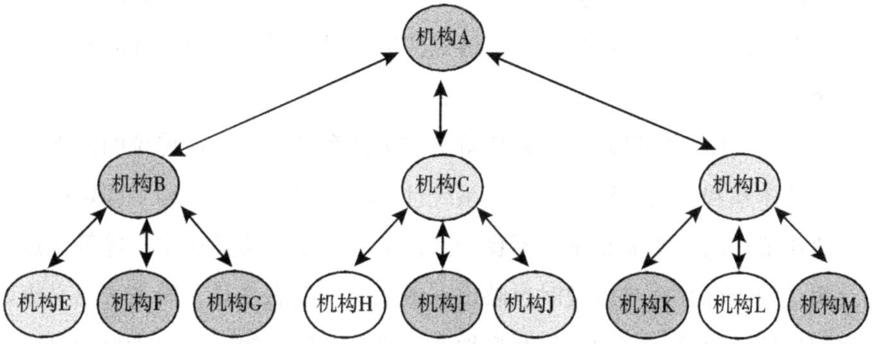

图2　基于FIBO的违约风险扩散推理

注：黑色代表该机构陷入破产；灰色代表该机构面临破产风险；白色代表该机构无破产风险。

第二，语义查询（Semantic Querying）。语义查询功能是语义网技术最为突出和重要的功能之一。在Web1.0时代，数据信息的检索只能通过关键词（Key Words）展开，即电子计算机只能根据输入系统中的关键词与网络数据信息进行匹配，从而返回包括关键词的全部数据信息。这种检索完全是简单机械式的，而且检索效率很低。因为检索方只有输入了答案中包含的关键词，才有可能在浩瀚的网络信息中检索出希望得到的答案。如果以“系统性风险”（Systemic Risk）为关键词进行网络搜索，那么计算机返回的仅仅是包含“系统性风险”字样的全部数据信息。而如果我们希望得到的是能够诱发系统性风险的因素，如股市泡沫与系统性风险的关系，则往往很难通过关键词搜索达到预期目的。而基于本体建模的语义网技术能够根据检索内容的语义而并非仅仅是根据字面内容开展更加智能化的查询，这对于金融监管部门是一个监测金融风险动态变化的重要工具。如银行业监管部门可以在金融业务本体模型下便捷地了解银行部门某类资产或金融交易（如高风险的 OTC 交易）的头寸数量。语义查询引擎会自动地扫描网络上全部的微观金融数据库，由于全部微观金融数据都是按照统一的概念本体被定义和统计的，因此计算机系统可以便捷、高效地根据监管部门的分析需要随时调取和整合全部的微观数据，进而返回监管部门所需要的数据资源和初步分析的结果。这将大大提高金融监管部门的风险分析能力和效果。监管部门也可以利用语义查询功能，获取某一家金融机构的交易情况，从而有针对性地进行监管介入。

语义查询使金融风险的分析变得更加灵活和动态化。在传统的微观金融数据统计体系和分析方法下，度量系统性风险的指标往往是相对固定的，如监测商业银行的资本充足率、不良资产比率、流动性覆盖比率，等等。这些相对固化的指标往往难以及时反映出金融风险的动态变化，而基于语义查询能够较好地解决这一问题。如当房地产价格上升时，银行业监管部门可以通过语义引擎调取贷款数据、OTC 交易数据甚至外汇交易数据等一切可能与房地产交易相关的微观数据，从而汇总并监测银行部门与房地产相关的风险资产头寸。因此，金融风险指标即语义查询的内容可以随着宏观经济金融形势的变化而灵活调整，从而保证监测系统性风险的动态性和有效性。

第三，自动归类（Automatic Classification）。由于金融业务本体模型是对真实金融世界的一个抽象概括，因此其所界定的金融术语以及不同术语之间的关系不是固定不变的，而是可以根据层出不穷的金融创新活动而进行拓展。如一旦市场上出现了创新型金融产品，金融业务本体的统计和分析框架不必进行颠覆性的调整，而是可以根据该创新型金融产品的特征而将其自动归类。本体建模在逻辑上的严密性能够保证任何创新型产品都能够被系统识别并划归为某一特定类别，从而避免了人为地调整原有数据库结构的不足。在传统的金融数据统计架构下，每出现一个新的金融产品，往往就需要监管部门针对这一金融产品单独设计一套统计表格，这不仅增加了金融机构统计和报送数据的成本，而且也加大了监管部门数据管理的难度。由于新增数据与原有数据之间往往缺乏内在的逻辑关联，因此监管部门的微观数据愈发碎片化，难以对微观数据进行有效整合。

金融业务本体模型在金融部门的大规模应用和推广大体上可以分为以下几个阶段。

第一，IT 系统的升级改造。语义网技术的应用需要与之相配套的 IT 系统支持，无论是金融监管部门还是各金融市场主体，应用金融业务本体进行风险分析与管理的前提条件是具备一定的 IT 基础设施，从而进行数据存储与传输、语义查询、分布式处理等基本操作。

第二，操作本体建模。如前所述，金融业务本体仅仅是一个概念本体模型，其开发并不基于某项具体的金融应用。因此，只有在金融业务本体模型基础上开发具体的操作本体模型，才能够开展金融风险分析等具体业务。

第三，数据匹配（Data Matching）。金融业务本体模型开发完成后，金融监管部门以及各金融机构需要将其数据库中的全部数据按照金融业务本体模型中对金融术语的定义进行匹配，并确保数据匹配的精确性。

第四，数据整合（Data Integration）。数据匹配完成后，监管部门便可以从不同数据库进行数据的抽取（Eextraction）与整合工作。数据整合的目的是查验数据质量，避免合成谬误。

第五，数据可视化或数据报告。上述工作完成后，便可在数据抽取和数据整合的基础上进行数据的可视化，并撰写数据分析的报告以用于特定目的（如金融风险的监测与分析）。

（四）FIBO 面临的问题与发展前景

金融业务本体的基本逻辑是通过语义建模的方法，明确定义整个金融术语以及金融关系并附加机器可读的标准化信息，从而为整合零散、彼此分割的微观金融数据体系奠定基础，同时也为金融数据的搜集、整合和智能化检索分析创造条件。因此，从设计理念上看，金融业务本体既符合全球金融危机后美国弥合数据缺口从而全面加强宏观审慎监管的客观需要，也是大数据时代金融监管部门和金融机构有效处理海量金融数据的一项重要的基础设施。然而，其开发和应用仍然面临诸多问题和挑战。其中最为突出的一个问题，是金融业务本体模型作为一项全金融业的“数据标准”，只有在整个金融行业得到全面推广和普及才能够发挥其作用。然而，其全面推广则面临巨大的沉淀成本损失，而这一成本损失如何得以补偿将是一个至关重要的问题。具体而言，无论是开发基于金融业务本体的操作本体模型，还是将原有数据库中的数据与金融业务本体模型的定义进行匹配，都将是一个耗时耗力的过程。金融机构可能为此支付高额的 IT 设施升级与数据库改造费用。在市场化条件下，只有当可以预见的应用金融业务本体所带来的潜在收益大大超过其沉淀成本时，金融机构才有足够的动力使用金融业务本体模型。显然，从短期来看，金融业务本体模型仍然难以得到大规模的推广。当然，不排除美国金融当局将金融业务本体作为一项重要的金融监管的基础设施，而采取行政手段予以推广。尽管美国财政部金融研究办公室、美联储以及联邦存款保险公司等监管部门都密切参与了金融业务本体模型的开发，但对于 FIBO 的评估和推广也非常谨慎。截至目前，美国金融当局对于 FIBO 这一正在开发进程中的金融数据行业标准尚无明确表态。

应当说，金融业务本体的发展前景是比较乐观的。但目前看来，其开发进程比较缓慢。企业数据管理委员会仅仅初步完成了与金融工具相关术语的语义建模，而大量的关于金融业务流程、金融机构之间的关系（如持股、控股）的语义建模仍未完成。因此，金融业务本体模型的构建以及实际应用还有相当一段路要走。

B.11 人工智能发展的新趋势、新特点及其对金融领域的影响

黄余送　余训陪　耿　琦　刘　凡

摘　要：　本文对人工智能的发展进行了简要介绍，重点描述了人工智能近年来在发展过程中呈现的新特点和新趋势。同时，本文也阐述了人工智能对金融领域的影响，以及人工智能发展带来的安全问题，并就如何发展人工智能提出了相关建议。目前人工智能的发展特点体现在：一是中美两国已呈竞争趋势，在中国的发展尤其迅速，在某些领域甚至已超过美国；二是人工智能的应用范围也日趋广泛，社会生活的各个方面都可以发现人工智能的影响；三是大公司正逐渐占据人工智能的家庭用户市场和企业市场；四是人工智能正逐渐改变就业分布，相关人才需求也很紧缺。除了新特点，人工智能呈现的新趋势体现在：一是边缘计算、胶囊网络将成为人工智能技术新的突破点，医疗诊断也将开始大量应用人工智能技术；二是人工智能在未来将覆盖军事、智能城市、物流等宏/微观领域；三是网络安全市场将会是AI的一个蓝海市场，而机器学习方面的投资即将达到峰值；四是许多白领的工作即将受到人工智能技术发展的冲击。人工智能对金融领域的影响主要体现在客户服务的轻资产化、金融服务模式的主动化、服务链条的智能化以及数据处理的高效化。未来，语音识别与自然语言处理、计算机视觉与生物特征识别、机器学习与神经网络、知识图谱以及服务机器人技术将在金融领域发挥重要作用。金融机构需要进一步

在市场定位、技术发展以及公司治理层面加快人工智能的发展。诚然，人工智能的发展也带来了一些安全问题，主要是在数字安全、物理安全和政治安全方面给社会管理带来了挑战。由此，社会各界应充分认识人工智能的双面性，一方面政策制定者需要与研究人员保持沟通和合作，另一方面技术研究人员需要对人工智能的负面效应保持前瞻性。

关键词： 人工智能　机器学习　知识图谱

一　何为人工智能

人工智能（Artificial Intelligence，AI），其来源于英文单词 Artilect，这一单词出自美国科学家雨果·德·加里斯的著作。人工智能这一概念在1956 年达特茅斯会议上被首次提出，在这次会议上，科学家们共同研究和探讨了一系列关于机器模拟智能方面的问题，并将人工智能定义为“使一部机器的反应方式像一个人在行动时具有智能”。此后，许多科学家也就人工智能进行了相关的定义。例如，MIT 的科学家 Winston 就曾认为“人工智能就是研究如何使计算机去做过去只有人才能做的智能工作”。

自人工智能诞生至现在，其发展可分为六个阶段：萌芽期、启动期、消沉期、突破期、发展期以及高速发展期。1943 年，人工神经网络模型的建立，标志着人工神经网络研究时代的开启，人工智能进入萌芽期；1956 年，达特茅斯会议提出了“人工智能”的概念，国际学术界开始对其进行研究，标志着人工智能进入启动期；1969 年，人工智能中连接主义学派和符合主义学派均未有新的突破，加上计算机能力的限制，人工智能进入了消沉期；1974 年，BP 算法得以提出，随着半导体技术的突破和第五代计算机的研制，人工智能方面的研究开始重启，进入突破期；1986 年，BP 网络被提出，并在技术层面开始实现，随着计算机算法的突破和分布式网络的构建，人工智能的成本得以降低，进入发展期；2006 年至今，深度学习被提出，随着移动互联网的发展，人工智能进入高速发展期。纵观人工智能的发展历史，它虽然经历了一个曲折的发展过程，但因为硬件、软件、成本方面的突破而得到不断发展。

距离人工智能概念的提出半个多世纪已经过去，人工智能进入了新的发展阶段，其已不再是简单地对人的行为进行模拟，而是成为进一步研究人类智能活动，并在此基础上发现一定规律的学科。目前，人工智能方面的研究涉及计算机科学、生物学、仿生学、自动化、控制论、信息论、心理学、数理逻辑和哲学等学科。科学家们将这些学科加以整合，构建相应的硬件和人工系统，使得计算机能够从事需要人类的智力才能进行的工作，进一步解放了人的劳动力。经济学家亚当·斯密曾认为，劳动的分工使生产力得以提高，人类开始有剩余物质，进而出现了物与物的交换，这是对劳动生产力解放较为原始的论述；19 世纪的经济学家马克思认为，共产主义社会的一个重要标志是人的自由全面发展，而人的自由全面发展又是以劳动的解放为根本动力和主要内容。我们相信，人工智能的发展将把人类劳动生产力的解放推向一个新的阶段。由此，我们需要时刻关注人工智能在发展过程中所表现出的新特点和新趋势，充分认识其发展过程中的两面性，进而促进人工智能发挥其应有的作用。

二　人工智能发展的新特点

人工智能发展的新特点，是指目前人工智能领域出现的不同于以往发展阶段的新情况或新特征。这些新情况和新特征正在深刻改变着人工智能的布局。笔者将从人工智能发展的全球形势、技术应用、市场结构以及人工智能对就业的冲击四个方面进行论述。

（一）全球形势

过去 60 年，在人工智能领域，美国一直占据主导地位，在学术层面和实际应用层面都具有相当强的影响力。中国在人工智能领域起步虽然没有美国早，但是影响力逐渐增强，主要表现在投资份额、技术布局和跨界投资三个层面。

目前，中国企业涉及人工智能领域的交易数量仅占全球的9%。但是，从交易的金额来看，中国的份额已经占到48%。相比2016年的11.3%，中国的投资份额在2017年呈现较大幅度的增长。综观全世界的投资份额，美国目前占到38%，除中国和美国以外的其他地区则占到13%。此外，投资份额的增长也直接导致了专利数的增加，从中美两国的对比来看（见图1、图2和图3），无论是深度学习、人工智能，还是机器学习，中国的专利数量均已超过美国。

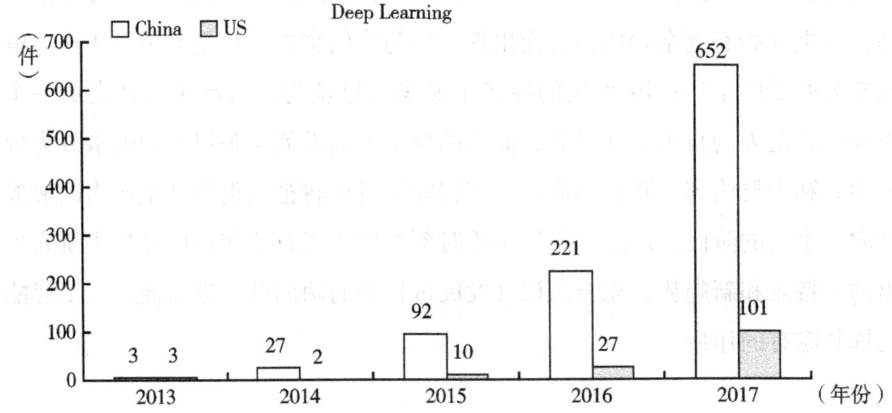

图1　中美深度学习专利比较

资料来源：epo. org。

在技术层面，中国在人工智能方面的提升主要来自脸部识别和AI芯片方面的布局。前者实际源自政府试图在全社会建立数字化管理体系的计划，通过脸部识别技术，政府可以对社会的各个层面进行数字和图形化管理，降低社会的管理成本，提升公民的整体素质；后者则对美国在芯片领域的主导地位形成了挑战。以旷视科技、商汤科技和云从科技为主的科技公司正加速布局脸部识别领域，并配合政府在多个城市进行摄像监控布局。

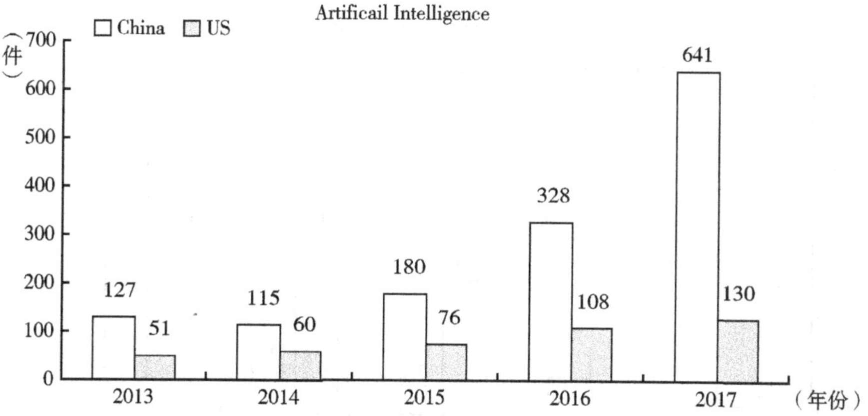

图 2　中美人工智能专利比较

资料来源：epo. org。

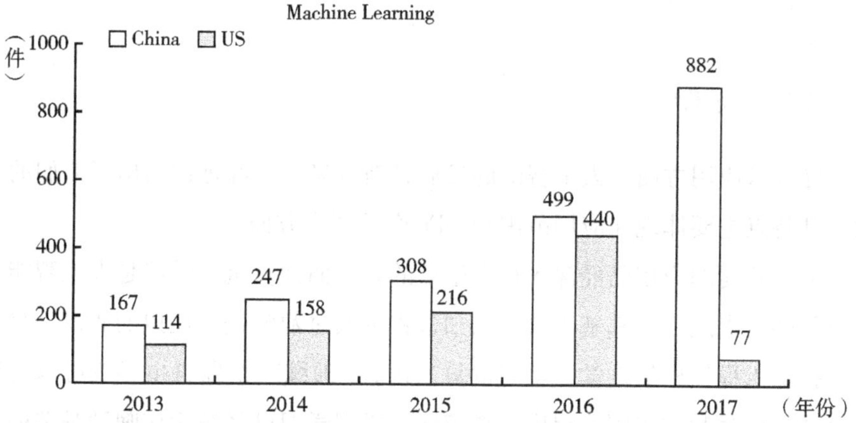

图 3　中美机器学习专利比较

资料来源：epo. org。

在跨界投资方面，中国已全面超过美国，如图 4 所示，中国在 2017 年的跨界投资数量为 31 笔，而美国公司在中国的投资仅为 20 笔。中国的科技巨头，如百度和京东，正在全球进行人工智能方面的投资，其中也包括在美国进行投资。尽管中国公司在美国的投资面临比较严格的审查，但是，仍然有越来越多的公司在美国设立初创公司，试图利用两国的技术融合在人工智能领域有所突破。

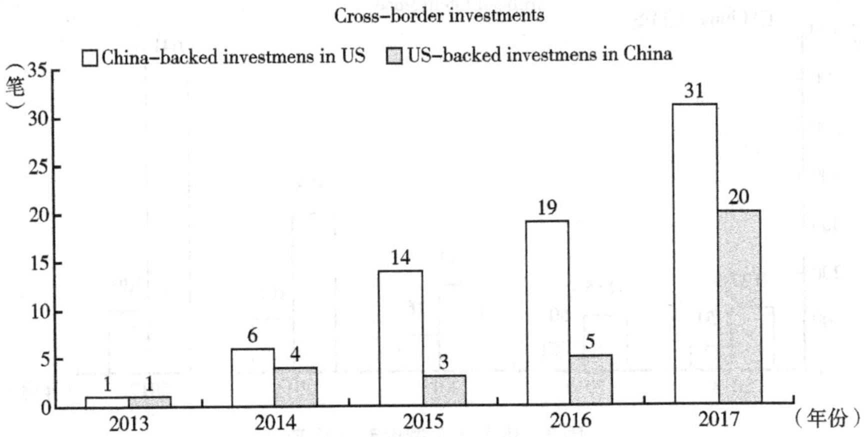

图4　中美跨界投资数量

资料来源：CBINSIGHTS。

（二）技术应用

在技术应用方面，人工智能的发展日新月异，已经远远超出了人们的想象。其特点主要体现在应用范围和 DIY 产品两个方面。

人工智能的应用已经深入社会生活的方方面面。机器学习是人工智能中最重要的技术之一，其基于人类认知过程可通过数学进行模拟的假设，将大量数据输入提供框架性学习策略的算法内，“训练”机器自主寻找可以解读数据或提供预测的规则或程序。在英国，机器学习已经被用作啤酒酿造的工艺流程之中，通过大量的数据分析和参数设置酿造出适当的啤酒；在俄罗斯，机器学习被用作深海捕鱼，机器学习可以分辨出雷达图像中鱼类信号和其他噪声信号的不同；在瑞典，机器学习则被用来分析马的行为轨迹。类似的将人工智能用于生活中的例子还有很多，看似不可思议，实际则能很好地改变我们的生活。人工智能的这些应用证明其离我们的生活已越来越近。

人工智能改变生活的另一个例子便是 DIY 的人工智能产品。用户可以直接使用科技公司提供的平台打造自己的人工智能产品。例如，很多开源的图书资源可以通过 Google 和亚马逊等公司的平台直接整合以供用户使用，用户可以利用相应的软件根据自己的需求智能搜索和整合相应的资源；Google 在人工智能领域也走在前列，其开发了一个视觉工具箱，机器可以自动辨别图片，包括识别猫与狗的差别，甚至能细化到人的脸部表情，这使用户得到了极大的方便。

（三）市场结构

人工智能已经大量应用于商业中，为市场提供可以产生经济效益的服务或产品。按照市场划分，整个人工智能市场可以分为家庭用户市场和企业市场。

在家庭服务层面，智能家居市场已经被大公司所占据。智能家居市场中比较重要的便是声音处理技术，其将声音转变为机器可以识别的信号，进而管理家庭中的各种物件。目前，声音处理技术也已成为人工智能各大交流会议的主要议题。手机公司如三星、LG 等均在提升声音处理技术，试图在智能家居市场进行布局。从智能家居市场的发展来看，其正被亚马逊、Google 等大公司逐渐占据。例如，亚马逊旗下的子公司 Alexa 正在开启一场声音革命。2017 年第四季度数据显示，Alexa 目前正在全球 80 多个国家开展其智能家居服务，但是其服务仅支持英语、德语和日语。相比之下，Google 所提供的智能家居服务则能支持英语、法语、德语和日语。在非英语系国家，如西班牙和中国，其智能家居市场也被一些大公司所占据。例如，在中国，百度和阿里巴巴便正在加速布局智能家居市场，试图利用 AI 技术改变人的生活。

在企业市场层面，亚马逊、谷歌、微软等技术公司占据了人工智能市场较大的份额。在这场已经拉开大幕的人工智能比拼中，很多企业已经开始布局，将机器学习融合进其产品之中，许多初创的人工智能企业应运而生，并提供个性化服务。但是，随着谷歌、亚马逊和 Salesforce 这类大型企业开始提供机器学习方面的服务，部分小型人工智能公司会遇到融资困难。目前，Google 推出了自己的自动化机器学习技术 AutoML，用户可以利用相应的数据满足其个性化需求。亚马逊推出了 Amazon AI。Amazon AI 服务使很多烦琐的工作得以避免，所有应用程序开发人员可以广泛地访问其 AI，提供强大且可靠的深度学习算法和技术，使得开发人员开发的产品和服务能够以完全托管的形式呈现。

（四）就业冲击

人工智能的不断发展，将给就业市场带来较大的冲击，主要呈现两个特点：一是就业将呈现产品需求迁移趋势；二是市场对人工智能领域人才的需求加大。

人工智能的发展正在改变就业人员的结构，使从事工业机器人和新兴制造业的人不断增加。一般情况下，制造业会倾向于向劳动力成本较低的地方转移，但是，随着人工智能的发展，越来越多的工作可以用机器来完成。如果机器的成本降到一定程度，那么产品的生产地点可以放到产品需求较多的地方。中国的天源服饰已经在美国签署了备忘录，意图将部分服装的生产转移至美国。天源服饰将使用佐治亚的一家人工智能公司开发的缝纫机器人来生产其产品。

目前，人工智能方面的人才还很稀缺，市场对于人工智能研究人员的需求远远超过了现有的供给人数。在中国，市场对人工智能方面的人才需求旺盛，根据腾讯公司的内部数据，国内人工智能的从业人数约为30万人。但是，相关公司对人工智能方面的人才需求已达100万人，未来的需求量将更大。在美国，如果在搜索网站上搜索“artificial intelligence”这个单词，将会呈现将近32000份工作需求，且大部分工作的薪酬已达到了六位数。

三 人工智能发展的新趋势

人工智能的新趋势，是指目前在此领域正悄然发生，且较为突出，但其前景如何还不是特别明朗，仅能根据当前的发展态势对未来进行的一个较为模糊的预测。人工智能的新趋势包括技术、应用、市场以及就业四个层面。

（一）技术层面

在技术层面，边缘计算、胶囊网络和医学应用领域是人工智能正在着力突破的方向。

首先，在算法方面，人工智能正趋于去中心化，即向边缘计算发展。边缘算法已经得到了较多的应用，比如，对于一部手机或者一副穿戴设备，边缘计算可以使这些设备就近处理相关的数据信息，并迅速做出反应，而不是将数据发送至云端进行处理。整个处理过程在本地边缘计算层完成，从而提升了处理效率，减轻了云端的负荷。由此，用户的各种需求可以直接在边缘端解决。在现实中，边缘计算技术已有所应用。例如，具有人工智能技术的自动驾驶汽车可以视路况迅速做出驾驶反应；手机的脸部识别技术可以使得手机对当前的图像迅速做出反应；婴儿看护器可以使用人工智能的机器视觉技术对婴儿进行全面监控。

其次，人工智能中的深度学习技术正加速发展，尤其是胶囊网络的出现正革新深度学习的运作方式。在胶囊网络之前，深度学习主要遵循的是卷积神经网络（CNN）的运行原理。CNN 的主要组成部分是一个卷积层，它的工作是检测图像像素中的重要特征。比如，就脸部识别来说，CNN 可以识别脸部的各种要素，从而区分出不同脸部的不同之处。但是，CNN 并不能识别出各种要素的相对位置。而胶囊网络在 CNN 运作的基础上更近一步，其能识别出各种要素的相对位置，辨识能力更强。胶囊网络的想法本身并非多么新颖，学术界在之前已经提出过，但是，到目前为止，仅有一种算法能够将其实现。这个算法被称为“胶囊之间的动态路由”。因此，胶囊网络被真正运用仍需时日，不过其将成为深度学习的发展方向。

最后，人工智能应用于医学领域已经初步得到了监管部门的认可。人工智能可以提高医疗诊断的精度，也可以提升诊断的时效性。例如，机器学习可以将病人的诊断照片与其他病人的照片进行比较分析，并发现人眼可能忽视的细微差别，从而对病情提早做出诊断。而且，人工智能诊断的效率，也比人工更快。目前，许多大型的科技公司均已开始将人工智能应用于医疗领域。著名生物医药企业阿斯利康便已与阿里巴巴签署协议，准备在中国推广人工智能扫描诊断技术。可以说，医疗领域已经成为人工智能公司加速布局的市场。

（二）应用层面

人工智能是一个全新的技术领域，但近年来已越来越受到关注，无论是国家还是企业都已开始在此领域进行布局。从应用趋势看，人工智能在应用方面将涵盖军事、城市管理、医疗急救、无人驾驶等各个方面。虽然一些领域的应用仍处于试验阶段，但未来的趋势已经显现。

首先，在政府层面，人工智能将更多应用于军事和城市管理两个方面，这也是公共产品最重要的两个领域。根据美国《2016～2045年新兴科技趋势报告》的描述，预计到2045年，全球的机器人和自动化系统将逐渐成熟，机器人在机动性、灵敏度方面将达到人类的要求，机器人战士将装备至国家军队。美国国防部研究计划局近年来已经与波士顿动力公司合作，开发了“灾难救援”的机器人，预期其将应用于军事救灾领域。在城市管理方面，随着物联网的兴起，城市基础设施以及人们日常生活中的移动设备将变得更加智能，物联网、数据分析以及人工智能的结合将构建一个巨大的智能机器网络。未来，全世界60%～70%的人口将会居住在城市，城际交通、电力设备、污水处理以及公共安全等涉及城市管理的各个领域将使用智能化管理，机器系统可以根据城市运行的现实状况，通过数据分析自行做出日常判断，以人工智能为基础的城市自动化将提高城市的效率和可持续性。

其次，在企业等微观组织层面，人工智能将主要应用于以下领域：一是物流领域。物流是现代零售商业的基石，在电子商务的发展中起着基础设施的作用。未来的物流仓库将在物品的打包、筛选和搬运方面实现全自动化，即机器人承担几乎所有工作，实现全天24小时运营，大大提高物流的运行效率。二是无人驾驶领域。无人驾驶是人工智能运用的高级领域，由于涉及公共安全及社会伦理问题，需经过较长的试验。但是，一些大型企业早已在此领域开始布局，如美国的特斯拉和中国的百度。一些大型的传统汽车企业也正在无人驾驶领域加大研发力度。未来，随着无人驾驶技术的成熟，由汽车导致的安全问题将大为缓解。三是信息传播领域。大型的媒体公司正在研究如何使用人工智能技术生产内容。信息时代，信息的生产和传播也需要提高效率。未来，人工智能技术可以自动将社会中的新闻事件转换成可以传播的媒体格式，如视频、文本、音频等，提升信息的生产和传播效率。四是日常工作领域。人工智能将大大改善依赖体力劳动的工作，同样，其也将提升脑力劳动的工作效率。例如，基于人工智能的机器人可以记录销售代表和客服的电话，解答客服的疑问，这种机器人解放了一部分白领的工作，也让简单机械的工作变得有效率。五是日常生活领域。随着语音技术的发展，人们的日常生活也将变得越发智能，人工智能技术使得智能产品和人得以交互，人们可以使用语音操作日常生活的各种设备，生活的丰富度得以提高，生活质量也更具感性。需要说明的是，人工智能将更多地运用于生活的方方面面，即不局限于前文所描述的领域。

（三）市场层面

在市场层面，人工智能呈现两个方面的趋势，一是基于 AI 的网络安全市场将成为一个重要的市场；二是机器学习方面的投资即将达到峰值。

在当前万物互联的时代，网络安全问题已日益重要，将人工智能应用于网络安全领域将成为未来人工智能应用市场的一个显著趋势。目前，针对网络最常见的攻击方式有恶意软件攻击、流量作弊、电信网络诈骗、分布式拒绝服务攻击等，轻则造成用户隐私泄露或财产损失，重则影响企业正常运作甚至危及国家安全。传统网络防御的思路是为防护对象划清边界，将网络攻击挡在边界之外。但是，这一思路正受到挑战，主要因为一方面万物互联，边界已很难划分；另一方面传统的攻击方式都是已知的，而现在的攻击方式已不断升级，较难预测。人工智能可以帮助我们从更宽的视角和更广的维度去发现异常、捕捉威胁。从理论角度说，数据规模越大，维度越丰富，训练出来的 AI 模型的适应性就越强。在过去的五年中，大约有 134 家人工智能公司开始涉及这一领域，总共融资规模高达36.5亿美元。其中，大约有34家公司在2017年是首次融资，而这些公司正试图在这一领域与一些成熟的公司展开竞争。著名咨询公司CBSIGHT预计，AI在网络安全领域的应用将日趋深入。

近年来，人工智能领域的投资已经达到较大规模，2017年的总投资额相较2016年增加了144%（见图5）。根据CBSIGHT的预计，AI方面的投资即将达到峰值。自2006年以来，大约有1100家人工智能方面的新公司完成了它们的首轮融资，这个数据超过了之前人工智能首轮融资公司数量的一半，即首轮融资数量呈现爆发式增长。人工智能的核心技术之一是机器学习，从目前的情况来看，许多行业已经开始将机器学习融入其产品之中。首先，新的工业产品需要使用机器学习技术将大量的数据从机器、传感器以及各种数据接口中收集上来，并进行实时处理。其次，基本上所有的网络安全公司对机器学习技术的使用都达到了一定的程度。再次，许多大型的科技公司都可以为企业提供持续的机器学习方面的相关服务。因此，根据CBSIGHT的预测，AI方面的投资目前已经达到一定程度，而且呈进一步持续并有所回落的趋势。

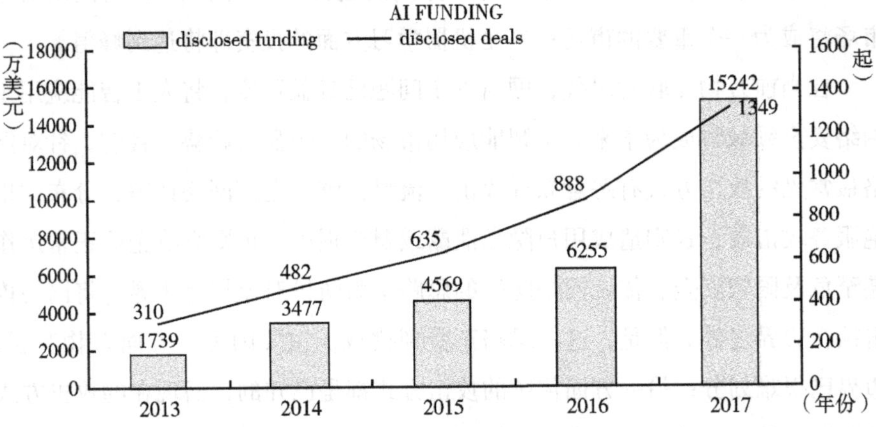

图5　AI投资趋势

资料来源：CBINSIGHTS。

（四）就业层面

人工智能的发展已经对相关领域的就业产生影响，一些原来白领比较青睐的工作，如法律顾问、财务顾问、记者、交易员等，均将面临人工智能带来的冲击，这个趋势已经开始显现。

首先，AI 的专业自动化和增强软件平台正在提升社会的生产效率，并威胁着越来越多的白领阶层。例如，人工智能有巨大的潜力来缩短时间，提高法律效率。在诉讼方面，一个人工需要耗费几天时间完成的数千页法律文件，自然语言处理可以在几分钟内完成，并降低出错的概率。随着人工智能平台变得更加高效和商业化，这将影响到按小时收费的外部律师事务所的收费结构。此外，程序员的工作也开始受到影响，一些初创公司专注于开发 AI 系统，用于软件测试、调试和基础前端开发。例如，一家英国的公司正在开发 AI 系统完成自动编码任务，包括 bug 修复、自定义代码开发以及将代码从一种编程语言转换到另一种编程语言，等等。

其次，未来市场对于数据科学家的需求将会超越对工程师的需求。根据国际商业机器公司（IBM）的预测，截至 2020 年，市场对于数据科学家的需求将会达到 270 万人。随着数据量的暴增，许多公司对数据分析的需求也迅速增加。不管是制定商业策略还是给机器学习平台提供可读的数据，都需要能够高效分析数据的人才。面对数据量的迅速增加，以及公司数据业务的扩张，数据科学家的未来需求量也将会继续上涨。

四　人工智能对金融领域的影响分析

习近平总书记于 2017 年 12 月主持学习实施国家大数据战略时强调，要“加快发展数字经济，推动实体经济和数字经济融合发展，推动互联网、大数据、人工智能同实体经济深度融合”。从讲话可知，人工智能实际上是国家实施大数据战略的重要组成部分，其将对金融和实体经济带来变革。事实上，金融领域对技术进步向来敏感，云计算和大数据的快速发展为人工智能提供了基础支撑，深度学习带来的算法突破提高了复杂任务处理的准确度和效率，极大地推动了语音识别、机器学习、自然语言处理、计算机视觉、机器人等人工智能技术的发展，人工智能技术的发展将为金融业带来颠覆性变革。

（一）人工智能变革金融领域的理论分析

未来，人工智能将在多个层面产生影响，其影响可能远大于互联网对各行业的改造，其将产生更大的价值，替代更多的人工劳动，尤其是一些重复性的工作，从而将人从劳动密集型的工作中解放出来，去做更具有价值的事情。对于具体行业来说，其也会显著提升行业的生产和服务价值。在金融行业，人工智能对金融服务的提升已不言而喻，从理论上说，其主要源于以下几点。

一是客户服务的轻资产化。金融业作为服务行业，客户关系维护是金融机构产品供给与需求的中间链条。在不同的技术水平下，客户关系维护的模式和效率都有所不同。在计算机和互联网技术应用于金融业之前，金融机构客户关系维护主要通过客户经理与客户的直接接触，直接回应客户的需求和挖掘客户的潜在需求，并培养客户黏性。金融服务的提供也主要是在金融机构实体网点实现。这种传统的金融服务模式需要投入大量人力和物力资源。客户体验也因客户经理的经验水平和专业素养而异。在互联网和人工智能技术发展的大背景下，金融机构实体网点的需求将大为降低，随着客户文化水平的提高以及社会数字经济的发展，客户对于线下的金融服务需求将部分被线上的金融服务所替代。人工智能技术的引入使得金融机构能够提供客户以前在线下才能获得的服务。随着市场竞争的深入，改革金融机构均会在大数据、云计算以及人工智能方面进行布局，或自己建立相应的开发团队，或采用外包的形式购买数据服务。起初，以人工智能为代表的金融科技需要花费较大的成本投入，但是随着技术的成熟，人工智能带来的收益将覆盖其开发成本，最终，与线下的实体服务网点相比，线上的金融服务在成本收益方面将更具优势，金融机构将呈现轻资产化的特征，金融服务的各个环节将更具专业性，金融机构在调整其成本结构，转变其发展方式时也将更为灵活。市场经济的核心要义之一便是引入竞争机制，随着人工智能的收益优势逐渐体现出来，整个金融行业也将逐渐朝轻资产化的发展方向转型。

二是金融服务模式的主动化。随着互联网金融和人工智能技术的发展，金融服务模式将经历从被动需求到主动需求，再到双向主动的过程。金融业属于服务行业，其中除了优化资金的配置，人与人的价值交换也是其中之一。在互联网技术大规模运用于金融行业之前，金融机构的员工需要与客户建立长期的业务关系，帮助客户筛选和接受金融服务。这个过程中，客户的需求相对被动，其实际是接受金融服务人员的主动性服务。金融服务人员与客户通过交谈、咨询、推荐等过程，建立了较为友好的关系，这种关系也提高了客户对于金融服务人员的依赖程度，产生了客户黏性。但是，随着互联网技术的发展，金融服务呈现跨区域和跨时间的特征。千里之外的农村地区通过互联网可以较为容易地接受银行、证券等金融机构的金融服务；客户可以在工作时间之外接受资金的转账、金融产品的购买等服务。互联网时代之下，客户端和金融服务更具标准化，客户需要自行通过网络选择相应的金融产品和服务。客户的需求由相对被动向相对主动转变，需求成本由金融机构向客户转移。在这个过程中，客户会对金融机构提供服务的质量、效率进行比较，其对金融机构的依赖程度也会有所降低，市场化竞争使得金融机构从之前的人工服务转向提供异质化的产品和线上金融服务。人工智能的飞速发展，则会使得客户需求主动提升的同时，进一步完善金融机构的主动服务。人工智能使得机器能够在很大程度上模拟人的服务，当客户自行选择、比较金融产品和服务时，其不仅仅依靠自己的主动性获取知识，还可以通过与机器进行交互，咨询、了解金融产品和服务。事实上，人工智能技术的引入使得人力成本得以降低的同时，进一步加强了对客户的主动性服务，客户黏性有望重新获取。客户的主动需求与金融机构的主动服务形成良性互动，这会使金融机构调整其金融产品、服务渠道、服务方式、风险管理、授信融资、投资决策等。

三是服务链条的智能化。人工智能技术的快速发展，使机器替代了人的大部分功能，从而为客户批量提供人性化和个性化的服务，给处于服务价值链高端的金融带来深刻影响，使金融服务的整个链条实现智能化。金融服务分前、中、后台。在前台，人工智能主要是应用于客户服务，金融机构在引入人工智能之后能够形成智能的客服系统。客户的服务是一项系统性的工程，涉及咨询、评估与后续维护。客户首先需要了解金融产品和服务，人工智能的引入可以让机器与客户进行沟通，回答客户的各种问题，并对这些问题进行分类与整理。起初，智能客服仍需要人工的参与，后续随着机器学习的深入发展，智能客服可以逐渐减少对人工的依赖。其次，智能客服系统需要对客户进行相应的评估，以评价其适合哪一类的产品和服务。最后，智能客服系统需要对客户进行维护，比如对客户进行风险提醒，定时满足客户的交易需求等。在中台，人工智能主要应用于支持授信以及金融分析中的决策。例如，当前台将客户的数据反馈给中台之后，中台需要对数据进行分析，以决定提供给客户什么样的产品和服务。在后台，人工智能主要应用于风险的监控与防范。对于金融机构的整个产品服务体系来说，风险的防范非常重要，涉及对金融产品和服务提供过程中异常情况的监测和处理，这些均可以逐步应用人工智能技术实现智能化监测。

四是数据处理的高效化。金融行业沉淀了大量的数据，包括结构化和非结构化数据，比如金融交易信息、客户信息、市场分析、风险控制、投资顾问等数据，其数据级别都较大，而其中的非结构化数据，如客户的身份证扫描件，既占据宝贵的储存资源、存在重复存储浪费问题，又无法转化成可分析数据，使金融大数据的处理工作面临极大挑战。金融行业的数据量较大，通过运用人工智能的深度学习系统，可以使得金融机构的智能服务体系不断完善，甚至有可能超过人类的知识回答能力。尤其是在风险管理方面，人工智能的应用将大幅降低人力成本并提升金融风控及业务处理能力。起初，整个金融行业所拥有的数据均是非结构化的，金融机构通过人工的方式根据需要将非结构化的数据转化成结构化的数据，再输入计算机系统进行相应的分析，包括客服服务、风险评估、风险监测等。随着非结构化数据向结构化数据转化的逐渐成熟，相应指标的提取更加模式化，人工智能中的机器学习技术开始进场，即机器自己便可以对非结构化数据进行分析，将其转化成结构化数据，进而使得整个流程更加智能化，数据处理的效率大为提高。因此，人工智能实际上是将经历从处理结构化数据为起点到处理非结构化数据为起点的过程，这个过程伴随着机器学习的深度介入，也伴随着人力工作的逐渐退出，整个数据处理效率得以提升，处理成本得以下降。随着人工智能技术的发展，整个技术在金融行业的全面应用已为期不远。

（二）人工智能在金融领域的应用展望

人工智能目前已经广泛应用于金融领域。国内外金融行业中的一些大公司均已在人工智能领域开始布局。根据笔者的了解，未来，人工智能在金融行业的应用将主要从五个方面展开，分别是语音识别与自然语言处理、计算机视觉与生物特征识别、机器学习与神经网络、知识图谱和服务机器人技术。

一是语音识别与自然语音处理。人工智能在语音处理方面的技术在金融业应用已较为广泛。通常来讲，其主要应用在智能客服、语音数据挖掘以及柜台业务辅助三个层面。金融机构提供的客服渠道种类较多——电话、网上助手、App、短信、微信等多种渠道，客服与用户之间并不直接见面。如果语音识别和自然语言处理技术高度发达，可以实现机器对人工服务的替代，客户输入语音或文本，机器进行实时的语音识别和语义理解，掌握客户需求，自动进行语音问答。总之，利用语音处理技术，可以替代人工客服，代之以智能客服，从而整合对外的客户服务渠道，为客户提供多模式融合的在线智能服务，实现语音分析、客服助理等商业智能应用。语音数据挖掘是指基于语音和语义技术，将海量的电话录音和各种语音形式的数据内容结构化，分析出有价值的信息，为服务和营销等提供数据与决策支持。此外，语音语义技术与机器学习结合起来，可以通过对业务咨询热点问题进行梳理统计，生成知识问答库，并作为后续机器自动回复客户问题的参考依据。柜台业务辅助则是指在金融机构的线下网点，使用语音技术根据客户的需求自动引导客服办理各种金融业务，填写部分内容，柜台人员只需最后进行确认，这样可以减轻柜员负担，提升客户体验。语音技术在我国已经有所应用，例如，平安集团便整合了旗下保险、基金、银行、证券等客服渠道，通过语音技术自动为客户解答业务问题或转接至对应的业务模块。语音技术的应用才刚刚开始，随着大数据的发展以及机器学习的深入，语音技术将使得客户的体验更为人性化。

二是计算机视觉与生物特征识别。此技术主要应用于人像监控预警、员工违规行为监控、核心区域监控、交易安全以及黑白名单应用几个方面。人像监控预警是指在线下网点或 ATM 周围装上摄像头，增加人像识别的功能，通过事先接入人像大数据系统，应用相关数据对现实中的人像进行比对，以识别可疑人员和可疑行为，也可用于识别 VIP 客户，从而提供差异化的金融服务。员工违规行为监控是指在线下网点或公共办公区域安装摄像头，对员工的可疑行为进行辨识与监控，并记录和标记疑似交易，一旦有异常行为，后台人员可进行分析比对，起到一定的警示作用。当然，员工违规行为监控需要平衡好公司管理与保障员工合法权益之间的关系。核心区域监控是指对于金融机构内部的核心安全区域，如数据机房或集中运营中心等，可以装置人像识别摄像头，对于进出人员进行智能识别，要求人像与证件相符方可进入，同时对于其身份进行登记，防止陌生人进入，对于可疑的人员或行为则需要提前识别并进行通告，以维护核心区域的安全。交易安全是指对于真实的金融交易，可运用人脸识别、虹膜识别等生物识别技术，对客户的交易资质进行提前审核，如有异常可及时中止，以提升交易的安全程度。黑白名单应用是指通过接入征信身份数据库，对客户的信用信息和生物信息进行识别，生成黑名单和白名单，当金融从业人员服务客户时，在客户没有感知的情况下，通过人像识别对客户的身份进行辨认。

三是机器学习与神经网络。机器学习与神经网络可以运用于金融预测与反欺诈、授信融资、投资决策、辅助决策系统、保险定价以及智能投顾。金融预测与反欺诈是指通过大规模地采用机器学习技术，将大量的金融交易数据导入机器学习系统之中，机器会自行发现金融交易中的异常数据，此技术一般用于分析信用卡的使用和交易，有助于金融机构识别欺诈交易，预测交易变化，提前做出应对决策。授信融资是指通过整合有关客户的维度数据，比如年龄、性别、学历、消费记录等，建立各个维度与客户信用程度的关系，通过机器学习不断更新信用相关指标，以对客户进行信用分析，进而给予授信。随着大数据和人工智能的深度运用，大量的贷款申请将通过智能算法在几分钟之内给予贷款审批，其审批效率大为提高，有助于服务于个人信贷以及小微企业信贷。而且，机器学习还可以继续运用于贷后管理，以实时进行风险监控。投资决策是指利用历史数据和统计概率方面的算法，使得系统能够自动感知市场的变化，不断更新数据和模型，进而做出投资决策。目前，量化投资是机器应用于投资决策的先例，但是其还需要人工进行建模，理想的情况是机器自行根据市场变化更新模型和算法，达到此程度还需要对机器学习和金融投资人士跨界合作进行研究。辅助决策系统是指金融机构利用深度强化的学习技术，根据经济金融的历史数据，给出当前经济形势的预测，辅助相应的金融决策。辅助决策系统和投资决策系统较为相似，其不同在于，投资决策系统会让机器自行进行决策，而辅助决策系统情境下，人工是最终决策者。保险定价是指利用深度学习技术对保险对象进行分析。例如，就汽车而言，通过模型算法自动化地对车的风险因子分数进行分析，使得保险定价个性化和动态化。智能投顾是指根据马科维茨的资产定价理论，基于对客户的风险评估，为客户批量提供资产管理和在线投资建议服务，使金融机构更智能地为个人客户进行服务。

四是知识图谱。具体来说，知识图谱是通过将应用数学、图形学、信息可视化技术、信息科学等学科的理论方法与计量学等方法结合，利用可视化的图谱形象地展示学科的核心结构、发展历史、前沿领域以及整体知识架构的现代技术。其在金融领域的应用主要体现在金融知识库的构建和风险控制两个方面。金融知识库是指建立有关金融知识方面的数据库，这些数据库能够有效地辅助智能客服和柜台业务办理。人工智能可以使得金融知识库的建立更具智能化和动态化，即将大量与业务相关的金融知识组合起来，通过视觉化的方式展现给客户。金融知识库的智能化将有助于智能客服的升级，客户将不需要人工对整个金融业务和金融产品进行了解，且整个过程又具备较好的用户体验。知识图谱用于风险控制是指在对企业进行风险评估时，采用可视化的方式，将企业与其他单位的业务联系全方位地展现给风险评估人员或者智能化的风险评估系统，这样可以将公司的上下游企业、母子关系、竞争对手、行业企业等业务单位融入金融机构的风险控制系统之中，形成一个风险控制网络，一旦周围的企业出现风险点，风险控制系统可以快速分析其向目标企业的传染性。

五是服务机器人技术。服务机器人是人工智能发展到一定阶段的产物，是机器高度拟人化的表现，即实体机器人在比较高的程度上替代人的工作。服务机器人在机器人家族之中仍属年轻，其尚没有一个权威的定义，不同国家对服务机器人的认识也是不同的。目前，在社会的很多领域，都不同程度应用了服务机器人技术，如维护保养、修理、运输、清洗、保安、救援、监护等。在金融领域，服务机器人技术可以应用于机房巡检以及网点服务两个方面。机房巡检是指对于金融机构的核心区域或重要机房地点实行巡检，以监测核心区域和机房的安全。通常，巡检的工作是由人工完成的，如果引入机器人巡检，则可以解放劳动力，且可在一天 24 小时内不间断地进行监控。机器人机房巡检与生物识别技术相结合，可以对金融机构的机房或核心区域进行安全防范，提升金融机构的安全水平。网点服务是指将机器人引入金融机构的网点服务之中。通常，网点会配备一些工作人员解答客户的各种问题，介绍金融产品和服务，同时帮助办理业务。网点一般由客户服务人员、业务办理人员以及安全保卫人员组成。事实上，网点的服务工作很多都已经呈现模式化和流程化的特征，通过机器人服务完全可以完成。国内已经有银行开展了机器人服务网点的试点工作，预计未来机器人将更多地应用于金融机构的网点服务之中。

（三）人工智能在金融领域应用面临的挑战

诚然，人工智能在金融领域的应用也遇到不少挑战。英国《金融时报》曾对全球 30 家银行做过有关人工智能应用方面的调查，调查总体结果显示，银行业对新技术感到兴奋，但是仍采取比较谨慎的方式。事实上，人工智能在金融业的全面应用还需要解决一些问题，主要体现在市场定位、技术发展以及公司治理三个层面。

市场定位层面，人工智能在金融服务的很多环节均可有所建树，但是金融机构如何将人工智能与金融机构自身的核心竞争力相结合，或者说如何利用人工智能打造自身的核心竞争力，仍有待探索。人工智能中的语言处理技术可以辅助客户服务，机器学习技术可以帮助进行金融决策，这些技术的应用范围都大体相似，现如今，很多金融机构是迫于市场竞争的压力在布局人工智能，但是，如何在应用人工智能的同时，将其与金融机构的市场定位结合起来，是管理层需要着重考虑的问题，否则，人工智能对于金融机构来说将仅仅是被动适应现实的一种布局。

技术发展层面，人工智能还需完成从感知型智能向认知型智能发展。很多金融从业人员认为，机器已经或者在近期即将完成和人工一样的工作，大部分工作即将被替代。但是，这个过程实际还有较长的路要走。目前，人工智能可以感知人的声音、图像，但是对于这些外在感知信息的处理仍需要人为编制程序去进行设定。认知型智能则是指让机器能够像人一样思考，即具备抽象思考、抵达事物本质的能力。感知型智能在金融领域的应用正慢慢成熟，认知型智能的应用还需要在技术层面取得突破。

公司治理层面，金融机构的管理者需要处理好人工智能在应用过程中成本与收益的关系，以及人工智能与员工的关系。一些金融机构在发展人工智能时考虑的是其能够带来新的商业模式和盈利方式，另一些机构则更多考虑人工智能在节省经营成本方面的作用，这两种发展人工智能的出发点有些许差异。前者更注重投资，但可能较为激进；后者更注重成本节省，但可能在新技术的突破上较为缓慢。对于金融机构来说，如何合理权衡人工智能的成本收益仍需探索。人工智能对于员工工作的影响目前有两种说法，一种说法认为员工和工会对人工智能反应敏感，其担忧人工智能带来的就业冲击；另一种说法认为人工智能可以将员工的潜力释放出来，促使他们去做更有意义的事情。对于金融机构来说，处理好人工智能与员工之间的关系，将有利于人工智能在金融机构内部顺利实施。笔者认为，通过科学的管理，妥善地将员工的部分工作转移至人工智能，同时不损害员工的利益将是明智的选择。

五　人工智能的发展过程中存在的安全问题

（一）数字安全

数字安全，又称信息安全，是指在网络情境下保证信息的保密性、真实性、完整性、未授权拷贝和所寄生系统的安全性。在人工智能时代，数字安全将受到挑战，其主要表现在以下几个方面。

一是不法分子利用用户信息进行模拟以达到诈骗目的。在信息时代，每一位用户在网上的行为都会留下痕迹，这些痕迹之中蕴藏着用户的私人信息，如性别、年龄、住址、星座等。信息的泄露在网络时代已变得越发容易，许多不法分子靠贩卖数据进行牟利。某种程度上说，掌握了人工智能技术的不法分子更容易利用用户信息进行诈骗。例如，不法分子可以使用人工智能技术模拟用户与其亲人进行对话，建立信任，从而获取信息或进行诈骗。二是利用人工智能探测到系统的薄弱环节，进而发起攻击。网络黑客可以利用人工智能技术浏览过往的系统代码，找出系统中较为薄弱的环节，并减少此环节的时间。在探测到薄弱环节的同时，人工智能可以自行创作代码，以对系统发起实时攻击。人工智能技术使得网络攻击从探测到攻击的时间大为缩短，且更加智能。三是精准识别潜在的攻击对象。随着大数据技术的发展，机器学习的速度逐渐加快。网络黑客利用机器学习技术对大型数据库进行浏览，并可以更有效率地识别出潜在的攻击对象。

总之，人工智能技术使得黑客攻击更具智能化，数字安全对于一个国家和一个组织已更为重要。将人工智能技术应用于网络安全将是未来各国需要着重关注的问题。

（二）物理安全

物理安全指的是使现实中一定地理范围内的物体避免受到外来的攻击。通常，计算机也有物理安全一说，指计算机硬件在运行过程中避免受到外部的干扰。但是，此处我们探讨的物理安全问题是指人工智能的应用可能造成的军事方面的侵略，其主要体现在以下几个方面。

一是人工智能的商业系统已被恐怖分子利用进行物理攻击。人工智能应用于商业系统已很普遍，如无人机以及其他自主性移动工具等。恐怖分子可以利用这些工具运输或传递具有危险性的武器以进行物理攻击，利用人工智能恐怖分子的攻击将更加便利。二是人工智能技术使得物理攻击的范围和规模比以前更大。首先，人工智能使得不法分子不需要拥有较高的人身技能便可实施相应的攻击；其次，少量的不法分子利用人工智能机器人可以完成较大规模伤害的攻击；最后，人工智能技术的应用扩大了不法分子的监视范围，使得这些人能够对更广的区域进行攻击。三是人工智能技术使得不法分子可以迅速撤离战场。由于可以进行远距离的无人攻击，不法分子可以在短时间内实施攻击之后，迅速撤离战场，且难以进行追踪。

（三）政治安全

政治安全是相对于经济、科技、文化、社会、生态等领域而言的，其安全的主体是国家。人工智能的发展使得信息的获取和使用变得便利，也更加复杂，甚至可以影响一个国家的政治安全，其主要体现在以下几个方面。

一是某些组织或团体可以利用人工智能技术进行监视活动。人工智能使得社会的图像和声音处理变得更加便捷。具有人工智能技术的公司或团体可能会利用人工智能技术进行情报的搜集，了解当下社会的意识形态，进而达到影响社会意识形态和政治走向的目的。二是制造不实新闻影响政治选举。在西方国家，网络平台已经深度介入国家的政治活动，影响着政治选举。例如，大型科技公司可以利用人工智能技术收集选民的政治偏好，进而告知候选人如何发表政治见解赢得选民；这些公司也可以制作美化或丑化候选人的视频或新闻，对选民进行定期和定向推送，以影响他们的选举决策。人工智能技术的应用使得这些活动变得更加精准和有效。三是混淆信息的真实性，影响信息获取渠道以操纵人的行为。人工智能技术使得一些组织或团体在社会的各种信息获取渠道中加入噪声信息，混淆信息的真实性，进而达到散布谣言，扰乱社会治安的目的。

总之，人工智能所带来的政治安全问题主要涉及监视、制作不实信息以及混淆真实信息，这些活动可能影响政治选举，威胁社会稳定，每个国家都需要引起足够重视。

六　对发展人工智能的几点建议

前文已经述及，人工智能在发展过程中已经呈现新特点和新趋势，伴随着这些新趋势和新特点，安全问题也需要引起足够重视，其中包括数字安全、物理安全和政治安全。事实上，人工智能对于社会的发展是一把双刃剑，如何发挥人工智能的效用，趋利避害，使其合理地服务于社会，是需要研究人员、企业家以及政府管理者持续关注的问题。

（一）充分认识人工智能的双面性

人工智能的出现和不断发展是人类社会的进步。但是，从历史经验来看，任何一项新技术的出现和发展都是一把双刃剑，利用得好会对人类社会的进步发展发挥积极的作用；反之，会对人类社会的进步和发展起到阻碍作用。目前，人工智能对社会的影响主要体现在两方面，一方面是工业机器人，即工业自动化、智能化；另一方面是家庭服务业的自动化和智能化。同时，许多科学技术人士也担心人工智能会对社会带来一定程度的威胁，一方面人工智能技术降低了违规犯罪的成本，使得不法分子能够在更广范围实施更大规模的违法活动；另一方面人工智能如果向超人工智能发展，其可能不受人类控制，对社会造成危害。因此，政府部门以及研究机构需充分认识到人工智能技术的双面性，在发展中观察，在应用中趋利避害。

（二）政策制定者需和研究人员通力合作

政策制定者应该与技术研究人员进行合作，对人工智能技术的前景、应用以及可能产生的社会影响进行调查，以阻止或减轻人工智能的潜在影响。

政策制定者与技术研究人员可以在人工智能领域实现很好的合作，主要有两方面内容。一是政策制定者不要过度阻止研究人员对人工智能新技术的开发。在技术人员开发人工智能的过程中，政策制定者需要持续关注技术的发展动态，对于新兴的、应用范围和影响尚不明确的技术，应保持审慎关注的态度，不急于支持，也不急于阻止，等技术的应用趋于明朗之后，再做决策。二是政策出台的科学性。政策制定者应与研究人员保持沟通，一方面确保政策的出台符合技术的发展规律，具有一定的专业性；另一方面确保技术研究人员知晓政策制定者的意图，以便在进行技术开发时做一定程度的调整，不至于偏离方向。

（三）技术人员应对人工智能的负面效应保持前瞻性

技术人员在发展人工智能的过程中，应该始终对人工智能的负面效应保持关注，即每一项技术开发都需要将人工智能的负面因素考虑进来。

众所周知，人工智能技术是一把双刃剑，其发挥的社会效应最终取决于人们如何去使用。一些学者和技术人员本身认为技术人员不必过多考虑人工智能的负面效应，他们主要的关注点应该是技术的研发。这样的观点有失偏颇，技术人员在研发人工智能技术时也需要遵循一定的原则和道德标准。第一，技术人员应在对技术的应用效果进行合理评估的前提下开展人工智能技术研发，了解技术的正面效应和负面效应，从而有效应对负面效应的出现。第二，技术人员应该与政府部门保持一定程度的沟通，一方面政府部门可站在公众立场提出相应的开发建议，另一方面技术人员也可以为政府部门的政策制定提供相应的专业支持，使得人工智能的应用更具社会效益。

（四）应在更大的范围内应对人工智能的挑战

推进人工智能，不是政策制定者一方的事情，也不是技术人员一方的事情，需要在更广的范围内进行探讨。

人工智能已经深入社会生活的方方面面，其带来的挑战也具有较大的不确定性，企业界、学术界以及政府部门都要关注人工智能的发展。由于人工智能的应用会有双向效应，其在遵守法律与违法之间的界限并非泾渭分明，例如，监视活动可以有效识别不法分子，也可能损害公民的权益；政府部门和私营机构可以利用人工智能技术做符合或违反公众利益的事情。所以，需要在更广的范围内探讨人工智能的应用，广泛听取社会各领域和各阶层的意见推进人工智能技术合理地发展和应用。

参考文献

[1] Brundage M, Avin S, Clark J, et al. The Malicious Use of Artificial Intelligence: Forecasting, Prevention, and Mitigation [J]. 2018.

[2] Top AI Trends to Watch In 2018. CBINSGHTS. https://www.cbinsights.com/research/report/artificial-intelligence-trends-2018/.

[3] 马修·U. 谢勒、曹建峰、李金磊：《监管人工智能系统：风险、挑战、能力和策略》，《信息安全与通信保密》2017 年第 3 期。

[4] 腾讯研究院：《人工智能各国战略解读：英国人工智能的未来监管措施与目标概述》，《电信网技术》2017 年第 2 期。

[5] 徐忠、孙国峰、姚前：《金融科技：发展趋势与监管》，《金融博览》2017 年第 9 期。

B.12

响应式许可链 RepChain 的设计与应用

陈 胜 李春晓 蒋步云 郑龙帅 左 春 梁 赓

摘 要： 区块链作为一种分布式可信账本技术，其核心价值是在可信数据的基础上建立多方信任，保证数据来源可追溯、可验证、不可伪造和防篡改。对企业级应用场景还需要全面增强其安全性、隐私性、实时性、可扩展性和友好性设计。RepChain（Reactive Permission Chain）作为目前国内唯一开源的许可链基础组件，通过全新的系统结构设计，具有响应式、松耦合、轻量级、协同性共识、合约分级部署、运行状态可视化等特点。本文在介绍 RepChain 系统结构和功能特点的基础上，以供应链为场景介绍了其应用方案。期待以此为业界提供参考，推动区块链技术与行业应用的结合与发展，解决一些传统软件难以解决的问题，为行业应用服务，为实体经济服务。

关键词： RepChain 许可链 响应式 Actor 供应链

一 区块链技术

区块链技术是利用块链式数据结构来验证与存储数据，利用分布式节点共识算法来生成和更新数据，利用密码学方式保证数据转移和访问安全，利用由自动化脚本代码组成的智能合约来编程和操作数据的一种全新分布式基础架构和计算范式。具体来说，区块链技术作为一种分布式可信账本技术，按照时间顺序将数据区块以顺序相连的方式组合成链式数据结构，并以密码学方式保证其可追溯、不可篡改和不可伪造，其核心价值是通过可被多方验证的账本数据建立信任。

在区块链系统中“区块 + 链”这种独特的数据结构忠实、完整地记录了行为主体签名认可的授权行为。用户可以不信任区块链系统，但它出具的每条数据皆有其授权来源，是可追溯并可验证的。区块链的实施要避免类似传统系统越过行为主体的授权自行其是，并且好的区块链系统应该让行为主体在做出授权之前，清楚认识到其授权行为将可能面临的风险。

随着技术的不断演进，为了适应不同的应用场景，各种区块链平台应运而生，例如以比特币、以太坊为代表的公有链，以 Hyperledger Fabric 为代表的联盟链，以及大型金融机构使用的私有链。其中，参与节点需要经过许可才可以加入的区块链称为许可链，联盟链和私有链都属于许可链。

目前，区块链技术的研究领域还局限于比特币、以太坊为代表的公有链和虚拟货币，针对企业级联盟式行业应用的研究才刚刚起步。公有链系统中的用户匿名、激励机制、完全去中心化、竞争性共识都是在其特定场景下采用的技术手段而非核心价值。另外，完全去中心化的公有链由于任何人均可参加，交易内容对所有节点均可见，用户隐私无法得到保障。在企业应用中，必须根据具体场景具体分析，现有的公有链开源程序很难为企业级场景所利用。

在企业实际应用与区块链技术结合的探索中，许可链体现出其优越性。许可链中参与者都有责任主体相对应，必要时可以追溯到每个主体，节点间信任程度较高。另外，许可链一般采用非竞争性共识机制取代公有链的竞争性共识，有利于交易通量和交易实时性的提高。

区块链技术在供应链金融中的应用前景值得探索，供应链由物流、信息流、资金流共同组成，并将行业内供应商、制造商、分销商、零售商、用户串联在一起，有着天然的多方信任需求。各交易方签名认可的供应链数据上链，且保证不可伪造或篡改；并基于此建立起自动执行的智能合约机制，解决多方信任问题并提升供应链的整体运行效率。

二　许可链基础组件 RepChain

RepChain 是采用响应式编程实现的一款许可链基础组件（开源地址：https：//gitee. com/BTAJL/repchain. git），不同于公有链，它的目标场景是企业联盟式行业应用。

RepChain 通过引入授权许可允许节点入网，选择 TLS 作为节点之间的安全通信信道，排斥其他未被接纳的节点；通过在身份准入的基础上建立安全信道，降低参与共识节点的规模，采用协同性共识算法取代竞争性共识算法，这样提高了交易的实时性和交易通量。

（一）RepChain 系统结构

参考工信部《中国区块链技术和应用发展白皮书（2016）》的分层模型，RepChain 在系统结构的设计上遵循模块化特点，专注于基础功能，并且尽量保持模块之间的松耦合，以方便在具体场景实施中进行适当调整。

RepChain 共分为六层，从底层到上层分别是数据层、网络层、共识层、合约层、API 层、监控层，如图 1 所示。

（1）数据层

数据层负责数据格式定义，并以此为基础实现数据的交换、验证、存储、读取及检索。

数据结构的定义采用 Protocol Buffers（Protobuf）定义文件，ScalaPB 组件可以根据定义文件生成对应的 scala 类，这些类具备与 Protobuf 字节流之间序列化/反序列化的能力。这样做的优势在于：第一，数据可以透明地在网络节点之间传输，而且能够透明地持久化到磁盘或者从磁盘读入；第二，根据 Protobuf 定义文件可以在 Web 端实现 JavaScript 对象和 Protobuf 字节流的序列化/反序列化。

数据存储采用文件系统和 LevelDB 结合的方式，文件系统用来存放数据区块，LevelDB 存放索引信息和 WorldState 状态信息。存储模式包括单实例

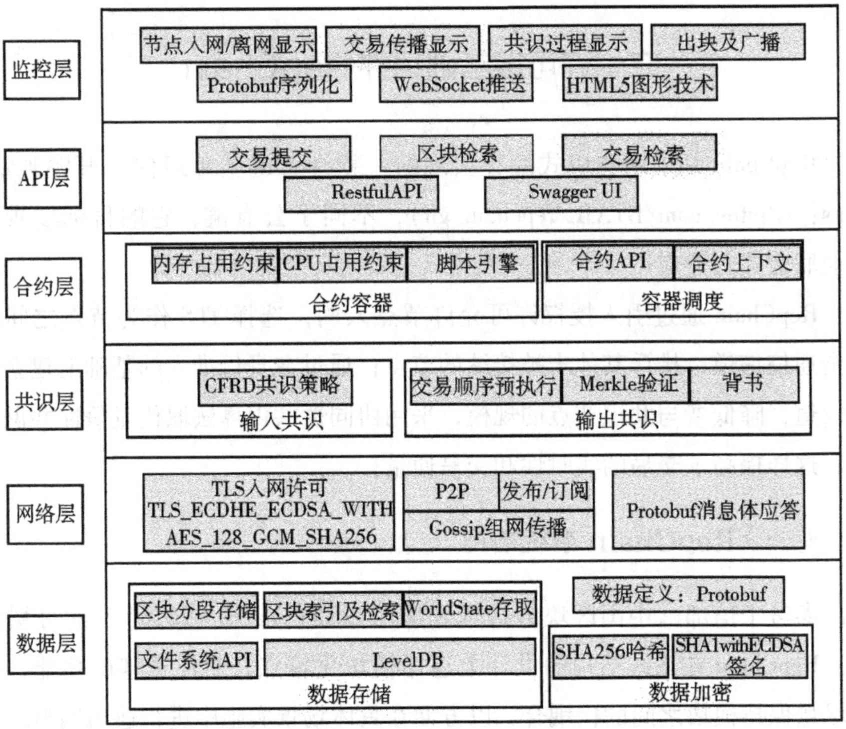

图 1　RepChain 系统结构

存储机制和多实例存储机制，前者支持数据的持久化与 API 接口，后者支持交易的执行。

数据存储功能包括以下几点：

- 支持 LevelDB 操作的事务机制，包含提交与回滚；
- 支持区块的读写；
- 支持 WorldState 的读写；
- 支持 Merkle 的计算；
- 支持外部检索；
- 支持读写集的校验。

在文件系统 API 之上采用分段存储，以免随着数据的增长，区块链数据的读写性能下降。为了实现区块数据的快速检索，在 LevelDB 中建立对区块数据的内容索引，可以在数据增长中仍然保持高性能的索引与检索。

数据加密采用 JDK 内置的加密工具来实现，成熟的加密工具确保了其安全性。数据摘要采用 SHA256 哈希；数据的签名及验证采用 SHA1withECDSA 签名实现。

（2）网络层

网络层支持入网许可验证，采用 JDK 内置的 TLS 实现，并在此基础上进行去中心化的 gossip 组网，网络传播支持 P2P 和 Pub/Sub 两种方式。

通信模块建立在 Akka Cluster 之上，节点之间以及节点与 Web 端之间的消息的序列化采用 Protobuf 协议。Akka Cluster 采用去中心化的 gossip 协议组网，它具备以下功能：

- 通过订阅系统事件，每个节点可以维持一张全网在线节点视图；
- 支持节点之间采用 Pub/Sub 方式通信；
- 支持节点之间采用 P2P 方式通信。

（3）共识层

共识层主要完成区块的输入共识和输出共识。针对输入共识和输出共识的特点设计了不同的实现方式。输入共识采用 CFRD（Consultation-free random draw algorithm with distributed environment）算法确定出块人及交易顺序，既能兼顾实时性和安全性，又能在一定程度上防止入网节点串通作弊；而输出共识则采用多数背书方式，即被抽签选中的出块人经过本地预执行交易，预出块请求背书节点签名背书，搜集到足够多的背书等一系列过程后确定正式出块。

输入共识在身份准入与安全通信信道的前提下，设计实现了 CFRD 算法。该算法可以实现许可链分布式节点之间无须协商即可达成共识，从而有效地降低了共识成本，提高了系统的交易通量和交易实时性。

输出共识即对合约执行映射的状态增量变化（即 KV 读写指令集合）的共识，其主要体现为以下几点：

- 对增量的共识，相比于全局共识效率更高；
- 避免了恶意合约在不同的时间地点映射出不同指令集；

• 出块时共识的指令集将被附加到区块中，后续入网的节点无须再执行合约，而是直接执行指令集，提升了状态增长同步的效率。

（4）合约层

合约层提供智能合约的脚本执行环境，具备安全隔离、解释和执行脚本、为脚本执行提供上下文环境和底层 API 访问的功能。

RepChain 提供了多种合约容器机制，根据合约的受信任程度，采用与之匹配的合约容器机制，从而合理解决了合约的安全隔离与执行性能之间存在的冲突。合约容器通过对合约沙箱 Actor 实例的统一调度，支持串行和并行两种方式，预执行或者正式执行合约。其中，当预执行出现异常时，能够依据对 KV 账本的增量修改日志进行状态回滚操作。合约容器中记录了合约和部署该合约的交易之间的映射关系，能够自动从持久化存储中加载和部署合约。

合约的执行依赖上下文场景，它是合约能够执行的前提。主要包含三个要素。

• 账户及授权——提供可信的账户及其证书（含公钥），以及衍生账户之间的授权关系，提供合约执行过程中的授权行为验证。

• 签名交易——即由用户账户的私钥签名授权发起的对合约的调用，指定了要调用的合约及其方法，提供方法需要的输入数据。

• 状态存取 API——为合约代码提供存取该合约相关的状态的底层 API。

（5）API 层

RepChain 允许第三方应用以 Restful 的形式与之交互，同时 RepChain 集成了 Swagger UI，允许开发者进行在线测试。通过 Swagger UI 界面访问 API，可以实现交易提交、交易检索、区块检索、链检索等基本功能，方便在合约编写完成之后，在 Swagger UI 界面下进行部署、调用和测试。

（6）监控层

监控层在区块链网络中收集事件和日志，并将其以 Protobuf 的格式序列化推送至 Web 端，借助 HTML5 图形技术进行可视化实时状态展示和日志回放。

Event Actor 负责提供事件服务，通过 Akka Cluster 的 Pub/Sub 方式接收

消息，订阅 Event Topic 并接收该类事件消息，然后通知 EventServer 将消息序列化为 Protobuf 字节流并推送到浏览器。浏览器通过 WebSocket Client 接收到推送的字节流后，将字节流反序列化为 Event 类，并调用可视化模块进行展示。

（二）RepChain 特点

（1）CFRD 共识算法

采用无协商随机抽签算法 CFRD 协同性共识代替公有链的竞争性共识，优点是出块迅速，降低了共识成本，提高了系统的交易通量和交易实时性。

（2）模块化设计

以异步消息交互代替传统的方法调用，实现了模块之间松耦合，方便根据不同应用场景对模块进行替换。

（3）轻量化

专注于提供必需的基础模块，用做加法的项目实施思路代替减法思路，以达到轻量化目标。

（4）自适应弹性计算

利用 Actor 集群化，可以实现节点或节点内部细粒度的自适应弹性计算，根据业务压力动态地申请或释放算力资源。

（5）合约分级部署

利用 Actor 的位置透明性，根据合约的受信任程度的不同采用不同的合约部署策略，从而合理解决了合约的安全隔离与执行性能之间存在的冲突。

（6）可视化展示

采用图形化的实时状态显示，搜集和直观展示各节点进行入网与离网、数据同步、交易提交与传播、出块节点选举、候选块背书、正式出块的过程。

（三）RepChain 应用场景

（1）金融领域

金融领域是区块链技术的发源地，从最初的比特币到以太坊，再到 R3

领导下的全球银行业区块链联盟，应用场景涉及支付、资产数字化、智能证券、清算与结算、客户识别等。金融机构特别是跨境金融机构对账、清算、结算成本高，流程烦琐、效率低下，导致支付、结算等费用较高。以清算与结算为例，不同金融机构间的基础设施架构、业务流程各不相同，采用的人工处理也容易出现差错。传统模式采用参与方各自记账，并在交易后人工对账，但是这一过程中数据是对方记录，真实性无法保证。区块链模式采用分布式存储数据，每个节点都可以获取所有交易信息，有效地防止了数据的篡改；另外，交易和清算在区块链系统中是同时进行的，提高了结算清算的效率，降低了成本。

（2）保险领域

传统保险行业中服务成本高，主要存在信任问题、隐私问题、精准匹配问题等。其中信任问题尤为重要，用户和保险公司之间存在互相不信任，影响了用户的购买意愿。通过区块链可以提高保险效率并降低服务成本，使得参保人信息不被篡改，同时实现保险产品的安全可信和透明公正。

（3）医疗领域

在医疗领域常见的应用有电子病历、疫苗溯源、隐私保护和健康档案等，区块链技术能够简化和完善与健康相关的很多问题，通过将医疗机构、健康体检、传染病防疫、医院诊疗等多个系统数据汇聚，以电子健康档案为基础，进行疫苗溯源和档案管理建设。更重要的是，通过区块链技术可以有效防止医疗信息系统数据被篡改、误写和丢失等问题，增强了安全性。

（4）电子数据存证

电子数据存证从最初采集到呈堂使用可概括为 4 个阶段：取证、存证、鉴证、验证，区块链要做的是存证和验证。通过将证据数据存入区块链保证了待验证的电子数据未被修改并证明了内容的完整性，确保了证据的准确性，保证了电子数据的可采用性。

（5）供应链领域

将供应商、制造商、生产商和销售商等信息数据放在区块链上，使数据在交易各方之间公开透明，形成可信任的信息流。利用区块链的可追溯、可信、不可篡改等特点打通供应链各个环节，这样不仅可以帮助解决供应链纠纷，还可以根除假冒伪劣，更重要的是建立多方信任，并在此基础上升级新的生产关系模式。

三 RepChain 应用方案示例

RepChain 在金融、保险、医疗、电子数据存证和供应链领域具有广泛的应用场景，下面给出 RepChain 在供应链场景中的应用方案。

在供应链领域的解决方案中，涉及物流、信息流、资金流，并需要串联起原料方、生产方、设计方、销售方、用户等多方参与者。

针对供应链的具体场景，解决方案组成总共分为四个部分：RepChain 节点、应用服务、机构用户以及最终用户端。RepChain 节点进行 TLS 组网，包含区块链数据检索服务、区块链数据同步服务、提交签名交易服务以及事件订阅服务，应用服务向 RepChain 节点提交签名交易；应用服务是指现有供应链系统，引入区块链还需增加一些功能模块，比如构造交易内容、账号管理、密钥管理、应用数据检索服务、数据同步与索引以及数据存储等功能，这里面有一些必选项，如构造交易内容、账号管理和密钥管理等，有一些是可选的，如应用数据检索服务、数据同步与索引以及数据存储等；机构用户指各个参与方，包括必需的功能选项，如构造签名交易、账号管理和密钥管理，机构用户可通过向 RepChain 节点来提交签名交易；最终用户端可以通过应用服务进行应用数据的检索，还可以通过 RepChain 节点进行区块链数据检索。

对于账户管理模式有两种方案可供选择：去中心化账户管理模式和代理模式。先介绍一下去中心化账户管理模式，如图 2 所示。在这种模式下，每个客户端都会生成一个公私钥对并可以导出证书、提交签名交易，应用系统可为区块链应用提供链接入口，引导用户完成注册和提交交易。

这种模式最终达到的效果是终端用户的所有交易行为可追溯、不可篡改，是比较理想的基于区块链的应用模式。去中心化的账户管理模式优点是授权追溯彻底，可以直接追踪到最终用户；缺点在于难度较大，需要针对应用端做较大变动。

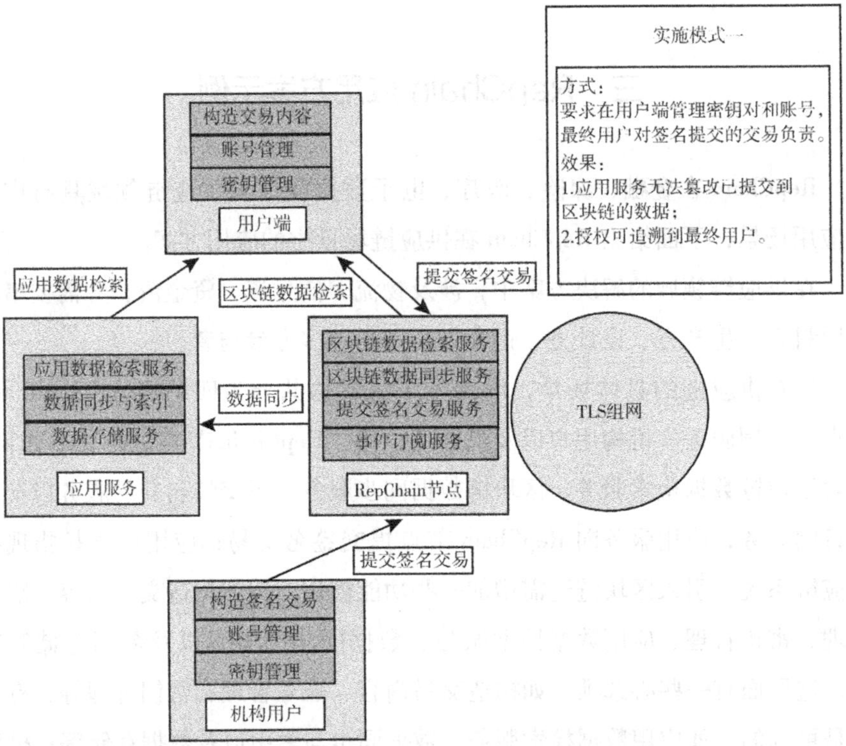

图2　去中心化账户管理模式

对于账户管理模式而言，在某种满足应用需求的条件下，还有一种可选的简化模式，即代理模式，如图3所示。

在代理模式中，最终用户不生成密钥对，也不直接提交签名交易，而是应用服务和机构用户生成密钥对、导出证书、签名提交交易并对交易负责。机构用户利用RepChain平台注册用户、RepChain节点管理员对证书进行审核，他们可在自有系统中通过调用API接口提交签名交易。在应用数据检索方面，区块链平台提供数据同步服务，应用与区块链同步并验证数据后，进行分析。

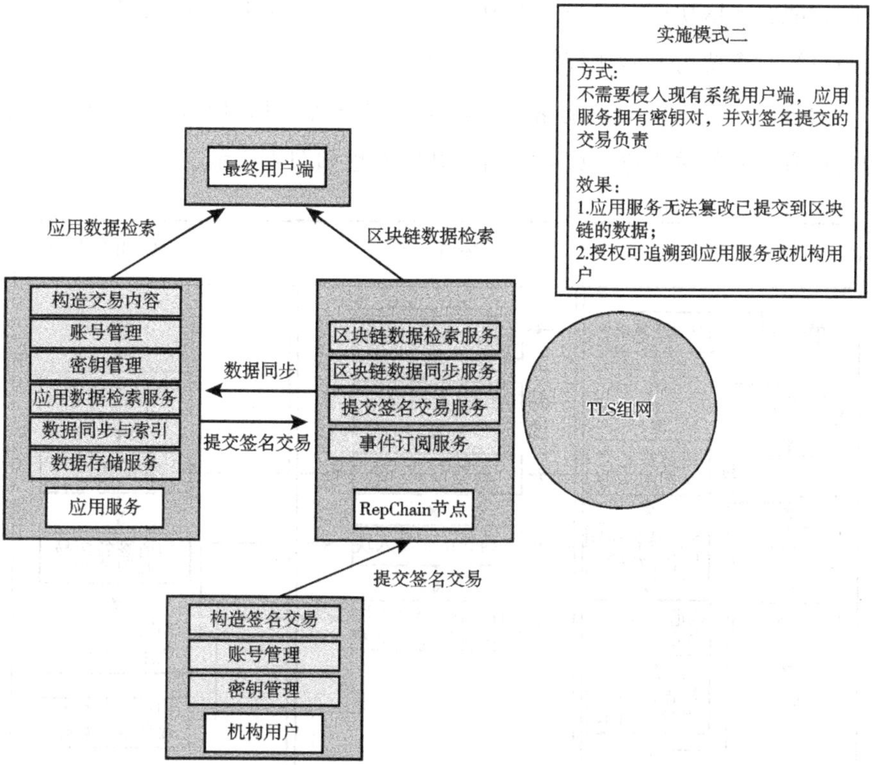

图 3　代理模式

代理模式最终达到的效果是应用服务和机构用户提交的交易数据不可篡改、区块链能追溯到应用服务或机构用户。这种模式的优点是区块链不需要侵入现有系统用户端，可以让区块链与应用系统快速结合，方便不了解区块链的普通用户使用，缺点在于授权可追溯不彻底，不能追溯到最终用户。

通过比较以上这两种模式，可以发现：去中心化账户管理模式是用户在用户端管理密钥对和账号，最终用户对签名提交的交易负责，授权可追溯到最终用户；代理模式不需要侵入现有的供应链应用系统就可以引入区块链，应用服务拥有密钥对，并对提交的签名交易负责，授权可追溯到应用服务或机构用户。

综上所述，采用代理模式更加简洁方便，供应链应用系统不需要做很大更改就能引入区块链。而采用去中心化账户管理模式更加完整，但是在开发应用系统时需要对其做比较复杂的变动。

为进一步促进供应链的落地，将应用开发方、RepChain 平台方以及机构用户方之间的关系进行说明，给出开发流程如图 4 所示。

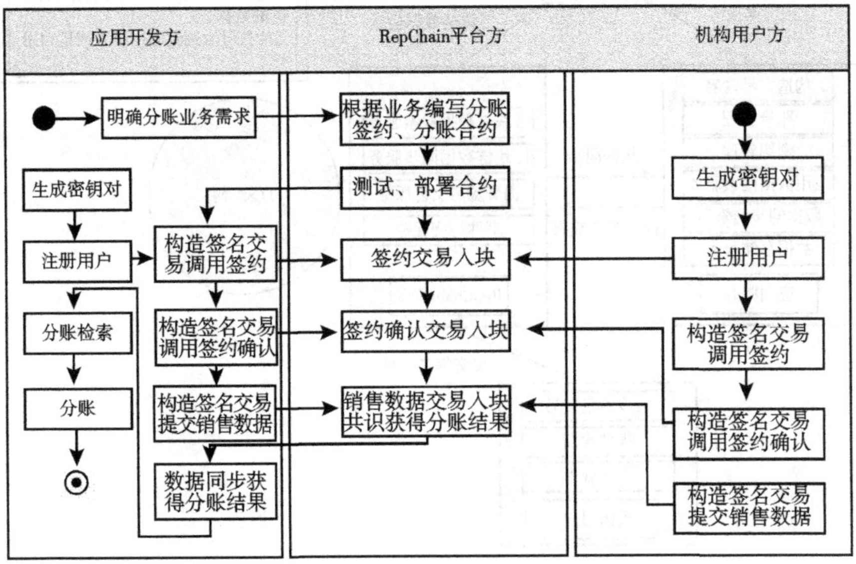

图 4　开发流程

四　总结与展望

区块链通过忠实完整地记录行为主体的授权行为，通过在参与者之间共享这些可验证、防篡改、可追溯授权的记录，建立信任。区块链系统颠覆性地将传统应用中用户必须对系统信任，转移到用户对区块链数据的信任。当前区块链以公有链方式实现的数字资产应用引人注目，但在企业场景的应用探索才刚刚起步。

RepChain 以企业应用为目标场景，选择了许可准入机制进行组网，用协同式共识取代竞争性共识，提高了交易的实时性和交易通量。考虑到企业应用场景的多样性，RepChain 专注于基础功能，并且尽量保持模块之间的松耦合，以方便在具体场景实施中进行裁剪。

我们希望对 RepChain 的开源能够赋予它更多的历练机会，在历练中不断改进和提高自身，希望 RepChain 在实体经济 + 区块链的创新发展过程中发挥应有的作用。

参考文献

[1] 左春：《区块链技术与传统软件技术对比分析》，信息技术与标准化，2017。

[2] 工信部：《中国区块链技术和应用发展白皮书（2016）》，2016。

[3] 响应式宣言：https：//www. reactivemanifesto. org/zh – CN。

[4] XU, Xiwei, et al. A taxonomy of blockchain-based systems for architecture design. In: Software Architecture (ICSA), 2017 IEEE International Conference on. IEEE, 2017. pp. 243 – 252.

[5] CACHIN, Christian. Architecture of the Hyperledger blockchain fabric. In: Workshop on Distributed Cryptocurrencies and Consensus Ledgers. 2016.

[6] VUKOLIĆ, Marko. Rethinking permissioned blockchains. In: Proceedings of the ACM Workshop on Blockchain, Cryptocurrencies and Contracts. ACM, 2017. pp. 3 – 7.

[7] Christian Sillaber, Bernhard Waltl. Life Cycle of Smart Contracts in Blockchain Ecosystems [J]. Datenschutz und Datensicherheit – DuD, 2017, 41 (8).

[8] LIANG, Xueping, et al. Provchain: A blockchain-based data provenance architecture in cloud environment with enhanced privacy and availability. In: Proceedings of the 17th IEEE/ACM International Symposium on Cluster, Cloud and Grid Computing. IEEE Press, 2017. pp. 468 – 477. Vincenzo Morabito. The Blockchain Paradigm Change Structure [M]. Springer International Publishing: 2017 – 06 – 15.

B.13

区块链在供应链中的应用研究

刘澜飚　郭 亮

摘　要： 现有供应链因其存在的低效率和信任问题，急需引入新的技术来解决自身固有矛盾。近年来虚拟货币的繁荣，引发了对区块链应用的探索，区块链与供应链的融合效果亟待进一步的研究。本文在梳理了供应链发展的脉络后，分析了当前供应链存在的缺陷与不足。随后本文研究了区块链的相关特征，以此为基础总结出区块链应用供应链所特有的优势，并提供了物流和多主体交易应用的实例。最后分析了区块链应用供应链存在的效能隐私等方面的不足，同时提供了相关解决方案。

关键词： 供应链　区块链　纵向一体化　横向一体化

一　引言

作为涵盖生产各个领域的供应链，其覆盖了从原料到制作、存储、物流等相关流程，涉及了上至供应商下至物流商的诸多企业。传统供应链以核心企业为中心来聚合上下游企业，此类模式严重依赖单一企业，链条中各节点信息交流困难，给欺骗等违法行为提供了土壤。同时由于信息不对称，物流和资金流转移需要多次认证，效率很难达到最优。此外，任何对于供应链中心企业的信任冲击，都将加剧各企业间的不信任，进一步降低链上物流和资金流动效率，给供应链带来巨大危害。因此，传统供应链急需引入新的技术来解决当前的矛盾。

比特币等虚拟货币的火爆，使得作为其背后支持技术的区块链走到台前，逐步成为大众关注的焦点，而比特币的成功也不禁让人们进一步探索区块链其他可能的应用。得益于区块链本身非中心化的特点，引入区块链能够有效解决许多传统领域各交易方间的信任问题，故而在金融、供应链、物联网等非虚拟货币方面的应用，能够有效减少信息不对称的区块链技术具有得天独厚的优势。

近年来，供应链的创新和变革也逐步引起了国家的注意，其中国务院于2017 年下发了《关于积极推进供应链创新与应用的指导意见》。意见中提出要创新当前供应链模式，进一步提高链上企业运营和资金利用效率，符合供给侧结构性改革的内在要求。针对传统供应链的局限，区块链去中心化的特点能够有效解决当前模式下存在的信任问题，进而增加链上透明度，提高供应链整体效率，助力我国供给侧结构性改革。

二　供应链现状

（一）供应链概念辨析

供应链是指由产品生产和流通所涉及的各环节企业、部门所组成的生产网络。主要包括材料获取、加工以及产品与半成品的运输配送等环节。而处于这一链条中的企业与部门主要由原材料供应商、生产商、批发商以及物流公司等构成。供应链是市场经济高度发展的产物，是产品流通中重要的生产环节和营销方式。它凭借高度的市场化运作以及规模经济的内在组织优势，将企业生产与顾客消费两端有机地结合起来，从而极大地提高了社会化大生产的运行效率。供应链管理是指处于供应链各个节点上的企业管理行为，要求各个企业通过强化合作，共享信息，形成良性激励机制，从而提高商品流通效率（见图 1）。

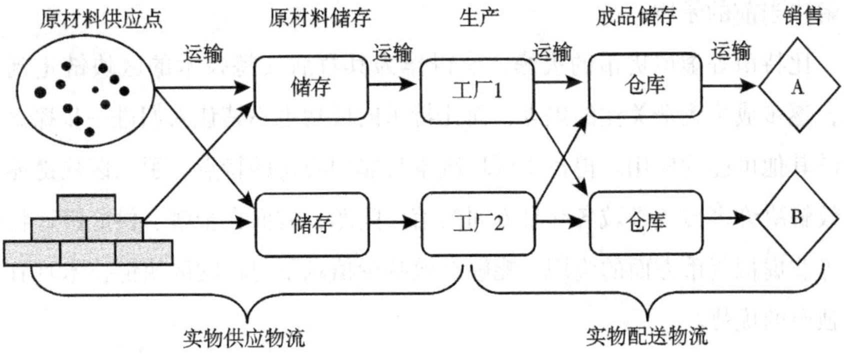

图1　供应链管理流程

（二）供应链管理模式的历史演变

随着社会化大生产的演变，商品的种类日益繁多，而从产品生产到物质消费的中间环节也变得更加复杂。因而供应链管理模式的发展是与市场经济的发展相伴而生的。它通过将供应链中的人力、物力、财力和信息进行有机结合以及形成高效的资源共享体系，运用先进的组织结构及现代科学技术，达到与物质生产以及市场运行协调发展的目标。学界对于供应链管理模式发展的研究主要选择20世纪90年代作为重要节点，将90年代之前的纵向一体化模式与之后的横向一体化模式进行对比分析。

1. 纵向一体化模式

纵向一体化模式是指核心企业通过整合生产链条中上下游企业资源，通过自建的方式达到对于原材料以及其他制造资源的占有，从而进一步加强对于产品生产、销售过程的可控性。纵向一体化模式是与企业规模以及产品特征的发展相对应的。20世纪90年代以前，西方主要经济体多以寡头垄断作为市场经济中的主要存在形态。而在产业结构中，第一产业与第二产业占据国民经济的主要部分，因而其产品属性内在决定了供应链条易受到空间、地理位置、资源稀缺的限制。因而供应链中上下游企业之间的兼并与整合是当时供应链的主要发展路径，从而逐渐形成了纵向一体化的供应链发展模式（见图2）。

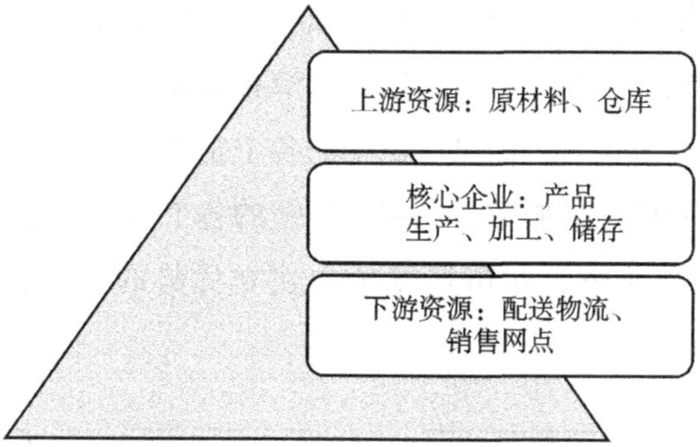

图 2　纵向一体化供应链管理模式

纵向一体化模式促进了核心企业对于产品生产、销售环节的控制，在当时起到了提高企业运行效率、减少供应链环节中的一些风险的作用，如：企业之间终止合作的风险；由市场环境变化所导致的原材料供应失衡问题以及其中的委托代理问题等。因而纵向一体化通过减少链条上的企业数量，强化核心企业的控制力，在一定程度上降低了上述风险隐患。但随着社会化大生产的发展，纵向一体化模式的应用范围向其他行业尤其是新兴行业扩张时，所带来的一些问题以及其内在隐患逐渐显示出来。一方面，纵向一体化使得资源更多地集中在核心企业上，而核心企业往往根据自身产品特性将大多数资源集中于供应链某一环节，从而降低了生产的灵活性，延长了相应顾客的前置时间。随着社会的发展，消费者对于产品的偏好发生着快速的转变。因而，纵向一体化的管理模式渐渐地与企业快速响应市场需求变动的目标相悖，从而带来了巨大的潜在经营风险。另一方面，纵向一体化发展初衷是通过整合上下游企业从而减少链条中各环节的摩擦。但随着核心企业对于供应链的整合目标达成之后，往往在发展中会过度依赖其内部的资源配置而忽视外部资源整合，这方面突出表现为对于前沿技术以及管理模式的反应滞后，并在一定程度上阻碍了技术革新。同时，缺乏竞争导致了供应链条中一些环节的成本相较外部更加高昂，从而提高了生产成本。

2. 横向一体化模式

随着纵向一体化与社会经济发展特征的背离，横向一体化的供应链发展模式应运而生。横向一体化模式出现于20世纪90年代，是指一种随着社会分工的进一步发展，产品的生产、销售环节日益复杂与精细化，单独企业很难做到各环节的高效运转，而供应链中的各个企业可以发挥核心优势，积极拓展核心业务与开展个性服务，利用供应链的各个节点的分工合作优势，形成产品组团与服务集群，在市场竞争中建立优势的扁平化管理模式（见图3）。

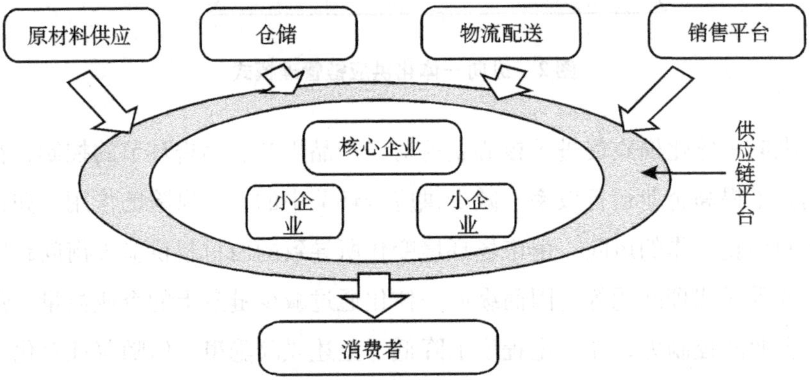

图3　横向一体化供应链管理模式

横向一体化通过充分发挥企业经营的规模优势，实现供应链中各企业的规模扩张以及技术进步，减少了同类型企业之间的恶性竞争，从而达到降低供应链条整体运行成本的目的。但同时，横向一体化的突出难点在于面对由供应链整合所带来的生产力快速扩张，如何刺激市场需求以应对供给端的过剩现象。提高供应链运行效率，降低企业生产、销售成本是供应链管理的核心目标，因而上述难点为供应链管理模式发展再次提出了新的挑战。

（三）我国企业供应链面临的主要问题

目前，我国企业供应链管理面临一定的问题，主要表现在以下几个方面。

1. 企业合作的摩擦成本难以有效降低

供应链中各个节点的企业往往具有不同的经营目标，从而在实际经营过程中，利益冲突的情况不可避免。并且由此所导致的寻租，委托代理等问题都会影响供应链条的运行效率，同时，随着社会化大生产的进一步发展，跨国合作等情况在企业生产经营环节中普遍存在，因而对于文化差异、制度差异、法制差异等造成的沟通障碍都会提高企业合作的摩擦成本，增大供应链的管理难度。

2. 核心企业对供应链的掌控能力有限

核心企业在供应链中发挥着重要的作用。但随着生产活动日益复杂，核心企业很难及时地、全面地掌控供应链中的各个环节。伴随着第三产业的快速发展，第三产业的灵活性以及其产品的多样性决定了供应链条中各个环节的职能以及重要性都在发生快速的转变。核心企业很难将管理范围同时向上下游企业拓展。由此暴露出的问题也日益成为困扰企业的顽疾。例如：关于核心企业缺乏对供应链掌控最为典型的问题就是伪劣产品问题。

3. 供应链信息数据割裂，获取信息及审计信息难度大

供应链所涉及的信息日益增长，在当前大数据背景下，如何高效地处理上述信息成为困扰企业的问题。供应链涉及从采购、生产、流转到销售、物流等环节，不仅很难实现信息的及时共享，同时也加剧了信息核对审核的难度。各个环节中往往存在人工对账、重复审核等低效情况。这不仅增加了供应链运行的会计成本与时间成本，同时也限制了供应链的进一步发展。

三　区块链应用供应链

区块链作为一种底层技术，通过与人工智能、大数据和云计算等进行有效结合，能够改变供应链信息流、资金流和物流的交互方式，实现三者信息共享；同时能够增强供应链条的“可视性”，改变从生产源头到最终消费者的整个链条，使得大规模协同成为可能，大大提升企业信用，进而给全球供应链行业带来巨大变革。另外，区块链也在一定程度上指明了未来技术进步的方向，将成为当今信息时代社会进步的重要推动力，也将给社会生产关系带来巨大冲击。

（一）区块链及其特征

1. 区块链概念界定

区块链（Blockchain）是一种涵盖分布式数据存储、点对点传输、共识机制和加密算法等技术的新型应用模式。

区块链技术起源于中本聪（Satoshi Nakamoto）于 2008 年发表的论文《比特币：一种点对点电子现金系统》。工信部指导发布的《中国区块链技术和应用发展白皮书 2016》指出，从狭义的视角看，区块链是一种利用密码技术保证非篡改和不可伪造的分布式账本，其按时间顺序将不同的数据区块组合成一种链式数据结构。

事实上，区块链是一种去中心化的分布式账本数据库。去中心化，即没有中心，或是每一个人都能够成为中心，这与以往中心化的方式形成鲜明对比；分布式账本数据库，即整个账本的数据在每一个节点会同步共享，对账本数据的记载不再只是将其存储在单个节点上。

区块链技术自诞生以来主要历经了以下三个发展阶段（见图 4）。

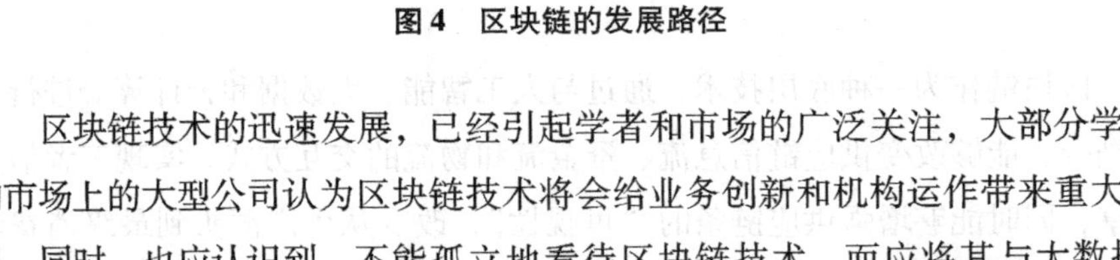

图 4　区块链的发展路径

区块链技术的迅速发展，已经引起学者和市场的广泛关注，大部分学者和市场上的大型公司认为区块链技术将会给业务创新和机构运作带来重大机遇。同时，也应认识到，不能孤立地看待区块链技术，而应将其与大数据、物联网和云计算等新一代信息技术进行有效组合，实现更加多元的功能。

2. 区块链类型

根据设计体系和应用场景，一般将区块链分为如下三类。

公有链：每一个个体都可以参与其共识过程，可以自由进入节点和读取链上数据，运行时以扁平的拓扑结构互联互通，网络上没有中心化的服务端。

专有链：节点的写入权限受限，收归内部控制，链上数据读取根据需求限制性开放。专有链依然存在多节点运行的通用特征，一般适用于单个机构内部审计和数据管理。

联盟链：单个节点往往与某一特定实体机构相对应，只有经过授权才可以进入节点与退出。区块链的运转由一部分利益相关的机构组成的联盟负责。

3. 区块链主要特征

区块链技术来源涵盖加密技术、梅克尔树、链式结构、时间戳、POW、POS、DPOS 等关键技术，结合其概念和技术架构，概括其典型特征有以下四点。

去中心化。节点之间权利与义务均等，系统中的每个节点呈谱系化分布，每个分布式节点之间的信任依赖数学方法构建，而不是以往的经由中心化的管理机构。另外，每个节点都对数据进行冗余备份，因此当某一节点受到损坏时，整个网络系统上数据库的完整性并不会受到影响，进而构成了无中心节点的分布式网络系统。链上数据的存储、维护、分享和检查等过程均依靠去中心化的分布系统，这大大增强了区块链系统内数据的抗变换性。

安全透明。区块链网络中的数据加密主要是基于非对称加密算法，该算法包括公钥（Public Key）和私钥（Private Key）两个部分，公钥主要用于发送方对要发出去的信息进行加密，可公开发布，私钥则在接收方在对加密内容解密时使用。区块链网络基于公钥和私钥，并利用混合加密机制——密钥封装机制（KEM）和数据封装机制（DEM），实现安全性需求。区块链技术的安全性可概括为数据写入和读取安全以及分布式拒绝服务（DDOS）攻击抵抗。另外，区块链系统运行过程和所遵守的运行规则是透明的，数据公开可得，只有同时经过多个用户的许可才能够更新数据。

智能合约。智能合约其实是区块链上一段可自行运行的程序，由事件、状态机、编译器、虚拟机、容错机制、编程语言等部分构成。其中，虚拟机为智能合约提供运行环境，它被封装于沙箱中，是完全隔离的。虚拟机内部的代码往往不能接触文件系统、网络系统或者其他过程。智能合约能够识别在什么条件下各节点需要执行的合约以及各个节点需要履行的义务，从而保证了无中心机构监督下合约的有效执行。

可溯源性。区块链基于时间戳技术扩展了数据信息的时间维度，增强了数据信息储存和交换的可溯源性。时间戳，又可以称为区块数据的存在性证明（POW），基于其构成的数据库具有不可篡改性和不可伪造性，进而为区块链技术应用于时间序列要求较高的领域提供了支撑，并且可通过链式结构对数据进行追本溯源。另外，单凭修改一个节点或多个节点，并不能影响其他节点的数据库，只有同时修改网络系统中超过一半的节点才可以。

（二）区块链应用于供应链的优势

1. 增强供应链信息流的安全和透明性

众所周知，供应链具备交易节点多元、交易数据零碎和交易网络冗杂的特征，其核心命题即为商品从生产端到交付端的各种信息的收集、存档和整理。由于链条较长，且透明度往往不高，因此当链条上某一环节存在非法交易活动或者出现人为错误时，这些行为很难被追溯。而区块链中的联盟链，在这些构成联盟的机构间形成信息共享机制，使得链条上自上游至下游的各个节点间信息流共享通畅无阻，进而加快了机构间信任的积累。当链条上出现问题时，信息流的完备贯通使得问题能准确高速地被定位并得到解决，从而使得供应链的整体效率大大提高。另外，数据信息的不可篡改性也有效降低了信息不对称，节点间上下游数据流的共享大大降低了企业间的信息获取成本，从而在一定程度上解决了供应链行业存在的信息扭曲问题。

2. 保障物联网信息安全

当今的物联网基本上都是存在中心网站的，移动终端只有通过中心网站才能访问物联网设备，显然这种模式具有巨大的风险，一旦遭受黑客攻击，将产生巨大损失。区块链通过创造一种分布式的信任机制，替代以往的基于中央权力机构的信任模式，实现不同设备间的基于可信赖方式的互联互通和交互验证，从而实现物联网全网去中心化的数据通信和交互。区块链的优势在于可以构建统一的去中心化点对点网络，实现所有移动终端、物联网网关及区块链节点全覆盖。在区块链物联网中，交易在全网的不同节点上记录并保存，保证了数据和信息的不可篡改性。同时，构建共享的通用协议，帮助不同系统以可信赖的方式互相联系，避免非法节点接入，保证实时通信安全，帮助物联网避免 DDOS 攻击。

3. 提升物流效率

一个完整的物流链，往往涉及多个环节，包括出库、货物运输、交付和入库等，甚至跨越上百个地理区域，这大大增大了物权跟踪难度。如前所述，区块链的不可篡改性、安全透明性以及天然的多方访问能力，能够便捷地跟踪供应链中商品所有权的变化，从而提升供应链物流的交互效率。另外，其时间戳特性也可以轻松解决各个主体间的行为纠纷，可以进行近似实时验证，轻松追责，从而提高供应链行业的整体协作性。总之，区块链作为一个透明的公共账本，可以记录产品从出库到最终目的地的全部流程，并基于其时间戳特性，将物权交易信息加盖时间戳后写入区块链，实现轻松追溯和问责，从而为供应链各个行为主体和联盟内机构提供了简单有效的工具。任何一个人都不可能轻易篡改数据库来掩盖自己的错误。

4. 提高资金流融通速度

以往企业间融资往往通过金融机构，耗费较高成本获取流动性。区块链借由构建联盟“共识机制”，制定链上企业间运营参考标准，增加了企业间信用流动的便利性。在联盟链下，交易双方基于“共识机制”，凭借各个环节的单据实现信用背书，利用平台信用担保构建链上各方主体间的流动性网络。首先，平台负责记录数字资产所有权的转移，多个主体共同签发凭证，无须信用中介即可实现流动性的拆借，进而使得供应链企业融资成本大大降低。另外，联盟链上不可篡改的真实交易信息的积累，也为企业征信体系构建提供了海量真实数据，从而在一定程度上解决了小微企业融资难问题。其次，节点间进行信息共享，而无须中央支付清算机构，单一节点的损坏也不会影响整个系统的运行，从而提高了业务的连续性。最后，在改善供应链物流、信息流和资金流状况的同时，区块链还能提供更多信息以减少错误和杜绝非法行为，改善行业环境。

5. 解决溯源防伪问题

区块链的时间戳特性和数据可追溯性有效解决了商品的溯源防伪问题。将区块链技术与物联网技术进行有效结合，构建从生产商、物流公司、政府监管部门到质量检测机构的防伪溯源联盟，打造一套完整实时的从原材料购买、生产、流通到销售的全程追溯信息链条，达到一物一码的全程正品追溯。基于区块链的时间戳特性，生产商对包括原产地在内的基本商品生产信息进行认证，物流公司对商品的出库、运输和配送等信息进行认证，政府监管部门和检测机构对商品资质和检测信息进行认证，最终到达消费者手中的商品背后是整个联盟链信用所构筑的商品全程真实信息，每一条信息都具备可追溯性，拥有特定的区块链 ID，并且得到流程上各个主体的数字签名和时间戳标记，从而实现了商品质量的保障和问题追溯。这将大大提高商户与消费者之间的信任，便利交易，有效保证各方合法权益。另外，区块链对溯源防伪问题的解决也将有利于营造良好的市场环境，重塑社会信任，促进行业整体发展。

（三）区块链在供应链中的可行性应用

1. 在物流业中的应用

伴随着各个国家的重视，以及相关企业的推动，很多区块链在物流供应链领域的应用项目得以展开实施。比如唯链物流供应链项目、芬兰的基于区块链技术的智能集装箱项目、马士基和 IBM 推出的首个基于区块链的行业级跨境供应链解决方案、澳大利亚的首个区块链供应链系统在布里斯班港的揭幕、以区块链为基础的 Yojee 物流软件、IBM 的基于区块链的货车跟踪解决方案等，为区块链的应用提供了大量的经验。

从完善物流信用评价体系来看。在物流领域，由于企业与客户之间的选择是双向的，即不但物流企业要面对来自各个行业的客户，客户也要根据可获得的信息在众多的物流服务商中选择自己的合作伙伴，因此信用关系在物流供应链中占有举足轻重的地位。但是有时信用的优劣在物流供应链中又是难以明确的。例如，在选择物流企业时，客户往往只能通过一些公开信息如社会评价、宣传等进行判断；对于企业来说这种情况可能更加严重，在接洽业务时企业更是难以掌握客户的信用情况。而区块链技术的引用，可将每个交易主体的信用信息都保存在其上，任何一个交易参与方都可以查询所有交易方的信用信息。这种记录在区块链上的信用信息不可篡改，为交易各方提供了真实可靠的判断依据。

从提升物流信息安全方面来看。将数字签名、公钥和私钥的加密以及解密机制引入物流过程中可以充分保证信息各个方面的安全性，以及发件人收件人的隐私。例如，双方在执行快递交付过程时需要签署自己的私钥。如果最后客户未收到对应的快递就不会产生收据记录，快递员不可能对签名进行造假，由此从根本上规避了快递员通过虚假签名来通过考核要求的情况，用户投诉等情况也将得到减少。收件人本人的真实姓名、联系方式等信息不需要在快递单上详细显示，从而保证了安全和隐私（见图5）。因此，更多的人愿意接受实名制来推动国家物流实名制的实施。

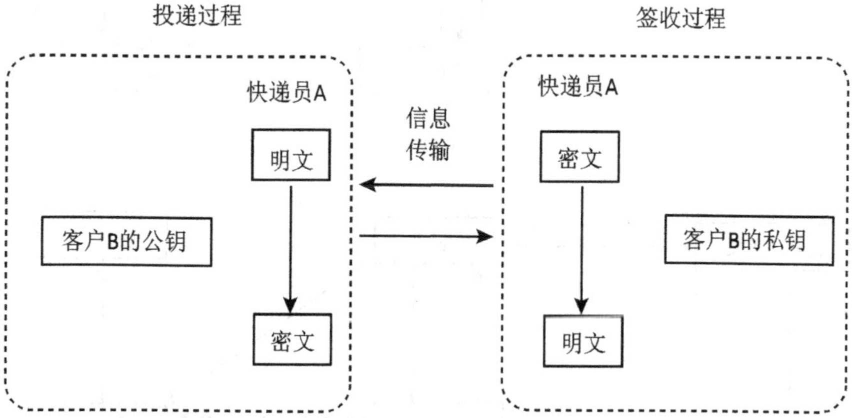

图5　区块链供应链提升物流信息安全

从提升物流数据交换效率方面来看。以进出口贸易为例，由于存在众多的参与主体，相关业务的接洽需要产生大量的业务单据，由此会产生大量的信息交换。因此，世界各国口岸都有专门的电子数据交换（EDI）服务提供商，提供企业间、企业与政府间的无纸化电子数据交换服务。然而，EDI 提供商之间却没有就数据交换的具体格式达成共识，因此现有的数据格式种类繁多，使得在进行数据交换时效率低下。在国际物流供应链中引入区块链后，众多参与主体间将不再有不同层次的架构，所有参与主体均成为区块链上的平等节点。若各成员主体依托区块链定制通用数据交换标准，则当前数据格式杂乱繁多、数据交换效率低下的状况将得到有效改善。以集装箱货运出口业务为例，如图 6 所示，引用区块链技术后的集装箱出口的流程、信息交换与未引入前相比均有所精简。

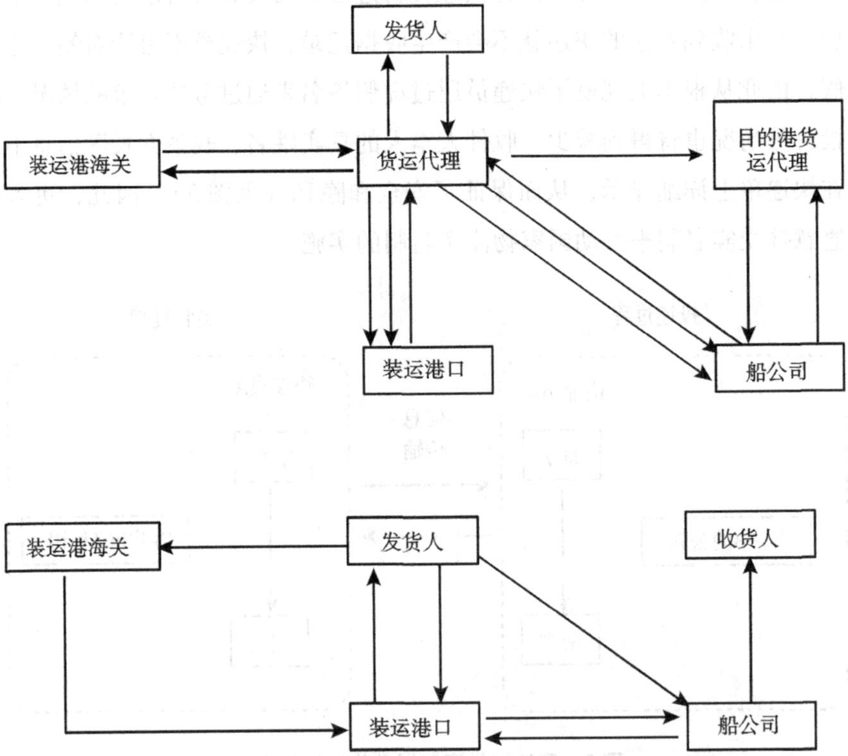

图 6　将区块链技术引进集装箱出口货运业务对效率有所提高

另外，利用区块链技术的引入有望解决快递业货物安全隐患问题。传统快递物流模式下，包裹数据集中在个别节点上，容易出现信息丢失、被篡改的情况。引入区块链后，货物的全部运输过程，包括收货、转运以及上述提及的派件等步骤，都清晰地记录到区块链上。当货物的信息发生改变或更新时，所有相关的参与者都能查询到并客观记录相应的信息，确保货物运输过程公开透明。由于区块链记录不能伪造，这样区块链上记录的信息便成为可靠的电子证据。如果包裹在运输过程中遭到损毁或者丢失，通过查询区块链，各方可以清楚界定责任。因此，对于物流保险公司来说，区块链是一项值得推广的技术。

2. 在多主体交易中的应用

从提升交易的认证质量方面来看。以区块链技术为基础的 B2B 和 B2C 供应链多中心协同认证与以往的单一中心认证相比，不用将独立单一的认证工作交予第三方认证机构，而是参与交易的各个主体均作为独立存在的认证中心，验证和记录供应链中的交易。从长远角度来看上游的供给商与下游的零售商，它们是处于不断变化中的，这样可以防止共谋的形成。也就是说，公司内部的交易实体、供给商、零售商均有证明相关交易行为的能力。如果交易主体试图篡改交易信息，或者与其他交易实体一起篡改或伪造交易信息，则其余交易实体将基于联合认证记录轻松找到异常，并将该违规者踢出供应链。如果零售商中的一个或者多个交易实体试图欺诈客户，因为客户本身也有能力证明交易，客户可以与其他认证中心一起确认卖方的违规行为，在多个认证中心验证情况后，违规零售商将被赶出供应链。如果客户在交易中存在不合规的行为，经过多中心协同识别后不合规客户将被记录在案，并被取消其交易资格或受到其他相应的惩罚。

以中国煤炭行业为例，随着电子商务的发展，中国的许多大型煤炭企业已经建立了集自身采购和销售于一体的在线商务平台。但是线上的交易双方的信用没法得到保证，导致这些在线平台只起到微小的作用，成为企业发布需求信息，或者进行产品展示的平台，而没能发挥其应有的促进交易、减少信息不对称的作用。而基于区块链技术构建的电子交易平台，可以在很大程

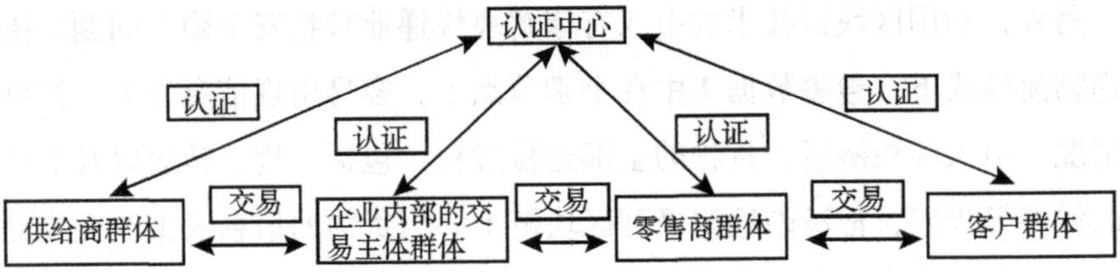

图7　区块链供应链多交易主体认证模式

度上扩宽煤炭企业的交易市场，减少煤炭交易的信息不对称，提高交易效率。煤炭企业的相关部门可以通过基于区块链技术的电子交易平台，时刻统计原材料需求状况及成型产品的需求状况，这些信息将在电子交易平台上公布。上游的原材料供给商通过在电子交易平台上寻求发布原材料需求信息的公司，从而进行原材料供应交易，下游的零售商也能在电子交易平台上与发布成型产品销售信息的煤炭公司进行交易，然后零售商将收购的成型产品在自己的基于区块链的 B2C 电子交易平台进行销售。在基于区块链技术的 B2B 与 B2C 电子交易平台上，交易主体的交易信息是完全被真实记录和不可篡改伪造的，所以在利益的驱动下，供给商、煤炭企业、零售商将会共同维护整个供应链；对于客户来说，由于交易的不可抵赖性，客户还会诚实地与卖家进行交易，以避免不必要的惩罚。

从解决溯源防伪问题方面来看。区块链由于其非篡改性、数据的完整可追溯性以及时间戳等特性，可以在很大程度上解决物品的追溯难和防伪难的问题（见图8）。例如，区块链技术可以用来通过为每颗流通中的钻石建立独一无二的电子身份，来对钻石的身份进行认证以及对其流通进行记录，这样每颗钻石的属性便得到记录并被存放在区块链之中。因此只要存在钻石的非法交易或是造假等行为，通过在区块链上进行查询将立刻被识别出来。不仅如此，类似的区块链技术也适用于艺术品、展览收藏品、药品、奢侈品等的溯源防伪之中。

虽然区块链技术仍然存在可扩展性、隐私和安全等问题，而且开源项目还不够成熟，但现有应用程序充分证明了区块链应用在供应链中的价值。未

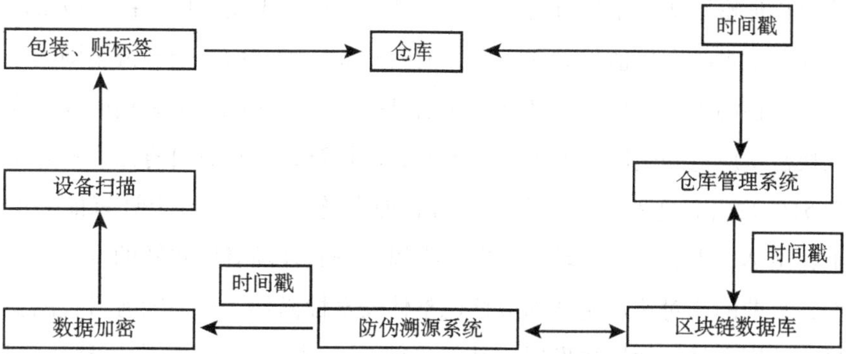

图 8　区块链供应链解决多主体交易的防伪溯源问题

来一段时间，随着区块链技术的不断成熟，其在供应链上的应用必将带来更大的价值。

四　区块链供应链面临的问题及应对

（一）区块链应用供应链所面临的问题

1. 交易能效低响应慢

采用像工作证明这样的区块链共识算法，虽然能够有效保障公有链的公平性和透明度，但其各个节点都记录的方式占用了巨大的计算资源，因此也就影响了交易的效率。例如在比特币的最开始阶段，每秒只能进行 7 次交易，并且确认过程需要有 10 分钟的等待。如此低速和小量的交易较难适应供应链所需求的庞大交易量，对于吞吐量巨大的物流行业以及高时效性的互联网交易，区块链应用的低效和延迟性还有待提高。

2. 交易安全不足

区块链应用于供应链时虽然能够提高供应链物流的整体效率，降低供应链条对于中心企业的依赖程度，但区块链并不能确保物流的安全。在密码学不断发展的今天，运用非对称加密算法的区块链不再是绝对的坚不可摧，破解非对称加密算法的手段日益发展，不断进化的攻击使得区块链供应链的安全性问题变得越来越值得关注。就目前的状况来看，由于公有链全网记账的特性，私钥的破解就可以带来全账簿信息的泄露，因此防范私钥的攻击应该是区块链供应链安全防护的重点。另外，区块链还暗藏着自身巨大的安全漏洞即51%攻击。这种攻击建立在攻击者拥有整个链一半以上计算能力的基础上，虽然攻击成本相对较大，但此类风险一直伴随着区块链的发展。算法方面，目前的非对称加密技术应该说整体安全性尚佳。然而随着科技的突飞猛进，特别是量子领域的发展，破解当前算法对于量子计算来说易如反掌，故算法的安全仍不能忽视。

3. 隐私安全隐患

透明性作为区块链本身固有的特性，其全网记账的要求必然使得供应链各个物流信息在全链都可追踪，如果采用公有链的形式将使得任何个体都有机会追踪这类数据，这也给信息存储埋下了可攻击的隐患。在全网记账的前提下，链上每个节点都可以与其他节点相联，加之在网络层并没有对于身份的限制机制，因此区块链应用供应链存在着隐私安全的问题。

综上，区块链作为新兴技术其相关应用仍旧处于初级阶段，因此在与供应链融合时应当加强对区块链响应速度、交易安全以及隐私保障方面的研究，以适应供应链物流吞吐量大隐私要求高等特点。

（二）完善区块链供应链物流的策略

理论上区块链技术应用供应链虽有公平、透明和非中心化等优点，但这些优势在实际中并不一定都适用于供应链物流的需求，因此尚处于发展初期的区块链技术还需要进一步发展。随着当今技术的不断进步，新技术引导的旧产业变革在所难免，区块链应用于供应链也将是必然趋势。这些更需要区块链不断改进发展，深化在能效、安全和隐私方面的研究，弥补相关技术缺陷和不足以契合供应链物流实践中的内在需要。

1. 改进共识机制提高效率

针对区块链共识机制过分追求公平造成的效率低和计算资源过大问

题，对于共识算法改进的研究也在近年来不断深入。最初的解决思路是通过构建 Pos（权益证明）共识机制来减小算力提高链上计算效率，然而该方法并没有改变挖矿的根本思路。Larimer 在此基础上发展了 DPos（授权股权证明）共识机制，但其以代币为基础的特性并不适用于供应链的应用。进一步的研究中，RPCA 共识机制的提出解决了依赖挖矿来实现全网共识的限制。

另外，由 Linux 基金会提出的 PBFT 算法实现全网共识为我们提供了一个新思路。在 PBFT 算法的基础上，构建减少节点证明的改进算法可以有效降低算力浪费以提高计算效率。改进的 PBFT 算法通过取消节点协商从而极大降低了共识需要的传输数据量，因此该算法不仅降低了计算力要求也提高了响应速度，让区块链应用能够更加符合供应链特点。

2. 技术与监管结合保障安全

防范目前区块链的潜在安全风险仅仅通过技术手段是难以完善的，因此应当综合算法、协议和现实法规，全面保障区块链应用供应链的安全。在应对 51% 攻击时，可以强制每一个地址的挖矿人为一个完整的节点，增大 51% 攻击的攻击难度。算法方面可以引入哈希应对当前非对称算法的局限，提升链的整体安全性。同时，还要加强国内对于算法的研究，确保掌握核心安全技术免受外部冲击。

3. 构建更高私密性的连接

区块链不同于传统以数据不外露为重点的隐私保护，由于其数据散布于全网中，故区块链的隐私问题应当主要集中于交易的匿名性。因此，针对区块链自身特点可以从以下三个层面构建隐私安全的连接。

首先在网络层面，可以通过对接入的节点进行检查，来限制获取交易信息攻击的可能攻击窗口。在限制接入的同时，还可以进一步检测链上的恶意节点，一旦发现便进行屏蔽；在交易层来看，可以将公链上的数据打乱，加大攻击者获取的难度。还可以采取直接给信息加密、少量发布等措施加强隐私保护；应用层面的措施主要是靠给区块链加入隐私保护程序，以此提升隐私安全。

参考文献

[1] Antonopoulos A M. Mastering Bitcoin: Unlocking Digital Crypto-Currencies [M]. O'Reilly Media, Inc. 2014.

[2] King S, Nadal S. PPCoin: Peer-to-Peer Crypto-Currency with Proof-of-Stake [J]. 2012.

[3] Swan M. Blockchain: Blueprint for a New Economy [M]. O'Reilly Media, Inc. 2015.

[4] 黄秋波、安庆文、苏厚勤：《一种改进 PBFT 算法作为以太坊共识机制的研究与实现》，《计算机应用与软件》2017 年第34（10）期。

[5] 李晓、刘正刚、LIXiao 等：《基于区块链技术的供应链智能治理机制》，《中国流通经济》2017 年第 11 期。

[6] 鲁维维：《区块链技术在供应链管理中的应用研究》，《当代经济》2017 年第 29 期。

[7] 宁卓、李牧阳、梅新志：《区块链技术在物流快递行业中的应用浅析》，《中国市场》2018 年第 3 期。

[8] 田仪顺、赵光辉、沈凌云：《区块链交通：以货运物流及其市场治理为例》，《中国流通经济》2018 年第 2 期。

[9] 王娟娟、刘萍：《区块链技术在"一带一路"区域物流领域的应用》，《中国流通经济》2018 年第 2 期。

[10] 夏沅：《区块链智能合约技术应用》，《中国金融》2018 年第 6 期。

[11] 杨望、王虹珊：《区块链技术在供应链的应用及发展》，《金融博览》2018 年第 4 期。

[12] 张建强、张高毓：《区块链技术在物联网中的应用分析》，《电信科学》2018 年第 1 期。

[13] 张小华：《浅析区块链技术及其在物流领域的应用》，《科技经济导刊》2017 年第 18 期。

[14] 周平、杜宇、李斌：《中国区块链技术和应用发展白皮书》，工业和信息化部，2016。

[15] 朱建明、付永贵：《基于区块链的供应链动态多中心协同认证模型》，《网络与信息安全学报》2016 年第 2 期。

市场发展篇

Market Development Reports

B.14
上市潮背景下美国资本市场中的中国金融科技应用

中科金财研究院

摘　要： 2017年出现中国金融科技上市潮，全年共有6家中国金融科技公司在美股上市。本文重点研究了上市潮背景下金融科技中概股的价值。我们的研究发现，2017年中国金融科技公司整体股价走势弱于美股市场平均水平；相对于美国金融科技公司，中国金融科技公司在美国资本市场估值更低。而金融科技上市潮出现在2017年的根本原因是行业正在由成长期步入成熟期，行业集中度不断提升，预计未来3年内还将有更多金融科技企业完成上市。最后，本文还就7家在美上市的中国金融科技公司的业务异同点进行了分析。

关键词： 金融科技　上市潮　美股估值　网络信贷

一　引言

金融科技领域投资的发展，自2014年来一直是业界关注的焦点。王静（2018）认为金融科技涵盖了金融业的数字创新和科技推动的商业模式创新，围绕的核心是移动支付、P2P与众筹、数字咨询和交易体系、人工智能与机器学习、数字货币、区块链等。近年来，全球范围内针对金融科技领域的投资也在持续增长，2017年全球金融科技融资总额达214亿美元，较2016年同比增长23.1%，而这其中发生在中国的融资金额占比达到57.0%。中国已经成为推动全球金融科技产业发展的主要力量。

2017年，中国金融科技行业监管延续了2016年的风格，呈进一步趋严态势。支付行业被持续整治和规范，现金贷、ICO、虚拟货币交易所等被整改叫停；资本市场降温明显，一级市场方面中国金融科技投资规模较2016年下降9%，二级市场方面A股金融科技指数全年震荡向下，跌幅达到19.8%。然而，就在金融科技于国内资本市场遭遇冷落的同时，中概股市场却向其抛出橄榄枝，2017年，中国金融科技领域企业上市消息频出，全年共有8家中国金融科技公司上市，其中信而富、趣店、和信贷、拍拍贷、融360、乐信6家于美股上市，众安在线、易鑫2家于港股上市。中国金融科技上市潮的出现，对于产业发展具备里程碑意义。如何理解上市潮背景下，金融科技中概股的价值，是本文研究的重点。

本文将围绕以下几个问题进行探讨。

（1）与美国金融科技企业对比，美国资本市场是否给了中国金融科技更高的估值?

（2）上市潮背后反映的中国金融科技行业发展状况。

（3）在美上市的中国金融科技企业具备的共性和差异。

二　美股金融科技中概股估值研究

1. 股价对比分析

美股市场并没有明显青睐金融科技。2017 年，纳斯达克综合指数全年上涨 30.7%，纳斯达克金融科技指数（代码：KFTX）全年上涨 38.8%。[①]从趋势上看，纳斯达克金融科技指数与纳斯达克综合指数走势非常接近（见图 1）。也就是说，金融科技板块在 2017 年的美股牛市中仅取得了略高于指数的涨幅。据此可判断，金融科技板块并不是美股市场积极关注的焦点。

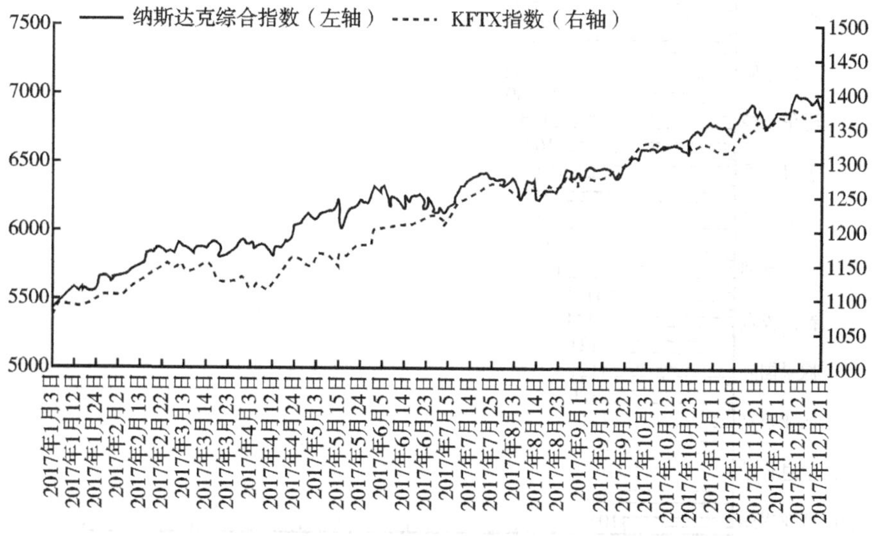

图 1　2017 年纳斯达克综合指数和纳斯达克金融科技指数走势

资料来源：整理自同花顺。

相比金融科技板块，美股市场更热衷于中概股板块。通过对比 2018 年以前上市的美股中概股和美股金融科技股 2017 年全年涨跌幅分布的

---

① 2016 年 7 月 18 日，美国 KBW 投资银行与纳斯达克联合推出由 49 家公司组成的金融科技指数——KBW 纳斯达克金融科技指数，代码为 KFTX。

情况，可以发现中概股比金融科技股的波动幅度尤其是向上波动幅度更大。中概股中有 16.2% 的个股全年涨幅超过 100%，而金融科技股中仅有 4.3%；全年股价下跌的个股中，中概股占比 36.5%，而金融科技股中只有 19.1%。中概股涨幅居前的个股中，仅宜人贷 1 家属于金融科技板块，涨幅名列第 12，股价表现在全部中概股中也并未有明显优势（见图 2）。

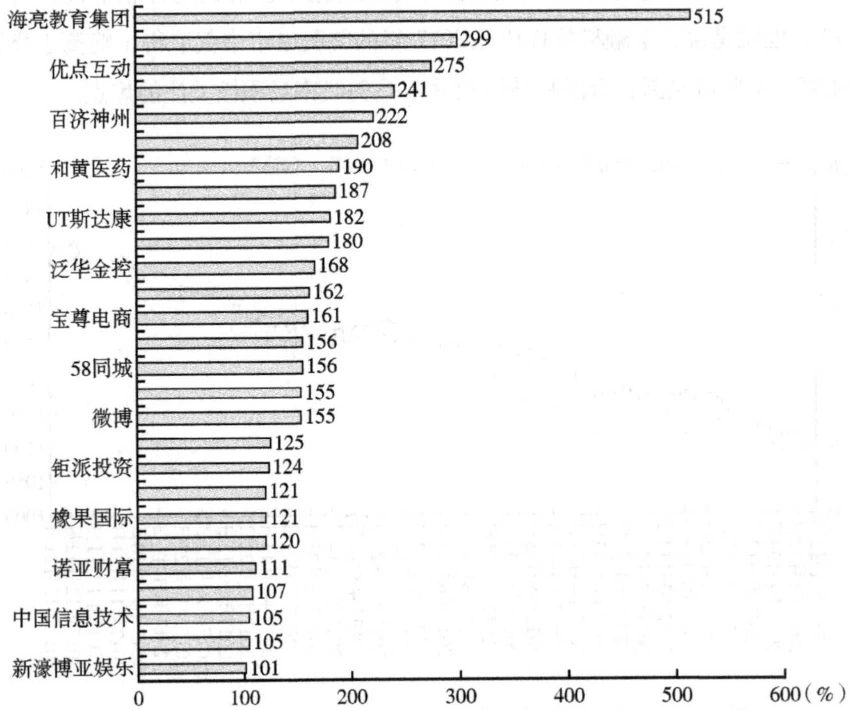

图 2　第 27～33 页　美股中概股 2017 年涨幅超过 100% 的公司

资料来源：同花顺。

金融科技中概股全年股价表现差强人意。7 家金融科技中概股中，仅 2015 年上市的宜人贷和 2017 年 12 月 21 日上市的乐信有正收益，其余 5 家 2017 年上市的公司股价均下跌。在纳斯达克指数年度上涨 30.7% 的背景下，金融科技中概股股价整体表现弱于市场平均水平（见表 1）。

表1　美股金融科技中概股 2017 年股价表现

证券名称	上市日期	2017 年涨跌幅	排名	同期纳斯达克指数涨跌幅(%)
宜人贷	2015-12-18	119.6	1	40.2
乐　信	2017-12-21	29.9	2	-0.9
信而富	2017-04-28	-10.6	3	14.2
和信贷	2017-11-03	-12.7	4	2.1
简普科技	2017-11-16	-22.9	5	1.6
拍拍贷	2017-11-10	-45.6	6	2.3
趣　店	2017-10-18	-57.0	7	4.2

资料来源：同花顺。

与中概股一样，美股网络信贷也不被市场看好。由于美股金融科技中概股中，6 家均为网络信贷类公司，因此我们也单独选取了美国网贷龙头企业 Lending club 及两家 2017 年上市的美国网贷公司 CURO 及 Elevate Credit 来进行对比。如表 2 所示，三家美国网贷公司 2017 年股价表现均明显弱于同期纳斯达克指数，可见美国资本市场对 2017 年的网络信贷市场并不看好。

综合本节的分析，通过分析美股市场中概股及金融科技相关板块 2017 年的股价情况，我们可以得出以下结论：（1）中概股股价涨幅强于纳斯达克指数；（2）但不论是美股金融科技还是中概股金融科技，股价均未表现出明显强于纳斯达克指数的趋势；（3）2017 年网络信贷公司在美股整体表现弱于市场平均水平。

表2　美股网络信贷公司 2017 年股价表现

证券名称	上市日期	2017 年涨跌幅	排名	同期纳斯达克指数涨跌幅(%)
Curo	2017-12-07	-0.8	1	1.3
Elevate Credit	2017-04-06	-3.0	2	17.4
Lending Club	2014-12-11	-21.3	3	40.2

资料来源：同花顺。

2. 估值对比分析

本节对比分析了中概股互联网公司、中概股金融科技公司、美股金融科技公司、美股网络信贷代表公司及纳斯达克全体公司的平均估值情况。

按市盈率来看，美股金融科技公司平均PE达到25.4，估值最高；而中概股金融科技公司平均PE仅为9.9，低于美股金融科技公司，与中概股互联网公司持平，高于纳斯达克平均水平。可见若以净利润为估值标准，中概股金融科技公司在美股市场的估值处于中上水平。

按市销率来看，美股金融科技公司平均PS达到4.2，估值最高；中概股互联网公司和纳斯达克平均PS为3.0，而中概股金融科技公司平均PS为3.4。可见若以销售收入为估值标准，中概股金融科技公司在美股市场的估值也处于中上水平。

按PEG来看，中概股金融科技公司平均PEG达到0.31，估值最高；美股金融科技公司平均PEG为0.22，位居第二；中概股互联网公司的PEG均为0.17；而纳斯达克平均PEG及美国网贷代表性公司PEG由于对应的增长率为负，PEG均为负值（见表3）。可见若以利润增长率为估值标准，中概股金融科技公司在美股市场的估值不仅领先中概股互联网公司，还高于美国金融科技公司。但是，由于PEG对应的增长率取值为2017年的利润增长率，与美股金融科技公司相比起来的PE（TTM）和更高的PEG，只能说明中国金融科技公司过去的利润增长率相对较低。

表3　美股金融科技相关板块平均估值

	PE(TTM)	PS(TTM)	PEG
中概股互联网公司	10.0	3.0	0.17
中概股金融科技公司	9.9	3.4	0.31
美股金融科技公司	25.4	4.2	0.22
美国网络信贷代表公司	-9.0	0.9	-0.69
纳斯达克全部公司	6.5	3.0	-0.02

资料来源：同花顺，此处所有均值均采用中位值法，取值时间均为2018年4月20日，PEG对应增长率为2017年年报增长率。

综合本节的分析，我们可以得出以下结论：若以利润和销售收入为估值依据，相对于美国金融科技公司，中国金融科技公司在美国资本市场并没有享受到更高的估值。

三　上市潮背景下的中国金融科技产业发展研究

本部分主要集中讨论以下问题：中国金融科技企业多选择赴美上市的原因；为什么会在2017年出现上市潮？中国金融科技上市潮主要集中在什么领域，为什么是这个领域？

1. 中国金融科技企业集中赴美上市原因分析

（1）上市门槛

在国内，即使是上市门槛最低的创业板，也要求拟上市公司最近两年连续盈利并持续增长，累计净利润不低于1000万元。而金融科技企业通常具备高持续投入、短时间内低产出的特征，导致其在初创时期很难达到创业板要求的净利润指标，影响其上市效率（见图3）。

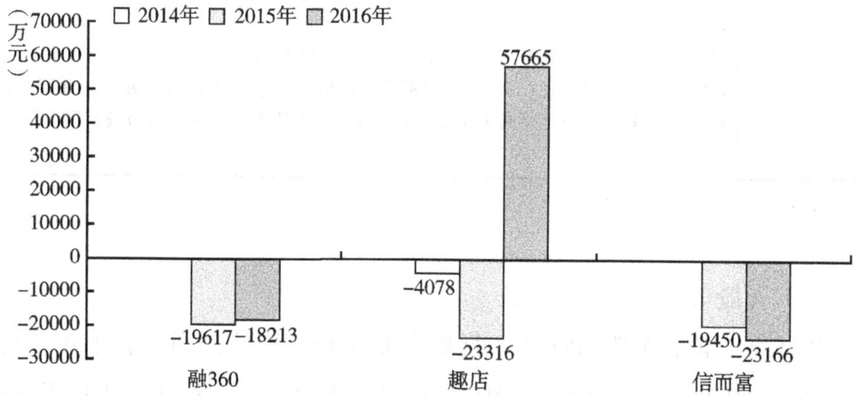

图3　Fintech公司在上市之前，多数会经历巨额亏损阶段

而相较之下，美国纳斯达克市场在拟上市公司成立年限、净利润等项目上的规定也较为宽松，非常适合金融科技在内的科技和互联网企业的特点。纳斯达克市场更注重股东权益与公众持股，只要公司治理符合要求，即使亏损的公司也可以上市（见表4）。

表 4　中美上市条件对比

交易所	上市条件
创业板	(1)发行人应当主要经营一种业务;(2)最近两年连续盈利,最近两年净利润累计不少于 1000 万元,且持续增长;或者最近一年盈利,且净利润不少于 500 万元,最近一年营业收入不少于 5000 万元,最近两年营业收入增长率均不低于 30%;(3)发行前净资产不少于 2000 万元
中小板	(1)最近 3 个会计年度净利润均为正数且累计超过 3000 万元;(2)最近 3 个会计年度经营活动产生现金流量净额累计超过 5000 万元;或者最近 3 个会计年度营业收入累计超过 3 亿元;(3)最近一期末无形资产占净资产比例不高于 20%
纳斯达克	标准一: (1)股东权益达 1500 万美元;(2)最近一个财政年度或者最近 3 年中的两年中拥有 100 万美元的税前收入;(3)110 万的公众持股量;(4)公众持股的价值达 800 万美元;(5)每股买价至少为 5 美元;(6)至少有 400 个持 100 股以上的股东;(7)3 个做市商;(8)须满足公司治理要求 标准二: (1)股东权益达 3000 万美元;(2)110 万股公众持股;(3)公众持股的市场价值达 1800 万美元;(4)每股买价至少为 5 美元;(5)至少有 400 个持 100 股以上的股东;(6)3 个做市商;(7)两年的营运历史;(8)须满足公司治理要求 标准三: (1)市场总值为 7500 万美元;或者,资产总额及收益总额分别达 7500 万美元;(2)110 万的公众持股量;(3)公众持股的市场价值至少达到 2000 万美元;(4)每股买价至少为 5 美元;(5)至少有 400 个持 100 股以上的股东;(6)4 个做市商;(7)须满足公司治理要求

资料来源：华泰联合证券。

(2) A 股 IPO 审批周期过长

2015 年以前，A 股 IPO 的审批周期非常长，即使公司具备上市条件，一般排队等待时间需要 3 年。2016 年以来，中国资本市场逐步实现了新股发行常态化，使得 IPO “堰塞湖” 现象逐步消除；2017 年 IPO 企业从发行申请受理到完成上市，平均审核周期为 1 年 3 个月左右，较之前需要 3 年以上的审核周期大幅缩短。但相对于美股而言依旧效率偏低。金融科技公司当年处于成长期向成熟期发展的关键阶段，失去资金的支持可能导致公司在激烈的市场竞争中失去竞争力，因此漫长的排队期会导致公司错失发展机遇，甚至遭遇灭顶之灾。

（3）美股市场更熟悉金融科技行业

中国金融科技企业选择在美国上市，行业前辈的铺垫也起到一定作用。P2P行业鼻祖Lending club 2014年12月在美上市，2015年12月，宜人贷也成为第一家在美上市的中国金融科技企业。这都意味着，美国资本市场对金融科技相关业务更为熟悉和认可。信而富CFO沈筠卿曾在一个采访中谈及，让美国证券交易委员会（SEC）认定中国P2P公司及其业务的本质是一项颇具挑战的工作，其中关于业务性质、收入成本确认方式、交易资金背后的法律关系等问题就颇为复杂，需要监管部门逐条确认。而这一过程，因为有了Lending club和宜人贷的先例，让在2017年上市的金融科技企业的上市工作有可以参考的案例。

（4）监管限制

2015年互联网金融“基本法”出台以来，中国互联网金融行业监管持续加强，网络借贷行业是监管规范的重要领域（见表5）。2016年，互联网金融进入全面整顿时期，监管方终止了西藏旅游、银之杰、永大集团、熊猫金控等上市公司对互联网金融企业的收购，这说明监管对互联网金融还是持谨慎态度。这一方面使得金融科技企业在A股上市受阻，另一方面也促使中国金融科技企业积极谋求海外上市，以达到为自身企业增信的目的。

表5　金融科技相关国家级监管政策

时间	政策
2015－7－18	央行等十部委联合印发《关于促进互联网金融健康发展的指导意见》
2015－8－6	最高人民法院发布《最高人民法院关于审理民间借贷案件适用法律若干问题的规定》，划定36%利率红线
2015－12－28	银监会等四部委发布《网络借贷信息中介机构业务活动管理暂行办法（征求意见稿）》
2016－3－5	政府工作报告，将“规范发展互联网金融”列入2016年重点工作部分
2016－4－14	国务院组织14个部委召开电视会议，将在全国范围内启动有关互联网金融领域的专项整治
2016－4－28	教育部办公厅、银监会办公厅联合印发《关于加强校园不良网络借贷风险防范和教育引导工作的通知》，整治不良“校园贷”

续表

时间	政策
2016 - 8 - 24	银监会官网正式对外公布《网络借贷信息中介机构业务活动管理暂行办法》
2016 - 10 - 13	出台《互联网金融专项整治实施方案》和《P2P 网络借贷风险专项整治工作实施方案》
2017 - 2 - 23	银监会印发《网络借贷资金存管业务指引》
2017 - 4 - 14	互金整治工作领导小组办公室下发《关于开展"现金贷"业务活动清理整顿工作的通知》
2017 - 6 - 28	银监会、教育部、人社部联合印发《关于进一步加强校园贷规范管理工作的通知》

资料来源：央行、银监会。

2. "上市潮"出现于2017年的原因分析

（1）行业新增企业及存量企业均呈下降趋势

根据网贷之家的数据，2016～2017 年新增网贷平台数量呈明显下降趋势，2017 年全年新增网贷平台数量较 2016 年同比下降 88%（见图 4）；而国内正常运营的网贷平台数量也呈同样的下降趋势，截至 2017 年 12 月，已连续 21 个月平台数量环比增长为负（见图 5）。可见行业洗牌阶段已取得一定成效，行业集中度正在不断提升，开始向成熟期过渡。

（2）行业投融资规模下降

2017 年，中国金融科技融资总额为 796 亿元，较 2016 年同比下降 9%（见图 6）。投融资市场反映出的金融科技投资降温，显示出经过数年的投资热潮，金融科技行业发展步入新的阶段，资本对于金融科技行业的认知进一步充分，对于金融科技行业的投资也更为理性。

（3）一级市场资本亟须退出渠道

根据零壹财经的数据，2017 年，全球金融科技投融资 C 轮及以后融资总额为 882 亿元，占全部金融科技投融资总额的 63%；而 2016 年，全球金融科技投融资 C 轮及以后融资总额为 333 亿元，占总额的 29%。可见投资金融科技行业的一级市场资本已到了积极谋求退出渠道的阶段，这一股力量也是 2017 年中国金融科技上市潮的重要推手（见表 6）。

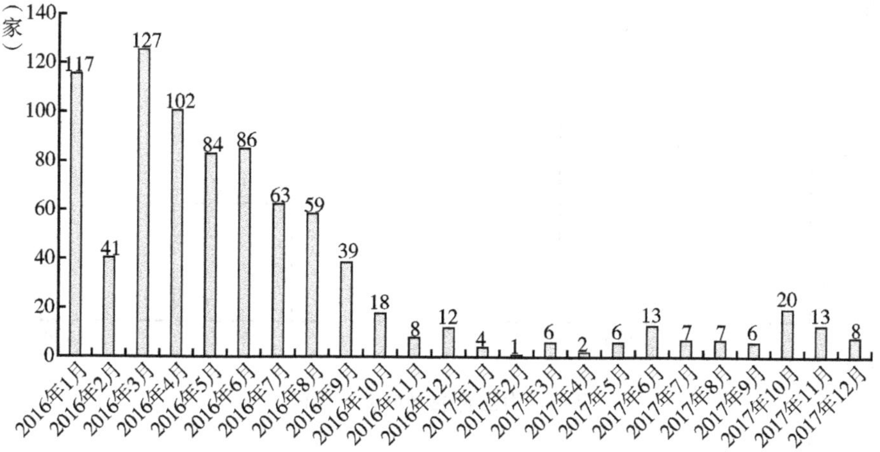

图4　2016～2017年国内新增网贷平台数量

资料来源：网贷之家。

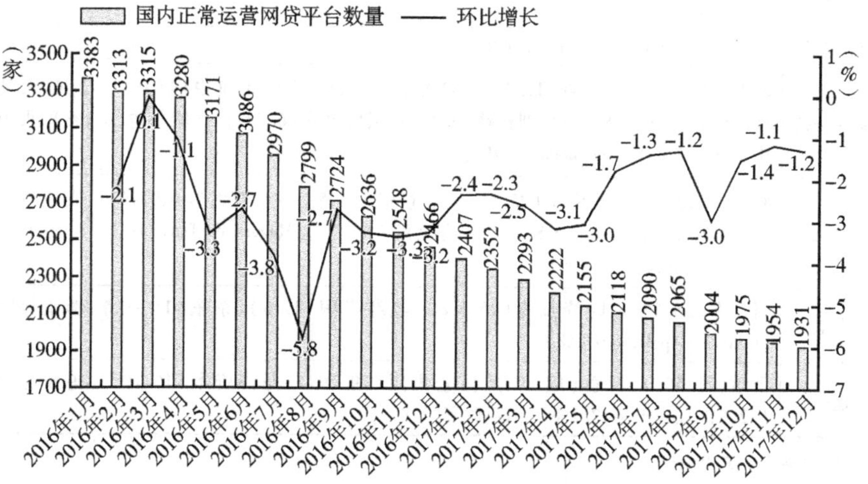

图5　2016～2017年国内正常运营网贷平台数量

资料来源：网贷之家。

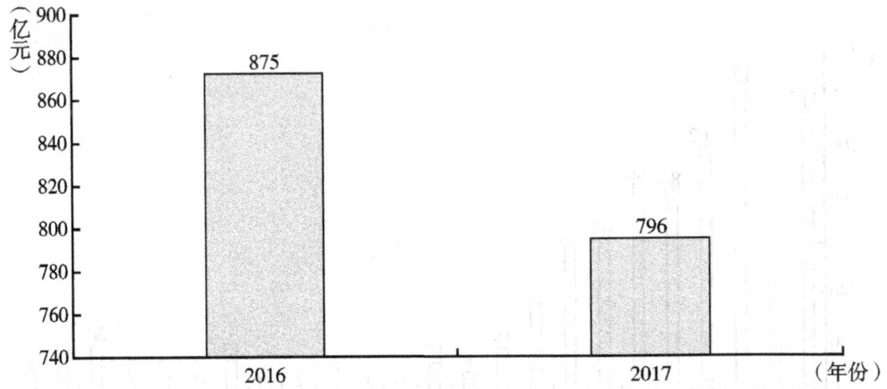

图6　中国金融科技融资规模

资料来源：零壹财经。

表6　中国金融科技上市公司IPO前主要股东情况

公司	IPO前主要股东
信而富	DLB Capital(25,5%)、BroadlineCapital(14.9%)、王征宇(9.5%)、Gary Wang(5%)、Andrew Mason(2.6%)
和信贷	安晓博(74.5%)、安晓宁(18.6%)
简普科技	宓群(16.7%)、庄辰超(11.9%)、红杉资本(17.6%)、光速中国(16.7%)、叶大清(9.6%)、陆佳彦(8.3%)、刘曹峰(3.9%)、云峰基金(6.8%)、凯鹏华盈(6.1%)、火炬中国(6.8%)、Spring Bloom(1.9%)
拍拍贷	顾少丰(28.2%)、沈南鹏(25.5%)、红杉资本(25.5%)、曹大容(10.4%)、光速资本(10.4%)、君联茂林(6.8%)、海纳亚洲(6.5%)、Maggie & Tony(6.2%)、胡宏辉(5.4%)、李铁铮(2.0%)
乐信	肖文杰(36.6%)、险峰长青(15.3%)、经纬中国(12%)、京东(11.9%)、泰康保险(6.6%)、Apoletto(6.0%)
趣店	罗敏(21.6%)、杜立(19.7%)、昆仑集团(19.7%)、源码资本(16.1%)、蚂蚁金服(12.8%)、朱天宇(7.2%)、诺亚财富(2.8%)

资料来源：零壹财经。

综合本节分析，2017年出现金融科技企业“上市潮”的主要原因是中国金融科技行业正在由成长期步入成熟期，行业集中度不断提升，在前一轮行业混战中胜出的企业开始纷纷谋求上市，以获得更雄厚的资金支持，为其在即将到来的存量市场竞争中筹备力量。预计未来3年内还将有更多金融科技企业完成上市。

3. “上市潮”集中在网络信贷领域的原因分析

网络信贷迅速发展，是引发中国金融科技海外“上市潮”的一个重要原因。中国消费信贷规模持续增长，2010~2016年复合增长率达到20.2%，尽管增长率并不十分突出，但2016年中国消费总规模已达到22.6万亿元，市场规模相当广阔。然而，2015年中国消费信贷人口的渗透率仅为27.6%，美国同期的渗透率数据为82%，可见消费信贷行业还存在巨大的发展空间（见图7）。

在中国经济转向内需驱动后的消费增长的宏观大背景下，在中国还有数亿级规模的农村人口、务工人员、蓝领工人等未被征信系统覆盖的群体的社会背景下，网络贷款的借贷双方具备广泛性，交易方式具备灵活性和高效性，且收益率相较于银行更具优势，这些特征都使得网络借贷市场规模得以快速扩张（见图8）。

除此之外，相对于互联网基金、互联网证券对二级市场景气度的高度依赖，互联网保险对应用场景的高度依赖，区块链技术对行业基础设施的高要求等，网络信贷相对而言在市场发展条件上限制更少、空间更大，使之成为金融科技行业中最快获得稳定利润的行业，也使一批发轫于网贷行业的企业成为最早海外上市的金融科技公司。

四 金融科技中概股业务对比研究

1. 基本情况

（1）趣店

趣店集团（股票代码：QD）前身为“趣分期”，自2014年4月成立以来，已累计为数千万用户提供服务。2017年10月18日，趣店集团成功在美国纽约证券交易所挂牌上市。当前，趣店定位于金融科技公司，面向5亿非信用卡人群和金融机构提供服务，以大数据技术驱动科技创新，利用创新科技提供在线信用

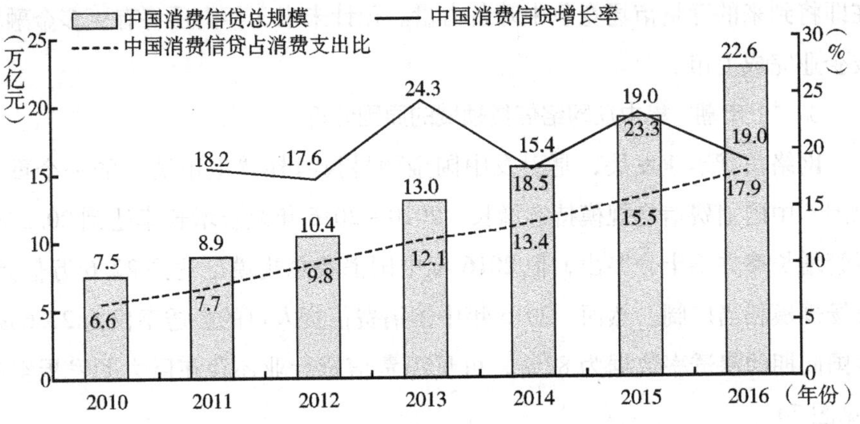

图7　2010～2016年中国消费信贷规模及占消费支出比重变化

资料来源：艾瑞咨询。

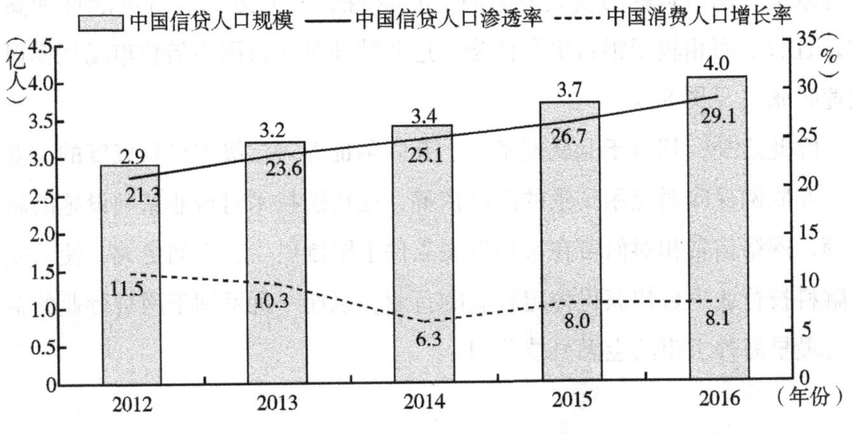

图8　2012～2016年中国信贷人口规模及渗透率

资料来源：艾瑞咨询。

产品，为用户提供实物分期与现金分期服务。趣店集团通过分析上亿行为数据，依托纯线上自动化模型，以及对消费场景、用户需求的深刻洞察，多角度、多方位识别用户行为、解析用户需求，为用户提供正规化、透明化、个性化的消费金融产品和服务。趣店从3C电子产品起步，逐步拓展到运动、箱包、美妆、手表、珠宝等多个品类，以及以二手手机为主的业务“二手优选”、手机租赁业务“趣先享”等，满足用户不同消费场景下的多元化需求。目前旗下主要的App有趣店和来分期。

（2）乐信

乐信是中国领先的金融科技平台、纳斯达克上市公司（股票代码：LX），致力于通过大数据、云计算、人工智能等领先技术，让每个人都能更平等、更优惠、更便捷地享受互联网金融服务，以信用成长成就品质生活，服务实体经济。乐信打造了集电商、智能风险管理、智能资产管理、网络借贷中介服务于一体的金融科技生态，实现了对中国高成长人群及信用卡持卡人群的全面覆盖。截至2017年12月，乐信注册用户数已超过2390万。乐信将中国数千万高成长人群和信用卡持卡人群与工商银行、农业银行、中国银行、建设银行、招商银行、交通银行、广发银行、上海银行等众多银行及持牌金融机构连接，让他们享受到优惠、便捷的消费金融服务，打造了稳固、开放、共赢的金融科技生态。2017年12月21日，乐信集团在美国纳斯达克交易所上市。乐信旗下有品质分期购物平台分期乐商城、网络借贷中介服务平台桔子理财以及金融资产开放平台鼎盛资产。

（3）融360（简普科技）

融360成立于2011年10月，是中国领先的移动金融智选平台。其旗下简普科技（股票代码：JT）于2017年11月16日在纽约证券交易所上市。融360致力于为个人消费者和小微企业提供金融产品的搜索、推荐和申请服务，业务范围涵盖广泛，包括贷款、信用卡与理财等。此外，还免费为用户提供便捷、划算、安全的金融信息（见表7）。

（4）拍拍贷

拍拍贷（股票代码：PPDF）成立于2007年6月，公司全称为“上海拍拍贷金融信息服务有限公司”，由工商部门批准，获批“金融信息服务”的经营范围，是一家网络借贷信息中介平台。拍拍贷用先进的理念和创新的技术建立了一个高效、透明的互联网金融平台，规范个人借贷行为，让借入者改善生产生活，让借出者增加投资渠道。截至2017年9月底，拍拍贷平台累计注册用户达5760万，无论从品牌影响、用户数、平台交易量等方面，均得到行业和用户的认可。拍拍贷主要服务的借款客户平均年龄在20～40岁，主要提供的贷款服务包括标准贷款、现金贷和消费分期贷款。2017年11月拍拍贷在纽交所成功上市。

表7　融360主要业务

主要业务	内容
贷款	融360贷款业务涵盖个人消费贷、经营贷、房贷、车贷。平台通过大数据技术，解决融资贷款过程中的信息不对称问题。用户通过融360独有的智能匹配系统，可一站式比较数万款贷款产品，筛选产品并直接提交申请。对银行而言，融360则是批量获取优质客户的营销渠道
信用卡	融360信用卡频道，是全方位金融信息服务平台的一部分。信用卡频道服务所有"对信用卡有需求的人"——从工薪阶层、时尚白领、网购达人、到精明主妇、生意人……相对于贷款业务满足几千元到几千万元的资金需求，信用卡则满足用户几千元到几万元的资金需求。信用卡频道通过"推荐＋筛选匹配"方式，帮助用户找对最适合的卡，降低用户获取成本；并且对申卡体验、办卡速度、核卡的审批率不断进行优化，使用户体验更好。与此同时，信用卡频道还提高银行的营销效率
理财	融360理财频道，定位于一个汇集理财产品、理财信息的一站式比较平台和社区。目前主要提供资讯、评测内容和产品搜索等服务。以往通过理财顾问打理的精英理财只能服务少数人，大量的大众工薪阶层未能获得理财服务。融360理财频道正是面向25～40岁的白领阶层，他们工作繁忙，能够花在理财上面的时间很少。融360理财频道帮助他们降低信息的获取成本、处理成本，并辅助用户做出理智、安全的理财决策。理财业务是融360向真正的360°全方位金融搜索平台前进的重要一步

资料来源：融360官网。

（5）宜人贷

宜人贷（股票代码：YRD）由宜信公司2012年推出，是中国领先金融科技平台。宜人贷利用科技驱动金融创新，致力于为中国白领人群提供高效、便捷、个性化的信用借款咨询服务，其中出借咨询服务包括精英标、自动投标服务和债券转让服务。2017年，宜人贷正式推出在线财富管理平台宜人财富，拓展P2P理财服务为智能、多元的在线财富管理服务。在平台业务方面，宜人贷通过金融科技能力共享平台 YEP，向合作伙伴输出数据、反欺诈、精准获客三个核心金融科技能力。截至 2017 年 12 月 31 日，宜人贷累计服务了 110 万借款用户，130 万出借用户，累计促成借款总额达 739 亿元。2015 年 12 月 18 日，宜人贷在美国纽约证券交易所成功上市，成为中国金融科技第一股。

（6）信而富

信而富（股票代码：XRF）是中国信贷分析领域的先行者，总部位于上海，2001 年起开展信贷分析服务业务，曾为多家银行等金融机构提供风险管理技术服务。2010 年涉足网络借贷信息中介服务，为出借人和借款人搭建网络借贷信息中介平台，截至 2017 年第一季度末，已为约 200 万借款人提供约 1500 万笔借款服务。2017 年 4 月 28 日在美国纽约证券交易所挂牌上市。

（7）和信贷

和信贷（股票代码：HX）由和信电子商务有限公司运营，注册资金 1.05 亿元，总部位于北京。和信贷结合全球金融发展与互联网技术创新，在健全的风险管控体系基础上，为个人客户提供专业、可信赖的理财服务，帮助他们实现财富增值。当前，和信贷针对出借人的服务包括锁定期为 1 个月的“自由赚”、锁定期 3 ~ 24 个月的“踏实赚”以及涵盖各式期限以及利率的散标及债权转让产品。和信贷已于 2017 年 11 月在美国纳斯达克上市成功。

2. 财务数据对比分析

从营业收入看，7 家美股金融科技公司虽收入规模差距较大，但均呈现业务收入逐年增长的趋势，其中趣店和拍拍贷近三年的营收均呈现爆发式增长，年复合增长率均超过 300%，融 360、和信贷及宜人贷营收年复合增长率也皆在 100% 以上。乐信虽然复合增长率仅有 49%，但其营业收入在规模上位居第一，2017 年营业收入达到 55.8 亿元人民币（见图 9）。综合考虑规模和增长率，信而富的发展相对较弱。

从净利润来看，7 家公司的盈利水平差异较大。2015 ~ 2017 年，宜人贷

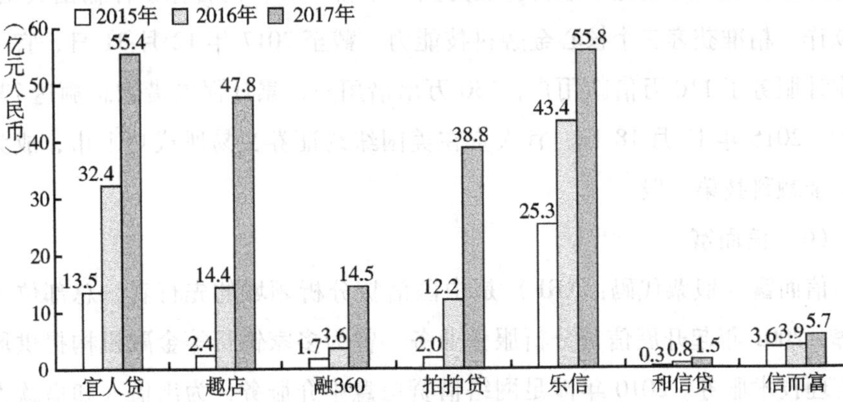

图9 美股中国金融科技公司2015～2017年营收情况

资料来源：同花顺。

保持盈利状态，且净利润逐年增长；趣店、拍拍贷、乐信、和信贷四家公司实现扭亏，且趣店净利润增长最快，2017年其净利润已达到21.6亿元人民币，超过宜人贷同期的净利润接近一倍；与前五家公司不同的是，融360、信而富不仅没有扭亏，亏损还呈现扩大趋势。

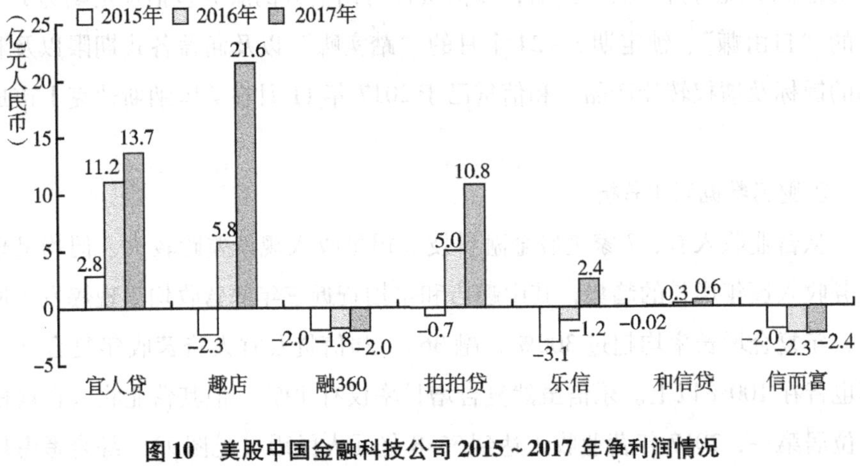

图10 美股中国金融科技公司2015～2017年净利润情况

资料来源：同花顺。

3. 业务模式对比分析

从各公司的收入构成可发现，大部分公司的主要商业模式都是基于贷款服务收取的费用。与其他公司相比差异较明显的有乐信和融360。乐信有45%的收入来自线上自营，其旗下分期乐商城提供72万SKU的商品选择，通过直营+平台方式服务消费者，也就是说，除了基于贷款的金融服务收入以外，乐信还有来自电商的收入。融360的模式则更为独特，其不直接提供贷款服务，而是提供金融产品信息搜索、展示服务，其通过帮助金融机构触达C端用户，然后从金融机构处获得收益，因此其最大的两块收入来源是贷款和信用卡推荐费。商业模式的差异导致融360的盈利能力弱于其他几家公司，但是其金融产品信息服务平台的发展模式有可能更为长久，且相对不容易受政策影响（见表8）。

表8　美股金融科技公司2017年收入结构一览

趣店		
	收入构成	占比(%)
合计(亿元人民币)	47.8	100
罚款收入	0.1	0
融资服务收入	36.4	76
贷款服务收入	3.0	6
销售佣金	8.0	17
销售类型租赁	0.3	1
宜人贷		
	收入构成	占比(%)
合计(亿元人民币)	55.4	100
其他	1.3	2
售后服务	1.9	3
贷款服务费	52.3	94
和信贷		
	收入构成	占比(%)
合计(亿元人民币)	1.5	100
其他	-0.4	-29
售后服务	0.1	5
贷款服务	1.7	112
贷款管理服务	0.2	11

续表

拍拍贷		
	收入构成	占比(%)
合计(亿元人民币)	38.8	100
其他	3.7	10
借贷服务费	28.4	73
贷后服务费	6.7	17
信而富		
	收入构成	占比(%)
合计(亿元人民币)	5.7	100
交易及服务费	6.0	104
其他	-0.3	-4
融360		
	收入构成	占比(%)
合计(亿元人民币)	14.5	100
信用卡推荐费	2.3	16
广告、营销和其他服务	1.0	7
贷款推荐费	11.2	77
乐信		
	收入构成	占比(%)
合计(亿元人民币)	55.8	100
服务及其他	0.3	1
线上直营	25.4	45
金融服务	30.2	54

资料来源：上市公司年报、同花顺。

参考文献

[1] 马方、林贵、姜宛辰：《中概股回归的原因及对策分析》，《东北师范大学学报》（哲学社会科学版）2018年第2期。

[2] 李杲：《中概股私有化与分拆回归A股的特点与影响分析》，《证券市场导报》2017年11月1日。

[3] 王静：《全球金融科技发展动因及监管科技发展趋势》，《证券市场导报》2018

年2月5日。
[4] 王荣臻：《网络信贷问题的现状及发展研究》，《产业与科技论坛》2016年第15期。
[5] 余敏：《我国网络信贷行业发展现状和特征》，《时代金融》2017年第3期。
[6] 零壹财经：《2017全球金融科技发展指数（GFI）与投融资年报》，2018。
[7] 零壹财经：《2016年全球金融科技投融资与指数报告》，2017。
[8] 虎嗅网：《复盘：为了赴美上市，宜人贷、信而富都经历了什么?》，2017。

B.15
全球金融科技创新发展回顾

清华大学金融科技研究院互联网金融实验室

摘　要：　金融科技在全球的发展已经超过10年，从发展之初至今，金融科技行业的整体格局有了新的演化。这一演化既反映了商业模式的变革，也反映了技术力量对人们生活的影响。本课题组于2013年和2018年先后两次对全球金融科技模式进行了分类。通过比较前后两次分类的异同，我们对过去10年来金融科技的演进过程进行了回顾，通过回顾可以对金融科技发展趋势有更好的理解。

关键词：　金融科技　商业模式分类　科技创新

自2007年Lendingclub等创新企业开始基于互联网平台提供金融服务以来，金融科技在全球的发展已经超过10年了。在过去10年，人们的金融行为甚至生活行为都被科技所改变。这也使得金融科技行业成为创新高发地。在金融科技行业的创新浪潮中，商业模式快速迭代和发展、技术力量对金融基础设施进行重塑，监管机制也在不断探索。在这一背景下，清华大学五道口金融学院开始了对全球金融科技行业的持续关注和研究。其中，一个很重要的研究议题就是，为互联网金融行业（或称之为金融科技行业）建立分类图谱，对整个业态框架进行清晰界定：互联网金融的基本分类是什么？各个分类下的业务模式有哪些？以及，这些业务模式是如何演进发展的？这些问题的回答有助于我们系统性、全面性和前瞻性地理解这一创新行业。

在2013年，我们将这些由互联网技术和金融业不断融合产生出来的一类创新式产品和商业模式统称为“互联网金融”。基于对全球创新商业实践的观察，我们将商业模式分为4大类：传统金融互联网化，基于互联网平台开展金融业务，全新的互联网金融模式，以及互联网金融信息服务。

（1）第一类：传统金融的互联网化。是指银行、证券和保险等传统金融中介机构利用互联网平台开展金融业务，代表业态包括互联网银行、互联网券商和互联网保险等。

（2）第二类：基于互联网平台开展金融业务。主要表现为互联网企业等非传统金融机构借助网络平台开展金融业务，代表业态包括互联网支付、互联网金融产品销售、互联网资产管理、互联网小额商业贷款和互联网消费金融等。它们分别是基于互联网平台开展支付、理财和贷款服务，各代表了金融业务中的一项重要组成部分。

（3）第三类：全新的互联网金融模式。代表业态包括P2P借贷和众筹融资等。P2P借贷（Peer-to-Peer Lending）是指个人不通过银行等金融中介，基于互联网平台直接向其他个人提供贷款；众筹融资（Crowdfunding）指经由互联网平台由众多支持人为某个项目进行筹资。

（4）第四类：互联网金融信息服务。这类模式不属于金融业务，它们起到了为金融业务提供“支持”的功能，代表业务模式包括：金融产品搜索、在线金融教育、金融社交平台等。这些网络平台虽然不提供金融服务，却能够大大提升人们对于金融产品和业务的认知，从而提高金融体系的运营效率，也是互联网金融的重要组成部分。

这四类创新模式中，除了第一类“传统金融互联网化”，其参与方是传统金融机构——它们通过互联网方式来革新服务手段，其他三类创新模式的参与方都为互联网平台等非金融机构。它们是互联网金融行业的主要创新力量，但是不同类型主体对于金融服务的纵深影响程度存在差异，这直接决定了在发展过程中的核心竞争力。第二类“基于互联网开展金融业务”的创新平台通过互联网化、数据化、自动化等提升了传统金融业务的服务效率，对其核心业务例如贷款、投资与顾问服务、储蓄等有直接冲击；第三类“全新的互联网金融模式”则直接脱离了金融中介机构，属于全新型业务；

第四类“互联网金融信息服务”通过资讯、数据、产品和账户的聚合，逐渐成为用户选择金融产品和服务的首要门户，将影响金融机构定价和与客户之间的忠诚度（见表1）。

自上述分类提出后，全球金融科技行业的创新活动仍然十分活跃。从投资数据来看，2016年，在金融科技领域的风险投资额达到约250亿美元，被投资的公司数量为1000多家，投资总额与全球风险投资总额占比约为10%——而2010年仅为1%~2%。总体来看，在经历发展后，全球金融科技的现阶段模式具有平台化、数据化和轻资产的特征。平台化是指金融科技体系在金融市场中起到的交易和信息中介的性质，从P2P到供应链金融和互联网消费金融，金融科技企业促进了资金和信息流的加速流转；数据化是指金融科技创新模式中大量利用了大数据技术，使得金融科技体系服务于长尾用户，为其提供个性化的产品和服务；轻资产方面，由于国外监管倾向对金融科技体系采取一定的资本充足率和流动性要求，轻资产的金融科技公司更容易符合监管要求，同时，以技术为中心驱动的金融科技行业本身就符合轻资产的特征。

表1　互联网金融商业模式分类（2013年）

分类	细分行业
第一类：传统金融的互联网化	互联网银行
	互联网券商
	互联网保险
第二类：基于互联网平台开展金融业务	互联网支付
	互联网基金销售
	互联网资产管理
	互联网商业小额贷款
	互联网消费金融
第三类：全新的互联网金融模式	P2P
	众筹
第四类：互联网金融信息服务	金融产品搜索
	在线投资社交
	在线财务管理
	在线金融教育
	在线信用管理

我们在金融科技行业高速发展5年后的今天，再次回顾了上述分类情况。基于现阶段的发展格局，对全球金融科技商业模式分类进行了重新梳理，具体分类如表2所示。从大类来看，5年前的分类基本仍能覆盖今天的发展现状，但是细分模式发生了变化，这也反映了全球金融科技的发展变化。

（1）第一类：金融科技赋能传统金融，包括互联网银行与银行科技，互联网证券与证券科技，互联网保险与保险科技；

（2）第二类，金融科技赋能资产负债管理，包括互联网消费金融、互联网公司金融、互联网资产管理；

（3）第三类，创新型融资方式，包括P2P网络融资、众筹融资、互联网公益金融；

（4）第四类，金融科技基础设施，包括互联网金融信息服务、大数据风控和征信、区块链与实体经济。

表2　金融科技商业模式分类（2018年）

分类	细分行业
第一类:金融科技赋能传统金融	互联网银行与银行科技 互联网券商与证券科技 互联网保险与保险科技
第二类:金融科技赋能资产负债管理	互联网消费金融 互联网公司金融 互联网资产管理
第三类:创新型融资方式	P2P网络贷款 众筹融资 互联网公益金融
第四类:金融科技基础设施	互联网金融信息服务 大数据风控与征信 区块链与实体经济

对比表1 2013年分类和表2 2018年分类的异同，我们可以对近5年来全球金融科技行业的变化有大致掌握，其变化主要体现在以下3点：参与主体正在不断融合、技术力量推动了基础设施重构、监管机制正在尝试变革。

第一，从参与机构来看，传统金融机构和互联网平台仍然是金融科技领域的主要参与者，但是两者在不断融合、界限在不断模糊。5 年前，我们可以清晰地通过监管牌照、人员结构、业务核心竞争力等方面区分传统金融机构和互联网平台。在 5 年后的今天，传统金融机构已经将科技业务视为其核心业务的内生驱动因素之一，产生了一大批围绕其核心业务提供服务的银行科技公司、证券科技公司和保险科技公司。与此同时，互联网平台不断在获取金融牌照、纵深发展业务，通过科技手段对个人乃至公司的金融行为进行赋能。它们已经成功进入主流金融领域，形成了一批服务长尾客户的互联网消费金融平台、互联网资产管理平台和互联网供应链金融平台等。金融科技企业到底是金融机构还是科技企业？这一议题的答案在今天已经有了初步结论。

第二，从创新动力来看，在过去 5 年，以大数据与人工智能、区块链为代表的创新技术正在重塑金融行业基础设施，这也正是金融科技创新能重塑金融行业的关键所在。

征信行业是金融行业的基础设施。近 5 年来，大数据和机器学习的发展极大地推动了征信行业的发展。通过引入大量传统金融机构和征信公司没有使用的用户各个方面的数据，如物流数据、汽车数据、社交网络数据、用户行为数据、物联网数据、生物识别数据等，创新企业将信用评估数据延伸至大批潜在用户群，为其提供金融服务。如 Kabbage 利用中小企业在网络上的信息流提供快速贷款；Zestfinance 开始采用大数据的概念进行信用风险评估等。这些创新业务的开展正是得益于征信手段的发展。

区块链技术是金融科技领域最受关注的创新方向之一。不同于中心化存储的数据库，区块链的记账主体作为节点彼此互相连接，账本分布式存储在所有的节点上。基于这一特征，区块链在金融领域的应用主要体现在清算、登记、货币支付等功能，并寄希望于解决目前各类金融业务中的信任问题。例如：帮助监管层追溯资产的产生、流通和所有权，帮助其即时识别潜在的犯罪可能性；帮助其识别出资产的重复抵押，超过资产总价值的抵押将被识别和禁止；通过计算机技术帮助金融机构以满足监管层面对于其合规性的要求，包括反洗钱监管，KYC 等。同时，新型数字货币作为区块链技术目前在金融领域的实际应用之一，也具有对金融系统带来变革的潜力。英国央行已经研发利用分布式账本技术的下一代支付系统。中国人民银行也组织了数字货币研究所，对其进行深入研究。

第三，随着技术和全球金融科技商业模式的不断创新，不可避免加剧了已有监管机制和创新模式的冲突。如何调整“鼓励创新”和“防范风险”两者之间的平衡是全球各国监管者共同面对的问题。

作为金融科技行业中最先萌芽的创新模式，P2P 网络借贷行业的监管之路正是这一议题的充分印证。2007 年，Lendingclub 通过互联网平台提供了个人对个人的借贷服务，这给当时的美国监管当局带来了挑战：应该以何种框架对这类创新型金融业务进行监管。2008 年，美国宣布将其纳入证券监管体系，视为证券监管。之后，美国的 P2P 网络借贷平台开始频繁进行信息披露。这也一直使得美国 P2P 网络借贷行业监管不能免除对创新鼓励不足的诟病。2015 年 7 月，美国财政部发布了“网络借贷市场意见征求”，探讨该行业的最新变化，以及讨论金融监管应该如何调整来保证这一新兴行业的健康发展。而相比于美国一开始就将 P2P 网络借贷定义为证券发行进行严格监管，我国对于 P2P 网络借贷行业一直处于被动监管状态。在 2015 年之前，我国对于 P2P 网络借贷行业一直处于鼓励创新的态度，并未确定明确的监管部门；直至 2015 年《关于促进互联网金融发展的指导意见》出台，才明确了 P2P 网络借贷的监管框架。2016 年开始，我国开始对互联网金融进行专项整治，对 P2P 网络借贷行业也转入严格监管阶段，目前也仍在持续。这一发展路程对我国的金融创新和金融监管既有经验、亦有教训。

近年来，各国监管当局也在尝试跳出原有监管体系、通过新的监管模式来给予金融科技行业足够的创新空间。英国金融业务管理局（FCA）建立了创新计划（Project Innovate）来追踪金融市场的创新模式，并采取了监管沙盒的制度来包容创新。美国货币监理署（Office of the Comptroller of the Currency，OCC）也称，OCC 允许提供银行产品和服务的金融科技公司申请特殊目的国家银行牌照。金融监管机构希望通过重塑原有监管机制，来适应和促进金融科技的发展，以保证创新和风险之间的有效平衡。

金融科技行业的创新浪潮给金融行业带来了变革。最近5年来，金融科技行业仍在不断发展和演化。参与机构之间的不断融合演进、新技术对于金融基础设施的革新，以及监管环境与新技术、新模式之间的不断平衡，正是这三股力量推动了金融科技行业不断向纵深发展，也成为推动金融行业不断重塑创新的动力。我们相信，在未来，金融科技行业仍能有不断创新涌现，这必将给金融行业的发展带来新的天地。

B.16 FinTech 产业地图

中科金财研究院

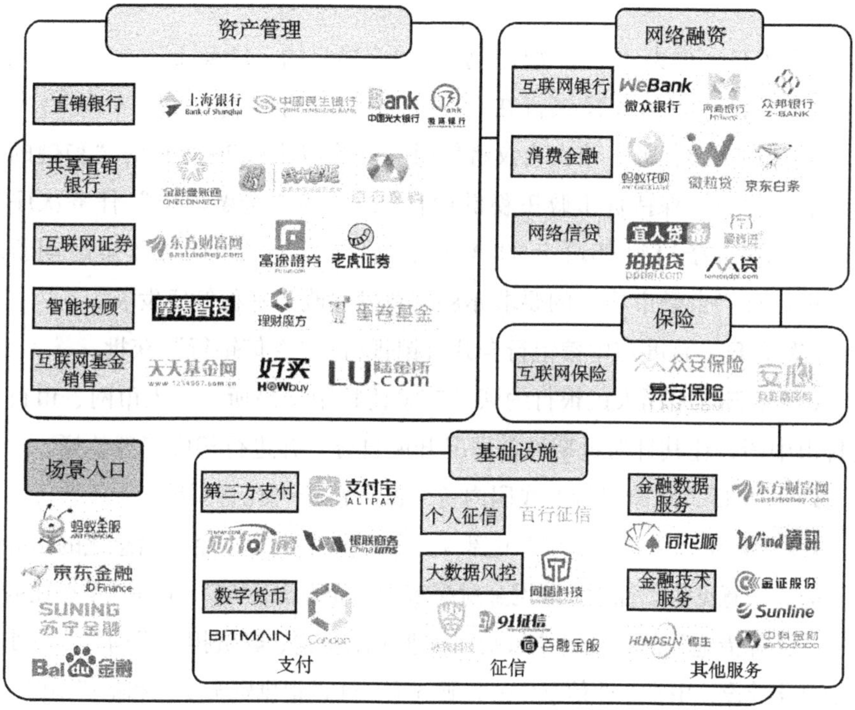

B.17
2017年金融科技年度大事记

李　晶

1月

1月1日　中央"一号文件"强调"金融机构 + Fintech"。

1月5日　中国人民银行在北京举行2017年工作会议，并提出央行2017年十项主要任务。该次会议将货币政策的描述从2016年的"稳健的货币政策"改为"保持货币政策稳健中性"；并将"金融风险"任务次序从2016年的第五条提到2017年的第三条，将防范金融风险置于金融创新之前。央行对"金融市场"的要求亦从创新发展改为平稳健康发展。

1月5日　百度与中信银行合开直销银行："百信银行"获批。

1月6日　中国人民银行约谈了三家比特币交易所——火币网、币行和比特币中国，让其针对近期异常情况开展自查，并进行相应清理整顿。

1月10日　邮储银行上线国内首个区块链资产托管系统。

1月24日　《工业和信息化部关于进一步推进中小企业信息化的指导意见》公布。意见将"探索互联网金融缓解中小企业融资难"列为"重点任务"，还在"保障措施"部分提出"鼓励银行业金融机构、融资担保机构等为中小企业信息化建设、中小企业信息化公共服务项目建设提供资金支持和融资担保"。

1月25日　因为用户越来越多地通过互联网和移动端使用银行业务，汇丰银行将于2017年再度在英国境内关闭62家支行。

2月

2月6日　国务院印发《"十三五"促进就业规划》鼓励小微企业发行

ABS。

2月8日 人民银行营业管理部检查组又对9家在京的比特币交易平台主要负责人进行约谈，并通报了目前比特币交易平台存在的问题。

2月9日 OKCoin币行和火币网先后发公告，声明全面暂停比特币和莱特币提现业务，预期暂停时间为1个月。

2月13日 香港证监会宣布加入R3国际区块链联盟。

2月15日 财政部、民政部、体育总局联合发布加急文件《关于对擅自利用互联网销售彩票问题整改落实情况进行督查有关事宜的通知》，再次查处整顿互联网彩票。

2月16日 以太坊代币化公司DigixGlobal与瑞士Monolith合作生产世界首个以黄金为基础的区块链借记卡。

2月23日 银监会正式发布了《网络借贷资金存管业务指引》。指引要求，网贷机构作为委托人需指定唯一一家存管人作为资金存管机构，并且不得用“存管人”做营销宣传。

2月23日 央行刷新续展成功的支付牌照信息至2021年。

2月27日 中国区块链应用研究中心在上海揭牌成立。

2月28日 摩根大通、微软等30余家公司组建EEA区块链联盟。

3月

3月1日 证券投资基金业协会发布《私募投资基金服务业务服务办法（试行）》及《私募投资基金服务机构登记法律意见书指引》

3月5日 互联网金融连续第四年被写入政府工作报告。今年的政府工作报告指出，当前系统性风险总体可控，但对不良资产、债券违约、影子银行、互联网金融等累积风险要高度警惕。积极推进金融监管体制改革，有序化解处置突出风险点，整顿规范金融秩序，筑牢金融风险“防火墙”。同时，提出大力发展绿色金融。促进金融资源更多流向实体经济，特别是支持“三农”和小微企业。

3月7日 点融网和富士康集团旗下金融平台富金通共同推出首个区块链供应链金融平台——“Chained Finance”。

3月9日 招商银行完成国内首单区块链跨境支付业务

3月10日 央行发布了《关于持续提升收单服务水平，规范和促进收单服务市场发展的指导意见》，对聚合支付进行认可定性的同时，敦促聚合支付服务商切勿进行业务违规操作。

2016年3月17日 央行下发《支付机构将部分客户备付金交存人民银行操作指引》，提出“自2017年4月17日起，支付机构暂通过商业银行将部分客户备付金交存至人民银行”。

3月21日 深圳福田区率先出台国内首个金融科技发展专项政策——《关于促进福田区金融科技快速健康创新发展的若干意见》。

3月21日 蚂蚁金服宣布转型为Techfin，未来只做tech，帮金融机构做好fin。

3月30日 中国互联网金融协会成立网络借贷专业委员会。

3月31日 非银行支付机构网络支付清算平台启动试运行，首批接入部分银行和支付机构。

4月

4月1日 广州互联网金融协会官网发布《关于进一步加强“首付贷”风险防范的通知》。要求各会员单位全面禁止开展房地产“首付贷”业务，并进行自查自纠和业务清理工作。

4月12日 中国互联网金融协会向会员单位下发了《互联网金融信息披露标准—消费金融（征求意见稿）》。

4月17日 交通银行正式对外推出手机信用卡，也是目前国内银行业首家无卡发行信用卡的国有银行。

4月19日 《上海陆家嘴金融贸易区暨上海自贸试验区陆家嘴片区“十三五”规划》公布。将鼓励和支持企业、行业协会与相关金融管理部门合作，加快制定与国际通行的行业标准，探索推出互联网金融、新兴金融、航运电商等领域的“陆家嘴标准”和“陆家嘴指数”。

4月27日 新疆首家智慧网点2.0——乌鲁木齐银行四平路科技支行正式投入运营。

4月28日 在2017全球区块链金融（杭州）峰会上，全国首个区块链产业园将落户在杭州西湖区互联网金融小镇。

5月

5月2日 上海互金协发布首个互联网金融行业区块链自律规则。

5月3日 国务院召开常务会议，部署推动大中型商业银行设立普惠金融事业部。

5月8日 国家信息中心与15家信用服务机构签署信用信息共享协议。

5月8日 中国联通全面接入芝麻信用，芝麻信用分650分以上的联通用户，在特定套餐下不需要预存话费。

5月11日 国网湖南省电力公司与中国人民银行征信中心签订《湖南省用电客户电费缴纳信用信息纳入人民银行征信系统合作协议》，首次将电力客户缴费信息纳入金融体系征信平台。

5月15日 中国人民银行宣布成立金融科技（FinTech）委员会，旨在加强金融科技工作的研究规划和统筹协调。

5月17日 中国互联网金融协会成立互联网金融网络与信息安全专委会。

5月23日 中国互联网金融协会成立金融科技发展与研究工作组。

5月24日 支付宝发布首个境外版App港版支付宝上线。

5月27日 银联携手40余家商业银行正式推出云闪付二维码支付服务。

6月

6月1日 OKCoin币行、比特币中国、火币网相继恢复比特币、莱特

签署金融科技合作协议，推进两国市场的创新步伐。根据该协议，两个监管机构将共享和利用新兴市场趋势以及开发信息，促进金融科技创新。

11 月 8 日　国务院金融稳定发展委员会成立，将作为国务院统筹协调金融稳定和改革发展重大问题的议事协调机构。其主要职责是：落实党中央、国务院关于金融工作的决策部署；审议金融业改革发展重大规划；统筹金融改革发展与监管，协调货币政策与金融监管相关事项，统筹协调金融监管重大事项，协调金融政策与相关财政政策、产业政策等。

11 月 13 日　国家发改委国家信息中心与京东金融在京签署《关于加强信用信息共享的合作备忘录》。

11 月 16 日　百度金融开放智能消费金融平台、ABS 云平台，以及大数据风控平台——“般若”，为金融机构提供全面的整体解决方案。

11 月 21 日　互联网金融风险专项工作领导小组办公室发布《关于立即暂停批设网络小贷公司的通知》，决定各级小额贷款公司监管部门一律不得新批设网络（互联网）小贷公司，禁止新增批小贷公司跨省（区、市）开展小额贷款业务。

11 月 27 日　京东金融与中国工商银行联合推出“工银小白”数字银行。

11 月 27 日　中国银联与京东金融联合发布《风险信息共享方案》，方案将依托于分布式区块链技术，保证信息的不可篡改和可追溯性，防范数据泄露等。

11 月 27 日　P2P 网络借贷风险专项整治工作领导小组办公室联合中国互联网金融协会，向各省市网贷整治办及多家银行下发《关于开展网络借贷资金存管测评工作的通知》。

11 月 28 日　发改委、央行、商务部、外交部、工信部、国资委、银监会、证监会、保监会、能源局、外汇局等 28 部门联合发布《关于加强对外经济合作领域信用体系建设的指导意见》。加快对外经济合作领域信用记录建设，推动信用信息共享应用，建立失信联合惩戒机制，有效规范对外经济合作秩序和参与者行为。

12月

12月1日 央行、银监会发布《关于规范整顿“现金贷”业务的通知》。

12月6日 “中小银行互联网金融（深圳）联盟”在深圳召开联盟成立大会。目前，该联盟会员银行已达230余家，资产总规模已超过35万亿元。

12月7日 清华大学金融科技研究院正式挂牌成立。

12月7日 中国互联网金融协会下发《互联网金融个体网络借贷资金存管业务规范》和《互联网金融个体网络借贷资金存管系统规范》。

12月11日 中国银联携手商业银行、支付机构等产业各方共同发布银行业统一App“云闪付”。

12月12日 光大银行成立普惠金融部

12月12日 国家发改委等28个部门联合发布《关于加强对外经济合作领域信用体系建设的指导意见》，要求建立四类对外经济合作主体的信用记录，并对严重失信主体依法依规实施联合惩戒，有效规范对外经济合作秩序和参与者行为。

12月18日 微信支付全球合作伙伴StarPay宣布自本月起，微信跨境支付正式落地英国，为关联有中国银行卡的微信用户提供英国本地微信支付服务。

12月21日 中国人民银行下发了《关于规范支付创新业务的通知》，涉及支付创新业务、收单业务、代收业务、支付业务系统接口等方面。

12月25日 广州黄埔区、广州开发区率先出台广东省内首个区块链产业扶持政策——“区块链10条”，加快抢占区块链产业发展高地。该扶持政策，针对区块链产业的培育、成长、应用以及技术、平台、金融等多个环节给予重点扶持。

12月27日 中共北京市委办公厅制定并印发《北京市加快科技创新发展科技服务业的指导意见》。

Abstract

At present, the financial industry has entered a stage of transformation and development. With the development and application of emerging technologies such as artificial intelligence, blockchain, cloud computing, and big data, financial technology is reshaping the ecology of the financial industry with rapid momentum, and "finance can not without technology" has become Industry consensus. In recent years, China's Fintech industry has developed rapidly, and a number of core enterprises with advanced technologies and industry practices have grown in the fields of cloud computing, big data, artificial intelligence and blockchain.

The technical risks, operational risks, and even the possibility of triggering systemic risks in technology-driven financial innovations force regulators to respond strongly. However, the lack of regulatory technology, the lag of regulatory laws and the old-fashioned regulatory concepts, the traditional regulatory systems and regulations based on prudential supervision, functional supervision, and behavioral supervision cannot effectively deal with the status of de-intermediation and decentralized financial transactions. Therefore, in addition to the traditional financial supervision dimensions such as prudential supervision and behavior supervision, it is necessary to add a scientific and technological dimension to shape a two-dimensional regulatory system to better cope with the risks inherent in financial technology and the regulatory challenges it raises. The regulation of the technology dimension is committed to relying on big data, cloud computing, artificial intelligence, blockchain and other technologies to build a technology-driven regulatory system. With data-driven supervision as the core, it builds a distributed financial supervision system with intelligent supervision, intelligent real-time supervision and pilot supervision sandbox as the core, breaks through the inherent dilemma of traditional financial supervision, innovates supervision and protects finance. Consumers maintain financial stability.

This report focuses on the ecological development of China's financial technology industry. From the aspects of supervision, technology, application scenarios, capital and talents, and discusses the current status of China's financial technology industry ecological development and the challenges and difficulties it faces. Starting from the analysis of the status quo of the financial technology industry, through the comparative analysis at home and abroad, the development level and development stage of China's financial technology industry are clarified. Secondly, through the comprehensive analysis of various subjects of the financial technology industry, the ecological map of China's financial technology industry is formed. It also analyzes the development characteristics of the current industry ecology; and conducts in-depth analysis of key technologies of financial technology such as artificial intelligence, blockchain, cloud computing, and big data, and demonstrates its practical application in the financial industry.

Keywords: Fintech; Regulatory Technology; Blockchain; Artificial Intelligence; Big data

Contents

I General Report

Abstract: The report includes three parts. The first one gives an overview of the development of internet finance in 2017, comprising of its macroeconomic background and the summary of its development. The second part discussesfinancial innovation, risk management, competition and future trendof internet financial services, Internet financing, new Internet financial institutions. The third part focuses on the regulation and supervision for the internet finance. To sum up, internet finance in China maintained a sound and rapid momentum. In the meanwhile, it is also under great transitional pressure. The continuous progress of emerging financial technologies also has a significant impact on the development of Internet finance in China.

Keywords: Internet Finance; Online Lending; Internet Financial

II Risk Regulation Reports

Abstract: In 2017, China's Internet financial supervision gradually entered the regulatory elaboration stage. On terms of online lending, the CBRC led the gradualthe system framework of "one method and three guidelines" composed of four documents. At the same time, according to the actual situation, various provinces and cities have worked out the management measures of online lending information intermediaries. As for the special rectification of Internet financial risks, the rectification work has entered the stage of cleaning up and rectification, and the Internet platform has been launched to carry out the work of clearing and rectification of illegal businesses in cooperation with various trading venues, "Cash loan" was officially included in the Internet financial risk special rectification work, abnormal high interest rate, the fact that the loan amount is inconsistent with the loan contract amount, the unsecured term is short, and illegal behaviors such as relying on the risk of violent profit coverage and violent collection will be punished intensively. The approval of small-loan companies on the internet has been suspended, and the regulatory authorities will strictly examine and approve the qualifications of micro-loans on the internet, regulate the operation of micro-loans on the internet, and firmly crack down and ban the illegal operation of micro-loans on the internet. In terms of payment, in order to standardize the development of payment industry, the central bank put forward "eight requirements" for standardizing the innovation of payment business, and adjusted the proportion of payment institutions customers' excess reserves.

Keywords: Internet Financial; Regulatory Policy; P2P; Network Lending; Cash Lending; Network Small Loans

Abstract: The rapid development of fintech impacts the traditional financial business model and challenges the current regulatory system. Financial risks in the era of fintech need effective financial regulation to prevent and resolve, and relevant financial consumer protection also needs strong fintech regulation to realize. The mode of regulatorysandbox is conducive to balance the innovative development and risk prevention of fintech. Since the UK put forward this mode, countries such as Australia and Singapore began to apply the regulatorysandbox in fintechregulationand promote the development of fintech and regulatory technology. We should draw on the successful experience of regulatorysandbox, give full play to the advantages of reducing the cost of regulatory sandbox in specific application, clearly define the application scope of regulatory sandbox, establish a complete sandbox exit mechanism and docking mechanism, and pay attention to regional and international cooperation.

Keywords: Regulatory Sandbox; Fintech; Financial Regulation; Consumer Protection

Ⅲ Industrial Application Reports

Abstract: Direct selling banks were born in developed countries in Europe and America in the 1980s. With the rise of internet technology in the 1990s, direct selling banks were introduced to China in 2013. It was a new type of bank operation mode, practiced in China five years, but still facea series of questions such as unclear positioning, locating errorsandzero-sum game. In addition, becausetraditional commercial bank is lack of lack of experience, direct selling bank was not expected in China. However, with the gradual maturity of financial technology and its application in the financial field, the shared-direct sellingbank model emerged. Under the drive of big data, cloud computing, artificial intelligence, blockchain, someshared- directselling bank platform arises at the historic moment.

Keywords: Fintech; Direct SellingBank; Shared-direct SellingBank

Abstract: The development space of the insurance industry is huge in the future, and the prospect of applying financial technology to the insurance industry is broad. Fintech has achieved positive results in the insurance industry, among which big data, artificial intelligence and blockchain are the most promising typical technologies, and these three technologies will promote the improvement, upgrading and innovation of the insurance industry. At the same time, the application of fintech in the insurance industry also faces some problems and challenges. It is necessary for all parties to grasp the trend and jointly promote the development of fintech.

Keywords: Insurance Industry; Fintech; Science and Technology Innovation

Abstract: In recent years, with the rapid development of the internet finance industry, P2P, crowdfunding, third-party payment and other financial forms have emerged one after another, which on the one hand changes the traditional financial development mode, and on the other hand accelerates the continuous innovation in the internet finance field. In this context, internet enterprises represented by BATJ have been involved in the financial field, adjusting the original business model and product structure to meet the ever-changing consumer demand, which also puts forward higher requirements for Internet finance practitioners. Traditional financial or Internet practitioners have been unable to meet the needs of mutual financial development, and the shortage of talents in the field of internet finance has become increasingly serious. At the same time,

China's traditional financial development and IT talents have a serious isolation problem, which makes the contradiction between the supply and demand of internet financial talents more prominent. Faced with this shortage of talents, Internet financial enterprises, represented by BATJ, adopt different ways to attract and explore talents in the field of internet finance, and further guide and train them. Enterprises and talents are an important part of market development. At the present time when the Internet is booming, it is of great theoretical and practical significance to understand and grasp the distribution of Internet financial enterprises and talents.

Keywords: Internet Financial; Enterprises Distribute; Talents Distribute

Abstract: Supply chain finance has the dual nature of industry and finance. It is one of the best scenes to practice the real economy of financial services, and has also become an important driver for the development of small and medium enterprises. With the rapid development of big data, cloud computing, artificial intelligence, internet of things and other technologies, fintech is gradually becoming an important driving force to break the bottleneck of supply chain financial development and promote the reform of business model. Based on combing the current situation of the development of supply chain finance, market opportunities and problems, on the basis of deeply expounds the key points in financial technology for supply chain financial development, mainly introduced the core competence ofJingdong financial supply chain finance' solutions, and how to help entity enterprise out of financing difficulties of typical cases. Finally, this report analyzes supply chain finance development trends and development recommendations, in order to provide beneficial reference for the healthy development of industry and government regulation.

Keywords: Supply Chain Finance; Fintech; Small and Medium Enterprises; JingdongFinance

Abstract: Over the past three years, the contribution rate of domestic financial industry to GDP has been kept at around 8% . However, the traditional financial industry is confronted with problems such as unsustainability of high growth and increasingly prominent structural problems. Scenes and traffic in the post-internet era have become important factors influencing the sustainable development of financial enterprises. However, scenes and traffic are exactly the pain points faced by many financial enterprises. The gradual maturity of fintech technologies such as blockchain, big data and cloud computing has made it possible to solve these pain points. There are two modes in which fintech helps financial functional enterprises to break through traffic and scene pain points, namely internal innovation and external access. Only when the traditional financial enterprises exist fintech gene (financial talented person or group of science and technology), can breakthrough the limitation of factors such as culture, cognition, system, and the ability to afford the internal layout financial capital cost and the time cost of science and technology, the traditional financial enterprises internal innovation model can be used to obtain fintech pain points in order to solve traffic and scenes.

Keywords: Fintech; Traffic; Internal Innovation; External Access

Ⅳ Scene Application Reports

Abstract: The progress of science and technology has brought us into a new information age. The application field of big data credit investigation involves all walks of life. Big data can solve the problem of collection and storage of massive credit information data, machine learning and artificial intelligence methods can conduct in-depth mining and risk analysis of credit information data, and improve the convenience and real-time of credit information services by means of cloud computing and mobile Internet. In-depth mining of internet big data information, developing big data risk control model, and more accurate assessment of risks have gradually become the core topic of the new generation of credit risk identification.

Credit data innovative applications: AXIS platform combining with the specific consumption scenarios into independent third party credit evaluation, professional modeling based on large data capacity, weaves scan every asset, cross test, cross comparison, on single loan fraud risk and credit risk of intelligent evaluation, can second level processing scores of tens of millions of assets that result and cash flow is calculated, and other functions. Cracking the information asymmetry dilemma of consumer financial ABS market and realizing controllable and efficient asset circulation is the core problem that AXIS platform should solve in the field of consumer financial ABS.

Keywords: Big Data; CreditBig Data; Risk Identification; Intelligent Investment

Abstract: The "big data revolution" has quietly come, and the traditional financial industry is facing great opportunities and challenges of transformation. This report discusses the frontier application of big data in the financial field and its impact on the traditional financial system from three aspects. First of all, data visualization analysis can directly and effectively display unstructured data. At present, it is widely used in the analysis of concentration degree, correlation degree and imbalance degree accumulated over time of systematic risk. Second, the rapid development of the universal home mortgage identification code system in the United States is conducive to improving regulatory efficiency, promoting policy research and protecting individual privacy. Finally, the FIBO model based on semantic web technology is an important technical paradigm to reduce data management cost and improve risk analysis ability. Its logical reasoning, semantic query and automatic categorization can improve the effectiveness of systematic financial risk monitoring. Of course, the big data method still has many deficiencies and needs to be further improved.

Keywords: Big data; Systematic Risk; Visualization Analysis; Loan Identification Code; FIBO

Abstract: This report introduces the development, new features and trends of artificial intelligence in recent years. At the same time, this report also expounds the influence of artificial intelligence on the financial field, as well as the security problems caused by the development of artificial intelligence, and puts forward

B. 13 Application Research of Blockchain in Supply Chain

Liu Lanbiao, *Guo Liang* / 312

Abstract: Due to its inefficiency and trust problems, the existing supply chain needs to introduce new technology to solve its inherent contradictions. The boom of virtual currency in recent years has triggered the exploration of the application of blockchain, and the fusion effect of blockchain and supply chain is urgently needed for further research. After analyzing the development of the supply chain, this report analyzes the defects and deficiencies of the current supply chain. Then, this report studies the relevant characteristics of blockchain, summarizes the unique advantages of blockchain application supply chain on this basis, and provides examples of logistics and multi-agent transaction application. Finally, the shortcomings of efficiency privacy and other aspects of the application supply chain of blockchain are discussed, and the relevant solutions are prospected.

Keywords: Supply Chain; Blockchain; Vertical Integration; Horizontal Integration

V Market Development Reports

B. 14 Chinese FinTech in American Capital Market Under the Background of Listing Tide

Sinodata research institute / 331

Abstract: In 2017, there was a boom in Chinese fintech listings, with six Chinese fintech companies listed in the U. S. throughout the year. This report focuses on the value of the underlying stocks in fintech in the context of the boom. Our research found that the overall stock price trend of Chinese fintech companies was weaker than the average level of the U. S. stock market in 2017. Chinese fintech companies have lower valuations in U. S. capital markets than U. S. fintech companies. because the industry is entering a mature period from growth, awave of fintech companiesappearedin 2017, and the industry concentration degree is continuously improving. It is expected that more fintech companies will be listed in the next three years. Finally, this reportalso analyzes the business similarities and differences of seven Chinese fintech companies listed in the U. S.

Keywords: Fintech; Listing Tide; Stock MarketValuation; Network Credit

B. 15 GlobalFintechIndustry Development Review

Tisinghua University PBC School of Finance, Fintechlab / 352

Abstract: The development of fintech in the world has been more than 10 years. From the beginning of development to now, the overall pattern of fintech industry has undergone a new evolution. This evolution reflects both changes in business models and the impact of technological forces on people's lives. This group has classified the global financial technology model twice in 2013 and 2018. By comparing the similarities and differences between the two classifications, we have reviewed the evolution process of fintech in the past 10 years, and can better understand the development trend of fintech.

Keywords: Fintech; Business Model Classification; Science and Technology Innovation